Lohnpolitik und Finanzmärkte in der Europäischen Währungsunion

Wirtschaftswissenschaftliche Beiträge

Informationen über die Bände 1–110 sendet Ihnen auf Anfrage gerne der Verlag.

Band 111: G. Georgi, Job Shop Scheduling in der Produktion, 1995. ISBN 3-7908-0833-4

Band 112: V. Kaltefleiter, Die Entwicklungshilfe der Europäischen Union, 1995. ISBN 3-7908-0838-5

Band 113: B. Wieland, Telekommunikation und vertikale Integration, 1995. ISBN 3-7908-0849-0

Band 114: D. Lucke, Monetäre Strategien zur Stabilisierung der Weltwirtschaft, 1995. ISBN 3-7908-0856-3

Band 115: F. Merz, DAX-Future-Arbitrage, 1995. ISBN 3-7908-0859-8

Band 116: T. Köpke, Die Optionsbewertung an der Deutschen Terminbörse, 1995. ISBN 3-7908-0870-9

Band 117: F. Heinemann, Rationalisierbare Erwartungen, 1995. ISBN 3-7908-0888-1

Band 118: J. Windsperger, Transaktionskostenansatz der Entstehung der Unternehmensorganisation, 1996. ISBN 3-7908-0891-1

Band 119: M. Carlberg, Deutsche Vereinigung, Kapitalbildung und Beschäftigung, 1996. ISBN 3-7908-0896-2

Band 120: U. Rolf, Fiskalpolitik in der Europäischen Währungsunion, 1996. ISBN 3-7908-0898-9

Band 121: M. Pfaffermayr, Direktinvestitionen im Ausland, 1996. ISBN 3-7908-0908-X

Band 122: A. Lindner, Ausbildungsinvestitionen in einfachen gesamtwirtschaftlichen Modellen, 1996. ISBN 3-7908-0912-8

Band 123: H. Behrendt, Wirkungsanalyse von Technologie- und Gründerzentren in Westdeutschland, 1996. ISBN 3-7908-0918-7

Band 124: R. Neck (Hrsg.) Wirtschaftswissenschaftliche Forschung für die neunziger Jahre, 1996. ISBN 3-7908-0919-5

Band 125: G. Bol, G. Nakhaeizadeh/ K.-H. Vollmer (Hrsg.) Finanzmarktanalyse und -prognose mit innovativen quantitativen Verfahren, 1996. ISBN 3-7908-0925-X

Band 126: R. Eisenberger, Ein Kapitalmarktmodell unter Ambiguität, 1996. ISBN 3-7908-0937-3

Band 127: M. J. Theurillat, Der Schweizer Aktienmarkt, 1996. ISBN 3-7908-0941-1

Band 128: T. Lauer, Die Dynamik von Konsumgütermärkten, 1996. ISBN 3-7908-0948-9

Band 129: M. Wendel, Spieler oder Spekulanten, 1996. ISBN 3-7908-0950-0

Band 130: R. Olliges, Abbildung von Diffusionsprozessen, 1996. ISBN 3-7908-0954-3

Band 131: B. Wilmes, Deutschland und Japan im globalen Wettbewerb, 1996. ISBN 3-7908-0961-6

Band 132: A. Sell, Finanzwirtschaftliche Aspekte der Inflation, 1997. ISBN 3-7908-0973-X

Band 133: M. Streich, Internationale Werbeplanung, 1997. ISBN-3-7908-0980-2

Band 134: K. Edel, K.-A. Schäffer, W. Stier (Hrsg.) Analyse saisonaler Zeitreihen, 1997. ISBN 3-7908-0981-0

Band 135: B. Heer, Umwelt, Bevölkerungsdruck und Wirtschaftswachstum in den Entwicklungsländern, 1997. ISBN 3-7908-0987-X

Band 136: Th. Christiaans, Learning by Doing in offenen Volkswirtschaften, 1997. ISBN 3-7908-0990-X

Band 137: A. Wagener, Internationaler Steuerwettbewerb mit Kapitalsteuern, 1997. ISBN 3-7908-0993-4

Band 138: P. Zweifel et al., Elektrizitätstarife und Stromverbrauch im Haushalt, 1997. ISBN 3-7908-0994-2

Band 139: M. Wildi, Schätzung, Diagnose und Prognose nicht-linearer SETAR-Modelle, 1997. ISBN 3-7908-1006-1

Band 140: M. Braun, Bid-Ask-Spreads von Aktienoptionen, 1997. ISBN 3-7908-1008-8

Band 141: M. Snelting, Übergangsgerechtigkeit beim Abbau von Steuervergünstigungen und Subventionen, 1997. ISBN 3-7908-1013-4

Band 142: Ph. C. Rother, Geldnachfragetheoretische Implikationen der Europäischen Währungsunion, 1997. ISBN 3-7908-1014-2

Band 143: E. Steurer, Ökonometrische Methoden und maschinelle Lernverfahren zur Wechselkursprognose, 1997. ISBN 3-7908-1016-9

Band 144: A. Groebel, Strukturelle Entwicklungsmuster in Markt- und Planwirtschaften, 1997. ISBN 3-7908-1017-7

Band 145: Th. Trauth, Innovation und Außenhandel, 1997. ISBN 3-7908-1019-3

Fortsetzung auf Seite 300

Frank Bulthaupt

Lohnpolitik und Finanzmärkte in der Europäischen Währungsunion

Makroökonomische Dynamik und Methoden

Mit 25 Abbildungen

Physica-Verlag

Ein Unternehmen
des Springer-Verlags

Reihenherausgeber
Werner A. Müller

Autor
Priv.-Doz. Dr. Frank Bulthaupt
Dresdner Bank AG
Jürgen-Ponto-Platz 1
60301 Frankfurt a.M.
Deutschland

Zugleich Habilitationsschrift an der Wirtschafts- und Sozialwissenschaftlichen Fakultät der Christian-Albrechts-Universität zu Kiel

---

ISSN 1431-2034
ISBN 3-7908-1424-5 Physica-Verlag Heidelberg

Die Deutsche Bibliothek – CIP-Einheitsaufnahme
Bulthaupt, Frank: Lohnpolitik und Finanzmärkte in der Europäischen Währungsunion: makroökonomische Dynamik und Methoden / Frank Bulthaupt. – Heidelberg: Physica-Verl., 2001
(Wirtschaftswissenschaftliche Beiträge; Bd. 185)
ISBN 3-7908-1424-5

Physica-Verlag Heidelberg
ein Unternehmen der BertelsmannSpringer Science+Business Media GmbH

Umschlaggestaltung: Erich Kirchner, Heidelberg

SPIN 10847488 88/2202-5 4 3 2 1 0 – Gedruckt auf säurefreiem und alterungsbeständigem Papier

Inhaltsverzeichnis

1. Problemstellung und Aufbau der Arbeit

1.1 Die Europäische Währungsunion: Bedeutungswandel der Tarifpolitik

Mit der Gründung der Wirtschafts- und Währungsunion hat sich das Bild Europas aus wirtschaftspolitischer Sicht grundlegend geändert. Das nationale Instrument der Geldpolitik wurde in den einzelnen Mitgliedsländern der Union zugunsten einer zentralen geldpolitischen Instanz, der Europäischen Zentralbank, aufgegeben. Die mögliche Einflussnahme auf Zinssatz, Wechselkurs- und Inflationsrate eines Landes durch nationale geldpolitische Maßnahmen gehört damit der Vergangenheit an. Darüber hinaus liegt zwar die Finanzpolitik weiterhin in der Verantwortung der nationalen Parlamente, der fiskalpolitische Spielraum der einzelnen Unionsländer ist jedoch stark eingeschränkt. Die Kriterien des Vertrages von Maastricht (1992) sowie die Stabilitätspakte von Dublin (1996) und Amsterdam (1997) setzen der fiskalpolitischen Unabhängigkeit enge Grenzen. Im Gegensatz dazu unterliegt die nationale Lohnpolitik keinen formalen Beschränkungen. Von einem europäischen Standpunkt aus erfolgt sie - diametral zur Geldpolitik - vollkommen disaggregiert auf einem nationalen Niveau.

Betrachtet man dazu die Entwicklung der monetären Größen in Europa, so war bereits vor 1999 in den ersten Teilnehmerländern der Währungsunion eine Annäherung der nationalen Inflationsraten und der Zinssätze zu beobachten. Im Gegensatz dazu kann in Europa eine Annäherung der Unterbeschäftigungsraten und der Reallöhne oder eine Angleichung der Lohnbildungsprozesse nicht festgestellt werden. Die Volkswirtschaften der Europäischen Währungsunion (EWU) sind nach wie vor durch signifikante Produktivitätsunterschiede und eine heterogene Lohnbildung gekennzeichnet. Letztere äußert sich nicht nur in unterschiedlichen gewerkschaftlichen Zentralisierungsgraden in den einzelnen Ländern, sondern auch in einer unterschiedlich ausgeprägten Toleranz für Arbeitslosigkeit. Auch seit Bestehen der EWU ist eine Angleichung der nationalen Lohnpolitiken nicht erkennbar.

Die eingeschränkte wirtschaftspolitische Autonomie der EWU-Mitgliedsländer begrenzt den Spielraum wirtschaftspolitischer Maßnahmen zur Konjunktursteuerung einer Volkswirtschaft. Damit gewinnt die Lohnpolitik für die gesamtwirtschaftliche Entwicklung eines Landes zunehmend an

Bedeutung. Aus diesem Grund kommt den nationalen Tarifparteien insbesondere im Hinblick auf das Beschäftigungsproblem in Europa eine zunehmende Verantwortung zu. Die Auswirkungen eines Tarifabschlusses beschränken sich allerdings nicht nur auf die eigene Branche oder auf das eigene Land; nationale Lohnpolitik wirkt über die preisliche Wettbewerbsfähigkeit über Grenzen hinweg auch auf die Partnerländer der Union. In einer Währungsunion, die durch eine gemeinsame Währung und einen flexiblen Wechselkurs nach außen gekennzeichnet ist, entfaltet nationale Lohnpolitik Wirkungen auf den gemeinsamen Finanzmärkten. Diese reagieren auf lohnpolitische Maßnahmen – als Bestandteil der Frühindikatoren der wirtschaftlichen Entwicklung – durch Zins- und Wechselkursreaktionen, wodurch wiederum die nationalen Güternachfrageseiten erfasst werden. Genauer liefert das Verhalten der nationalen Tarifparteien den Anlegern Informationen bezüglich der künftigen Kosten- und Inflationsentwicklung und beeinflusst auf diese Weise ihre Zinsprognosen und Anlageentscheidungen. Die kurz- und mittelfristige Reaktion der Finanzmarktpreise, insbesondere des Wechselkurses, hat dann Konsequenzen für die Gütermärkte in ganz Europa.

Maßgeblicher Bestimmungsfaktor für die Beschäftigungshöhe ist neben der Entwicklung der realen Lohnkosten auch die heimische Güternachfrage. Beide Determinanten sind nicht allein das Resultat von Lohnverhandlungen, sondern sie ergeben sich unter Berücksichtigung der Finanzmärkte und der seit 1999 veränderten internationalen Wirkungszusammenhänge in Europa. Damit entsteht die Frage nach den Wechselwirkungen zwischen nationaler Lohnpolitik sowie den Faktor-, den Güter- und den Finanzmärkten im Rahmen eines Systems interdependenter Volkswirtschaften, die durch einen einheitlichen Währungsraum gekennzeichnet sind.

1.2 Ziel und Aufbau der Arbeit

In der vergangenen Dekade entwickelte sich in der Makroökonomik die Theorie einer Wechselkurs– und Währungsunion sowie seit den 80er Jahren in der Arbeitsmarktökonomik die Theorie kollektiver Lohnbildungsprozesse, die wiederum auf der neueren mikroökonomischen Theorie einer nutzenmaximierenden Gewerkschaft aufbaut. Zu den Vertretern der ersten Kategorie gehören Aoki, Feuerstein, Jarchow, Siebke und Wohltmann; die Theorie kollektiver Lohnbildungsprozesse wurde u.a. von Calmfors, Driffill, Farber, Franz, Layard, Nickell, Oswald und Pencavel weiterentwickelt.

Die *Theorie* einer *Währungsunion* betrachtet die strukturellen Interdependenzen zwischen Volkswirtschaften, die durch eine gemeinsame Währung miteinander verbunden sind. Der methodische Ansatz ist durch eine makroökonomische Totalanalyse gekennzeichnet. Dabei basiert die Lohnbildung auf den Annahmen der traditionellen Makroökonomik, indem von keynesianischen Ansätzen in Form von Nominallohnrigiditäten oder von neoklassischen

Markträumungsansätzen ausgegangen wird. In dynamischen Ansätzen zur Beschreibung einer Währungsunion werden Lohnbildungsprozesse typischerweise durch Phillips-Kurven-Gleichungen und rationale Inflationserwartungen beschrieben (Wohltmann 1993 sowie Wohltmann, Bulthaupt 1999).

Die *Arbeitsmarktökonomik* beschränkt sich weitgehend auf einen mikroökonomischen Kontext wie beispielsweise auf den lohnpolitischen Konflikt zwischen Gewerkschaften und Unternehmen. Dabei betrachten die Lohnverhandlungsmodelle Lohnhöhe und -rigiditäten als das Resultat ökonomisch rational handelnder Wirtschaftssubjekte unter Berücksichtigung institutioneller Regelungen. Es handelt sich hierbei grundsätzlich um partialanalytische Ansätze, die insbesondere gesamtwirtschaftliche Interdependenzen innerhalb einer Währungsunion unter Berücksichtigung von Finanzmärkten unberücksichtigt lassen.

Das *Ziel* der vorliegenden Arbeit besteht darin, beide theoretische Entwicklungen, die mikroökonomische, partialanalytische Theorie kollektiver Lohnbildungsprozesse und die makroökonomische dynamische Theorie einer Währungsunion, in einem Ansatz zu integrieren. Damit liefert die vorliegende Arbeit gleichzeitig einen Beitrag zur Mikrofundierung makroökonomischer Ansätze. Diese Integration wird motiviert durch unterschiedliche angebotsseitige *Asymmetrien in Europa*, die bisher in makroökonomischen Modellansätzen vernachlässigt wurden. Dabei beschränkt sich - wie in der Monetären Makroökonomik üblich - der Zeithorizont auf die kurze und mittlere Frist, in der von einem näherungsweise konstanten Sachkapitalbestand ausgegangen werden kann. Außerdem wird in diesen Ansätzen von technischem Fortschritt abgesehen.

Die vorliegende Arbeit ist folgendermaßen aufgebaut:

In **Kapitel 2** werden anhand eines einfach gehaltenen dynamischen makroökonomischen Totalmodells für eine kleine Währungsunion die Grundlagen für die weitere intertemporale Analyse erarbeitet. Ausgehend von einer Verhaltensasymmetrie der Gewerkschaften in der Währungsunion werden die konjunkturellen Auswirkungen einer Politik der Lohnzurückhaltung für die einzelnen Unionsländer analysiert. Dabei wird von einem Modellansatz ausgegangen, der durch einen nachfrageseitig determinierten Output, eine verzögerte Preisanpassung sowie rationale Inflations- und Wechselkursänderungserwartungen gekennzeichnet ist. Im Rahmen einer intertemporalen Modellanalyse kommt der Reaktion der Finanzmärkte auf Lohnsignale eine besondere Bedeutung zu. In diesem Zusammenhang wird auch untersucht, inwieweit die Laufzeit von Tarifverträgen Auswirkungen auf die Güternachfrage und auf den Output in der Währungsunion hat.

In **Kapitel 3** wird die in Kapitel 2 weitgehend ausgeblendete Güterangebotsseite vollständig erfasst. Im Mittelpunkt der Analyse steht das Verhalten des Unternehmenssektors. Dabei wird für jedes Unionsland von einer Uzawa-Ces-Produktionsfunktion ausgegangen, durch die die produktionstechnischen Zusammenhänge zwischen dem Einsatz der Inputfaktoren und der Ausbringung von Gütern erfasst wird. Auf der Basis entscheidungslogischer Ansätze werden unternehmerische Verhaltensgleichungen für die nachfolgenden Modellerweiterungen hergeleitet. In einem intertemporalen unternehmerischen Optimierungsansatz wird auch die Bedeutung der Tarifvertragsdauer für die Arbeitsnachfrage eines Unternehmens herausgestellt.

In **Kapitel 4** werden auf der Basis der in Kapitel 3 abgeleiteten unternehmerischen Verhaltensgleichungen zwei neuartige dynamische makroökonomische Modelle für eine aus zwei Ländern bestehenden Währungsunion vorgestellt. Neben einer sowohl mikroökonomisch als auch empirisch fundierten Preisanpassungsgleichung der Unternehmer berücksichtigen die Modellansätze die Produktivitätsunterschiede zwischen den Ländern der EWU. Die beiden Modelle unterscheiden sich in der Zahl der kurzfristig variablen Inputfaktoren. Während in dem ersten Modell nur der Faktor Arbeit kurzfristig variiert werden kann, werden im zweiten Modellansatz neben dem inländischen Produktionsfaktor Arbeit zusätzlich Vorleistungen berücksichtigt, die aus einem Drittland außerhalb der Währungsunion importiert werden. Diese Form der Modellerweiterung, die auf Bhandari und Turnovsky (1984) zurückgeht, gewinnt angesichts des weltweiten eCommerce, insbesondere des Business-to-Business ("b2b") und der damit verbundenen internationalen Arbeitsteilung, zunehmend an Bedeutung.

Eine zentrale Stellung nimmt in der vorliegenden Arbeit **Kapitel 5** ein. Ausgehend von dem heterogenen Lohnverhalten in den Volkswirtschaften der EWU werden in einem makroökonomischen Modellansatz die sich daraus ergebenden angebotsseitigen Asymmetrien modelltheoretisch erfasst. Der makroökonomische Ansatz ist angebotsseitig durch eine Lohn-, Preis- und Beschäftigungsdynamik gekennzeichnet, die mit dem Rationalverhalten von Unternehmen und Gewerkschaften kompatibel ist. Im Rahmen einer dynamischen Analyse werden – entsprechend der Vorgehensweise in dem einfach gehaltenen modelltheoretischen Ansatz von Kapitel 2 – die konjunkturellen Auswirkungen tarifpolitischer Verhaltensänderungen für die Länder der Währungsunion untersucht. Dabei berücksichtigt die Totalanalyse die Reaktionen der internationalen Finanzmärkte, die Antizipationseffekte der Anleger und der Finanzmarktpreise sowie deren Rückwirkungen auf die Güter- und Arbeitsmärkte der Union.

Der in Kapitel 5 diskutierte dynamische Modellansatz ist durch weitgehende Asymmetrien gekennzeichnet, die bisher noch nicht modelltheoretisch analysiert worden sind. Ein Hauptgrund hierfür ist darin zu sehen, dass die Standardtechnik zur Analyse dynamischer Mehrländermodelle, die auf Aoki (1981) zurückgehende Dekompositionsmethode, eine Parametersymmetrie voraussetzt, die angesichts der modellierten angebotsseitigen Asymmetrien Europas nicht gegeben ist. Will man die gesamtwirtschaftlichen Auswirkungen asymmetrischen Lohnverhaltens in einer Währungsunion untersuchen, so ist die Entwicklung eines neuen methodischen Ansatzes notwendig.

Dazu wird in Kapitel 5 ein rekursives Lösungsverfahren entwickelt, welches für die Modellanalysen herangezogen wird. Die vorgestellte Methode ist geeignet, mehrfache Asymmetrien sowohl auf der Angebots- als auch auf der Nachfrageseite der einzelnen Unionsländer für eine dynamische Analyse zugänglich zu machen.

Kapitel 5 endet mit einem modelltheoretischen Vergleich. Dabei wird die Dynamik des vorgestellten Ansatzes, in dem Tarifparteien als Institutionen die Lohnbildung determinieren, der Dynamik makroökonomischer Modelle gegenübergestellt, in denen die Lohnbildung auf einem Phillips-Kurven-Ansatz basiert.

In **Kapitel 6** wird die Analyse der intertemporalen Wirkungen lohnpolitischer Verhaltensänderungen in einem im Vergleich zu Kapitel 5 erweiterten Modellrahmen fortgesetzt, indem Vorleistungen, die aus Ländern außerhalb der Währungsunion importiert werden, als zusätzlicher Produktionsfaktor berücksichtigt werden. Die Modellanalyse berücksichtigt wiederum angebotsseitige Asymmetrien und basiert auf dem in Kapitel 5 vorgestellten rekursiven Lösungsverfahren.

Den Abschluss dieser Arbeit bildet **Kapitel 7**. Hier werden die Eigenschaften von Lohngleichungen analysiert, die aus intertemporalen Optimierungsansätzen hergeleitet werden. Dabei wird davon ausgegangen, dass die Tarifparteien ihren Entscheidungen einen längerfristigen Planungshorizont zugrunde legen. Es wird gezeigt, dass die den Kapiteln 2, 5 und 6 zugrundeliegenden, aus statischen Nutzenmaximierungsansätzen abgeleiteten Lohngleichungen die gleiche Lohndynamik aufweisen wie die dynamisch optimalen Lohngleichungen. Im Rahmen des gewerkschaftlichen intertemporalen Optimierungsansatzes wird auch auf die Auswirkungen zeitvariabler Präferenzen eingegangen.

2. Lohnzurückhaltung in einer Währungsunion – Eine dynamische Totalanalyse

2.1 Problemstellung und Aufbau

Im vorliegenden Kapitel werden in einem dynamischen interdependenten System die konjunkturellen Auswirkungen gewerkschaftlicher Lohnzurückhaltung eines Landes untersucht.

Zu diesem Zweck wird ein makroökonomisches Modell analysiert, das durch *dynamische Verhaltensasymmetrien* auf der Angebotsseite der Unionsländer gekennzeichnet ist. Dieses Modell ist eine Weiterentwicklung neuerer makroökonomischer Ansätze: Die in der Literatur behandelten Modelle zur Währungs- und Wechselkursunion sind fast ausschließlich statischer Natur und gehen zumeist vereinfachend von einer generellen Symmetrieannahme aus (Feuerstein, Siebke 1990; Wohltmann 1993c; Daseking 1994). Weiterentwicklungen erfolgten bisher in zwei Richtungen: Sie berücksichtigen entweder zeitinvariante Asymmetrien in einem statischen Kontext (Wohltmann, Bulthaupt, Krömer 1998) oder dynamische Entwicklungen der makroökonomischen Variablen für vollkommen symmetrische Unionsländer (Wohltmann, Bulthaupt 1999).

Im Rahmen einer aus zwei Ländern bestehenden kleinen Währungsunion wird nachfolgend die zeitliche Entwicklung von Nationaleinkommen, preislicher Wettbewerbsfähigkeit und Finanzmarktpreisen als Folge *asymmetrischen Gewerkschaftsverhaltens* analysiert. Dabei wird zwischen *vorübergehenden* und *dauerhaften* Verhaltensänderungen unterschieden.

Eine besondere Bedeutung kommt der Reaktion der Finanzmärkte auf Lohnsignale zu. Es wird gezeigt, dass die Wechselkursentwicklung und damit die preisliche Wettbewerbsfähigkeit der Union maßgeblich von der Tarifvertragsdauer beeinflusst wird. Darüber hinaus wird ein Preiskorridor angegeben, in dem sich der reale Außenwert des passiven Landes bewegt. In einem Modell mit nachfrageseitig determiniertem Nationaleinkommen und nominal wachsenden Volkswirtschaften wird weiterhin gezeigt, dass *beide* Unionsländer von der Lohnzurückhaltung eines Landes profitieren können.

Kapitel 2 ist folgendermaßen aufgebaut: In Abschnitt 2 wird ein dynamisches Makromodell für eine kleine Währungsunion diskutiert. In Abschnitt 3 erfolgt eine Analyse des langfristigen Gleichgewichts, während in Abschnitt 4 die Konjunkturdynamik im Währungsgebiet beschrieben wird. In Abschnitt 5 werden die kurz- und mittelfristigen Wirkungen einer einseitigen *temporären*

Reallohnzurückhaltung untersucht, während in Abschnitt 6 die intertemporalen Effekte von *dauerhaften* Reallohnsenkungen behandelt werden. In Abschnitt 7 werden die wichtigsten Ergebnisse dieses Kapitels zusammengefasst und daraus tarifpolitische Schlussfolgerungen gezogen.

2.2 Das Modell einer Währungsunion

Das vorliegende makroökonomische Modell beschreibt die gesamtwirtschaftliche Dynamik einer aus zwei Ländern bestehenden (kleinen) Währungsunion. Dabei wird von einer *nachfrageseitigen Symmetrie* und einer *angebotsseitigen Asymmetrie* ausgegangen.

Die *Nachfrageseite* der beiden Volkswirtschaften wird durch einen IS/LM-Komplex sowie durch die Bedingung für die ungedeckte Zinsparität abgebildet.[1] In logarithmisch-linearer Formulierung lauten die resultierenden nachfrageseitigen Modellgleichungen:

$$\begin{aligned} y_{1(2)} &= a_0 + a_1 y_{1(2)} - a_2(i_{1(2)} - \dot{p}_{1(2)}) + g_{1(2)} - \qquad (2.1)\\ &\quad -b_{11}y_{1(2)} + b_{12}y_{2(1)} + b_2 y^a - b_3\tau_{1(2)} - b_4\pi_{1(2)} \\ &\quad \tau_{1(2)} = p_{1(2)} - (p^a - e), \quad \pi_{1(2)} = p_{1(2)} - p_{2(1)} \\ m &= l_0 + p_1 + l_1 y_1 - l_2 i_1 + p_2 + l_1 y_2 - l_2 i_2 \qquad (2.2)\\ i_1 &= i_2 = i^a - \dot{e}. \qquad (2.3) \end{aligned}$$

Die *Angebotsseite* beschreibt die Preis- und Lohnbildung in den einzelnen Unionsländern:

$$\begin{aligned} p_{1(2)} &= w_{1(2)} + c_0 \qquad (2.4)\\ \dot{w}_{1(2)} &= \dot{p}^V_{1(2)} - \beta(w_{1(2)} - p^V_{1(2)} - r_{1(2)}) \qquad (2.5)\\ p^V_{1(2)} &= \alpha_1 p_{1(2)} + \alpha_2 p_{2(1)} + \alpha_3(p^a - e) \qquad (2.6)\\ \dot{r}_{1(2)} &= -\gamma_{1(2)}(r_{1(2)} - \bar{r}_{1(2)}). \qquad (2.7) \end{aligned}$$

Bis auf die nominalen Zinssätze i_1, i_2 und i^a sind alle Variablen als Logarithmen zu lesen; sämtliche Modellparameter sind positiv. Die tiefgestellten Indizes in Klammern stehen für das Unionsland U_2; die mit einem hochgestellten "^{a}" versehenen Größen sind die entsprechenden Variablen des großen Auslands und werden exogen vorgegeben. Ein Punkt über einer Variablen steht für die Ableitung nach der Zeit und kennzeichnet deren momentane

[1] Bei einer Berücksichtigung des Laursen-Metzler-Effektes würde bei einer Senkung der relativen Preise $\tau_{1(2)}$ bzw. $\pi_{1(2)}$ auch die private Absorption zurückgehen; formal wären in diesem Fall in Gleichung (2.1) die Werte von b_3 und b_4 zu verringern. Da die Preisgleichung (2.4) konstante Verteilungsquoten impliziert, umfasst der Laursen-Metzler-Effekt zugleich Reallohneffekte auf die gesamtwirtschaftliche Nachfrage.

Änderungsrate (forward rate). Ein Querstrich über einer Variablen kennzeichnet das langfristige Niveau dieser Variablen.

Bezeichnungen: $y_{1(2)}$ = reales Nationaleinkommen von $U_{1(2)}$, $i_{1(2)} - \dot{p}_{1(2)}$ = realer Zinssatz, $g_{1(2)}$ = Staatsausgaben, $\tau_{1(2)}$ = terms of trade (Preisverhältnis) gegenüber der übrigen Welt, $\pi_{1(2)}$ = innergemeinschaftliches Preisverhältnis, e = Wechselkurs in Mengennotierung, m = Geldmengenaggregat der Währungsunion, $p_{1(2)}$ = Produzentenpreisniveau, $w_{1(2)}$ = Nominallohn, $p^V_{1(2)}$ = Verbraucherpreisniveau, $r_{1(2)}$ = gewerkschaftlicher Referenzwert für den Reallohn.

Die Modellparameter haben die folgende Bedeutung:[2]

a_1	:	marginale Konsumquote
a_2	:	Realzins-Semielastizität der gesamtwirtschaftlichen Nachfrage
b_{11}	:	gesamte marginale Importquote (eines Unionslandes)
b_{12}	:	marginale Importquote, wobei sich die Importgüternachfrage nur auf das Partnerland der Union bezieht
b_3	:	Terms-of-Trade-Elastizität der gesamtwirtschaftlichen Nachfrage
b_4	:	Elastizität der gesamtwirtschaftlichen Nachfrage in bezug auf Änderungen des innergemeinschaftlichen Preisverhältnisses
l_1	:	Einkommenselastizität der Geldnachfrage
l_2	:	Zins-Semielastizität der Geldnachfrage
α_1	:	Ausgabenanteil für inländische Konsumgüter
α_2, α_3	:	Ausgabenanteile für importierte Konsumgüter, wobei sich α_2 auf Güter aus dem Partnerland bezieht und α_3 auf entsprechende Importe aus den Nicht-EWU-Ländern
a_0, l_0	:	Konstanten, die teilweise aus der logarithmisch-linearen Approximation des Gesamtmodells resultieren. Sie sind für die weitere Analyse ohne Relevanz.

Gleichung (2.1) beschreibt das nachfrageseitige Gleichgewicht auf den Gütermärkten von U_1 und U_2. Die Güternachfrage besteht aus den Komponenten einkommens- und realzinsabhängige private Absorption, Staatsausgaben $g_{1(2)}$ und Außenbeitrag (zweite Zeile der Gleichung (2.1)). Dieser setzt sich aus dem bilateralen Außenbeitrag zwischen den beiden Unionsländern und dem bilateralen Handelsbilanzsaldo zwischen U_1 (U_2) und der übrigen Welt zusammen; Determinanten des Außenhandels sind die Einkommensvariablen y_1, y_2 und y^a sowie die Preisverhältnisse $\pi_{1(2)}$ und $\tau_{1(2)}$. Dabei sind in- und ausländische Güterbündel unvollständige Substitute.

Gleichung (2.2) beschreibt das Gleichgewicht auf dem gemeinsamen Geldmarkt der Währungsunion, d.h. der Realwert der vorhandenen Geldmenge

[2] Zur Herleitung vgl. den Anhang A.1.

stimmt mit der gewünschten realen Kassenhaltung überein. Die Entwicklung der Geldmenge m ist exogen gegeben;[3] die Geldnachfrage ist positiv abhängig vom realen Nationaleinkommen der beiden Unionsländer und negativ abhängig von den Nominalzinsen i_1 und i_2.[4]

Gleichung (2.3) ist die Bedingung für die ungedeckte Zinsparität; Bonds der Unionsländer wie auch des Auslands werden als perfekte Substitute angesehen. $\dot{e}$ bezeichnet die rational erwartete (endogene) Aufwertungsrate des Wechselkurses e (in Mengennotierung). Die Gleichgewichtsbedingung der ungedeckten Zinsparität impliziert, dass erwartete Renditedifferenzen zwischen den einzelnen Assets durch Arbitrage unverzüglich beseitigt werden.

Gemäß der Preisgleichung (2.4) resultiert der inländische Güterpreis p_1 (bzw. p_2) im Rahmen einer Zuschlagskalkulation aus einem mark up auf die gesamtwirtschaftlichen Lohnstückkosten;[5] aufgrund der unterstellten Überwälzungsmöglichkeiten dieser Kosten wird die Entwicklung von p_1 (bzw. p_2) durch die Tendenz der heimischen Nominallöhne w_1 (bzw. w_2) determiniert. Die Lohnänderung in den einzelnen Unionsländern wird durch Gleichung (2.5) beschrieben. Grundlage für die Nominallohnentwicklung ist die

---

[3] In einem Modell mit zwei Unionsländern ist die Größe m definiert durch

$$m := 2 \cdot \ln M,$$

wobei M die Gesamtgeldmenge der Union (in nichtlogarithmierter Form) bezeichnet. Der Faktor "2" resultiert aus der Logarithmierung der gemeinsamen Geldmarktgleichung

$$M = P_1 \cdot L_1(Y_1, i_1) + P_2 \cdot L_2(Y_2, i_2).$$

Durch Bildung des totalen Differentials erhält man mit den vereinfachenden Annahmen $P_1(t_0) = P_2(t_0), L_1(t_0) = L_2(t_0)$

$$\begin{aligned} dM &= P_1 \cdot dL_1 + L_1 \cdot dP_1 + P_2 \cdot dL_2 + L_2 \cdot dP_2 \\ \frac{dM}{M_0} &= 1/2 \cdot \left(\frac{dL_1}{L_1} + \frac{dP_1}{P_1} + \frac{dL_2}{L_2} + \frac{dP_2}{P_2}\right). \end{aligned}$$

Mit

$$\begin{aligned} \ln M &= \ln M_0 + \frac{dM}{M_0} \\ m &:= 2 \cdot \ln M \end{aligned}$$

ergibt sich die logarithmierte Form der Geldmarktgleichung (2.2). – Analog bezeichnet $\dot{m}$ die doppelte Geldmengenwachstumsrate, $\dot{m} = 2 \cdot \hat{m}$.

[4] Die Form der Geldmarktgleichung (2.2) bleibt erhalten, wenn die nominale Geldmenge der Union mit den Konsumentenpreisindizes $p_1^V + p_2^V$ deflationiert wird, die reale Geldnachfrage in Abhängigkeit des kaufkraftmäßigen Einkommens ($p_1 + y_1 - p_1^V$ bzw. $p_2 + y_2 - p_2^V$) formuliert wird und die Einkommenselastizität der Geldnachfrage l_1 den Wert eins annimmt (Ahtiala 1984, S. 119f.).

[5] Dabei wird eine konstante durchschnittliche Arbeitsproduktivität unterstellt; von technischem Fortschritt wird abgesehen. Die gesamtwirtschaftlichen Lohnstückkosten werden dann maßgeblich von der Lohntendenz beeinflusst.

von den Gewerkschaften antizipierte Änderung der Verbraucherpreise $p^V_{1(2)}$; darüber hinaus erfolgt ein Aufschlag (Abschlag) in Abhängigkeit der Reallohnposition: Liegt der aktuelle Reallohnsatz $w_1 - p^V_1$ bzw. $w_2 - p^V_2$ unterhalb (oberhalb) des von der jeweiligen Zentralgewerkschaft für die laufende Periode angestrebten Niveaus r_1 bzw. r_2,[6] so sind die nationalen Lohnsteigerungsraten $\dot{w}_1$ bzw. $\dot{w}_2$ höher (geringer) als die jeweilige Steigerungsrate der Verbraucherpreise $\dot{p}^V_1$ bzw. $\dot{p}^V_2$.

Mit Hilfe des Referenzwertes r_1 (bzw. r_2) kann die Bereitschaft der Gewerkschaften von U_1 (bzw. U_2) zu *realen Lohnzugeständnissen* modelliert werden.[7] Diese können temporärer oder dauerhafter Natur sein. Sind die Gewerkschaften eines Landes zu einer *temporären* Reallohnzurückhaltung bereit, so wird modelltheoretisch das Referenzniveau $r_{1(2)}$ zeitweise gesenkt, während das Langfristniveau $\overline{r}_{1(2)}$ unverändert bleibt. Ein *langfristiges* Reallohnzugeständnis liegt dagegen bei einer Reduktion von $\overline{r}_{1(2)}$ vor.[8]

Die Gleichungen (2.5) und (2.7) beschreiben in allgemeiner Form eine Reallohndynamik, die sich *entscheidungslogisch* wie folgt begründen lässt: Geht man davon aus, dass erstens im Unionsland U_1 der Reallohn in der Ausgangslage ein Niveau $r_1 = \overline{r}_1$ angenommen hat, zu dessen Unterschreitung die Gewerkschaftsmitglieder nicht bereit sind, und zweitens die Arbeitslosenrate u über ein gewerkschaftlich akzeptiertes Niveau u^{tol} angestiegen ist, so besteht c.p. weder ein Spielraum für Reallohnsenkungen noch für -steigerungen: Reallohnsenkungen würden c.p. von den Gewerkschaften nicht akzeptiert, und -steigerungen würden die Arbeitlosenquote weiter erhöhen.

Dieser Verhaltensweise liegt eine gewerkschaftliche Nutzenfunktion zugrunde, die positiv vom realen Konsumlohn und negativ von der Unterbeschäftigungsrate u abhängig ist:[9]

---

[6] Vgl. hierzu den Ansatz von Aoki (1981, S. 141).

[7] Diesem Ansatz liegt die Vorstellung zugrunde, dass Reallohnsenkungen nur dann aufrechterhalten werden können, wenn diese von den Gewerkschaftsmitgliedern auch akzeptiert werden.

[8] Die Reallohnzurückhaltung ist zu unterscheiden von einer *nominalen Lohnzurückhaltung* (vgl. z.B. Lehment 1979); letztere liegt vor, wenn die Lohnsteigerungsraten hinter der Inflationsrate zurückbleiben. Daneben wird in der Literatur Lohnzurückhaltung auch dadurch definiert, dass die Lohnsteigerungsraten geringer ausfallen als das Wachstum des nominalen Nationaleinkommens je Beschäftigten (Lehment 1991). Diese Definition ist im vorliegenden Modellansatz mit konstanter Arbeitsproduktivität gleichbedeutend mit einer nominalen Lohnzurückhaltung, d.h. mit $\dot{w} < \dot{p}^V$. Im vorliegenden Modell stimmt *langfristig* - d.h. nach Erreichen eines neuen Reallohnniveaus - stets die Lohnänderungsrate $\dot{w}_{1(2)}$ mit der Inflationsrate $\dot{p}^V_{1(2)}$ überein. Eine dauerhafte Reallohnzurückhaltung kann durch eine vorübergehende Nominallohnzurückhaltung erreicht werden.

[9] Eine explizite Formulierung von U wäre beispielsweise eine Stone-Geary-Nutzenfunktion (vgl. z.B. Oswald 1985),

$$\mathcal{U} = \left(W/P^V - R\right)^g \cdot \left(u^{tol} - u\right)^{1-g} \qquad g \leq 1.$$

$$\begin{aligned} \mathcal{U} &= \mathcal{U}\left(\frac{W}{P^V}, u\right) \longrightarrow \max \\ \text{mit} \quad \frac{W}{P^V} &\geq R \\ u &\leq u^{tol}. \end{aligned}$$

W/P^V bezeichnet hierbei (in nichtlogarithmierter Form) den (nationalen) realen Konsumlohn, während R das Referenz- oder Mindestniveau für den Reallohn angibt, zu dessen Unterschreitung die Gewerkschaften nicht bereit sind. Ist nun die Ausgangslage ($t = 0$) gekennzeichnet durch $W/P^V = R$ und $u \geq u^{tol}$, so besteht für die Gewerkschaften bzw. für die Tarifparteien c.p. *kein* Spielraum für Reallohnvariationen; stimmt in dieser Situation die Lohnsteigerungsrate $\hat{W}$ mit der Inflationsrate $\hat{P}^V$ überein, so verharrt das Reallohnniveau auf seinem aktuellen Niveau, so dass Insider (c.p.) weiterhin beschäftigt bleiben. Erst durch eine Verhaltensänderung der Gewerkschaften, d.h. durch eine Änderung des Referenzwertes R, würde es zu einer Dynamik von Produktion und Beschäftigung kommen.

Im vorliegenden Kapitel werden durch Variationen von $r := \log R$ *temporäre* oder *dauerhafte* Aufweichungen der gewerkschaftlichen Reallohnuntergrenze R modelliert. Die Anpassung des Reallohnniveaus W/P^V an R bzw. in logarithmierter Form von $w_{1(2)} - p^V_{1(2)}$ an $r_{1(2)}$ erfolgt dabei gemäß Gleichung (2.5) zeitlich verzögert. Die positiven Parameter β und $\gamma_{1(2)}$ beschreiben die Anpassungsgeschwindigkeiten des Reallohns und des Referenzniveaus an seinen langfristigen Wert.

2.3 Steady-State-Analyse

Im Steady-State oder langfristigen Gleichgewicht sind die Preis– und Lohnanpassungen abgeschlossen. Der Reallohn $w_{1(2)} - p^V_{1(2)}$ stimmt dann mit dem angestrebten Referenzniveau $\overline{r}_1$ (bzw. $\overline{r}_2$) überein, d.h.

$$\overline{w_{1(2)} - p^V_{1(2)}} = \overline{r}_{1(2)}.$$

Darüber hinaus stimmen langfristig die nationalen Inflationsraten $\dot{p}_{1(2)}$ und $\dot{p}^V_{1(2)}$ wie auch die Steigerungsrate der Nominallöhne $\dot{w}_{1(2)}$ mit der exogen festgelegten *Geldmengenwachstumsrate* $\hat{m}$ überein;[10] *Inflation* ist im Steady-State ein rein monetäres Phänomen. *Temporäre* Reallohnzugeständnisse haben im Steady-State *keinen* Einfluß auf die Realgrößen $\overline{y}_{1(2)}, \overline{\tau}_{1(2)}$ und $\overline{\pi}_{1(2)}$.

[10] Es gilt $\hat{m} = \dot{m}/2$.

Eine vorübergehende (temporäre) Lohnzurückhaltung[11] ist daher nicht geeignet, nachhaltige Produktions- und Beschäftigungserfolge zu erzielen.

Dauerhafte Realeffekte ergeben sich dagegen, wenn es in mindestens einem der Unionsländer zu einer *dauerhaften* Änderung des Reallohnniveaus $\overline{r}_{1(2)}$ kommt.[12]

$$\begin{aligned} d\overline{\pi}_1 &= k_1 \cdot (d\overline{r}_1 - d\overline{r}_2) \qquad k_1 > 0 \\ d\overline{\tau}_{1(2)} &= k_2 \cdot d\overline{r}_{1(2)} + k_3 \cdot d\overline{r}_{2(1)} \qquad k_2, k_3 > 0 \\ d\overline{y}_{1(2)} &= -k_4 \cdot d\overline{r}_{1(2)} - k_5 \cdot d\overline{r}_{2(1)} \qquad k_4 > 0, k_5 \gtrless 0. \end{aligned}$$

Ein (einseitiges) dauerhaftes Reallohnzugeständnis in U_1 (d.h. eine Senkung von $\overline{r}_1$) induziert für das aktive Land sowohl eine Verbesserung der preislichen Wettbewerbsfähigkeit gegenüber dem passiven Partnerland ($d\overline{\pi}_1 < 0$) als auch gegenüber der übrigen Welt ($d\overline{\tau}_1 < 0$). Diese beiden relativen Preiseffekte wirken über den Außenbeitrag expansiv auf das heimische Nationaleinkommen.[13]

Im passiven Unionsland 2 treten bei einer einseitigen *Senkung* von $\overline{r}_1$ grundsätzlich gegenläufige Effekte auf der Güternachfrageseite auf: Die preisliche Wettbewerbsfähigkeit verschlechtert sich gegenüber U_1, verbessert sich aber gegenüber der übrigen Welt. Die Senkung von $\overline{\tau}_2$ ergibt sich einerseits aus der *Abwertung* des gemeinsamen Wechselkurses e, andererseits wirkt die Preisentwicklung in U_1 dämpfend auf die Verbraucherpreise und Löhne in U_2. Vergleicht man die gegenläufigen Änderungen der Relativpreise, so fällt die

---

[11] In der vorliegenden Analyse wird von einer realen Lohnzurückhaltung ausgegangen. Dagegen wird in der Literatur häufig der Fall einer nominalen Lohnzurückhaltung diskutiert (z.B. Lehment 1979). Beide Ansätze sind miteinander vereinbar, da eine Reallohnzurückhaltung durch eine temporäre Nominallohnzurückhaltung erreicht werden kann.

[12] Vgl. die Berechnungen im Anhang A.2. Die Realzinsen sind langfristig durch das Weltrealzinsniveau bestimmt. Langfristige Änderungen der terms of trade ergeben sich aufgrund der vorliegenden Preis- und Lohngleichungen, die unabhängig vom Output- und Beschäftigungsniveau sind, nur bei angebotsseitigen Störungen. Reine Nachfrageschocks sind dagegen im vorliegenden Modellansatz ohne Auswirkungen auf die langfristigen Relativpreise $\overline{\tau}_{1(2)}$ und $\overline{\pi}_{1(2)}$.

Im Fall einer *Konvoi-Strategie* ($d\overline{r}_1 = d\overline{r}_2 = d\overline{r}$) ergeben sich die folgenden Resultate:
$d\overline{\pi}_1 = 0$, $d\overline{\tau}_1 = d\overline{\tau}_2 = 1/\alpha_3 \cdot d\overline{r}$, $d\overline{y}_1 = d\overline{y}_2 = -k_6 \cdot d\overline{r}$, $k_6 > 0$.
Der expansive Effekt einer Lohnzurückhaltung auf das *Gesamteinkommen* der Union ($y_1 + y_2$) ist bei einer *Konvoi-Strategie* der Gewerkschaften höher als im Fall einer *einseitigen* tariflohnpolitischen Maßnahme. Diese Aussage ist allerdings für die *nationalen* Einkommensgrößen y_1 und y_2 nur dann gültig, wenn eine gleichgerichtete Konjunkturübertragung vorliegt ($k_5 > 0$). Vgl. hierzu die hinreichende Bedingung (2.8).

[13] Ist der Multiplikator k_4 größer als eins, so induziert eine Reallohnsenkung zugleich eine Erhöhung des kaufkraftmäßigen Lohneinkommens $c_0 + w_{1(2)} + y_{1(2)} - p^V_{1(2)}$.

Senkung von $\overline{\tau}_2$ stärker aus als der Anstieg von $\overline{\pi}_2 = -\overline{\pi}_1$:[14]

$$d\overline{\tau_1} < d\overline{\tau_2} < d\overline{\pi}_1 < 0 \qquad \alpha_2 \geq \alpha_3.$$

Zudem wirkt die positive Konjunkturentwicklung in U_1 über die einkommensinduzierten Reaktionen des innergemeinschaftlichen Außenbeitrages expansiv auf U_2.

Für die Outputänderung im passiven Partnerland U_2 lässt sich dann die folgende Aussage aufstellen: Insgesamt profitiert U_2 von der Lohnzurückhaltung in U_1 (*gleichgerichtete* Konjunkturübertragung, $k_5 > 0$), wenn für U_2 gegenüber den Nicht-EWU-Ländern eine relative Exportorientierung vorliegt, d.h.wenn die folgende *hinreichende* Bedingung erfüllt ist:

$$\left.\frac{\text{gesamter Export}}{\text{Konsumgüterimport}}\right|_{\substack{\text{Extra-}\\\text{EWU-}\\\text{Handel}}} \geq \left.\frac{\text{gesamter Export}}{\text{Konsumgüterimport}}\right|_{\substack{\text{Intra-}\\\text{EWU-}\\\text{Handel}}} \tag{2.8}$$

Formal lautet die hinreichende Bedingung für eine gleichgerichtete Konjunkturübertragung:[15]

$$\frac{b_3}{\alpha_3} \geq \frac{b_4}{\alpha_2} \Longleftrightarrow \frac{\alpha_2}{\alpha_3} \geq \frac{b_4}{b_3}.$$

Diese Bedingung ist insbesondere dann erfüllt, wenn die *importierten Konsumgüter* eines Landes vorwiegend aus den *Mitgliedsländern* der EWU bezogen werden, die *Exporte* dagegen vorwiegend in Länder *außerhalb* der EWU geliefert werden.

Aufgrund der verbesserten internationalen Wettbewerbsbedingungen steigen im aktiven Land U_1 sowohl die Binnennachfrage[16] als auch die Exportgüternachfrage aus U_2 und dem Rest der Welt an. In U_2 profitieren dagegen nur weltweit operierende Branchen terms-of-trade-bedingt von einer Lohnzurückhaltung in U_1, während sich eine auf die Mitgliedsländer der

---

[14] Diese Aussage unterstellt für die Preisindexgewichte $\alpha_2 \geq \alpha_3$; m.a.W. der Import von Konsumgütern aus den übrigen Mitgliedsländern der EWU dominiert dann denjenigen aus dem Rest der Welt. Diese Bedingung wird für die Mitgliedsländer der Europäischen Währungsunion dann erfüllt sein, wenn die jetzigen Pre-Ins, insbesondere Großbritannien, der EWU beigetreten sind.

[15] Dabei gibt α_2/α_3 das Verhältnis der Konsumgüterimporte aus dem Partnerland zu denjenigen aus dem Rest der Welt an, während b_4/b_3 (für die Ausgangslage) das Verhältnis der gesamten Exporte in das Partnerland zu denjenigen in den Rest der Welt bezeichnet. Zur Gültigkeit dieser Bedingung aus empirischer Sicht vgl. Bulthaupt (1999).

[16] Dies ist der Fall, wenn der Laursen-Metzler-Effekt hinreichend schwach ausgeprägt ist. Vgl. hierzu die Fußnote 1

EWU beschränkte Exportgüterindustrie einer gesunkenen preislichen Wettbewerbsfähigkeit gegenübersieht und lediglich von einer einkommensinduzierten Nachfragestimulanz aus dem aktiven Land profitiert. Die Binnennachfrage geht in U_2 zurück, wenn die Nachfrageverlagerung zu Gunsten des aktiven Landes stärker ausfällt als diejenige zu Lasten des großen Auslandes.

Umgekehrt beeinträchtigt eine einseitige Reallohn*steigerung*, etwa eine Angleichung an ein höheres Reallohnniveau bzw. Nominallohnniveau[17] des Partnerlandes, nicht nur die preisliche Wettbewerbsfähigkeit des eigenen Landes, sondern auch die Wettbewerbsfähigkeit des Partnerlandes gegenüber der übrigen Welt. Dies führt zu kontraktiven Effekten nicht nur im aktiven Land, sondern in der gesamten Union. Bei einer hinreichend starken Exportabhängigkeit gegenüber dem Rest der Welt gemäß der Bedingung (2.8) würden sich in diesem Fall auch im Partnerland Nationaleinkommenssenkungen ergeben, selbst wenn es sich nicht an den Reallohnsteigerungen beteiligt.

Die langfristige *nominale Abwertung*[18] der Unionswährung, die sich als Folge einer dauerhaften Reallohnsenkung einstellt, resultiert im vorliegenden makroökonomischen Modell aus den Interaktionen zwischen dem Güter-, Geld- und internationalen Kapitalmarkt der gesamten Währungsunion: Die *Lohnzurückhaltung* eines Landes führt zu einem Druck auf die Güterpreise und damit einhergehend zu einer Ausweitung der realen Geldmenge in der Union. Zugleich verbessert sich die preisliche Wettbewerbsfähigkeit gegenüber den Ländern außerhalb des Währungsgebietes, so dass die Güternachfrage in der Union insgesamt ansteigt. Die damit verbundene Produktionsausweitung reduziert das bestehende Ungleichgewicht auf dem Gütermarkt stärker als auf dem Geldmarkt. Selbst wenn infolge der Produktionsausweitung temporär ein gleichgewichtiger Gütermarkt erreicht ist, besteht weiterhin ein Liquiditätsüberschuss auf dem Geldmarkt und infolgedessen ein Druck auf die Zinsen. Dieser löst eine nominale Abwertung der Unionswährung aus. Die anschließende Reaktion des Außenbeitrags induziert eine weitere Nachfrage nach Unionsgütern und eine weitere Produktionsausweitung, bis schließlich ein Gleichgewicht auf allen Märkten vorliegt.

Das formale Pendant zu dieser Argumentation ist die folgende notwendige und hinreichende Bedingung: Bei einer Politik der dauerhaften Reallohnzurückhaltung ergibt sich eine dauerhafte nominale Abwertung, wenn[19]

[17] Eine Angleichung der Reallöhne in beiden Unionsländern impliziert - bei Übereinstimmung der durchschnittlichen Arbeitsproduktivität in beiden Ländern - eine Angleichung der Nominallöhne:

$$\bar{r}_1 = \bar{r}_2 \Longleftrightarrow w_1 = w_2.$$

[18] Zum formalen Nachweis der nominalen Abwertung bei einer Reallohnzurückhaltung vgl. die Ausführungen im Anhang A.2.1.

[19] Vgl. Anhang A.2.1.

$$1 - a_1 + (b_{11} - b_{12}) > l_1 b_3.$$

Diese Ungleichung ist erfüllt (hinreichende Bedingungen), wenn die Einkommenselastizität der Geldnachfrage l_1 kleiner oder gleich eins ist sowie die Voraussetzungen der folgenden Proposition erfüllt sind:

Proposition 2.1. Fundamentale Abschätzung *Sind die Realzins-Semielastizität der privaten Absorption sowie die Terms-of-Trade-Elastizität des Außenbeitrags jeweils kleiner als eins, so gilt die Abschätzung:*

$$1 - a_1 + (b_{11} - b_{12}) > a_2 + b_3.$$

Diese Abschätzung lässt sich aus kreislauftheoretischen Zusammenhängen herleiten.[20]

Da diese Bedingungen aus empirischer Sicht als erfüllt angesehen werden können, führt eine Politik der Lohnzurückhaltung neben einer Preissenkung auch zu einer nominalen Abwertung der gemeinsamen Unionswährung. Dadurch kommt es zu einer zusätzlichen Verbesserung der preislichen Wettbewerbsfähigkeit in der Exportgüterindustrie. Wesentlich für dieses Resultat ist die Berücksichtigung des monetären Sektors der Währungsunion.[21]

2.4 Die Konjunkturdynamik im Währungsgebiet

Das vorliegende dynamische Modell einer Währungsunion lässt sich auf zwei Subsysteme reduzieren:

Das *erste Subsystem* beschreibt die Entwicklung der Modellvariablen für die gesamte Währungsunion: ($\tau := \tau_1 + \tau_2, p := p_1 + p_2$)

[20] Siehe hierzu den Anhang A.1.3.

[21] Dagegen hat der Sachverständigenrat in den vergangenen Jahren mehrmals mit *realwirtschaftlichen* Argumenten vorgetragen, Lohnzurückhaltung (zum Begriff der Lohnzurückhaltung vgl. die Fußnote 11) führe zu einer *Aufwertung* des nominalen Wechselkurses und neutralisiere langfristig die preislichen Wettbewerbsvorteile der Exportunternehmen (vgl. das Jahresgutachten 95/96, Textziffer 367; Jahresgutachten 96/97, Textziffer 316 sowie das Jahresgutachten 97/98, Textziffer 376; vgl. hierzu auch Lehment 1979 sowie die Übersicht von Maaß, Sell 1998). Im Rahmen des hier vorliegenden Modells der monetären Makroökonomik gelangt man bei Berücksichtigung der Finanzmärkte zu einem gegenteiligen Ergebnis: Die Lohnzurückhaltung führt (unter den schwachen Bedingungen der Proposition 2.1) zu einer Abwertung, wodurch die preisliche Wettbewerbsfähigkeit der Exportgüterindustrie weiter erhöht wird. Vgl. hierzu auch die Analysen von Maaß, Sell (1997) auf der Basis eines makroökonomischen Portfoliomodells.

Würde man das vorliegende Modell um internationale Aktienmärkte (z.B. DJ Eurostoxx 50) erweitern, so hätte dies Konsequenzen für die Komplexität der Wechselkursbestimmung. Allerdings ergäben sich in diesem Fall zur Reallohnänderung (bzw. Erhöhung der Lohnstückkosten) negativ korrelierte Aktienkursreaktionen, die auf die Güternachfrage der einzelnen Unionsländer einwirken.

$$\begin{pmatrix} \dot{\tau} \\ \dot{m} - \dot{p} \\ \dot{r}_1 \\ \dot{r}_2 \end{pmatrix} = \begin{pmatrix} -\beta & 0 & \dfrac{\beta}{\alpha_3} & \dfrac{\beta}{\alpha_3} \\ \kappa_1 & 1/l_2 & \kappa_2 & \kappa_2 \\ 0 & 0 & -\gamma_1 & 0 \\ 0 & 0 & 0 & -\gamma_2 \end{pmatrix} \begin{pmatrix} \tau - \overline{\tau} \\ m - p - \overline{m - p} \\ r_1 - \overline{r}_1 \\ r_2 - \overline{r}_2 \end{pmatrix}$$

$$\kappa_1 := \frac{l_1 b_3}{l_2 \psi} + \beta \left(1 + \frac{l_1 a_2}{l_2 \psi}\right) > 0 \qquad \kappa_2 := -\frac{\beta}{\alpha_3} \left(1 + \frac{l_1 a_2}{l_2 \psi}\right) < 0$$

$$\psi := 1 - a_1 + b_{11} - b_{12}.$$

Eine (temporäre oder dauerhafte) Senkung des gewerkschaftlichen Referenzwertes r_1 *oder* r_2 induziert für das *gesamte Währungsgebiet* Änderungen der

- aggregierten terms of trade $\tau_1 + \tau_2$
- aggregierten Realzinsen $(i_1 - \dot{p}_1) + (i_2 - \dot{p}_2)$
- aggregierten Inflationsrate $\dot{p}_1 + \dot{p}_2$ sowie des
- aggregierten Outputniveaus $y_1 + y_2$ und des
- Wechselkurses e.

Das innergemeinschaftliche Preisverhältnis π_1 $(= p_1 - p_2 = w_1 - w_2)$ verändert sich im vorliegenden Modell *nur* bei einer asymmetrischen Nominallohnentwicklung innerhalb der Währungsunion; dies gilt zugleich für die Differenz der nationalen Realzinsen und der nationalen Inflationsraten $(i_2 - \dot{p}_2 - (i_1 - \dot{p}_1) = \dot{p}_1 - \dot{p}_2 = \dot{\pi}_1)$.
Diese Dynamik wird durch das *zweite Subsystem* erfasst:

$$\begin{aligned} \dot{\pi}_1 &= -\beta \cdot (\pi_1 - \overline{\pi}_1) + \frac{\beta}{1 - \alpha_1 + \alpha_2}\Big((r_1 - \overline{r_1}) - (r_2 - \overline{r_2})\Big) \\ & \quad r_1(t), r_2(t) \quad \text{wie oben.} \end{aligned}$$

Eine asymmetrische Lohnentwicklung induziert *innergemeinschaftlich* eine

- Differenz in den nationalen Inflationsraten
- Realzinsdifferenz
- Veränderung der relativen Preise π_1 sowie eine
- asymmetrische Outputentwicklung.

Betreiben dagegen *beide* Gewerkschaften simultan eine Politik der Lohnzurückhaltung (*Konvoi-Strategie*), so bleibt das innergemeinschaftliche Preisverhältnis im Zeitverlauf unverändert. Beide Volkswirtschaften entwickeln sich in diesem Fall identisch:

$$\begin{aligned} r_1(t) - \overline{r}_1 &= r_2(t) - \overline{r}_2 \quad \Longrightarrow \\ & \dot{\pi}(t) \equiv 0 \\ & \tau_1(t) - \overline{\tau}_1 = \tau_2(t) - \overline{\tau}_2 \\ & y_1(t) - \overline{y}_1 = y_2(t) - \overline{y}_2. \end{aligned}$$

Im folgenden werden die intertemporalen Wirkungen einer *einseitigen* Politik der Lohnzurückhaltung auf die gemeinsamen Finanzmarktpreise sowie auf die Konjunkturentwicklung der einzelnen Länder beschrieben. Dabei wird zwischen einer *temporären* und einer *dauerhaften* Lohnzurückhaltung unterschieden.

2.5 Die kurz– und mittelfristigen Auswirkungen einer einseitigen temporären Reallohnzurückhaltung

Bei einer einseitigen Politik der *temporären* Lohnzurückhaltung wird davon ausgegangen, dass die Gewerkschaften in U_1 *vorübergehend* zu Reallohnzugeständnissen bereit sind; diese werden jedoch im Zeitverlauf sukzessiv wieder abgebaut, bis langfristig wieder das ursprüngliche Reallohnniveau $\overline{r}_1$ erreicht ist. Formal wird dieses Verhalten durch eine Reduktion des Referenzwertes $r_1(0)$ modelliert, während das langfristige Niveau $\overline{r}_1$ unverändert bleibt. Die zeitliche Entwicklung von $r_1(t)$ wird durch die folgende Bewegungsgleichung beschrieben:

$$\begin{aligned} \dot{r}_1 &= -\gamma_1(r_1 - \overline{r}_1), \\ \text{mit} \quad & r_1(0) < \overline{r}_1, \quad d\overline{r}_1 = 0. \end{aligned} \tag{2.9}$$

Die Gewerkschaft in U_1 ist um so *länger* zur Aufrechterhaltung der anfänglichen Reallohnzugeständnisse bereit, je *kleiner* die Anpassungsgeschwindigkeit γ_1 ist.

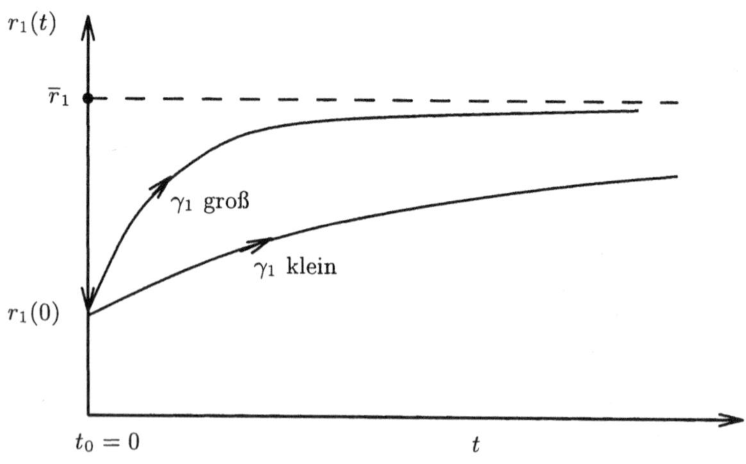

Abb. 2.1. Die Dynamik der Referenzlöhne bei einer temporären realen Lohnzurückhaltung in U_1

Für die Gewerkschaft in U_2 wird unterstellt, dass diese ihre Reallohnposition aufrechterhält ($r_2(t) = \overline{r_2}$), so dass ein asymmetrisches Gewerkschaftsverhalten vorliegt.

Die Abbildung 2.2 beschreibt die daraus resultierende *asymmetrische Lohnentwicklung* in den Unionsländern anhand der *Lohnindexierungsgrade* $\epsilon_1(t)$ und $\epsilon_2(t)$;[22] diese werden folgendermaßen definiert:

$$\dot{w}_1 = \epsilon_1 \cdot \dot{p}_1^V \qquad \dot{w}_2 = \epsilon_2 \cdot \dot{p}_2^V .$$

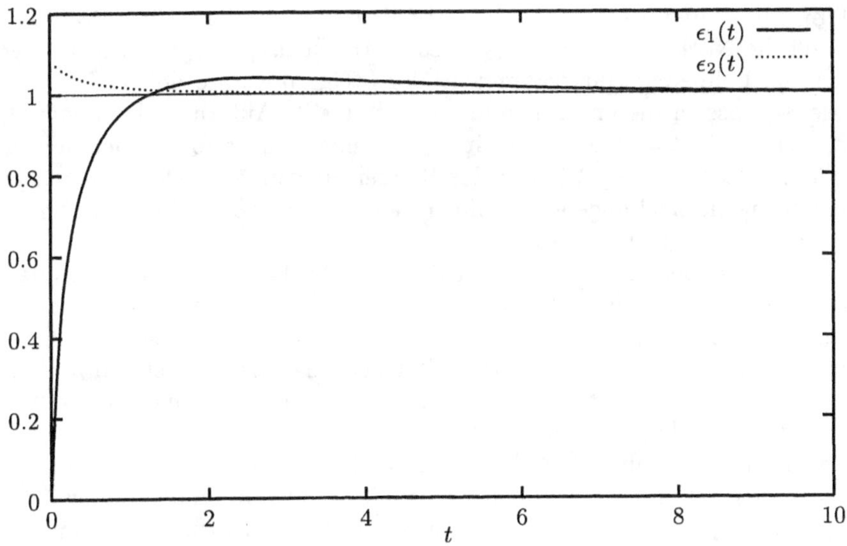

Abb. 2.2. Die Dynamik der Lohnindexierungsgrade in U_1 und U_2 bei einer temporären Lohnzurückhaltung in U_1

Die zeitvariablen Lohnindexierungsgrade ϵ_1 und ϵ_2 beschreiben, in welchem Ausmaß die von den Gewerkschaften antizipierte Steigerungsrate der Verbraucherpreise auf die Nominallöhne überwälzt werden.[23] Steigen die Nominallöhne in geringerem Ausmaß als die Verbraucherpreise des jeweiligen

[22] In der nachfolgenden Simulation werden die folgenden Parameterwerte unterstellt:

$$\alpha_1 = 0.6 \qquad \alpha_2 = 0.25 \quad \alpha_3 = 0.15$$
$$\beta = 1 \qquad \gamma_1 = 0.5$$
$$r_1(0) - \overline{r}_1 = -0.01 \qquad \hat{m} = 3\%.$$

[23] Gemäß der Lohnänderungsgleichung (2.5) ergibt sich die Höhe des Lohnindexierungsgrades aus dem Vergleich des aktuellen realen Konsumlohns mit seinem aktuellen Referenzwert. Liegt der Reallohn über dem Referenzwert, so fällt die Nominallohnsteigerung schwächer aus als das Wachstum des CPI.

Landes, so ist ϵ_1 (bzw. ϵ_2) kleiner als eins. In diesem Fall liegt eine nominale Lohnzurückhaltung vor.[24]

Mittels der Lohnindexierungsgrade wird folglich aufgezeigt, wie eine Politik der Reallohnzurückhaltung umgesetzt werden kann, wenn Tarifparteien - wie in der Realität üblich - Verträge über die Entwicklung der *Nominallöhne* schließen.

In der Anfangsphase sind die Gewerkschaften des Landes U_1 zu Reallohnsenkungen bereit. Aus diesem Grunde steigen die Nominallöhne in U_1 *langsamer* als der Verbraucherpreisindex ($\dot{w}_1 < \dot{p}_1^V$), d.h. der Lohnindexierungsgrad ϵ_1 ist zunächst kleiner als eins (durchgezogene Linie). Mittelfristig erfolgt ein allmählicher Anstieg des Reallohnniveaus $w_1 - p_1^V$, bis das ursprüngliche Niveau $\overline{w_1 - p_1^V} = \overline{r}_1$ wieder erreicht ist; in dieser Phase liegen daher die Lohnsteigerungsraten *über* der Steigerungsrate der Verbraucherpreise, so dass in diesem Zeitraum $\epsilon_1(t) > 1$ gilt. Aufgrund der nominalen Abwertung[25] in $t = 0$ kommt es in U_2 zu einer unmittelbaren Senkung des Reallohnniveaus ($w_2 - p_2^V$). Um das Referenzniveau $\overline{r}_2$ wieder zu erreichen, übersteigen die nachfolgenden Lohnerhöhungen $\dot{w}_2$ leicht die Inflationsrate $\dot{p}_2^V$, d.h. $\epsilon_2 > 1$ (gepunktete Linie).

Die hier modellierte zeitliche Entwicklung der Lohnindexierungsgrade ist kompatibel mit *empirischen Untersuchungen*: Betrachtet man die Lohnsteigerungsraten verschiedener westeuropäischer Länder der vergangenen Jahre, so lässt sich erst bei einer längerfristigen Betrachtung eine parallele Entwicklung zur Wachstumsrate der Verbraucherpreise nachweisen; bei einer kurzfristigen Betrachtung ist dagegen ein Gleichschritt von Löhnen und Verbraucherpreisen nicht klar erkennbar.[26] In dem vorliegenden Modell sind die Lohnindexierungsgrade $\epsilon_1(t)$ und $\epsilon_2(t)$ im Zeitverlauf nicht konstant, konvergieren jedoch langfristig gegen den Wert eins. Wie in der Grafik verdeutlicht ist, sind Lohnsteigerungen, die vorübergehend *über* einen Inflationsausgleich hinausgehen (d.h. $\epsilon_1(t) > 1$), mit einer gewerkschaftlichen Politik der *temporären* Reallohnzurückhaltung vereinbar.

Nachfolgend soll die aus dem unterstellten asymmetrischen Lohnverhalten resultierende konjunkturelle Dynamik analysiert werden.[27] Für die kurze Frist ist die Reaktion der Finanzmarktpreise von besonderer Bedeutung. Der Verlauf dieser Variablen soll zunächst betrachtet werden.

---

[24] Vgl. die Diskussion des Begriffs Lohnzurückhaltung in der Fußnote 11.

[25] Die unmittelbare Abwertung der Unionswährung resultiert aus dem antizipatorischen Verhalten der Finanzmärkte. Vgl. Gleichung (2.10) sowie die Proposition 2.2.

[26] Vgl. Jeger (1993, S. 103ff.) sowie die dort angegebenen empirischen Untersuchungen.

[27] Für die nachfolgende dynamische Analyse wird *generell* $\beta > \gamma_1, \gamma_2$ unterstellt; m.a.W. die tatsächliche Anpassung des Reallohnes $w_{1(2)} - p_{1(2)}^V(t)$ an das Referenzniveau $r_{1(2)}(t)$ erfolgt schneller als die Veränderung der Referenzgröße $r_{1(2)}(t)$ selbst.

2.5.1 Die Reaktion der Finanzmarktpreise

Die Nominalzinsen $i = i_1 = i_2$ sowie der nominale Wechselkurs e werden durch eine Politik der *temporären* Lohnzurückhaltung *langfristig* nicht beeinflusst; *kurz- und mittelfristig* treten dagegen Änderungen der Finanzmarktpreise auf. Für den Fall einer temporären 1%-igen Reallohnsenkung in Land U_1 erhält man die in Abbildung 2.3 dargestellten Zeitpfade.[28]

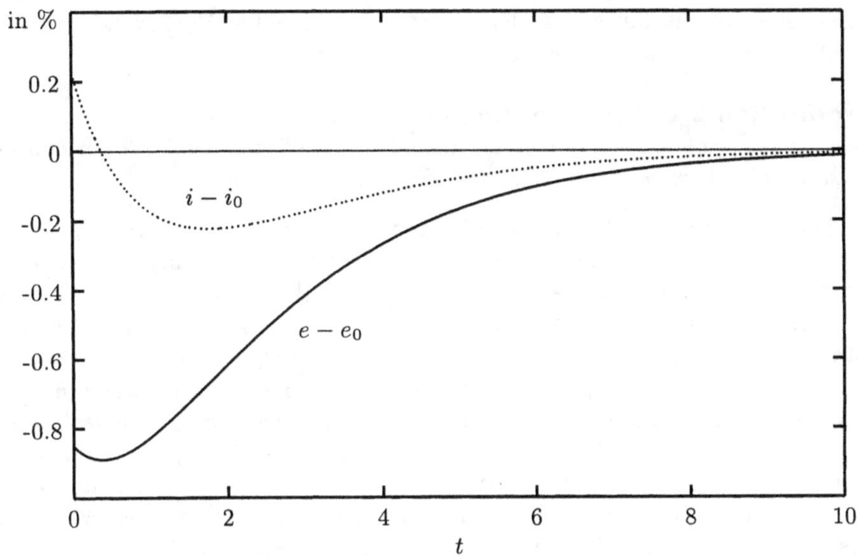

Abb. 2.3. Die Wechselkurs- und Zinsdynamik bei einer temporären Lohnzurückhaltung in U_1

In der Ausgangslage wird in Abbildung 2.3 von einer anfänglichen Steigerung des Unionseinkommens ausgegangen,[29] so dass aufgrund der daraus resultierenden Liquiditätsknappheit[30] der Unionszinssatz (gepunktete Linie) i unmittelbar ansteigt (in der Grafik um etwa 20 Basispunkte). Gleichzeitig er-

[28] In der Abbildung 2.3 wird unterstellt, dass die Geldmengenwachstumsrate $\hat{m}$ mit der ausländischen Inflationsrate $\dot{p}^a = \hat{m}^a$ übereinstimmt; infolgedessen ergibt sich kein geldmengeninduzierter Trend für den Wechselkurs. Siehe Abschnitt 2.5.6, Gleichung (2.20).

[29] Eine Erhöhung von $y_1 + y_2$ in der Ausgangslage impliziert, dass auf der Güternachfrageseite die eindeutig expansiven Wechselkurseffekte die Realzinseffekte dominieren.

[30] Löhne und Preise reagieren verzögert; die reale Geldmenge bleibt dann kurzfristig unverändert, während die reale Geldnachfrage in $t = 0$ einkommensinduziert ansteigt.

folgt eine eindeutige Abwertung der Unionswährung (durchgezogene Linie).[31] Die Anleger schließen von der erwarteten Lohnentwicklung auf die zukünftige Liquiditätsentwicklung in der Union; sie antizipieren den damit verbundenen akkumulierten *zukünftigen* Zinsvorteil des Auslandes (d.h. $i^a > i$) und berücksichtigen diesen in ihren Anlageentscheidungen:[32]

$$e(t) - e_0 = \int_t^\infty (i - i^a)(s)\, ds. \tag{2.10}$$

Anhand von Gleichung (2.10) wird ein *grundlegender Zusammenhang* zwischen dem Wechselkurs und dem Nominalzinssatz bei Vorliegen *rationaler* Wechselkursänderungserwartungen deutlich:[33]

Proposition 2.2. *Bei rationalen Wechselkursänderungserwartungen ist die Wechselkursreaktion nicht von der aktuellen Zinsänderung, sondern von der akkumulierten, zukünftig erwarteten Zinsentwicklung abhängig.*[34]

Diese Proposition begründet die Abwertung in $t = 0$, obwohl *gleichzeitig* der Nominalzins ansteigt. Solange ein momentaner Zinsvorteil für die Union besteht (d.h. solange $i > i_0 = i^a$ gilt), sinkt der nominale Außenwert der Einheitswährung in der Folge weiter ab.[35] Trotz der Konjunkturbelebung fallen in der Folge die Zinsen ($i < i_0$), denn aufgrund der gesunkenen (durchschnittlichen) Inflationsrate der Union fallen die Steigerungsraten des (durchschnittlichen) nominalen Nationaleinkommens kleiner aus als das Wachstum der Geldmenge.[36] Das Zinstal ist erreicht, wenn die Geldmengenwachstumsrate mit der Wachstumsrate des nominalen Nationaleinkommens übereinstimmt.[37] Im Anschluss daran übersteigt das Wachstum des nominalen Nationaleinkommens das Geldmengenwachstum, so dass sich die Zinsen wieder allmählich ihrem Ausgangsniveau i_0 annähern. Mit sich abschwächendem Zinsvorteil des Auslandes steigt auch der Wechselkurs (in Mengennotierung) wieder auf sein ursprüngliches Langfristniveau an.

---

[31] Die eindeutige Abwertung in der Ausgangslage wird formal im Anhang A.4.2 nachgewiesen.

[32] Gleichung (2.10) ergibt sich mit Hilfe des Integraloperators direkt aus der Bedingung für die Renditeparität (2.3), vgl. Bulthaupt (1994, S. 142ff.).

[33] Im Unterschied dazu wird die Wechselkursentwicklung in realwirtschaftlich orientierten Modellen aus der Annahme eines strikten internationalen Preiszusammenhangs bzw. aus Sachkapitalströmen abgeleitet. Als Folge einer Lohnzurückhaltung ergibt sich dann eine Aufwertung der Inlandswährung. Vgl. z.B. Lehment (1979).

[34] Dabei wird die akkumulierte zukünftige Zinsentwicklung durch den Integralausdruck in (2.10) erfasst.

[35] Diese Entwicklung ergibt sich direkt aus der Bedingung für die Renditeparität (2.3).

[36] Die Inflationsrate liegt in dieser Phase unterhalb der Geldmengenwachstumsrate und führt zu einer Ausweitung der realen Geldmenge in der Währungsunion.

[37] Diese Argumentation unterstellt eine Einkommenselastizität der Geldnachfrage in Höhe von eins.

2.5.2 Erwartungskanal, Wechselkurseffekt und Glaubwürdigkeit der Lohnzurückhaltung

Der Wechselkurs als Informationsvariable beinhaltet auf vorausschauenden Finanzmärkten die Erwartungen der Anleger bezüglich der zukünftigen Entwicklung der Wertpapierrenditen i_1, i_2 und i^a. Bei unterstellter fundamentaler (rationaler) Erwartungsbildung wird die von den Anlegern erwartete Zinsdynamik maßgeblich von ihrer erwarteten Entwicklung der Nominallöhne beeinflusst: Diese sind Frühindikatoren der Preis- und Liquiditätsentwicklung und beeinflussen daher die Anlageentscheidungen auf den Finanzmärkten.

Der folgende *Erwartungskanal* beschreibt die Kausalzusammenhänge zwischen erwarteter Nominallohnentwicklung und der Reaktion des Wechselkurses auf vorausschauenden Finanzmärkten:

Transmissionskanal erwarteter Lohnänderungen auf die Wechselkursentwicklung

erwartete Nominallohnentwicklung
⟶ erwartete Entwicklung der Lohnstückkosten
⟶ erwartete Preisentwicklung
⟶ erwartete Entwicklung des nominalen Nationaleinkommens und der realen Geldmenge
⟶ erwartete Entwicklung der Nominalzinsen
⟶ erwartete Entwicklung der internationalen Zinsdifferenz [38]
⟶ Anlageentscheidung
⟶ Wechselkursreaktion.

Die Wechselkursreaktion in $t = 0$ ist maßgeblich von der Wirksamkeit des Erwartungskanals abhängig: Je kurzlebiger die Verhaltensänderung der Gewerkschaften von den Anlegern auf den Finanzmärkten eingeschätzt wird, d.h. je unglaubwürdiger für sie eine Fortsetzung der Politik der Lohnzurückhaltung ist,[39] um so schwächer fällt die nominale Abwertung in $t = 0$ aus. Genauer gilt im vorliegenden Fall einer einseitigen temporären Reallohnzurückhaltung für die unmittelbare Reaktion des Wechselkurses $de(0)$:[40]

$$\frac{\partial}{\partial \gamma_1}\Big(de(0)\Big) > 0 \Longrightarrow \frac{\partial}{\partial \gamma_1}\Big|\,de(0)\,\Big| < 0.$$

[38] Vgl. hierzu die Gleichung (2.10) sowie die Proposition 2.2.

[39] In diesem Fall ist die von den Finanzmärkten erwartete Anpassungsgeschwindigkeit γ_1^{erw} größer als die von den Gewerkschaften tatsächlich realisierte, $\gamma_1^{erw} > \gamma_1$. Die Finanzmärkte erwarten dann eine schnelle Rückkehr zum langfristigen Reallohnniveau, d.h. eine Kurzlebigkeit der Lohnzurückhaltung. Siehe Gleichung (2.9) sowie Abbildung 2.1.

[40] Der Beweis erfolgt im Anhang A.4.2.

Für eine modellendogene Erwartungsbildung[41] der Anleger folgt daraus

$$\frac{\partial}{\partial \gamma_1^{erw}} (de(0)) > 0 \Longrightarrow \frac{\partial}{\partial \gamma_1^{erw}} \left| de(0) \right| < 0.$$

Proposition 2.3. *Je kurzfristiger die Finanzmärkte die Reallohnzurückhaltung der Gewerkschaften und damit die Phase geringer Inflationsraten einschätzen, um so schwächer fällt die nominale Abwertung und die daraus resultierende Verbesserung der preislichen internationalen Wettbewerbsfähigkeit aus.*

Je verlässlicher eine Politik der Lohnzurückhaltung von den Finanzmärkten eingeschätzt wird, um so stärker fällt auch die wechselkursinduzierte Steigerung der Güternachfrage aus. Eine Glaubwürdigkeit gewerkschaftlicher Lohnzurückhaltung kann durch *längerfristige Tarifverträge* hergestellt werden.[42] Je länger die Tarifvertragsdauer ist, um so stärker reagieren die Finanzmärkte auf das lohnpolitische Signal und um so größer ist dann die expansive Wirkung auf den Außenbeitrag.

Umgekehrt fällt der kontraktive Nachfrageeffekt *temporärer Reallohnsteigerungen* um so schwächer aus, je schneller die Finanzmärkte die Rückkehr zum ursprünglichen Reallohnniveau erwarten, d.h. je kürzer die Laufzeit der Tarifverträge ist.

Aus den Resultaten dieses Abschnitts bzgl. der Wirksamkeit des auf Seite 23 beschriebenen Erwartungskanals lassen sich die folgenden *Konsequenzen für die Tarifvertragsdauer* ableiten:

Bei einer *Politik der Lohnzurückhaltung* ist aus konjunktureller Sicht ein Tarifvertrag mit zweijähriger Laufzeit einer Abfolge von zwei Verträgen mit je einjähriger Laufzeit vorzuziehen. Im Fall mehrjähriger Tarifverträge wird seitens der Finanzmärkte aufgrund der vertraglichen Festlegung die längerfristige Lohnzurückhaltung als glaubwürdig eingeschätzt. Dies führt zu einem stärkeren Lohnsignal für die Finanzmärkte als im Fall kurzfristiger Verträge. Infolgedessen fällt die unmittelbare Abwertung der Unionswährung und die daraus resultierende Belebung der Güternachfrage stärker aus als im Fall kurzfristiger Verträge, wenn die Finanzmärkte nicht der angekündigten Fortführung der Lohnzurückhaltung folgen.

---

[41] Die modellendogene Erwartungsbildung basiert auf den Strukturgleichungen (2.1) bis (2.6). In dem Erwartungsbildungsprozess der Anleger wird das erwartete (zukünftige) Verhalten der Gewerkschaften berücksichtigt, indem die Gleichung (2.7) durch $\dot{r}_1^{erw} = -\gamma_1^{erw} \cdot (r_1 - \overline{r}_1)$ und $\dot{r}_2^{erw} = 0$ ersetzt wird.

[42] Durch den Abschluss längerfristiger Tarifverträge liegt eine Form der Regelbindung vor. – Zur Glaubwürdigkeitsproblematik sowie zur Stabilität optimaler Lohnpolitiken vgl. die Ausführungen in Kapitel 7.

Umgekehrtes gilt im vorliegenden Modell[43] bei *Reallohnerhöhungen:* Hier sollten Tarifvereinbarungen eher in kurzfristigen Verträgen festgeschrieben werden, um die Reaktion der Finanzmärkte auf einen evtl. als langfristig eingeschätzten Impuls zu begrenzen. In diesem Fall sind die damit verbundenen kontraktiven Effekte auf den Außenbeitrag schwächer als bei einer zweijährigen Tarifvertragsdauer.

2.5.3 Die Dynamik der nationalen Wettbewerbsfähigkeit

Die preisliche Wettbewerbsfähigkeit der einzelnen Unionsländer lässt sich durch die Entwicklung der terms of trade nach innen und außen beschreiben. Sie wird durch die unmittelbare Reaktion des gemeinsamen Wechselkurses sowie durch die verzögerte Reaktion der nationalen Güterpreise auf Änderungen in den Lohnstückkosten beeinflusst. Die daraus resultierende Dynamik wird durch die Abbildung 2.4 verdeutlicht.

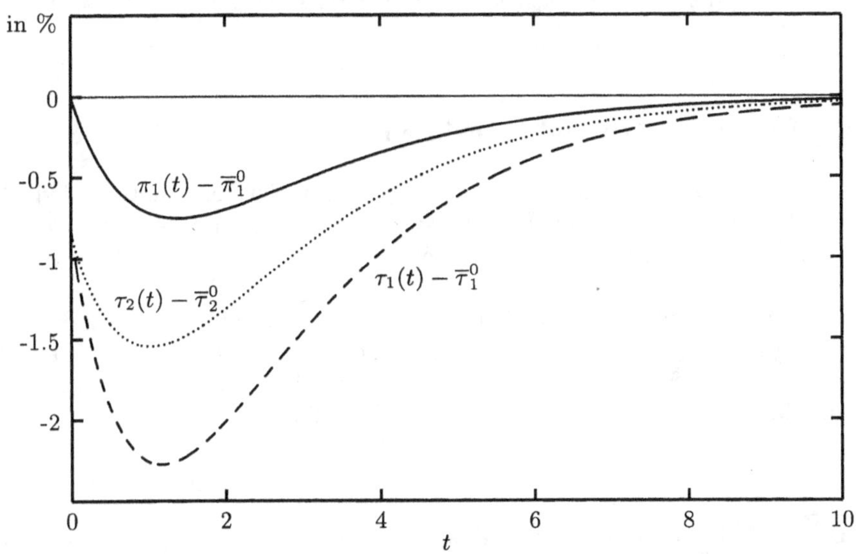

Abb. 2.4. Die Dynamik der terms of trade nach innen und außen bei einer temporären Lohnzurückhaltung in U_1

[43] Im vorliegenden Modell wird vom Produktivitätsfortschritten abstrahiert.

Die temporäre Reallohnzurückhaltung in U_1 führt aufgrund der nominalen Abwertung der Einheitswährung in beiden Unionsländern zu einer unmittelbaren Verbesserung der preislichen Wettbewerbsfähigkeit gegenüber dem großen Ausland (in $t = 0$ sinken τ_1 und τ_2 in gleichem Ausmaß). Die gesunkene Inflationsrate im Land U_1 ($\dot{p}_1 < \hat{m}$) beschleunigt in der Anfangsphase die Senkung der terms of trade τ_1. Gleichzeitig kommt es zu einer allmählichen Veränderung der innergemeinschaftlichen terms of trade zugunsten des aktiven Landes U_1 und zulasten des Partnerlandes (π_1 sinkt).[44] Während die temporäre Kostenentlastung der Unternehmen im aktiven Land U_1 über die Preis- und Wechselkursreaktionen (kurz- und mittelfristig) zu einem zweifachen, nachfrageseitig expansiven Terms-of-Trade-Effekt (τ_1 und π_1 sinken) führt, treten im Partnerland U_2 entsprechend gegenläufige Effekte auf. Dabei fällt die Senkung der terms of trade τ_2 während des gesamten Anpassungszeitraumes stärker aus als die Steigerung von $\pi_2 = -\pi_1$. Es gilt die folgende[45]

Proposition 2.4. *Während des gesamten Anpassungsprozesses bilden die terms of trade $\tau_1(t)$ und $\pi_1(t)$ des aktiven Landes einen Preiskorridor für die Entwicklung der terms of trade $\tau_2(t)$ des passiven Landes:*

$$\tau_1(t) - \overline{\tau}_1^0 < \tau_2(t) - \overline{\tau}_2^0 < \pi_1(t) - \overline{\pi}_1^0 < 0 \qquad t > 0 \qquad \alpha_2 \geq \alpha_3 .$$

2.5.4 Inflationsraten und Realzinsen

Die asymmetrische Nominallohnentwicklung induziert eine unterschiedliche Entwicklung der nationalen Inflationsraten und aufgrund der innergemeinschaftlichen Zinsparität eine Entkoppelung der Realzinsen in U_1 und U_2:

Die Tarifvereinbarungen in den einzelnen Ländern spiegeln sich in der Entwicklung der nationalen Inflationsraten wider ($\dot{p}_{1(2)} = \dot{w}_{1(2)}$).[46] In U_1 erfolgt aufgrund der anfänglichen Lohnzurückhaltung eine unmittelbare Abschwächung der Preissteigerung[47] (in der Abbildung 2.5 sinkt $\dot{p}_1$ in $t = 0$ von 3 %

---

[44] Da die Terms-of-Trade-Grafik (Abb. 2.4) zu Missverständnissen führen könnte sei angemerkt, dass die Funktionen $\tau_1(t), \tau_2(t)$ und $\pi_1(t)$ i.a. ihr Minimum nicht gleichzeitig erreichen.

[45] Der Beweis erfolgt im Anhang A.4.1.

[46] Die Steigerungsraten der Verbraucherpreise $\dot{p}^V_{1(2)}$ weisen qualitativ den gleichen Verlauf wie $\dot{p}_{1(2)}$ auf.

In der Abbildung 2.5 wird der geldpolitische Kurs durch eine stabile Geldmengenwachstumsrate in Höhe von $\hat{m} = 3\%$ dargestellt. In der vorliegenden Simulation würde eine geringere Geldmengenwachstumsrate kurzfristig nominale Lohnsenkungen implizieren, was bei den Gewerkschaftsmitgliedern auf Akzeptanzprobleme stieße. Nur durch ein moderates Geldmengenwachstum können folglich Spielräume für Reallohnsenkungen bereitgestellt werden.

[47] Vgl. hierzu den Anhang A.4.3.

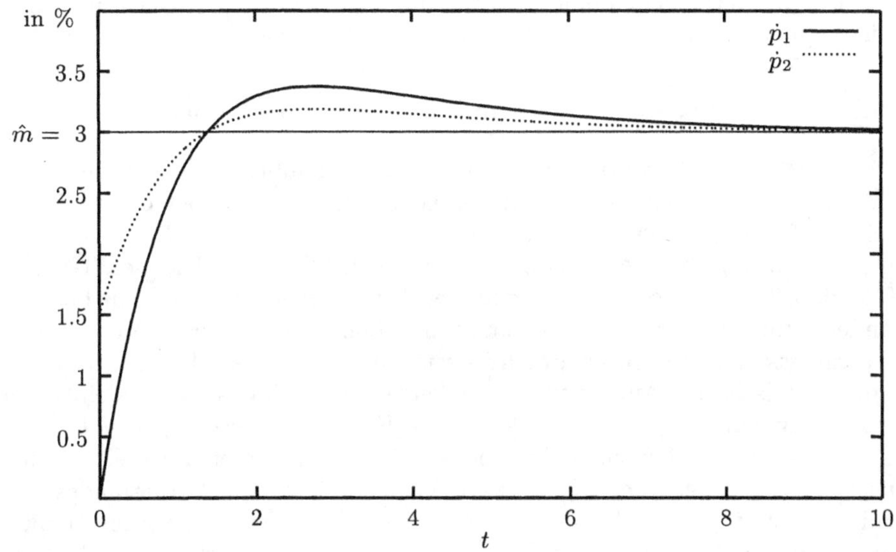

Abb. 2.5. Die Entwicklung der nationalen Inflationsraten bei einer temporären Lohnzurückhaltung in U_1

auf fast 0 %) sowie ein eindeutiger Anstieg des Realzinssatzes $i_1 - \dot{p}_1$.[48] Für U_2 ergibt sich aufgrund der höheren Inflationsrate sowie der einheitlichen Entwicklung der Nominalzinsen in beiden Unionsländern zunächst ein Realzinsvorteil $(i - \dot{p}_2 < i - \dot{p}_1)$, wobei eine Senkung von $i_2 - \dot{p}_2$ nicht ausgeschlossen werden kann. Die Inflationsrate des aktiven Landes $\dot{p}_1$ steigt anschließend an und *überschießt* mittelfristig ihr langfristiges Niveau. Dieses temporäre Überschießen der Inflationsrate resultiert aus einem vorübergehenden Aufholeffekt der Konsumentenreallöhne in U_1. Entsprechend sinkt mittelfristig der Realzinssatz $i_1 - \dot{p}_1$ unter sein langfristiges Niveau.[49]

Im Partnerland U_2 ergibt sich ebenfalls ein unmittelbarer Rückgang der Inflationsrate $\dot{p}_2$, falls die Senkung von $\dot{p}_1$ auf die Verbraucherpreise in U_2 $(\dot{p}_2^V)$ einen stärkeren (dämpfenden) Einfluss hat als die wechselkursbedingte, importierte Inflation aus dem großen Ausland. Die Nominallohnsteigerung $\dot{w}_2$ sowie die Inflationsrate $\dot{p}_2$ sind dann kurzfristig rückläufig. Langfristig

[48] Siehe die Berechnungen im Anhang A.4.4. Die Entwicklung der Realzinsen in U_1 und U_2 resultiert unmittelbar aus der Grafik 2.4, denn es gelten die Zusammenhänge $i_1 - \dot{p}_1 = -\dot{\tau}_1 + (i^a - \dot{p}^a)$ sowie $i_2 - \dot{p}_2 = -\dot{\tau}_2 + (i^a - \dot{p}^a)$. Bei einer unterstellten Konstanz des Weltrealzinssatzes $i^a - \dot{p}^a$ entwickelt sich der Realzins in U_1 (bzw. in U_2) genau entgegengesetzt zur Änderungsrate von τ_1 (bzw. von τ_2).

[49] Die Nominalzinsen sinken bei steigenden Inflationsraten. Der langfristige Realzins ist durch das Weltrealzinsniveau $i^a - \dot{p}^a$ exogen gegeben.

stimmen die nationalen Inflationsraten mit der Geldmengenwachstumsrate $\hat{m}$ überein, während die Realzinsen wieder ihr Ausgangsniveau erreichen.

2.5.5 Die Produktionsentwicklung in den Unionsländern

Die unmittelbare Abwertung der Unionswährung führt (in $t = 0$) in beiden Ländern zu einem Anstieg des Außenbeitrages gegenüber der übrigen Welt. Aufgrund des kurzfristigen Realzinsvorteils liegt zunächst das Outputniveau in U_2 über dem von U_1; dominiert der Realzinseffekt den Terms-of-Trade-Effekt, so können in der kurzen Frist Outputsenkungen in beiden Ländern auftreten. Mit der Reaktion der Löhne und Preise sinkt neben τ_1 auch das innergemeinschaftliche Preisverhältnis π_1, so dass im aktiven Land die bilateralen Außenbeiträge ansteigen und sich das Nationaleinkommen y_1 mittelfristig eindeutig erhöht. Die Konjunkturbelebung in U_1 wird unterstützt durch Realzinssenkungen, die in der mittleren Frist eintreten. Die Übertragungseffekte auf das Nationaleinkommen des Partnerlandes U_2 sind insgesamt positiv, falls der kontraktive Effekt der π_1–Senkung dominiert wird von den expansiven Effekten der τ_2-Senkung (vgl. Abb. 2.4), der y_1–Steigerung sowie der mittelfristig gesunkenen Realzinsen. Hat dagegen die preisliche Wettbewerbsfähigkeit gegenüber den Nicht-EWU-Ländern nur eine vernachlässigbare Bedeutung für den Außenbeitrag in U_2 und dominiert die Senkung von π_1 den innergemeinschaftlichen Außenhandel, so ist die Konjunkturübertragung negativ.[50] Da die Verhaltensänderungen der Gewerkschaften nur temporärer Natur sind, stimmen die nationalen Produktionsniveaus $y_{1(2)}$ langfristig wieder mit ihren Ausgangsniveaus $\overline{y}_{1(2)}$ überein.

In den Abbildungen 2.6 a und b wird die Dynamik des Nationaleinkommens bei positiver und bei negativer Konjunkturübertragung simuliert.[51] In beiden Szenarien liegt das Outputniveau des Partnerlandes zunächst über dem des aktiven Landes. Dieser Effekt resultiert aus dem Realzinsvorteil von U_2 im Zeitpunkt $t = 0$.

[50] Vgl. die hinreichende Bedingung (2.8).

[51] Dabei wird davon ausgegangen, dass kurzfristig in U_1 der kontraktive Realzinseffekt dominiert. Bezogen auf das gesamte Unionseinkommen ($y_1 + y_2$) dominiert dagegen in der kurzen Frist der expansive Wechselkurseffekt, so dass das Aggregateinkommen $y_1 + y_2$ in $t = 0$ ansteigt.

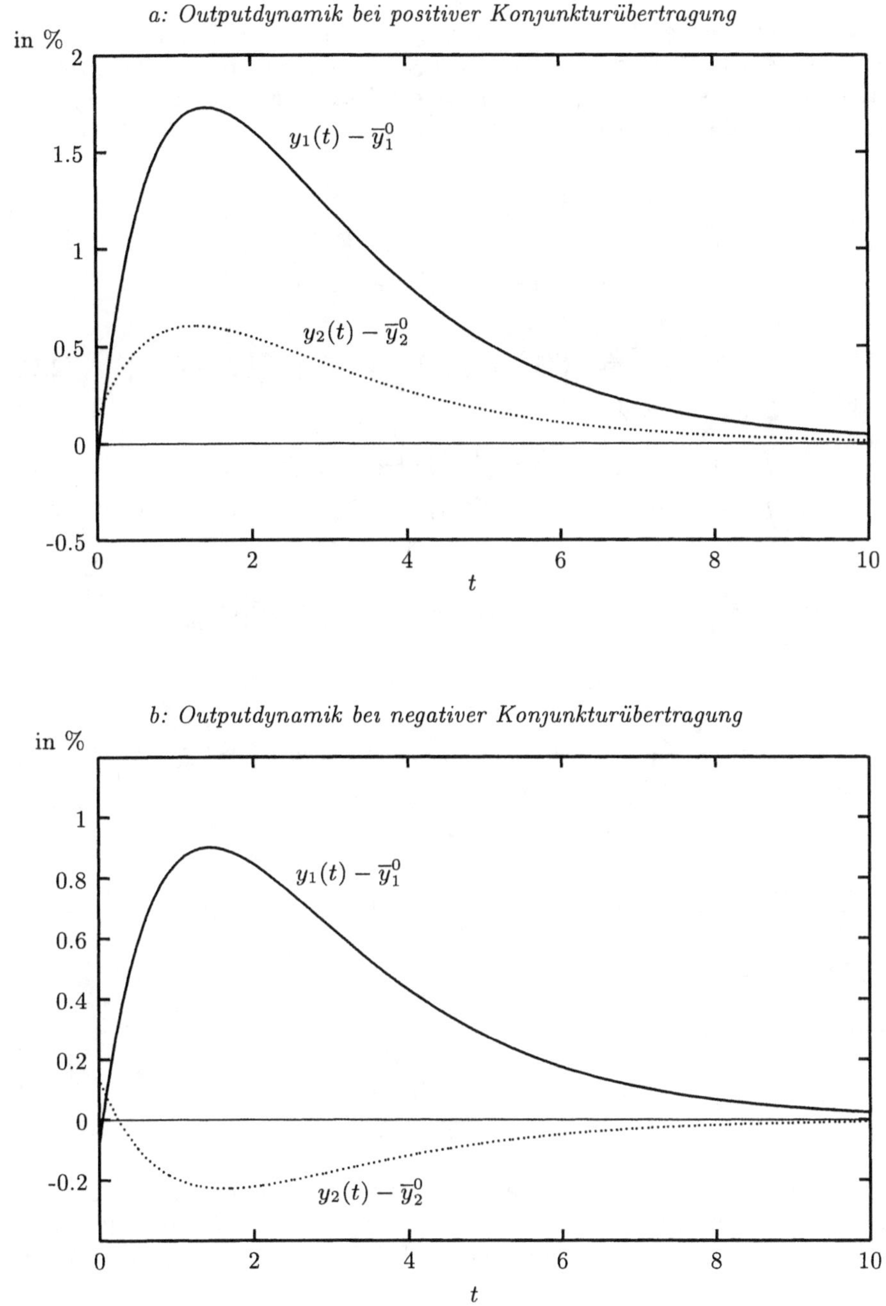

Abb. 2.6. Outputeffekte einer temporären Lohnzurückhaltung in U_1

2.5.6 Zusammenfassung des Abschnitts 2.5

Bei einer temporären Lohnzurückhaltung der Gewerkschaften in U_1 ergeben sich aus dem in Abschnitt 2.4 angegebenen Summen- und Differenzensystem unter Berücksichtigung der *Sattelpfadstabilität* des Systems die folgenden Zeitpfade für die makroökonomischen Variablen:

$$\pi_1 - \overline{\pi}_1 = 2\kappa_3 \cdot \kappa_5 \left(e^{-\gamma_1 t} - e^{-\beta t}\right) \quad (2.11)$$

$$\tau_1 - \overline{\tau}_1 = \kappa_5 \cdot \left\{(1+\kappa_3)\, e^{-\gamma_1 t} - e^{-\beta t}\left(\frac{v(\gamma_1)}{v(\beta)} + \kappa_3\right)\right\} \quad (2.12)$$

$$\tau_2 - \overline{\tau}_2 = \kappa_5 \cdot \left\{(1-\kappa_3)\, e^{-\gamma_1 t} - e^{-\beta t}\left(\frac{v(\gamma_1)}{v(\beta)} - \kappa_3\right)\right\} \quad (2.13)$$

$$\dot{p}_1 = \hat{m} + \kappa_5 \cdot (\kappa_3 + v(\gamma_1)) \cdot \left(-\gamma_1 \cdot e^{-\gamma_1 t} + \beta \cdot e^{-\beta t}\right) \quad (2.14)$$

$$\dot{p}_2 = \hat{m} - \kappa_5 \cdot (\kappa_3 - v(\gamma_1)) \cdot \left(-\gamma_1 \cdot e^{-\gamma_1 t} + \beta \cdot e^{-\beta t}\right) \quad (2.15)$$

$$e(t) - \overline{e}(m) = \kappa_5 \cdot \left([1 - v(\gamma_1)] \cdot e^{-\gamma_1 t} - [1 - v(\beta)] \cdot \frac{v(\gamma_1)}{v(\beta)} \cdot e^{-\beta t}\right) \quad (2.16)$$

$$i - \overline{i} = \kappa_5 \cdot \left(\gamma_1 [1 - v(\gamma_1)] \cdot e^{-\gamma_1 t} - \beta [1 - v(\beta)] \cdot \frac{v(\gamma_1)}{v(\beta)} \cdot e^{-\beta t}\right) \quad (2.17)$$

mit $(\beta > \gamma_1)$

$$\kappa_3 := \frac{\alpha_3}{\alpha_3 + 2\alpha_2} < 1, \quad \kappa_4 := \frac{\beta}{\beta - \gamma_1} \cdot \frac{1}{\alpha_3} > 1, \quad \kappa_5 := (r_1(0) - \overline{r}_1) \cdot \frac{\kappa_4}{2}$$

sowie

$$\overline{i} = \overline{i}(\hat{m}) = i^a + \hat{m} - \dot{p}^a \quad (2.18)$$

$$\overline{E}(m) := -1/2 \cdot \left(m - 2p^a - \overline{\ell} - \overline{\tau}\right) \quad (2.19)$$

$$\overline{\ell} := \overline{m - (p_1 + p_2)}.$$

Ist die ausländische Inflationsrate $\dot{p}^a$ stationär und stimmt sie mit der Geldmengenwachstumsrate $\hat{m}$ überein, so sind Unionszinssatz i und Weltzinssatz i^a in der langen Frist identisch; in diesem Fall ist auch der langfristige Wechselkurs stabil.

Dagegen folgt der Wechselkurs im Steady-State einem Trend, wenn die Steady-State-Inflationsraten der Unionsländer (die dann mit der Geldmengenwachstumsrate übereinstimmen) von der ausländischen Inflationsrate (dauerhaft) abweicht:

$$\dot{\bar{E}} = \dot{p}^a - \hat{m} = i^a - \bar{i}. \tag{2.20}$$

In den angegebenen Zeitpfaden bezeichnet $v(\alpha)$ eine *Eigenvektorfunktion*,

$$v(\alpha) := \frac{1}{1+l_2\alpha} \cdot \left(\frac{l_1 b_3}{\psi} + \alpha(l_2 + \frac{l_1 a_2}{\psi})\right) \qquad \alpha = \gamma_1, \beta.$$

Diese weist die folgenden Eigenschaften auf:

$$v(\alpha) < 1 \iff l_1(b_3 + \alpha a_2) < \psi$$

$$\frac{\partial}{\partial\alpha} v(\alpha) > 0 \iff \psi > l_1(b_3 - \frac{a_2}{l_2}).$$

In der folgenden Tabelle sind für den Fall einer *Politik der temporären Lohnzurückhaltung* der Gewerkschaften in U_1 die kurz-, mittel- und langfristigen konjunkturellen Veränderungen für die beiden Unionsländer (gegenüber ihren Ausgangswerten) zusammengefasst:

	kurzfristig	mittelfristig	langfristig
i	↑↓	↓	0
e	↓	↓	0
$\dot{p}_1$	↓	↑	0
$\dot{p}_2$	↓	↑	0
$i - \dot{p}_1$	↑	↓	0
$i - \dot{p}_2$	↑↓	↓	0
π_1	0	↓	0
τ_1	↓	↓	0
τ_2	↓	↓	0
y_1	↑↓	↑	0
y_2	↑↓	↑↓	0

Anhand der Ergebnistabelle ist erkennbar, dass eine (temporäre) Lohnzurückhaltung zumindest mittelfristig die preisliche Wettbewerbsfähigkeit und Produktion im aktiven Land günstig beeinflusst. Auch das passive Land U_2 kann von einer zurückhaltenden Lohnpolitik in U_1 profitieren. Im umgekehrten Fall beeinträchtigen zu hohe Lohnabschlüsse (im Sinne von Reallohnsteigerungen) nicht nur die Beschäftigungsaussichten des aktiven Landes, sondern auch die der gesamten Währungsunion.

2.6 Die kurz– und mittelfristigen Auswirkungen einer einseitigen dauerhaften Reallohnzurückhaltung

Während im vergangenen Abschnitt die Auswirkungen *temporärer* Reallohnsenkungen in einem Unionsland untersucht wurden, ist im folgenden eine Politik *dauerhafter* Reallohnsenkungen Gegenstand der Analyse.

Bei einer einseitig durchgeführten dauerhaften Lohnzurückhaltung soll davon ausgegangen werden, dass die Gewerkschaften in U_1 zu langfristigen Reallohnzugeständnissen grundsätzlich bereit sind, diese jedoch erst allmählich umsetzen. Diese "Lohnpolitik der kleinen Schritte" lässt sich mit Akzeptanzproblemen der Gewerkschaftsmitglieder begründen, die nominale Lohnsteigerungen als Gewerkschaftserfolg interpretieren und diese auch einfordern.

Formal soll dieses Verhalten durch eine allmähliche, monotone Reduktion des Referenzniveaus $r_1(t)$ modelliert werden, bis das Zielniveau $\overline{r}_1$ erreicht ist, d.h.

$$\begin{aligned} \dot{r}_1 &= -\gamma_1(r_1 - \overline{r}_1), \\ \text{mit} \quad & r_1(0) = \overline{r}_1^0, \quad d\overline{r}_1 < 0. \end{aligned} \tag{2.21}$$

Die Gewerkschaft in U_1 setzt dabei die angestrebte Reallohnsenkung um so *konsequenter* um, je *größer* γ_1 ist.

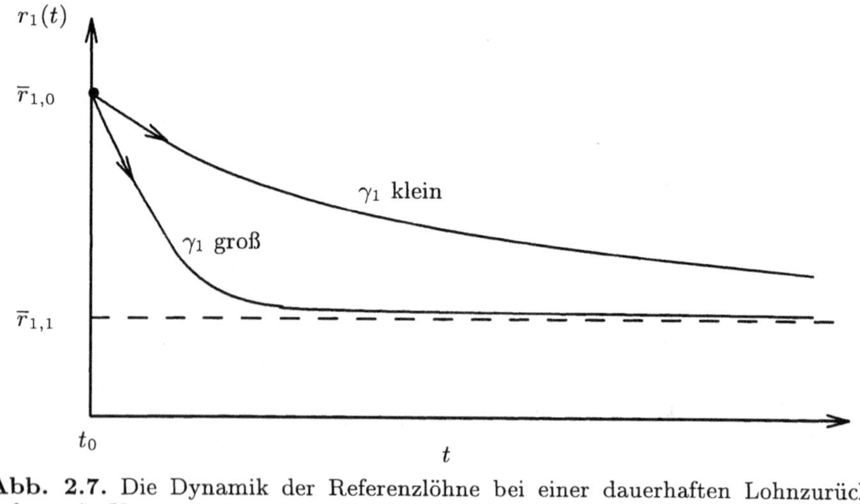

Abb. 2.7. Die Dynamik der Referenzlöhne bei einer dauerhaften Lohnzurückhaltung in U_1

Die Gewerkschaft des Partnerlandes U_2 ist dagegen bestrebt, ihre Reallohnposition aufrechtzuerhalten: $r_2(t) = \overline{r_2}$.

Anhand der Entwicklung der Lohnindexierungsgrade wird aufgezeigt, wie eine Politik der Reallohnzurückhaltung umgesetzt werden kann, wenn Tarifparteien Vereinbarungen über die Entwicklung der Nominallöhne treffen. Die Abbildung 2.8 beschreibt die dann resultierende asymmetrische Lohnentwicklung in den Unionsländern anhand der nationalen Lohnindexierungsgrade, d.h. die Entwicklung der Nominallohnsteigerungsraten relativ zur antizipierten Änderungsrate der Verbraucherpreise.[52]

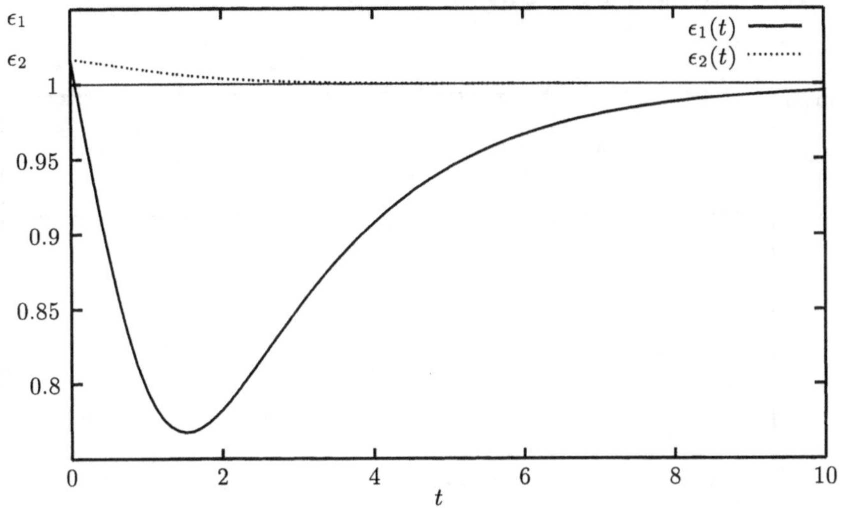

Abb. 2.8. Die Dynamik der Lohnindexierungsgrade bei einer dauerhaften Lohnzurückhaltung in U_1

Die sukzessive reale Lohnsenkung auf ein *dauerhaft* niedrigeres Niveau $\overline{r}_1$ wird durch eine vorübergehende nominale Lohnzurückhaltung realisiert: die Nominallöhne steigen dann schwächer als die Inflationsrate $\dot{p}_1^V$ ($\epsilon_1(t) < 1$). Die damit verbundene Reallohnsenkung erfolgt in der Anfangsphase beschleunigt (ϵ_1 sinkt), anschließend abgeschwächt (ϵ_1 steigt wieder an). Sind die Reallöhne in U_1 auf das angestrebte Referenzniveau $\overline{r}_1$ gesunken, so steigen Nominallöhne und Verbraucherpreisindex wieder in gleichem Maße, d.h. ($\lim_{t\to\infty} \epsilon_1(t) = 1$). Dies entspricht den langfristigen empirischen Beobachtungen.[53]

Durch die unmittelbare Reaktion der Finanzmärkte auf die Signale der Tarifparteien (in Form der lohnpolitischen Verhaltensgleichung (2.21)) erfolgt

[52] In den nachfolgenden Simulationen wird für U_1 von einer Senkung des langfristen Reallohnniveaus um 2% ausgegangen.

[53] Vgl. Jeger (1993, S. 103ff.) sowie die dort angegebenen empirischen Untersuchungen.

in beiden Unionsländern in $t = 0$ ein *abwertungsbedingter* Anstieg der Verbraucherpreise und damit verbunden eine Reallohnsenkung. Dieser unmittelbare Anstieg der Verbraucherpreise dämpft die nominale Lohnzurückhaltung, da die Gewerkschaften bestrebt sind, die zurückliegende Preissteigerung zu kompensieren. Aus diesem Grund liegen in $t = 0$ die nationalen Lohnsteigerungsraten leicht über dem jeweiligen Anstieg der Verbraucherpreisindizes (in $t = 0$ ist $\epsilon_1, \epsilon_2 > 1$).[54]

2.6.1 Die Reaktion der Finanzmarktpreise

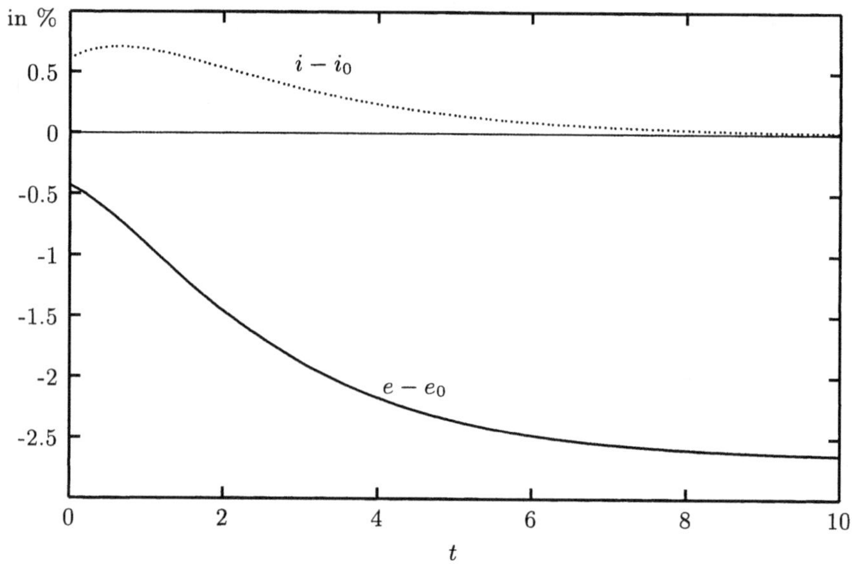

Abb. 2.9. Die Wechselkurs- und Zinsdynamik bei einer dauerhaften Lohnzurückhaltung in U_1

Abbildung 2.9 verdeutlicht die Reaktion (i.S. einer Abweichung vom Ausgangsniveau) der Finanzmärkte auf die glaubhaften Signale einer veränderten Tariflohnpolitik in Unionsland U_1. Sowohl kurz- als auch mittelfristig steigen die Zinsen bei gleichzeitiger nominaler Abwertung der Gemeinschaftswährung.

Mit der Bekanntgabe der Reallohnsenkungen, die gemäß (2.21) durch eine Lohnpolitik der kleinen Schritte umgesetzt wird, sinkt eindeutig sowohl der (rational) langfristig erwartete Kurs[55] ($\overline{e}$) als auch der Kassakurs[56] ($e(0)$) der

[54] Die der Lohngleichung zugrunde liegende Steigerungsrate der Verbraucherpreise $\dot{p}^V_{1(2)}$ ist eine für die Zukunft erwartete, momentane Rate (forward-rate).

[55] Zur Senkung des langfristigen Wechselkurses vgl. Abschnitt 2.3.

[56] Der formale Nachweis erfolgt im Anhang A.5.2.

Unionswährung. Die unmittelbare Abwertung der Unionswährung (durchgezogene Linie) fällt um so stärker aus, je konsequenter und schneller die Durchführung der Reallohnsenkung von den Finanzmärkten erwartet wird.[57] Formal gilt:[58]

$$\frac{\partial}{\partial \gamma_1}\Big(de(0)\Big) < 0 \quad \Longrightarrow \quad \frac{\partial}{\partial \gamma_1^{erw}}\Big(de(0)\Big) < 0.$$

Der Abwertungsprozess setzt sich anschließend fort, bis das gesunkene Langfristniveau des Wechselkurses erreicht ist.[59] Die Differenz zwischen dem jeweils aktuellen und dem langfristig erwarteten Wechselkurs resultiert dabei aus der Akkumulation der zukünftigen (erwarteten) internationalen Zinsdifferenzen.

Zugleich erfolgt in der Ausgangslage eine eindeutige Zinserhöhung[60] (gepunktete Linie). Durch die mittelfristig sinkenden Inflationsraten erhöht sich die Liquidität der Volkswirtschaft, so dass sich der Zinsanstieg umkehrt, sobald die Geldmengenwachstumsrate $\hat{m}$ die Wachstumsrate des nominalen Nationaleinkommens (der Union) übersteigt.[61] Langfristig sinken die Nominalzinsen wieder auf ihr Ausgangsniveau zurück.

In dem hier untersuchten Fall einer dauerhaften Reallohnsenkung treten Zinssteigerungen und nominale Abwertung simultan auf. Diese Effekte resultieren aus der langfristigen Abwertung des Wechselkurses ($d\bar{e} < 0$). Die temporären Zinssteigerungen haben dann zur Folge, dass die kurzfristige Abwertung gegenüber der langfristigen schwächer ausfällt. Genauer gilt (vgl. Proposition 2.2)

$$e(t) - \bar{e} = \int_t^{\infty} (i - i^a)(s)\, ds.$$

2.6.2 Die Dynamik der nationalen Wettbewerbsfähigkeit

Eine Politik der dauerhaften Lohnzurückhaltung führt für das aktive Land U_1 zu einem (dauerhaften) preislichen Wettbewerbsvorteil (Abb. 2.10, durchgezogene, obere Linie) gegenüber dem passiven Partnerland U_2. Gleichzeitig profitieren beide Unionsländer von der Abwertung der gemeinsamen

[57] Je größer γ_1^{erw} ist, um so konsequenter wird die Umsetzung der geplanten Reallohnsenkung erwartet. Vgl. hierzu (2.21) sowie die Abbildung 2.7. Zur modellendogenen Erwartungsbildung siehe Fußnote 41.

[58] Der Beweis erfolgt im Anhang A.5.2.

[59] Die langfristige (prozentuale) Wechselkursänderung fällt stärker aus als die kurzfristige. Dabei wird unterstellt, dass der Wechselkurs langfristig keinem Trend folgt. Dies ist der Fall, wenn im langfristigen Gleichgewicht die innergemeinschaftlichen Inflationsraten ($\dot{p}_1 = \dot{p}_2 = \hat{m}$) mit der exogen gegebenen Inflationsrate des großen Auslandes übereinstimmen. Siehe Gleichung (2.20).

[60] Der formale Nachweis erfolgt im Anhang A.5.5.

[61] Dieser Argumentation liegt eine Einkommenselastizität der Geldnachfrage in Höhe von eins zu Grunde.

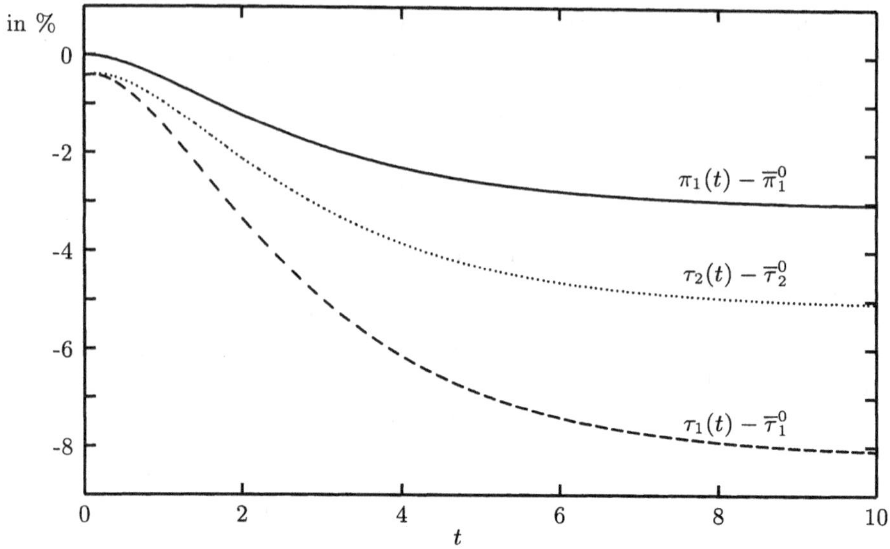

Abb. 2.10. Die Dynamik der terms of trade nach innen und außen bei einer dauerhaften Lohnzurückhaltung in U_1

Währung gegenüber dem Rest der Welt. Sinkende Inflationsraten sowie die Abwertung der Unionswährung senken die terms of trade τ_1 (gestrichelte, untere Linie) sowohl kurz- als auch langfristig. Dabei fällt die kurzfristige τ_1-Senkung schwächer aus als die langfristige. Das Absinken der Inflationsrate $\dot{p}_1(t)$ wirkt über den Lohn-Preis-Mechanismus zusammen mit der Abwertung der Unionswährung kurz- und langfristig auch senkend auf die terms of trade des Partnerlandes τ_2 (gepunktete, mittlere Linie).

Wie im Fall temporärer Reallohnsenkungen gilt auch bei einer dauerhaften Senkung des realen Konsumlohns:

Proposition 2.5. *Während des gesamten Anpassungsprozesses bilden* τ_1 *und* π_1 *einen Preiskorridor für* τ_2*:*[62]

$$\tau_1(t) - \overline{\tau}_1^0 < \tau_2(t) - \overline{\tau}_2^0 < \pi_1(t) - \overline{\pi}_1^0 < 0 \qquad t > 0 \qquad \alpha_2 \geq \alpha_3 .$$

2.6.3 Inflationsraten und Realzinsen

Die Entwicklung der nationalen Inflationsraten spiegelt den zeitlichen Verlauf der Lohnsteigerungsraten wider ($\dot{p}_{1(2)} = \dot{w}_{1(2)}$). Reagieren die Nominallöhne in der Ausgangslage auf die wechselkursinduzierte Reallohnsenkung, so übersteigen die Inflationsraten kurzfristig ihr langfristiges Niveau.[63] Die

[62] Der Beweis erfolgt im Anhang A.5.6.
[63] Vgl. die Lohnanpassungsgleichung (2.5).

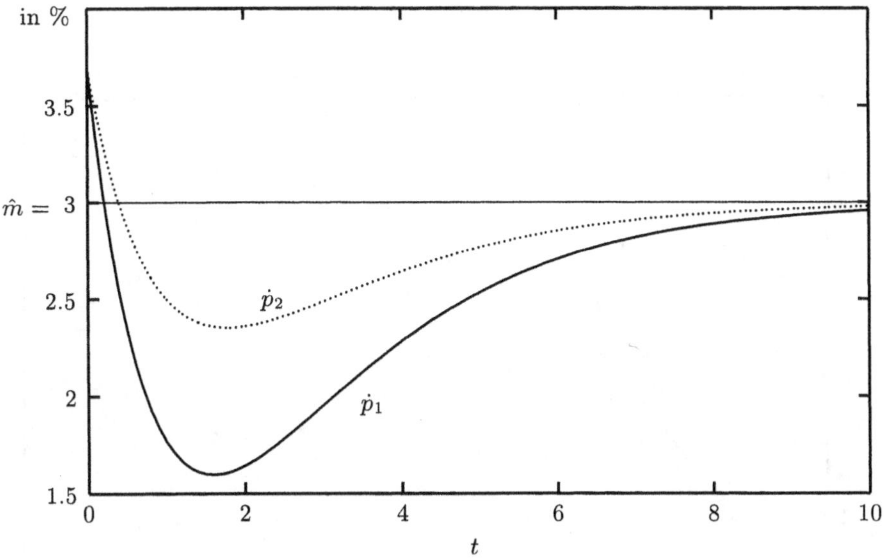

Abb. 2.11. Die Entwicklung der nationalen Inflationsraten bei einer dauerhaften Lohnzurückhaltung in U_1

in der Folge einsetzende nominale und reale Lohnzurückhaltung induziert in U_1 sinkende Inflationsraten. Im Partnerland U_2 wird über den Verbraucherpreisindex von U_2 die dortige Lohn- und Preisanpassung tangiert, so dass in U_2 mittelfristig ebenfalls die Inflationsrate sinkt, allerdings in schwächerem Maße als in U_1. Die nationalen Inflationsraten sind während des gesamten Anpassungsprozesses voneinander *verschieden*. Langfristig wird das angestrebte niedrigere Reallohnniveau in U_1 erreicht, und die nationalen Inflationsraten stimmen wieder mit der Geldmengenwachstumsrate $\hat{m}$ überein.

Die Realzinsen sinken in der Anfangsphase aufgrund der gestiegenen Inflationsrate (forward-rate) ab,[64] steigen allerdings mittelfristig aufgrund steigender Nominalzinsen und sinkender Inflationsraten an. Langfristig stimmen die Realzinsen mit dem exogen gegebenen Weltrealzinsniveau überein.

2.6.4 Outputentwicklung und Konjunkturübertragung

Die bisher beschriebenen Entwicklungen der terms of trade nach innen und außen sowie die Entwicklung der Realzinsen determinieren maßgeblich die Outputdynamik in den beiden Unionsländern U_1 und U_2 (Abbildungen 2.12 a und b):

---

[64] Siehe Anhang A.5.3.

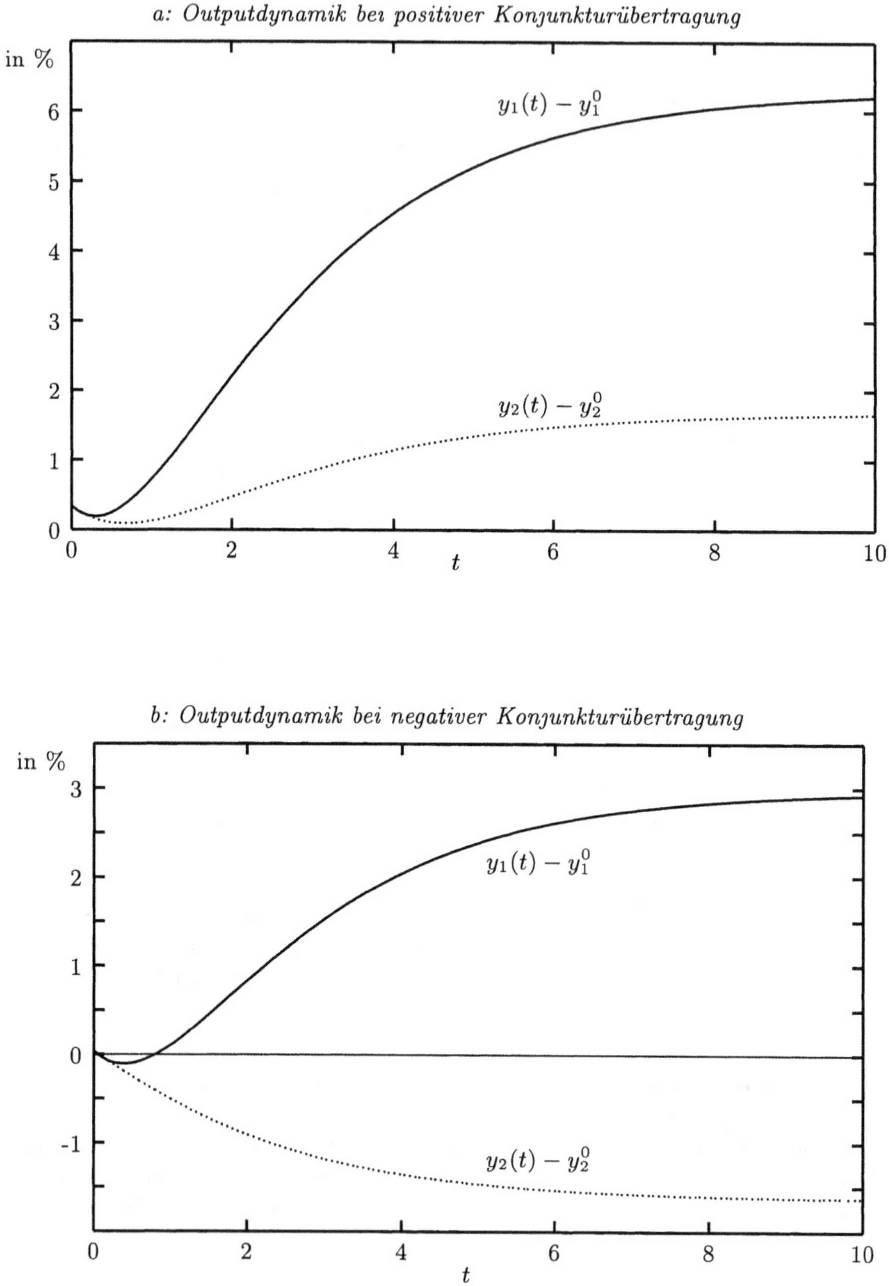

Abb. 2.12. Outputeffekte einer dauerhaften Lohnzurückhaltung in U_1

Kurzfristig sinkende Realzinsen und die Abwertung der Unionswährung gegenüber den Nicht-EWU-Ländern stimulieren zunächst die Güternachfrage und die Produktion in beiden Unionsländern (Abbildungen 2.12 a und b; U_1: durchgezogene Linie; U_2: gepunktete Linie). Mittelfristig wirken die gestiegenen Realzinsen kontraktiv auf die reale private Absorption, während gleichzeitig die preisliche Wettbewerbsfähigkeit der gesamten Union nach außen sowie innergemeinschaftlich zugunsten des aktiven Landes ansteigt. Die Einkommenseffekte im aktiven Land sind positiv, sobald die relativen Preiseffekte den Realzinseffekt dominieren. Die Konjunkturübertragung in das passive Land ist maßgeblich davon abhängig, ob der expansive τ_2-Effekt den für U_2 kontraktiven π_1-Effekt dominiert. Liegt eine exportorientierte Währungsunion vor (vgl. Gleichung (2.8)), so profitiert U_2 insgesamt von der Lohnzurückhaltung des Partnerlandes.

Kommt es dagegen zu einer negativen Übertragung,[65] so dämpft die Einkommenskontraktion in U_2 aufgrund des einkommensinduzierten Rückgangs des bilateralen Außenbeitrags auch die Einkommensentwicklung in U_1. Für beide Länder ergeben sich – im Unterschied zu einer Politik der temporären Reallohnzurückhaltung – dauerhafte Outputeffekte.

2.6.5 Zusammenfassung des Abschnitts 2.6

Bei einer dauerhaften Reallohnsenkung in U_1, die von den Gewerkschaften mittels einer Politik der kleinen Schritte umgesetzt wird, ergeben sich für die einzelnen Variablen folgende Zeitpfade:

$$\pi_1(t) - \overline{\pi}_1 = -\frac{d\overline{r}_1}{1-\alpha_1+\alpha_2} \cdot \frac{1}{\beta-\gamma_1} \cdot \left(\beta e^{-\gamma_1 t} - \gamma_1 \cdot e^{-\beta t}\right) \tag{2.22}$$

$$\tau_1(t) - \overline{\tau}_1 = \frac{-d\overline{r}_1}{2} \cdot \kappa_4 \cdot e^{-\gamma_1 t} \cdot (1+\kappa_3) + \frac{e^{-\beta t}}{2} \cdot K_1 \cdot d\overline{r}_1 \tag{2.23}$$

$$\tau_2(t) - \overline{\tau}_2 = \frac{-d\overline{r}_1}{2} \cdot \kappa_4 \cdot e^{-\gamma_1 t} \cdot (1-\kappa_3) + \frac{e^{-\beta t}}{2} \cdot K_2 \cdot d\overline{r}_1 \tag{2.24}$$

$$\begin{aligned} \dot{p}_1 &= \hat{m} + \frac{d\overline{r}_1}{2}\left(\gamma_1 e^{-\gamma_1 t} - \beta e^{-\beta t}\right)\left(\kappa_3 + v(\gamma_1)\right) \cdot \kappa_4 + \\ &\quad + \frac{d\overline{r}_1}{2}\frac{\beta}{\alpha_3} e^{-\beta t}\left(\frac{l_1 b_3}{\psi} + \kappa_3\right) \end{aligned} \tag{2.25}$$

$$\dot{p}_2 = \hat{m} + \frac{d\overline{r}_1}{2}\left(-\gamma_1 e^{-\gamma_1 t} + \beta e^{-\beta t}\right)\left(\kappa_3 - v(\gamma_1)\right) \cdot \kappa_4 +$$

[65] Dies ist der Fall, wenn der Export in die Nicht-EWU-Länder vernachlässigbar gering ist.

$$+\frac{d\overline{r}_1}{2}\frac{\beta}{\alpha_3}e^{-\beta t}\left(\frac{l_1 b_3}{\psi}-\kappa_3\right) \tag{2.26}$$

$$e-\overline{e}(m) = -\frac{d\overline{r}_1}{2\alpha_3}\left\{\frac{\beta}{\beta-\gamma_1}(1-v(\gamma_1))e^{-\gamma_1 t}+\right. \tag{2.27}$$

$$\left.+\frac{1-v(\beta)}{v(\beta)}\left(\frac{l_1 b_3}{\psi}-\frac{\beta}{\beta-\gamma_1}v(\gamma_1)\right)e^{-\beta t}\right\}$$

$$i-\overline{i}(\hat{m}) = -\frac{\beta}{2\alpha_3}d\overline{r}_1\left\{\frac{\gamma_1}{\beta-\gamma_1}(1-v(\gamma_1))e^{-\gamma_1 t}-\right. \tag{2.28}$$

$$\left.-\frac{1-v(\beta)}{v(\beta)}\left(\frac{\beta v(\gamma_1)}{\beta-\gamma_1}-\frac{l_1 b_3}{\psi}\right)e^{-\beta t}\right\}$$

($\overline{e}(m)$ und $\overline{i}(\hat{m})$ wie oben, Gleichungen (2.18) und (2.19))
mit den positiven Konstanten

$$K_1 := \frac{1}{\alpha_3 v(\beta)}\cdot\left(v(\gamma_1)\frac{\beta}{\beta-\gamma_1}-\frac{l_1 b_3}{\psi}\right)+\frac{1}{1-\alpha_1+\alpha_2}\cdot\frac{\gamma_1}{\beta-\gamma_1}>0$$

$$K_2 := \frac{1}{\alpha_3 v(\beta)}\cdot\left(v(\gamma_1)\frac{\beta}{\beta-\gamma_1}-\frac{l_1 b_3}{\psi}\right)-\frac{1}{1-\alpha_1+\alpha_2}\cdot\frac{\gamma_1}{\beta-\gamma_1}>0.$$

In der folgenden Tabelle sind für den Fall einer dauerhaften Lohnzurückhaltung der Gewerkschaften in U_1 die kurz-, mittel- und langfristigen konjunkturellen Veränderungen für die beiden Unionsländer (gegenüber ihren Ausgangswerten) zusammengefasst:

	kurzfristig	mittelfristig	langfristig
i	↑	↑	0
e	↓	↓	↓
$\dot{p}_1$	↑	↓	0
$\dot{p}_2$	↑	↓	0
$i-\dot{p}_1$	↓	↑	0
$i-\dot{p}_2$	↓	↑	0
π_1	0	↓	↓
τ_1	↓	↓	↓
τ_2	↓	↓	↓
y_1	↑	↑	↑
y_2	↑	↑↓	↑*

* Hinreichend für die positive Konjunkturübertragung ist die Bedingung (2.8).

Sind die Gewerkschaften zu dauerhaften Reallohnsenkungen bereit, so kann nicht ausgeschlossen werden, dass diese nicht nur allmählich (wie bisher

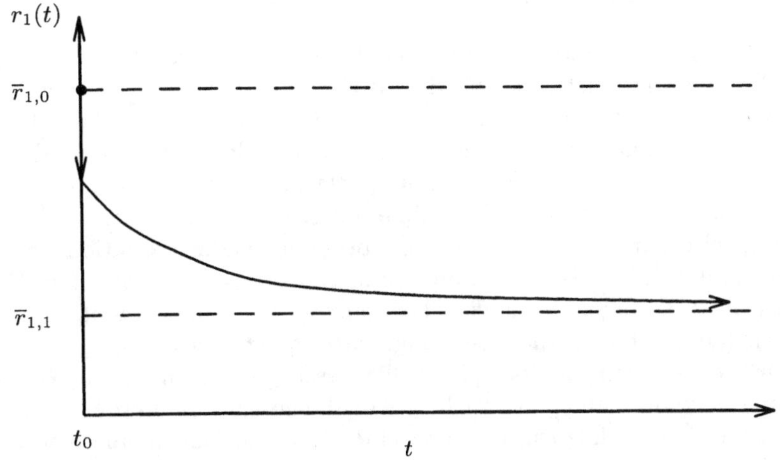

Abb. 2.13. Die Dynamik der Referenzlöhne bei einer dauerhaften, teilweise sofort realisierten Lohnzurückhaltung in U_1

durch die Politik der kleinen Schritte angenommen), sondern zum Teil bereits kurzfristig umgesetzt werden.

Dieser Fall kann folgendermaßen modelliert werden:

$$dr_1(0) < 0 \qquad d\overline{r}_1 < 0,$$
$$d\overline{r}_1 < 0 < dr_1(0).$$

Die aus dieser Lohnpolitik resultierenden realen und nominalen Gesamteffekte ergeben sich aus der gewichteten Summe der in den Abschnitten 2.5 und 2.6 dargestellten Einzeleffekte.[66] Festzuhalten bleibt, dass sich auch für diesen Fall ein Preiskorridor für die Entwicklung der terms of trade des passiven Landes τ_2 angeben lässt.

Proposition 2.6. *Für die zeitliche Entwicklung der terms of trade nach innen und außen gilt in diesem Fall:*

$$\tau_1(t) - \overline{\tau}_1^0 < \tau_2(t) - \overline{\tau}_2^0 < \pi_1(t) - \overline{\pi}_1^0 < 0 \qquad t > 0, \quad \alpha_2 \geq \alpha_3.$$

[66] Die Aggregation der vorliegenden Abbildungen ergeben eine Simulation für den Fall einer dauerhaften Reallohnsenkung in Höhe von 2 %, wobei kurzfristig bereits eine Senkung von 1 % realisiert wird.

2.7 Zusammenfassung des Kapitels 2

Kapitel 2 untersucht die gesamtwirtschaftlichen Auswirkungen asymmetrischen Gewerkschaftsverhaltens für die Mitgliedsländer einer Währungsunion. Dabei wird zwischen einer zeitweisen und einer dauerhaften Politik der Reallohnzurückhaltung eines Unionslandes unterschieden. Letztere wird durch eine Lohnpolitik der kleinen Schritte umgesetzt, indem über einen begrenzten Zeitraum die Wachstumsrate der Löhne hinter der Wachstumsrate der Verbraucherpreise zurückbleibt. Eine nur vorübergehende Reduktion des realen Konsumlohns hat lediglich kurz- und mittelfristige Effekte zur Folge; dauerhafte Änderungen der makroökonomischen Variablen ergeben sich erst bei einer dauerhaften Reallohnsenkung. Im Rahmen eines dynamischen Modells für eine Währungsunion mit nachfrageseitig determiniertem Nationaleinkommen konnte unter schwachen Annahmen gezeigt werden, dass die gewerkschaftliche Lohnzurückhaltung eines Mitgliedslandes eine *Abwertung* der Unionswährung zur Folge hat. Die lohnkosteninduzierte Verbesserung der preislichen Wettbewerbsfähigkeit wird somit durch die Wechselkursreaktion weiter verstärkt. Das Ausmaß der Abwertung ist davon abhängig, wie die Lohnsignale als Frühindikatoren der Preis– und Liquiditätsentwicklung von den Finanzmärkten eingeschätzt werden. Dabei fällt die Abwertung um so stärker aus, je glaubwürdiger und konsequenter die Umsetzung der Lohnzurückhaltung von den Gewerkschaften signalisiert werden kann. Diese Glaubwürdigkeit kann über die Fristigkeit von Tarifverträgen hergestellt werden.

Bezüglich der realen Außenwerte kann festgehalten werden, dass sich die preisliche Wettbewerbsfähigkeit des aktiven Landes sowohl gegenüber dem Partnerland als auch gegenüber den Nicht-EWU-Ländern verbessert. Für das passive Land ergeben sich gegenläufige Effekte, wobei die Verbesserung der preislichen Wettbewerbsfähigkeit gegenüber dem Rest der Welt stärker ausfällt als die Verschlechterung gegenüber dem aktiven Partnerland. Dieser Preiskorridor für τ_2 besteht sowohl kurz-, mittel- als auch langfristig. Eine Politik der Lohnzurückhaltung induziert im aktiven Land eine Stimulanz der gesamtwirtschaftlichen Güternachfrage und in der Folge, wie auch empirische Studien unterstreichen (z.B. Lapp, Lehment 1997), positive Produktions- und Beschäftigungseffekte. Ein Rückgang des Nationaleinkommens ist nur in der kurzen Frist bei speziellen Parameterkonstellationen möglich. Nur in diesen Sonderfällen kann eine Lohnsteigerung die Güternachfrage vorübergehend beleben.

Auch das passive Land profitiert von der Lohnzurückhaltung im Partnerland, wenn seine Exporte überwiegend in Länder außerhalb der Währungsunion geliefert werden, seine auf die Konsumgüter beschränkten Importe dagegen überwiegend aus Ländern der Währungsunion bezogen werden. Im Umkehrschluss ist davon auszugehen, dass zu hohe Lohnabschlüsse (im Sinne von Reallohnsteigerungen) nicht nur die Beschäftigung des aktiven Landes, sondern auch die des Partnerlandes beeinträchtigen.

Tarifpolitische Implikationen

Eine persistente, hohe Arbeitslosigkeit kennzeichnet die meisten nationalen Arbeitsmärkte der Europäischen Währungsunion. Um die Arbeitslosenquote zu verringern, werden in der öffentlichen Diskussion häufig Lohnsteigerungen zur Nachfragebelebung gefordert, während angebotsorientierte Ökonomen die Kosten des Produktionsfaktors Arbeit in den Mittelpunkt der Arbeitsmarktanalyse stellen und für eine Lohnzurückhaltung plädieren. Gewerkschaften wiederum verweisen in diesem Zusammenhang auf die moderaten Lohnvereinbarungen der vergangenen Jahre und die dennoch ausbleibende Trendwende auf dem Arbeitsmarkt.

Im vorliegenden Kapitel wurde die Nachfrageseite der Volkswirtschaften betont. Die Kosten des Faktors Arbeit als Determinante der Arbeitsnachfrage der Unternehmen wurden vernachlässigt. Insofern kann explizit auf die Nachfrageeffekte der Tariflohnpolitik eingegangen werden. Es wurde gezeigt, dass Lohnzurückhaltung die gesamtwirtschaftliche Nachfrage belebt und somit positiv auf Output und Beschäftigung wirkt. Im Rahmen des hier vorliegenden Modells gelangt man durch die Berücksichtigung des monetären Sektors der Währungsunion zu dem Ergebnis, dass eine allgemeine Lohnzurückhaltung in einem Unionsland neben der Kostenentlastung der Unternehmer (unter schwachen Bedingungen) auch zu einer Abwertung führt, wodurch sich die preislichen Wettbewerbsvorteile der Exportgüterindustrie weiter erhöhen. Die Beschäftigungswirkungen fallen dabei um so stärker aus, je länger die vereinbarte Tarifvertragsdauer ist.

Durch ein koordiniertes Vorgehen der Gewerkschaften beider Unionsländer kann eine Verschlechterung des innergemeinschaftlichen Preisverhältnisses zulasten eines Unionslandes vermieden werden. Die Beschäftigungseffekte für die Union als Ganzes sind am höchsten, wenn die Gewerkschaften beider Länder simultan eine Politik der Lohnzurückhaltung betreiben. Dieser Anstieg der Gesamtbeschäftigung in der Union impliziert allerdings nicht, dass in jedem einzelnen Unionsland die Beschäftigung durch das gemeinsame Vorgehen stärker ansteigt als im Fall einer isolierten Lohnzurückhaltung im eigenen Land. Ein einzelnes Unionsland profitiert nur dann von einer gemeinsamen Lohnzurückhaltung, wenn die Übertragungseffekte einer isolierten Lohnzurückhaltung auf das Partnerland positiv sind. Darüber hinaus können beide Unionsländer die kurz- und mittelfristigen Beschäftigungseffekte dadurch steigern, indem sie ihre Bereitschaft zu Reallohnzugeständnissen durch längerfristige Tarifverträge glaubhaft signalisieren.

Ausblick

Der in Kapitel 2 verwendete Modellrahmen lässt sich dahingehend kritisieren, als dass der Unternehmenssektors nur vereinfacht dargestellt wird. Aus diesem Grund soll nachfolgend das Produzentenverhalten explizit aus einem Optimierungskalkül abgeleitet werden. Diese entscheidungslogische Fundierung bildet die Grundlage für weitere, sowohl mikroökonomisch als auch empirisch begründete Modellerweiterungen. Außerdem soll ein zweiter, kurzfristig variabler Produktionsfaktor in dem Modell für die Währungsunion berücksichtigt werden.

Im Rahmen der daraus resultierenden, angebotsseitig erweiterten Modelle soll insbesondere die Robustheit der Ergebnisse dieses Kapitels überprüft werden. Insbesondere soll der Frage nachgegangen werden, welche konjunkturellen Wirkungen im In- und Ausland von Verhaltensänderungen der Gewerkschaften eines Landes ausgehen.

A. Anhang zu Kapitel 2

A.1 Anhang zu den Modellgleichungen

A.1.1 Herleitung der log-linearen IS–Kurve

Im folgenden soll am Beispiel einer IS-Kurve einer kleinen offenen Volkswirtschaft, das als Aggregat der gleichgewichtigen Nachfrage von U_1 und U_2 aufgefasst wird, die logarithmisch-lineare Form hergeleitet und im Anschluss daran die Koeffizienten der log-linearen IS-Kurve interpretiert werden:

Durch totales Differenzieren der (nichtlogarithmierten) IS–Kurve erhält man

$$\begin{aligned} Y &= C(Y) + I(i) + G + A(Y, Y^a, t) \\ \Longrightarrow dY &= C_Y dY + I_i di + dG + A_Y dY + A_t dt \\ \Longleftrightarrow (1 - C_Y - A_Y)\frac{dY}{Y_0} &= \frac{I_i}{I_0} \cdot \frac{I_0}{Y_0} \cdot di + \frac{G_0}{Y_0} \cdot \frac{dG}{G_0} + \frac{A_t}{Y_0} \cdot t_0 \frac{dt}{t_0}. \end{aligned}$$

(i kann an dieser Stelle als Nominalzins oder als Realzins aufgefasst werden). — Mit der Approximation

$$\ln x \approx \ln x_0 + \frac{x - x_0}{x_0}$$

erhält man die logarithmisch-lineare Form der Gütermarktkurve ($y := \ln Y, \tau := \ln t$)

$$y = a_0 + a_1 y - a_2 i + g - b_1 y - b_3 \tau$$

mit $b_1 := b_{11} - b_{12}$.
Für die positiven Koeffizienten gilt:

$$\begin{aligned} a_1 &= C_Y > 0 \\ a_2 &= -\frac{I_i}{I_0} \cdot \frac{I_0}{Y_0} > 0 \\ g &= \frac{G_0}{Y_0} \cdot \frac{dG}{G_0} > 0 \\ b_1 &= -A_Y > 0 \\ b_3 &= -\frac{A_t}{Y_0} \cdot t_0 > 0. \end{aligned}$$

a_1 und b_1 bezeichnen die (marginale) Konsum– bzw. Importquote; a_2 ist das Produkt aus Investitionsquote und Zins-Semielastizität der Investitionsgüternachfrage.

Analog resultiert b_3 aus dem Produkt aus Exportquote und Terms-of-Trade-Elastizität (des Außenbeitrags):

$$\begin{aligned}
\frac{A_t}{Y_0} \cdot t_0 &= X_t \cdot \frac{t_0}{Y_0} - \frac{1}{Y_0}\left(Im_t - \frac{Im_0}{t_0}\right) \qquad Im^r = Im/t \\
&= \frac{X_0}{Y_0}\left(\eta_X - \frac{1}{X_0}\left[Im_t - \frac{Im_0}{t_0}\right]\right) \\
&\quad (\eta_X = \frac{X_t \cdot t_0}{X_0}) \\
&= \frac{X_0}{Y_0}\left(\eta_X - \alpha_0\left[\frac{Im_t \cdot t_0}{Im_0} - 1\right]\right) \\
&\quad (\alpha_0 := \frac{Im_0}{t_0} \cdot \frac{1}{X_0}) \\
&= \frac{X_0}{Y_0}\left(\eta_X - \alpha_0(\eta_{Im} - 1)\right) \\
&= \frac{X_0}{Y_0}\left(\eta_X - \eta_{Im} + 1\right) \qquad \text{für } \alpha_0 = 1
\end{aligned}$$

mit

$$\begin{aligned}
\eta_X &= \frac{X_t \cdot t_0}{X_0}, \qquad 0 > \eta_X > -1 \\
&= \text{Terms-of-Trade-Elastizität der Exporte} \\
\alpha_0 &:= \frac{Im_0}{t_0} \cdot \frac{1}{X_0} \\
&= \text{Verhältnis reale Importe zu realen Exporten} \\
\eta_{Im} &= \frac{Im_t \cdot t_0}{Im_0} > 0 \\
&= \text{Terms-of-Trade-Elastizität der mengenmäßigen Importe.}
\end{aligned}$$

Weiter gilt für

$$\begin{aligned}
&\eta_{Im} \leq 1 : \\
&\Longrightarrow \quad \alpha_0(\eta_{Im} - 1) < 0 \\
&\Longrightarrow \quad \eta_X - \alpha_0(\eta_{Im} - 1) > \eta_X \\
&\qquad\quad\ \mid \eta_X - \alpha_0(\eta_{Im} - 1) \mid < \mid \eta_X \mid .
\end{aligned}$$

Infolgedessen kann b_3 durch das Produkt aus Exportquote und Relativpreiselastizität $\mid \eta_X \mid$ abgeschätzt werden.

Alternativ kann b_3 durch das Produkt aus Terms-of-Trade-Elastizität des Außenbeitrags und Außenbeitragsquote ausgedrückt werden:

$$\begin{aligned}
\eta &:= \frac{A_t \cdot t}{A} \\
&= \frac{A_t \cdot t}{Y} \cdot \frac{Y}{A} \\
&= b_3 \cdot \frac{Y}{A} \\
\Longrightarrow b_3 &= \eta \cdot \frac{A}{Y}.
\end{aligned}$$

Bereinigt man den Außenbeitrag um seine einkommensinduzierten Importe, so erhält man den korrigierten Außenbeitrag

$$A^k = A + b_1 \cdot Y.$$

Dann gilt für die Terms-of-Trade-Elastizität des korrigierten Außenbeitrags, wenn man von eine additiven Separabilität des Außenbeitrags ausgeht,

$$\frac{\partial A^k}{\partial t} = \frac{\partial A}{\partial t}$$

$$\begin{aligned}
\eta^k &= A_t^k \cdot \frac{t}{A^k} \\
&= A_t \cdot \frac{t}{A} \cdot \frac{A}{A^k} \\
&= \eta \cdot \underbrace{\frac{A}{A^k}}_{<1} \\
\Longrightarrow & \\
b_3 &= \eta \cdot \frac{A}{A^k} \cdot \frac{A^k}{Y} \\
\frac{A^k}{Y} &= b_3 \cdot \frac{1}{\eta} \cdot \underbrace{\frac{A^k}{A}}_{>1}.
\end{aligned}$$

A.1.2 Reallohneffekte der Nachfrage und Laursen-Metzler-Effekt

Im vorliegenden Modell liegen konstante Verteilungsquoten vor, so dass ein Reallohneffekt der Güternachfrage formal gleichwertig zum Laursen-Metzler-Effekt ist:

Reales Lohn (Y^L)- und Gewinneinkommen (Y^G):

$$\begin{aligned}
Y^L &= W/P \cdot N \\
&= W/P \cdot 1/k \cdot Y \\
&= 1/C \cdot 1/k \cdot Y \\
Y^G &= Y - Y^L \\
\Longrightarrow & \quad \frac{Y^L}{Y} = const \quad \frac{Y^G}{Y} = (1 - \frac{Y^L}{Y}).
\end{aligned}$$

Hier wird in der Preisgleichung eine konstante durchschnittliche Arbeitsproduktivität angenommen.

Analog gilt für das *kaufkraftmäßige* Lohn– und Gewinneinkommen ($Y^{L,E}$ bzw. $Y^{G;E}$):

$$\begin{aligned}
Y^{L,E} &= W/P^c \cdot N \\
&= W/P^c \cdot 1/k \cdot Y \\
&= 1/C \cdot 1/k \cdot Y \cdot \frac{P}{P^C} \\
Y^{G,E} &= Y \cdot \frac{P}{P^c} - Y^{L,E} \\
\Longrightarrow & \quad \frac{Y^{L,E}}{Y^E} = const \quad \frac{Y^{G,E}}{Y^E} = (1 - \frac{Y^{L,E}}{Y^E}).
\end{aligned}$$

A.1.3 Abschätzungen

Die folgende Proposition wird in der vorliegenden Studie häufig herangezogen, um die Gesamtwirkung gegenläufiger Effekte abschätzen zu können.

Proposition

Ist

1. (dem Betrage nach) die Zinssemielastizität der Investitionsgüternachfrage

$$\frac{\partial I}{\partial(i-\dot{p})} \cdot \frac{1}{I_0} \leq 1,$$

2. der Staatsaushalt defizitär ($Bd \geq 0$) und

3. erfüllt die Terms-of-Trade-Elastizität des Außenbeitrags η die hinreichende Bedingung

$$\eta \cdot \frac{A}{A^k} < 1 \qquad (A^k = A + b_1 \cdot Y > A),$$

so gilt aufgrund des kreislauftheoretischen Zusammenhangs

$$\psi \quad > \quad a_2 + b_3$$

mit $\psi := 1 - a_1 + b_1 = 1 - a_1 + b_{11} - b_{12}$.

Beweis: In der Ausgangslage gilt

$$\begin{aligned}
S &= I + Bd + A \\
S &= I + Bd + A^k - Im(Y) \\
\underbrace{S/Y + Im(Y)/Y}_{=:\psi} &= I/Y + Bd/Y + A^k/Y \\
\psi &= I/Y + Bd/Y + A^k/Y \\
\psi &\geq I/Y + A^k/Y \qquad \text{falls } Bd \geq 0 \\
a_2 &= \frac{I_0}{Y_0} \cdot \frac{I_\imath}{I_0} \\
&= k_1 \cdot \frac{I_0}{Y_0} \qquad k_1 \leq 1 \quad \text{n.V.} \\
b_3 &= \frac{A^k}{Y_0} \cdot k_2 \qquad k_2 < 1 \quad \text{n.V.} \\
&\Longrightarrow \\
\psi &> a_2 + b_3,
\end{aligned}$$

$$\text{und es ist} \qquad \psi - a_2 - b_3 \quad > \quad \frac{Bd}{Y}.$$

Folgerungen:

I: Ist $l_1 \leq 1$, so gilt

$$\psi \quad > \quad l_1(a_2 + b_3)$$

II. Ist γ klein und $l_1 \leq 1$, so gilt

$$\psi \quad > \quad l_1(\gamma \cdot a_2 + b_3)$$

III. Ist γ hinreichend groß, so gilt

$$\psi \quad < \quad l_1(\gamma \cdot a_2 + b_3)$$

Diese Aussagen gelten insbesondere für $b_3 \approx 0$.

A.1.4 Der Verbraucherpreisindex

Ausgangspunkt ist der nichtlogarithmierte CPI

$$P^V = \alpha_1 P_1 + \alpha_2 P_2 + \alpha_3 (P^a/E).$$

Dabei bezeichnet α_1 den Anteil der Inlandsgüter an den gesamten Konsumausgaben und α_2 bzw. α_3 den entsprechenden Ausgabenanteil für Produkte aus dem Partnerland bzw. aus dem Rest der Welt. Diese Ausgabenanteile sind konstant, sofern für die Konsumenten eine Cobb-Douglas-Nutzenfunktion unterstellt wird.

Durch Bildung des totalen Differentials und durch Übergang zur logarithmischen Taylor-Approximation erhält man

$$\begin{aligned}
\frac{dP^V}{P_0^V} &= \alpha_1 \frac{P_1}{P_0^V} \cdot \frac{dP_1}{P_1} + \alpha_2 \frac{P_2}{P_0^V} \cdot \frac{dP_2}{P_2} + \alpha_3 \frac{P^a/E}{P_0^V} \cdot \frac{d(P^a/E)}{P^a/E} \\
& P_{1,0} = P_{2,0} = (P_0^a)/(E_0) \\
&\Longrightarrow \\
\frac{dP^V}{P_0^V} &= \alpha_1 \cdot \frac{dP_1}{P_1} + \alpha_2 \cdot \frac{dP_2}{P_2} + \alpha_3 \cdot \frac{d(P^a/E)}{P^a/E} \\
&\Longrightarrow \\
p^V - p_0^V &= \alpha_1 (p_1 - p_{1,0}) + \alpha_2 (p_2 - p_{2,0}) + \alpha_3 (p^a - e - (p^a - e)_0) \\
&\Longrightarrow \\
p^V &= \alpha_1 p_1 + \alpha_2 p_2 + \alpha_3 (p^a - e).
\end{aligned}$$

Die Interpretation der Gewichte α_i als Ausgabenanteile kann folglich für die logarithmierte Variante des CPI beibehalten werden.

A.2 Steady State

Die Anpassungsprozesse sind abgeschlossen, wenn

$$\begin{aligned}
\dot{r}_{1(2)} &= 0 \\
\dot{w}_{1(2)} &= \dot{p}_{1(2)} = \dot{p}_{1(2)}^V \\
\Longrightarrow \dot{\pi}_1 = \dot{r}_1 = \dot{r}_2 = 0 & \\
\Longrightarrow \overline{i_1 - \dot{p}_1} = \overline{i_2 - \dot{p}_2} = i^a - \dot{p}^a. &
\end{aligned}$$

Die Realzinsen stimmen langfristig mit dem (exogen) gegebenem Weltrealzinsniveau überein.

Weiter lässt sich aufgrund der Sattelpunktstabilität zeigen, dass langfristig zugleich $\dot{m} - \dot{p}_1 - \dot{p}_2 = 0$ ist, d.h. langfristig tritt bei gegebener Geldmengenwachstumsrate keine akzelerierende Inflation auf. Damit gilt für die lange Frist:

$$\bar{\dot{p}}_{1(2)} = \bar{\dot{p}}_{1(2)}^V = \bar{\dot{w}}_{1(2)} = \hat{m}.$$

Reale Langfristeffekte ergeben sich erst bei dauerhaften Änderungen des Reallohnniveaus $\bar{r}$:

$$
\begin{aligned}
\overline{w_2 - p^V_{1(2)}} &= \overline{r}_{1(2)} \\
\overline{\pi_1} &= \frac{1}{1-\alpha_1+\alpha_2} \cdot (\overline{r}_1 - \overline{r}_2) \\
\overline{r}_{1(2)} &= \frac{1}{\alpha_3} \cdot (c_0 + \frac{1}{1-\alpha_1+\alpha_2} \cdot \Big((1-\alpha_1)\overline{r}_{1(2)} + \alpha_2 \overline{r}_{2(1)}\Big) \\
\overline{\ell} &= -\frac{l_1 b_3}{\psi} \cdot (\overline{\tau_1} + \overline{\tau}_2) + B - l_2 \cdot \dot{m} \\
& B = \frac{l_1}{\psi} \cdot D - 2 l_2 i^a + l_0 \\
& \psi = 1 - a_1 + b_{11} - b_{12}
\end{aligned}
$$

$$
\begin{aligned}
y_1 &= 1/\Phi \cdot \left(K(1+z) + g_1 + z g_2 - \overline{\pi_1}\Big(b_4(1-z) - z b_3\Big) - b_3(1+z) \cdot \overline{\tau}_1 \right) \\
y_2 &= 1/\Phi \cdot \left(K(1+z) + z g_1 + g_2 + \overline{\pi_1}\Big(b_4(1-z) - z b_3\Big) - b_3(1+z) \cdot \overline{\tau}_2 \right)
\end{aligned}
$$

$$
\Phi := \frac{(1-a_1+b_{11})^2 - b_{12}^2}{1-a_1+b_{11}} \quad < 1 - a_1 + b_{11}
$$

$$
z = \frac{b_{12}}{1-a_1+b_{11}}
$$

$$
K = a_0 - a_2 i^a + b_2 y^a .
$$

Bei einer *dauerhaften Reallohnsenkung* tritt im aktiven Land über die Verbesserung der Wettbewerbsfähigkeit nach innen und außen ein zweifacher expansiver Effekt auf; im passiven Land sind diese Effekte grundsätzlich gegenläufig:
Die Übertragungseffekte auf U_2 sind positiv, wenn

$$
z(b_3 + b_4) + \frac{\alpha_2}{\alpha_3}(1+z) \cdot b_3 \quad > \quad b_4 .
$$

Hinreichend für die Gültigkeit dieser Ungleichung ist $\alpha_2 b_3 > \alpha_3 b_4$.

A.2.1 Veränderung des langfristigen nominalen Wechselkurses

Langfristig gilt ($\tau = \tau_1 + \tau_2$)

$$
\begin{aligned}
& m - 2(p^a - e) - \overline{\ell} - \overline{\tau} = 0 \\
& \Longrightarrow d\,(p^a - e - m/2) &= -1/2 d(\overline{\ell} + \overline{\tau}) \\
& &= -1/2(1 - \frac{l_1 b_3}{\psi}) \cdot d\tau + l_2 \cdot \frac{d\dot{m}}{2} \\
& & \psi > l_1 b_3 \quad \text{s.o.} \Longrightarrow \\
& d\,(p^a - e - m/2) > 0 & \Longleftrightarrow d\tau < 0.
\end{aligned}
$$

Sinkt r_1 oder r_2, so sinkt auch der nominale Wechselkurs e.

A.2.2 Reallohn– und Nominallohnangleichung

Eine Angleichung der Reallöhne in beiden Ländern impliziert - bei identischen Arbeitsproduktivitäten - eine Angleichung der Nominallöhne:

$$\begin{aligned}
\overline{r}_1 &= \overline{r}_2 \\
\Longleftrightarrow \overline{w_1 - p_1^V} &= \overline{w_2 - p_2^V} \\
\Longleftrightarrow \overline{p_1 - p_1^V} &= \overline{p_2 - p_2^V} \\
\Longleftrightarrow \alpha_2 \cdot \overline{\pi}_1 + \alpha_3 \cdot \overline{\tau}_1 &= -\alpha_2 \cdot \overline{\pi}_1 + \alpha_3 \cdot \overline{\tau}_2 \\
\Longleftrightarrow (2\alpha_2 + \alpha_3) \cdot \overline{\pi}_1 &= 0 \\
\Longleftrightarrow \overline{p_1 - p_2} &= 0 \\
\Longleftrightarrow \overline{p_1^V - p_2^V} = 0 & \\
\Longleftrightarrow \overline{w_1 - w_2} &= 0.
\end{aligned}$$

A.3 Modelldynamik für den allgemeinen Fall

Im folgenden werden zunächst das Summensystem und das Differenzensystem gelöst. Aus diesen Subsystemen lässt sich in einem zweiten Schritt die Dynamik der nationalen Makrovariablen ableiten.

A.3.1 Summensystem

Das Summensystem bezieht sich auf die Aggregatvariablen

$$\begin{aligned}
y &= y_1 + y_2 \\
p &= p_1 + p_2 \\
\tau &= \tau_1 + \tau_2.
\end{aligned}$$

Nachfrageseite (Reduzierte Form):

$$\begin{aligned}
(1 - a_1 + b_1) \cdot y &= D + a_2 \cdot \dot{\tau} - b_3 \tau \\
& D = 2a_0 + g_1 + g_2 + 2 \cdot b_2 y^a - 2a_2 i^a \\
& \psi = (1 - a_1 + b_1) \quad b_1 = b_{11} - b_{12} \\
m - p &= B + \frac{l_1}{\psi} \cdot \Big(a_2 \cdot \dot{\tau} - b_3 \tau \Big) + l_2 \cdot \dot{\tau} + l_2(\dot{m} - \dot{p}) - l_2 \dot{m} \\
& B = l_0 + \frac{l_1}{\psi} \cdot D - 2 \cdot l_2 \cdot i^a.
\end{aligned}$$

Angebotsseite (Reduzierte Form):

$$\dot{\tau} = \frac{\beta}{\alpha_3} \cdot (r_1 + r_2) - \beta \cdot \tau + \frac{\beta}{\alpha_3} \cdot c_1$$

$$\begin{aligned}
\Longrightarrow \ell := m - p &= B - \frac{l_1 b_3}{\psi} \cdot \tau + l_2(\dot{m} - \dot{p}) - l_2 \cdot \dot{m} + \\
& + \Big(\frac{l_1 a_2}{\psi} + l_2 \Big) \cdot \Big(\frac{\beta}{\alpha_3} \cdot (r_1 + r_2) - \beta \cdot \tau + \frac{\beta}{\alpha_3} \cdot c_1 \Big).
\end{aligned}$$

Aus den obigen Gleichungen ergibt sich das folgende dynamische System:

$$\begin{pmatrix} \dot{\tau} \\ \dot{m} - \dot{p} \\ \dot{r}_1 \\ \dot{r}_2 \end{pmatrix} = \begin{pmatrix} -\beta & 0 & \frac{\beta}{\alpha_3} & \frac{\beta}{\alpha_3} \\ \kappa_1 & 1/l_2 & \kappa_2 & \kappa_2 \\ 0 & 0 & -\gamma_1 & 0 \\ 0 & 0 & 0 & -\gamma_2 \end{pmatrix} \begin{pmatrix} \tau \\ m - p \\ r_1 \\ r_2 \end{pmatrix} + \begin{pmatrix} k_1 \\ k_2 + \dot{m} \\ k_3 \\ k_4 \end{pmatrix}$$

$$\begin{aligned} \kappa_1 &:= \frac{l_1 b_3}{l_2 \psi} + \beta \left(1 + \frac{l_1 a_2}{l_2 \psi}\right) \quad > 0 \\ \kappa_2 &:= -\frac{\beta}{\alpha_3} \cdot \left(1 + \frac{l_1 a_2}{l_2 \psi}\right) \quad < 0 \\ k_1 &:= \frac{\beta}{\alpha_3} \cdot c_1 \\ k_2 &:= -B/l_2 - c_1 \frac{\beta}{\alpha_3} \cdot \left(1 + \frac{l_1 a_2}{l_2 \psi}\right) \\ k_3 &:= \gamma_1 \overline{r_1} \\ k_4 &:= \gamma_2 \overline{r_2}. \end{aligned}$$

Die Eigenwerte der Systemmatrix lauten $1/l_2, -\beta, -\gamma_1, -\gamma_2$; mit den verzögert reagierenden Variablen $m - p, r_1$ und r_2 liegt ein *sattelpunktstabiles System* vor.

Eigenvektoren:

$$\text{zum EW } (-\gamma_1): \begin{pmatrix} \frac{\beta}{\alpha_3} \cdot \frac{1}{\beta - \gamma_1} \\ -\frac{1}{1/l_2 + \gamma_1} \cdot \left(\kappa_2 + \frac{\beta}{\alpha_3} \cdot \frac{\kappa_1}{\beta - \gamma_1}\right) \\ 1 \\ 0 \end{pmatrix} =: \begin{pmatrix} x_1(\gamma_1) \\ x_2(\gamma_1) \\ 1 \\ 0 \end{pmatrix}$$

$$\text{zum EW } (-\gamma_2): \begin{pmatrix} \frac{\beta}{\alpha_3} \cdot \frac{1}{\beta - \gamma_2} \\ -\frac{1}{1/l_2 + \gamma_2} \cdot \left(\kappa_2 + \frac{\beta}{\alpha_3} \cdot \frac{\kappa_1}{\beta - \gamma_2}\right) \\ 0 \\ 1 \end{pmatrix} =: \begin{pmatrix} x_1(\gamma_2) \\ x_2(\gamma_2) \\ 0 \\ 1 \end{pmatrix}$$

$$\text{zum EW } (-\beta): \begin{pmatrix} 1 \\ -\frac{\kappa_1}{1/l_2 + \beta} \\ 0 \\ 0 \end{pmatrix} =: \begin{pmatrix} 1 \\ x_3 \\ 0 \\ 0 \end{pmatrix}.$$

Die Lösungen des sattelpunktstabilen Systems lauten:

$$\begin{aligned} \tau(t) - \overline{\tau} &= A_1 x_1(\gamma_1) e^{-\gamma_1 \cdot t} + A_2 x_1(\gamma_2) e^{-\gamma_2 \cdot t} + A_3 \cdot e^{-\beta \cdot t} \\ \ell - \overline{\ell} &= A_1 x_2(\gamma_1) \cdot e^{-\gamma_1 \cdot t} + A_2 x_2(\gamma_2) \cdot e^{-\gamma_2 \cdot t} + x_3 \cdot A_3 \cdot e^{-\beta \cdot t} \\ r_1 - \overline{r}_1 &= A_1 \cdot e^{-\gamma_1 \cdot t} \\ r_2 - \overline{r}_2 &= A_2 \cdot e^{-\gamma_2 \cdot t}. \end{aligned}$$

Für die aggregierte Reallohnentwicklung gilt $w - p^c - \overline{\tau} = \alpha_3 \cdot (\tau - \overline{\tau})$.
Die Konstanten A_1, A_2 und A_3 resultieren aus den Anfangsbedingungen für r_1, r_2 und $\ell = m - p_1 - p_2$.

$$\begin{aligned} A_1 &= r_1(0) - \overline{r}_1 \\ A_2 &= r_2(0) - \overline{r}_2 \\ A_3 &= \underbrace{-\frac{\beta + 1/l_2}{\kappa_1}}_{<0} \cdot \Big(l_0 - \bar{l} - A_1 x_2(\gamma_1) - A_2 x_2(\gamma_2) \Big) \end{aligned}$$

$$\Longrightarrow$$

$$\begin{aligned} \ell(t) - \overline{\ell} &= A_1 x_2(\gamma_1) \cdot \left(e^{-\gamma_1 \cdot t} - e^{-\beta \cdot t} \right) + A_2 x_2(\gamma_2) \cdot \left(e^{-\gamma_2 \cdot t} - e^{-\beta \cdot t} \right) + \\ & \quad + (l_0 - \overline{\ell}) \cdot e^{-\beta \cdot t} \end{aligned}$$

mit den Abkürzungen:

$$\begin{aligned} x_1(\gamma) &= \frac{\beta}{\alpha_3} \cdot \frac{1}{\beta - \gamma} \qquad \gamma = \gamma_1, \gamma_2 \\ x_2(\gamma) &= -x_1(\gamma) \cdot v(\gamma) \\ x_3 &= -v(\beta). \end{aligned}$$

Die Terme $x_2(\gamma)$ und $x_3(\gamma)$ verwenden die folgende abkürzende Schreibweise:

$$v(\alpha) := \frac{1}{1 + l_2 \alpha} \cdot \left(\frac{l_1 b_3}{\psi} + \alpha (l_2 + \frac{l_1 a_2}{\psi}) \right) \qquad \alpha = \gamma_1, \gamma_2, \beta.$$

Die Eigenvektorfunktion $v(\alpha)$ ist für spätere Abschätzungen relevant. Ihre Eigenschaften werden im folgenden Unterkapitel zusammengefasst:

A.3.2 Eigenschaften der Eigenvektorfunktion

Die Eigenschaften von $v(\alpha)$ basieren maßgeblich auf den Abschätzungen des Abschnitts A.1.3.

$$v(\alpha) := \frac{1}{1 + l_2 \alpha} \cdot \left(\frac{l_1 b_3}{\psi} + \alpha (l_2 + \frac{l_1 a_2}{\psi}) \right) \qquad \alpha = \gamma_1, \gamma_2, \beta.$$

Für die Funktion $v(\alpha)$ gilt:

$$\begin{aligned} v(\alpha) < 1 \quad &\Longleftrightarrow \quad l_1(b_3 + \alpha a_2) < \psi \\ v(\alpha) > 1 \quad & \quad\quad\;\; \alpha \text{ hinreichend groß.} \end{aligned}$$

Die erste Abschätzung ist für $\alpha = 1$ erfüllt (siehe Abschnitt A.1.3).
Weiter gilt:

$$\begin{aligned} \frac{\partial}{\partial \alpha} v(\alpha) &> 0 \Longleftrightarrow \\ \psi &> l_1(b_3 - \frac{a_2}{l_2}) \end{aligned}$$

$$\text{mit} \quad \frac{\partial v}{\partial \alpha} = \frac{1}{1 + l_2 \alpha} \cdot \left(\frac{l_1 a_2}{\psi} + l_2 (1 - v(\alpha)) \right).$$

Daher ist

$$\begin{aligned} v(\alpha) &> v(0) = \frac{l_1 b_3}{\psi} \\ v(\alpha_1) > v(\alpha_2) &\iff \alpha_1 > \alpha_2. \end{aligned}$$

Weiter erhält man für große α:

$$\lim_{\alpha \to \infty} v(\alpha) = 1 + \frac{l_1 a_2}{l_2 \psi}.$$

Infolgedessen gilt die Abschätzung

$$\frac{l_1 b_3}{\psi} < v(\alpha) < 1 + \frac{l_1 a_2}{l_2 \psi}.$$

Die zweite Ableitung lautet:

$$\frac{\partial^2 v}{\partial^2 \alpha} v(\alpha) = \frac{2 l_2^2 (\frac{l_1 b_3}{\psi} + \alpha \left(l_2 + \frac{l_1 a_2}{\psi} \right))}{(1 + \alpha l_2)^3} - \frac{2 l_2 \left(l_2 + \frac{l_1 a_2}{\psi} \right)}{(1 + \alpha l_2)^2}.$$

Es ist

$$\begin{aligned} \frac{\partial^2 v}{\partial^2 \alpha} v(\alpha) &< 0 \iff \\ \frac{l_1 b_3}{\psi} &< 1 + \frac{l_1 a_2}{l_2 \psi} \\ \psi &> l_1 (b_3 - \frac{a_2}{l_2}) \quad \text{s.o.} \end{aligned}$$

Diese Ungleichung kann aufgrund des kreislauftheoretischen Zusammenhangs als erfüllt angesehen werden, insbesondere für kleine b_3. (Siehe hierzu den Abschnitt A.1.3.)

Folgerung:

$$\frac{v(\beta) - v(\gamma)}{\beta - \gamma} - \frac{\partial v(\gamma)}{\partial \gamma} < 0.$$

A.3.3 Das Differenzensystem

Aus der Differenz der IS-Kurven sowie aus der Angebotsseite resultiert das System

$$\begin{pmatrix} \dot{\pi_1} \\ \dot{r_1} \\ \dot{r_2} \end{pmatrix} = \begin{pmatrix} -\beta & \frac{\beta}{1 - \alpha_1 + \alpha_2} & -\frac{\beta}{1 - \alpha_1 + \alpha_2} \\ 0 & -\gamma_1 & 0 \\ 0 & 0 & -\gamma_2 \end{pmatrix} \begin{pmatrix} \pi_1 \\ r_1 \\ r_2 \end{pmatrix} + \begin{pmatrix} 0 \\ \gamma_1 \overline{r_1} \\ \gamma_2 \overline{r_2} \end{pmatrix}.$$

Eigenvektoren:

$$\text{zu } (-\beta) \qquad \begin{pmatrix} 1 \\ 0 \\ 0 \end{pmatrix}$$

$$\text{zu } (-\gamma_1) \qquad \begin{pmatrix} x_4(\gamma_1) \\ 1 \\ 0 \end{pmatrix}$$

$$\text{zu } (-\gamma_2) \qquad \begin{pmatrix} -x_4(\gamma_2) \\ 0 \\ 1 \end{pmatrix}$$

$$\text{mit } x_4(\gamma) := \frac{\beta}{1-\alpha_1+\alpha_2} \cdot \frac{1}{\beta-\gamma} \qquad \gamma = \gamma_1, \gamma_2.$$

Die Lösung des Differenzensystems lautet:

$$\begin{aligned}
\pi_1(t) - \overline{\pi_1} &= A_1 x_4(\gamma_1) e^{-\gamma_1 \cdot t} - A_2 x_4(\gamma_2) e^{-\gamma_2 \cdot t} + \tilde{A}_3 \cdot e^{-\beta \cdot t} \\
A_1 &= r_1(0) - \overline{r}_1 \\
A_2 &= r_2(0) - \overline{r}_2 \\
\tilde{A}_3 &= \pi_1(0) - \overline{\pi_1} - A_1 x_4(\gamma_1) + A_2 x_4(\gamma_2) \\
\Longrightarrow & \\
\pi_1(t) - \overline{\pi_1} &= A_1 x_4(\gamma_1) \cdot (e^{-\gamma_1 \cdot t} - e^{-\beta \cdot t}) - A_2 x_4(\gamma_2) \cdot (e^{-\gamma_2 \cdot t} - e^{-\beta \cdot t}) + \\
& \quad + (\pi_1(0) - \overline{\pi_1}) \cdot e^{-\beta t} \\
& \overline{\pi_1} = \frac{\overline{r}_1 - \overline{r}_2}{1 - \alpha_1 + \alpha_2}.
\end{aligned}$$

A.3.4 Abgeleitete Bewegungsgleichungen

Aus den Lösungen des Summensystems und des Differenzensystems lassen sich die folgenden Variablen ableiten:

Inflationsraten. Durch Differenzieren der Bewegungsgleichungen für $\ell = m - p_1 - p_2$ und $\pi_1 = p_1 - p_2$ erhält man

$$\begin{aligned}
\dot{\ell} &= A_1 x_2(\gamma_1) \cdot \left(-\gamma_1 e^{-\gamma_1 \cdot t} + \beta \cdot e^{-\beta \cdot t} \right) + \\
& \quad + A_2 x_2(\gamma_2) \cdot \left(-\gamma_2 e^{-\gamma_2 \cdot t} + \beta \cdot e^{-\beta \cdot t} \right) - \beta(\ell_0 - \overline{\ell}) \cdot e^{-\beta \cdot t} \\
\dot{\pi}_1 &= A_1 x_4(\gamma_1) \cdot \left(-\gamma_1 e^{-\gamma_1 \cdot t} + \beta \cdot e^{-\beta \cdot t} \right) - \\
& \quad - A_2 x_4(\gamma_2) \cdot \left(-\gamma_2 e^{-\gamma_2 \cdot t} + \beta \cdot e^{-\beta \cdot t} \right) - \beta(\pi_1^0 - \overline{\pi}_1) \cdot e^{-\beta \cdot t}
\end{aligned}$$

($\hat{m}$ bezeichnet die Geldmengenwachstumsrate).
Aus diesen Gleichungen resultiert

$$\begin{aligned}
2\dot{p}_1 &= 2\hat{m} + A_1 \cdot \left(-\gamma_1 e^{-\gamma_1 \cdot t} + \beta \cdot e^{-\beta \cdot t} \right) (x_4(\gamma_1) - x_2(\gamma_1)) - \\
& \quad - A_2 \cdot \left(-\gamma_2 e^{-\gamma_2 \cdot t} + \beta \cdot e^{-\beta \cdot t} \right) (x_4(\gamma_2) + x_2(\gamma_2)) - \\
& \quad - \beta \cdot e^{-\beta t} \cdot \left(\pi_1^0 - \overline{\pi_1} - (\ell_0 - \overline{\ell}) \right)
\end{aligned}$$

$$\begin{aligned}2\dot{p}_2 &= 2\hat{m} - A_1 \cdot \left(-\gamma_1 e^{-\gamma_1 \cdot t} + \beta \cdot e^{-\beta \cdot t}\right)(x_4(\gamma_1) + x_2(\gamma_1)) - \\ &\quad - A_2 \cdot \left(-\gamma_2 e^{-\gamma_2 \cdot t} + \beta \cdot e^{-\beta \cdot t}\right)(x_2(\gamma_2) - x_4(\gamma_2)) + \\ &\quad + \beta \cdot e^{-\beta t} \cdot \left(\pi_1^0 - \overline{\pi_1} + (\ell_0 - \overline{\ell})\right).\end{aligned}$$

Für die Ausgangslage $t = 0$ gilt:

$$\begin{aligned}\dot{p}_1(0) &= \hat{m} + (\beta - \gamma_1) \cdot \frac{A_1}{2}(x_4 - x_2(\gamma_1)) \\ \dot{p}_2(0) &= \hat{m} - (\beta - \gamma_1) \cdot \frac{A_1}{2}(x_4 + x_2(\gamma_1)).\end{aligned}$$

Es ist

$$\begin{aligned}x_4 - x_2 &= \left(\frac{\alpha_3}{\alpha_3 + 2\alpha_2} + v(\gamma_1)\right) x_1(\gamma_1) > 0 \\ x_4 + x_2 &= \left(\frac{\alpha_3}{\alpha_3 + 2\alpha_2} - v(\gamma_1)\right) x_1(\gamma_1).\end{aligned}$$

Hinreichend für $x_4 + x_2 < 0$ ist $\frac{\alpha_3}{\alpha_3 + 2\alpha_2} < \frac{l_1 b_3}{\psi}$.

Wechselkurs- und Nominalzinsentwicklung. Die Wechselkurs– und Nominalzinsentwicklung lässt sich aus dem aggregierten System ableiten:

$$\begin{aligned}\tau + \ell &= m - 2(p^a - e) \\ \overline{\tau} + \overline{\ell} &= \overline{m - 2(p^a - e)}\end{aligned}$$

$\Longrightarrow$

$$\begin{aligned}m - 2(p^a - e) - \overline{\ell} - \overline{\tau} &= A_1 e^{-\gamma_1 \cdot t}[x_1(\gamma_1) + x_2(\gamma_1)] \quad + \\ + A_2 \cdot e^{-\gamma_2 \cdot t} &\cdot [x_1(\gamma_2) + x_2(\gamma_2)] + A_3 e^{-\beta t} \cdot (1 + x_3).\end{aligned}$$

Die Nominalzinsentwicklung resultiert aufgrund der Renditeparität ($i_1 = i_2 = i^a - \dot{e}$) aus der Gleichung

$$\begin{aligned}-\dot{e} &= (\hat{m} - \dot{p}^a) + 1/2 \cdot \Big(\gamma_1 A_1 e^{-\gamma_1 \cdot t}[x_1(\gamma_1) + x_2(\gamma_1)] + \\ &\quad + \gamma_2 A_2 \cdot e^{-\gamma_2 \cdot t}[x_1(\gamma_2) + x_2(\gamma_2)] + \beta A_3 (1 + x_3) \cdot e^{-\beta t}\Big)\end{aligned}$$

mit

$$\begin{aligned}x_1(\gamma) + x_2(\gamma) &= x_1(1 - v(\gamma)) \\ 1 + x_3 &= 1 - v(\beta) \\ v(\alpha) < 1 & \quad \text{für } \alpha \text{ klein} \\ v(\alpha) > 1 & \quad \text{für } \alpha \text{ hinreichend groß.}\end{aligned}$$

A.4 Einseitige Maßnahmen: Temporäre Reallohnsenkung

Im Fall einer einseitigen temporären Reallohnsenkung gilt:

$$\begin{aligned} A_1 &= r_1(0) - \overline{r}_1 \\ A_2 &= 0 \\ A_3 &= -x_1(\gamma_1) \cdot \frac{v(\gamma_1)}{v(\beta)} \cdot A_1. \end{aligned}$$

A.4.1 Entwicklung der relativen Preise

Vergleich der Entwicklung von $\tau_{1(2)}$ und π_1:

$$\begin{aligned} \tau - \overline{\tau} &= A_1 x_1 e^{-\gamma_1 t} + A_3 e^{-\beta \cdot t} \\ \pi_1 - \overline{\pi}_1 &= A_1 x_4 (e^{-\gamma_1 t} - e^{-\beta t}) \\ x_4/x_1 &= \frac{\alpha_3}{\alpha_3 + 2\alpha_2}. \end{aligned}$$

Dann ist

$$\begin{aligned} \tau_1 &= 1/2 \cdot (\tau + \pi_1) \\ \tau_2 &= 1/2 \cdot (\tau - \pi_1) \\ \tau_1 - \overline{\tau_1} & \\ &= A_1 x_1/2 \cdot \left\{ e^{-\gamma_1 t} \left(1 + \frac{\alpha_3}{\alpha_3 + 2\alpha_2}\right) - e^{-\beta \cdot t} \left(\frac{v(\gamma_1)}{v(\beta)} + \frac{\alpha_3}{\alpha_3 + 2\alpha_2} \right) \right\} \\ \tau_2 - \overline{\tau_2} & \\ &= A_1 x_1/2 \cdot \left\{ e^{-\gamma_1 t} \left(1 - \frac{\alpha_3}{\alpha_3 + 2\alpha_2}\right) - e^{-\beta \cdot t} \left(\frac{v(\gamma_1)}{v(\beta)} - \frac{\alpha_3}{\alpha_3 + 2\alpha_2} \right) \right\} \end{aligned}$$

$$\tau_1(0) - \overline{\tau}_1 = A_1 x_1/2 \cdot \underbrace{\left(1 - \frac{v(\gamma_1)}{v(\beta)}\right)}_{>0}$$

$$\beta > \gamma_1 \Longrightarrow v(\beta) > v(\gamma_1) \text{ (Abschnitt A.3.2).}$$

Behauptung: $\tilde{\tau}_2(t) < \tilde{\pi}_1(t)$.
Es ist

$$\begin{aligned} &\tilde{\tau}_2(t) - \tilde{\pi}_1(t) \\ &= 1/2 \cdot (\tilde{\tau} - 3 \cdot \tilde{\pi}_1) \\ &= 1/2 A_1 x_1 \cdot \left(\frac{2(\alpha_2 - \alpha_3)}{\alpha_3 + 2\alpha_2} \cdot \underbrace{\left[e^{-\gamma_1 t} - e^{-\beta \cdot t}\right]}_{>0} + \underbrace{\left(1 - \frac{v(\gamma_1)}{v(\beta)}\right)}_{>0} \cdot e^{-\beta \cdot t} \right). \end{aligned}$$

Ist $\alpha_2 \geq \alpha_3$, so gilt: Während der gesamten Anpassungsphase fällt die Terms-of-Trade-Senkung stärker aus als die Senkung von π_1.

Weiter ist wegen

$$\tau_1 = \tau_2 + \pi_1$$

$$\tilde{\tau}_1(t) < \tilde{\tau}_2(t) < \tilde{\pi}_1(t) < 0.$$

mit $\tilde{\tau}_1(t) := \tau_1(t) - \overline{\tau}_{1,0}, \tilde{\tau}_2(t) := \tau_2(t) - \overline{\tau}_{2,0}, \tilde{\pi}_1(t) := \pi_1(t) - \overline{\pi}_{1,0}$.

A.4.2 Wechselkursreaktion

$$de(0) = \frac{A_1 x_1(\gamma_1)}{2} \cdot \left[1 - \frac{v(\gamma_1)}{v(\beta)}\right].$$

Mit steigendem γ_1 (bzw. γ_1^{erw}) sinkt das Ausmaß der Wechselkursreaktion:

$$\frac{\partial de(0)}{\partial \gamma_1} = \frac{A_1 x_1(\gamma_1)}{2 \cdot v(\beta)} \cdot \underbrace{\left\{\frac{v(\beta) - v(\gamma_1)}{\beta - \gamma_1} - \frac{\partial v(\gamma_1)}{\partial \gamma_1}\right\}}_{<0}.$$

Der Ausdruck in den geschweiften Klammern ist negativ (siehe Abschnitt A.3.2). Mit

$$\overline{e_0}(m) := -1/2 \cdot \left(m - 2p^a - \overline{\ell} - \overline{\tau})\right)$$

erhält man für die prozentuale Wechselkursänderung:

$$e(t) - \overline{e_0}(m) = \frac{A_1 x_1(\gamma_1)}{2} \left([1 - v(\gamma_1)] \cdot e^{-\gamma_1 \cdot t} - [1 - v(\beta)] \frac{v(\gamma_1)}{v(\beta)} \cdot e^{-\beta \cdot t}\right).$$

A.4.3 Inflationsraten

Die Entwicklung der Inflationsraten resultiert aus der Entwicklung der realen Geldmenge $\ell(t)$ sowie aus der Entwicklung des Preisverhältnisses $\pi_1(t)$:

$$\begin{aligned}\dot{p}_1 &= \hat{m} + A_1(y - x_2)/2 \cdot \left(-\gamma_1 \cdot e^{-\gamma_1 \cdot t} + \beta \cdot e^{-\beta \cdot t}\right) \\ \dot{p}_2 &= \hat{m} - A_1(y + x_2)/2 \cdot \left(-\gamma_1 \cdot e^{-\gamma_1 \cdot t} + \beta \cdot e^{-\beta \cdot t}\right).\end{aligned}$$

Die Inflationsrate von U_2 kann in der Ausgangslage ($t = 0$) ansteigen.

In U_1 erfolgt eine unmittelbare Senkung der Inflationsrate. In U_2 fällt die Inflationsrate, wenn der Effekt der $\dot{p}_1$–Senkung die Wirkung der aus dem großen Ausland importierten Inflation dominiert; dies ist ist insbesondere bei kleinen Werten von α_3 der Fall. In jedem Fall ist die Senkung der Inflationsrate in U_1 stärker als in U_2.

A.4.4 Entwicklung der Realzinsen

Die Entwicklung der Realzinsen lässt sich aus der Terms-of-Trade-Entwicklung ableiten:

$$
\begin{aligned}
i_1 - \dot{p}_1 &= i^a - \dot{e} - \dot{p}_1 = i^a - \dot{\tau}_1 \\
\dot{\tau}_1 &= A_1 x_1/2 \cdot \left\{ -\gamma_1 \cdot \left(1 + \frac{\alpha_3}{\alpha_3 + 2\alpha_2}\right) e^{-\gamma_1 t} + \right. \\
&\quad \left. + \beta \cdot e^{-\beta \cdot t} \cdot \left(\frac{v(\gamma_1)}{v(\beta)} + \frac{\alpha_3}{\alpha_3 + 2\alpha_2} \right) \right\} \\
\dot{\tau}_1(0) &= A_1 x_1/2 \cdot \left\{ (\beta - \gamma_1) \cdot \frac{\alpha_3}{\alpha_3 + 2\alpha_2} + \underbrace{\beta \cdot \frac{v(\gamma_1)}{v(\beta)} - \gamma_1}_{>0} \right\} \\
\dot{\tau}_2(t) &= A_1 x_1/2 \cdot \left\{ -\gamma_1 \cdot e^{-\gamma_1 t} \left(1 - \frac{\alpha_3}{\alpha_3 + 2\alpha_2}\right) + \right. \\
&\quad \left. + \beta \cdot e^{-\beta \cdot t} \left(\frac{v(\gamma_1)}{v(\beta)} - \frac{\alpha_3}{\alpha_3 + 2\alpha_2} \right) \right\} \\
\dot{\tau}_2(0) &= A_1 x_1/2 \cdot \left(-(\beta - \gamma_1) \cdot \frac{\alpha_3}{\alpha_3 + 2\alpha_2} + \beta \frac{v(\gamma_1)}{v(\beta)} - \gamma_1 \right).
\end{aligned}
$$

Dabei ist

$$
\begin{aligned}
\beta \cdot \frac{v(\gamma)}{v(\beta)} &> \gamma, \text{ denn} \\
\Longleftrightarrow \beta v(\gamma) &> \gamma v(\beta) \\
\Longleftrightarrow \beta(1 + l_2\beta)(g + \gamma f) &> \gamma(1 + l_2\gamma)(g + \beta f) \\
\Longleftrightarrow g\beta(1 + l_2\beta) + \beta(l_2 f \beta\gamma) &> g\gamma(1 + l_2\gamma) + \gamma(l_2 f \beta\gamma).
\end{aligned}
$$

Die letzte Ungleichung ist für $\beta > \gamma$ erfüllt.

In U_1 tritt eine eindeutige Realzinssteigerung auf. Für U_2 ist diese Eindeutigkeit nicht gegeben; in jedem Fall ist eine in U_2 ggf. auftretende Realzinserhöhung aufgrund der unterschiedlichen Inflationsraten schwächer ausgeprägt.

A.4.5 Nominalzinsentwicklung

Mit

$$
\overline{i_0} = i^a + \hat{m} - \dot{p}^a
$$

erhält man

$$
i - \overline{i_0} = \frac{A_1 x_1(\gamma_1)}{2} \left(\gamma_1 [1 - v(\gamma_1)] \cdot e^{-\gamma_1 \cdot t} - \beta[1 - v(\beta)] \cdot \frac{v(\gamma_1)}{v(\beta)} \cdot e^{-\beta \cdot t} \right).
$$

Mittelfristig dominiert wegen $\gamma_1 < \beta$ der erste Term, so dass im Laufe des Anpassungsprozesses Zinssenkungen auftreten. Darüber hinaus gilt

$$\gamma_1[1 - v(\gamma_1)] \quad > \quad \beta[1 - v(\beta)] \cdot \frac{v(\gamma_1)}{v(\beta)}$$

$$\Longleftrightarrow$$

$$b_3\Big(\psi - l_1 b_3 - l_1 a_2(\beta + \gamma_1)\Big) \quad < \quad (l_2\psi + l_1 a_2)\beta \cdot \gamma \cdot a_2.$$

Ist diese Bedingung erfüllt, so treten bereits kurzfristig ($t = 0$) Zinssenkungen auf. Diese Bedingung beinhaltet bereits Antizipationseffekte: Je höher γ_1, um so schwächer fällt die unmittelbare Wechselkursreaktion und damit die Nachfragestimulanz aus. Die Gleichung ist ebenfalls für große a_2 erfüllt: In diesem Fall dominieren die kontraktiven Realzinseffekte; es kommt in der Union insgesamt zu einem Rückgang der Güternachfrage und insofern zu sinkenden Zinsen in der Ausgangslage.

A.5 Einseitige Maßnahmen: Dauerhafte Reallohnsenkung

A.5.1 Allgemeine Bewegungsgleichungen

$$\begin{aligned}
\tau(t) - \overline{\tau} &= A_1 x_1(\gamma_1) e^{-\gamma_1 \cdot t} + A_2 x_1(\gamma_2) e^{-\gamma_2 \cdot t} + A_3 \cdot e^{-\beta \cdot t} \\
A_1 &= r_1(0) - \overline{r}_1 \\
A_2 &= r_2(0) - \overline{r}_2 \\
A_3 &= -1/v(\beta) \cdot \Big(l_0 - \overline{l} - A_1 x_2(\gamma_1) - A_2 x_2(\gamma_2)\Big) \\
\frac{x_2(\gamma)}{v(\beta)} &= -x_1(\gamma) \cdot \frac{v(\gamma)}{v(\beta)}
\end{aligned}$$

$$\begin{aligned}
\ell(t) - \overline{\ell} = {} & A_1 x_2(\gamma_1) \cdot \big(e^{-\gamma_1 \cdot t} - e^{(-\beta)\cdot t}\big) + A_2 x_2(\gamma_2) \cdot \big(e^{-\gamma_2 \cdot t} - e^{-\beta \cdot t}\big) + \\
& (l_0 - \overline{\ell}) \cdot e^{-\beta \cdot t}.
\end{aligned}$$

Abkürzungen:

$$\begin{aligned}
x_1(\gamma) &= \frac{\beta}{\alpha_3} \cdot \frac{1}{\beta - \gamma} \qquad \gamma = \gamma_1, \gamma_2 \\
x_2(\gamma) &= -x_1(\gamma) \cdot v(\gamma) \\
x_3 &= -v(\beta) \\
x_4(\gamma) &= \frac{\beta}{1 - \alpha_1 + \alpha_2} \cdot \frac{1}{\beta - \gamma} \qquad \gamma = \gamma_1, \gamma_2.
\end{aligned}$$

$$\begin{aligned}
\pi_1(t) - \overline{\pi}_1 = {} & A_1 x_4(\gamma_1) \cdot (e^{-\gamma_1 \cdot t} - e^{-\beta \cdot t}) - A_2 x_4(\gamma_2) \cdot (e^{-\gamma_2 \cdot t} - e^{-\beta \cdot t}) + \\
& + (\pi_1(0) - \overline{\pi_1}) \cdot e^{-\beta t} \\
& \overline{\pi_1} = \frac{\overline{r}_1 - \overline{r}_2}{1 - \alpha_1 + \alpha_2}
\end{aligned}$$

$$\begin{aligned}
2\dot{p}_1 &= 2\hat{m} + A_1 \cdot \left(-\gamma_1 e^{-\gamma_1 \cdot t} + \beta \cdot e^{-\beta \cdot t}\right)(x_4(\gamma_1) - x_2(\gamma_1)) - \\
&\quad - A_2 \cdot \left(-\gamma_2 e^{-\gamma_2 \cdot t} + \beta \cdot e^{-\beta \cdot t}\right)(x_4(\gamma_2) + x_2(\gamma_2)) - \\
&\quad - \beta \cdot e^{-\beta t} \cdot \left(\pi_1^0 - \overline{\pi_1} - (\ell_0 - \overline{\ell})\right) \\
2\dot{p}_2 &= 2\hat{m} - A_1 \cdot \left(-\gamma_1 e^{-\gamma_1 \cdot t} + \beta \cdot e^{-\beta \cdot t}\right)(x_4(\gamma_1) + x_2(\gamma_1)) - \\
&\quad - A_2 \cdot \left(-\gamma_2 e^{-\gamma_2 \cdot t} + \beta \cdot e^{-\beta \cdot t}\right)(x_2(\gamma_2) - x_4(\gamma_2)) + \\
&\quad + \beta \cdot e^{-\beta t} \cdot \left(\pi_1^0 - \overline{\pi_1} + (\ell_0 - \overline{\ell})\right)
\end{aligned}$$

$$\begin{aligned}
m - 2(p^a - e) - \overline{\ell} - \overline{\tau} &= A_1 e^{-\gamma_1 \cdot t}[x_1(\gamma_1) + x_2(\gamma_1)] + \\
&\quad + A_2 \cdot e^{-\gamma_2 \cdot t} \cdot [x_1(\gamma_2) + x_2(\gamma_2)] + \\
&\quad + A_3 e^{-\beta t} \cdot (1 + x_3).
\end{aligned}$$

Die Nominalzinsentwicklung resultiert aus ($i_1 = i_2 = i^a - \dot{e}$)

$$\begin{aligned}
-\dot{e} &= (\hat{m} - \dot{p}^a) + 1/2 \cdot \Big(\gamma_1 A_1 e^{-\gamma_1 \cdot t}[x_1(\gamma_1) + x_2(\gamma_1)] + \\
&\quad + \gamma_2 A_2 \cdot e^{-\gamma_2 \cdot t}[x_1(\gamma_2) + x_2(\gamma_2)] + \\
&\quad + \beta A_3 (1 + x_3) \cdot e^{-\beta t}\Big).
\end{aligned}$$

Im folgenden sollen die oben angegebenen Bewegungsgleichungen als Abweichung vom Ausgangsniveau formuliert werden.

$$\begin{aligned}
\tau(t) - \overline{\tau}_0 &= d\overline{\tau} + A_1 x_1(\gamma_1) e^{-\gamma_1 \cdot t} + A_2 x_1(\gamma_2) e^{-\gamma_2 \cdot t} + A_3 \cdot e^{-\beta \cdot t} \\
A_3 &= 1/v(\beta) \cdot \left(d\overline{\ell} + A_1 x_2(\gamma_1) + A_2 x_2(\gamma_2)\right) \\
\pi_1(t) - \overline{\pi}_{1,0} &= d\overline{\pi}_1 (1 - e^{-\beta t}) + A_1 x_4(\gamma_1) \cdot (e^{-\gamma_1 \cdot t} - e^{-\beta \cdot t}) - \\
&\quad - A_2 x_4(\gamma_2) \cdot (e^{-\gamma_2 \cdot t} - e^{-\beta \cdot t})
\end{aligned}$$

$$\begin{aligned}
&2(e_0 - e) + 2(p^a - p_{a,0}) - (m - m_0) \\
&= -\Big\{A_1 e^{-\gamma_1 \cdot t}[x_1(\gamma_1) + x_2(\gamma_1)] + A_2 \cdot e^{-\gamma_2 \cdot t} \cdot [x_1(\gamma_2) + x_2(\gamma_2)] + \\
&\quad + A_3 e^{-\beta t} \cdot (1 + x_3) + d\overline{\ell} + d\overline{\tau}\Big\}.
\end{aligned}$$

Annahme: $\dot{p}^a = \hat{m}^a = \hat{m}$

$$\begin{aligned}
&\Longrightarrow e - e_0 = \\
&1/2 \cdot \Big\{A_1 e^{-\gamma_1 \cdot t}[x_1(\gamma_1) + x_2(\gamma_1)] + A_2 e^{-\gamma_2 \cdot t} \cdot [x_1(\gamma_2) + x_2(\gamma_2)] + \\
&+ A_3 e^{-\beta t} \cdot (1 + x_3) + d\overline{\ell} + d\overline{\tau}\Big\}
\end{aligned}$$

$$i = \dot{i^a} - \dot{e} \qquad i_0 = \dot{i^a} + \hat{m} - \dot{p^a}$$

$$\Longrightarrow i - i_0 =$$
$$1/2 \cdot \Big(\gamma_1 A_1 e^{-\gamma_1 \cdot t}[x_1(\gamma_1) + x_2(\gamma_1)] + \gamma_2 A_2 \cdot e^{-\gamma_2 \cdot t}[x_1(\gamma_2) + x_2(\gamma_2)] +$$
$$+\beta A_3(1 + x_3) \cdot e^{-\beta t}\Big).$$

A.5.2 Die Impactreaktion des Wechselkurses bei einer dauerhaften Reallohnsenkung

Aus der Bewegungsgleichung für den Wechselkurs ergibt sich für den Ausgangszeitpunkt $t = 0$:

$$\begin{aligned}
e(0) - e_0 &= 1/2 \cdot \Big\{A_1(x_1 + x_2) + A_3(1 + x_3) + d\bar{\ell} + d\bar{\tau}\Big\} \\
d\ell + d\tau &= 1/\alpha_3 \cdot \left(1 - \frac{l_1 b_3}{\psi}\right) d\bar{r}_1 \\
A_1 &= -d\bar{r}_1 \\
A_3 &= -\frac{1}{v(\beta)} \cdot \left(\frac{l_1 b_3}{\alpha_3 \psi} + x_2(\gamma_1)\right) d\bar{r}_1
\end{aligned}$$

$$\begin{aligned}
&e(0) - e_0 \\
&= -\frac{d\bar{r}_1}{2} \cdot \left\{x_1 + x_2 + \frac{1 - v(\beta)}{v(\beta)} \cdot \left(\frac{l_1 b_3}{\alpha_3 \psi} + x_2(\gamma)\right) - \frac{1}{\alpha_3} \cdot \left(1 - \frac{l_1 b_3}{\psi}\right)\right\} \\
&= -\frac{d\bar{r}_1}{2} \cdot \left\{ x_1 \underbrace{\left[1 - v(\gamma) - \frac{v(\gamma)}{v(\beta)}(1 - v(\beta))\right]}_{>0 f.\beta > \gamma} + \frac{1 - v(\beta)}{v(\beta)} \frac{l_1 b_3}{\alpha_3 \psi} - \frac{1 - \frac{l_1 b_3}{\psi}}{\alpha_3} \right\} \\
&= -\frac{d\bar{r}_1}{2\alpha_3} \cdot \left\{\frac{\beta}{\beta - \gamma}\left(1 - \frac{v(\gamma)}{v(\beta)}\right) + \frac{1}{v(\beta)} \frac{l_1 b_3}{\psi} - 1\right\}.
\end{aligned}$$

Die geschweifte Klammer ist genau dann *negativ*, wenn

$$\gamma \left(v(\beta) - \frac{l_1 b_3}{\psi}\right) \quad < \quad \beta \left(v(\gamma) - \frac{l_1 b_3}{\psi}\right).$$

Diese Ungleichung ist erfüllt:

$$v(\alpha) - \frac{l_1 b_3}{\psi} \quad = \quad \frac{\alpha}{1 + l_2 \alpha} \cdot \underbrace{\left(l_2(1 - \frac{l_1 b_3}{\psi}) + \frac{l_1 a_2}{\psi}\right)}_{=:Z}.$$

Folgerung:

$$\begin{aligned}
\gamma \cdot \frac{\beta}{1 + l_2 \beta} \cdot Z \quad &< \quad \beta \cdot \frac{\gamma}{1 + l_2 \gamma} \cdot Z \\
\Longleftrightarrow \gamma \quad &< \quad \beta.
\end{aligned}$$

Eine zukünftige, dauerhafte Reallohnsenkung induziert bereits im Zeitpunkt ihrer glaubhaften Ankündigung eine eindeutige nominale Abwertung der Unionswährung.

Die Wechselkursreaktion fällt um so stärker aus, je größer γ ist:

$$\begin{aligned}\frac{\partial dE(0)}{\partial\gamma} &= -\frac{d\overline{r}_1}{2\alpha_3}\cdot\frac{1}{v(\beta)}\cdot\frac{\partial}{\partial\gamma}\left(\frac{\gamma\cdot v(\beta)-\beta\cdot v(\gamma)}{\beta-\gamma}\right)\\ &= -\frac{d\overline{r}_1}{2\alpha_3}\cdot\frac{1}{v(\beta)}\cdot\frac{\beta}{\beta-\gamma}\underbrace{\left(\frac{v(\beta)-v(\gamma)}{\beta-\gamma}-v'\right)}_{<0}.\end{aligned}$$

Die Ableitung des Klammerausdrucks ist negativ.

Kurz- und langfristige Wechselkursreaktion im Vergleich

Die obige kurzfristige Wechselkursreaktion soll nun mit der langfristigen Wechselkurssteigerung verglichen werden. Langfristig gilt

$$\begin{aligned}\overline{e}-e_0 &= 1/2\left(d\overline{\ell}+d\overline{\tau}\right)\\ &= \frac{d\overline{r}_1}{2\alpha_3}\cdot\left(1-\frac{l_1b_3}{\psi}\right).\end{aligned}$$

Damit gilt:

$$\begin{aligned}e(0)-e_0 &> \overline{e}-e_0\\ &\quad\ \overline{e}-e_0 := \lim_{t\to\infty}\left(e(t)-e_0\right).\end{aligned}$$

Wechselkursentwicklung

$$\begin{aligned}&e-\overline{e(m)}\\ &= -\frac{d\overline{r}_1}{2\alpha_3}\left[\frac{\beta}{\beta-\gamma_1}(1-v(\gamma_1))e^{-\gamma_1 t}+\frac{1-v(\beta)}{v(\beta)}\left(\frac{l_1b_3}{\psi}-\frac{\beta}{\beta-\gamma_1}v(\gamma_1)\right)e^{-\beta t}\right]\end{aligned}$$

$\overline{e(m)}$ wie oben.

A.5.3 Terms of trade und Realzinsen

$$\begin{aligned}A_1 &= -d\overline{r}_1\\ \tau-\overline{\tau} &= -d\overline{r}_1\cdot\left\{x_1(\gamma)\cdot e^{-\gamma\cdot t}+\frac{e^{-\beta\cdot t}}{v(\beta)}\cdot\left(\frac{l_1b_3}{\alpha_3\psi}+x_2\right)\right\}\\ \pi_1(t)-\overline{\pi}_1 &= -d\overline{r}_1\cdot\left\{x_4e^{-\gamma\cdot t}-\frac{1}{1-\alpha_1+\alpha_2}\cdot e^{-\beta t}\cdot\frac{\gamma}{\beta-\gamma}\right\}\\ \pi_1^0-\overline{\pi}_1+(\ell_0-\overline{\ell}) &= -d\overline{\pi}_1-d\ell\\ &= d\overline{r}_1\left(\frac{l_1b_3}{\alpha_3\psi}-\frac{1}{1-\alpha_1+\alpha_2}\right)\\ \pi_1(t)-\overline{\pi}_1 &= -\frac{d\overline{r}_1}{1-\alpha_1+\alpha_2}\cdot\frac{1}{\beta-\gamma}\cdot\left(\beta e^{-\gamma\cdot t}-\gamma\cdot e^{-\beta\cdot t}\right).\end{aligned}$$

Daraus resultiert

$$\begin{aligned}\tau_1(t) - \tau_1^0 &= d\overline{\tau_1} + \frac{A_1 x_1}{2} \cdot e^{-\gamma \cdot t} \cdot \left(1 + \frac{\alpha_3}{1-\alpha_1+\alpha_2}\right) + \\ &\quad + \frac{e^{-\beta \cdot t}}{2} \cdot (A_3 - A_1 x_4 - d\overline{\pi}_1) \\ \tau_2(t) - \tau_2^0 &= d\overline{\tau_2} + \frac{A_1 x_1}{2} \cdot e^{-\gamma \cdot t} \cdot \left(1 - \frac{\alpha_3}{1-\alpha_1+\alpha_2}\right) + \\ &\quad + \frac{e^{-\beta \cdot t}}{2} \cdot (A_3 + A_1 x_4 + d\overline{\pi}_1)\,.\end{aligned}$$

Die Realzinsen ergeben sich aus der negativen Ableitung.

$$\begin{aligned}&A_3 - A_1 x_4 - d\pi_1 \\ &= \quad d\overline{r}_1 \cdot \left\{\frac{1}{\alpha_3 v(\beta)} \cdot \left(v(\gamma)\frac{\beta}{\beta-\gamma} - \frac{l_1 b_3}{\psi}\right) + \frac{1}{1-\alpha_1+\alpha_2} \cdot \frac{\gamma}{\beta-\gamma}\right\} \\ &=: \quad K_1 \cdot d\overline{r}_1 \\ &A_3 + A_1 x_4 + d\pi_1 \\ &= \quad d\overline{r}_1 \cdot \left\{\frac{1}{\alpha_3 v(\beta)} \cdot \left(v(\gamma)\frac{\beta}{\beta-\gamma} - \frac{l_1 b_3}{\psi}\right) - \frac{1}{1-\alpha_1+\alpha_2} \cdot \frac{\gamma}{\beta-\gamma}\right\} \\ &=: \quad K_2 \cdot d\overline{r}_2.\end{aligned}$$

Es gilt $K_2 > 0$:

$$\begin{aligned}\frac{1}{v(\beta)} \cdot \left(v(\gamma)\frac{\beta}{\beta-\gamma} - \frac{l_1 b_3}{\psi}\right) &> \frac{\gamma}{\beta-\gamma} \\ \Longleftrightarrow \beta(v(\gamma) - \frac{l_1 b_3}{\psi}) &> \gamma \cdot (v(\beta) - \frac{l_1 b_3}{\psi}).\end{aligned}$$

Außerdem ist

$$\frac{1}{\alpha_3} > \frac{1}{1-\alpha_1+\alpha_2}.$$

Realzinsreaktion in der Ausgangslage:

$$\begin{aligned}i_1 - \dot{p}_1 &= i^a - \dot{\tau}_1 \\ \dot{\tau}_1(0) &= -\gamma\frac{A_1 x_1}{2}\left(1 + \frac{\alpha_3}{1-\alpha_1+\alpha_2}\right) - \beta/2 \cdot \left[A_3 - A_1 x_4 - d\pi_1\right] \\ &= \frac{d\overline{r}_1}{2} \cdot \frac{\beta}{\alpha_3} \cdot \left\{\frac{\gamma}{\beta-\gamma} - \frac{1}{(v(\beta))}\left(v(\gamma)\frac{\beta}{\beta-\gamma} - \frac{l_1 b_3}{\psi}\right)\right\} \\ &\left\{\frac{\gamma}{\beta-\gamma} - \frac{1}{(v(\beta))}\left(v(\gamma)\frac{\beta}{\beta-\gamma} - \frac{l_1 b_3}{\psi}\right)\right\} < 0\end{aligned}$$

denn

$$\gamma\left(v(\beta) - \frac{l_1 b_3}{\psi}\right) < \beta\left(v(\gamma) - \frac{l_1 b_3}{\psi}\right).$$

Eine langfristig geplante Reallohnsenkung ($d\overline{r}_1 < 0$) induziert für das aktive Land eine unmittelbare Realzinssenkung; das bedeutet, dass im Fall einer Steigerung des Unionszinssatzes diese durch die unmittelbare Inflationssteigerung dominiert wird.

Da in der Ausgangslage in beiden Unionsländern ein identischer Inflationsanstieg erfolgt, stimmt die Impact-Reaktion der Realzinsen in beiden Unionsländern überein.

In der Ausgangslage gilt:

$$\begin{aligned}\dot{p}_1(0) &= \dot{p}_2(0) > \hat{m}\\ \dot{p}_1(0) &= \hat{m} + d\overline{r}_1/2 \cdot \frac{\beta}{\alpha_3} \cdot \left(\frac{l_1 b_3}{\psi} - v(\gamma_1)\right).\end{aligned}$$

A.5.4 Inflationsraten

Für die Entwicklung der nationalen Inflationsraten gilt:

$$\begin{aligned}\dot{p}_1 &= \hat{m} + \frac{d\overline{r}_1}{2} \cdot \left(\gamma_1 \cdot e^{-\gamma_1 t} - \beta \cdot e^{-\beta t}\right)\left(\frac{\alpha_3}{1-\alpha_1+\alpha_2} + v(\gamma_1)\right) \cdot \frac{\beta}{\alpha_3(\beta-\gamma_1)} +\\ &\quad + \frac{d\overline{r}_1}{2} \cdot \beta e^{-\beta t}\left(\frac{l_1 b_3}{\alpha_3 \psi} + \frac{1}{1-\alpha_1+\alpha_2}\right)\\ \dot{p}_2 &= \hat{m} + \frac{d\overline{r}_1}{2} \cdot \left(-\gamma_1 \cdot e^{-\gamma_1 t} + \beta \cdot e^{-\beta t}\right)\left(\frac{\alpha_3}{1-\alpha_1+\alpha_2} - v(\gamma_1)\right) \cdot \frac{\beta}{\alpha_3(\beta-\gamma_1)} +\\ &\quad + \frac{d\overline{r}_1}{2} \cdot \beta e^{-\beta t}\left(\frac{l_1 b_3}{\alpha_3 \psi} - \frac{1}{1-\alpha_1+\alpha_2}\right).\end{aligned}$$

A.5.5 Nominalzinsentwicklung

$$2(i-i_0) = -\frac{\beta}{\alpha_3} d\overline{r}_1 \left\{\frac{\gamma}{\beta-\gamma}(1-v(\gamma))e^{-\gamma t} - \frac{1-v(\beta)}{v(\beta)} \cdot \left(v(\gamma)\frac{\beta}{\beta-\gamma} - \frac{l_1 b_3}{\psi}\right) e^{-\beta t}\right\}.$$

Für $t = 0$ ist die geschweifte Klammer positiv, wenn

$$\frac{l_1 b_3}{\psi}(1-v(\beta))(\beta-\gamma) + (\beta-\gamma)v(\beta)v(\gamma) \quad > \quad \beta v(\gamma) - \gamma v(\beta).$$

A.5.6 Aussagen zur Terms-of-Trade-Entwicklung bei einer einseitigen dauerhaften Reallohnsenkung

$$\begin{aligned}A_3 &= \frac{1}{v(\beta)} \cdot \left(-\frac{l_1 b_3}{\alpha_3 \psi} d\overline{r}_1 - A_1 x_1 v(\gamma)\right)\\ &= \frac{1}{\alpha_3 v(\beta)} \cdot \left(-\frac{l_1 b_3}{\psi} d\overline{r}_1 - A_1 v(\gamma) \cdot \frac{\beta}{\beta-\gamma}\right)\\ &= \frac{d\overline{r}_1}{\alpha_3 v(\beta)} \cdot \left\{v(\gamma) \cdot \frac{\beta}{\beta-\gamma} - \frac{l_1 b_3}{\psi}\right\}.\end{aligned}$$

Wegen $v(\alpha) > \frac{l_1 b_3}{\psi}$ ist die geschweifte Klammer positiv.

1. Während der gesamten Anpassungsphase gilt:

$$\pi_1(t) - \overline{\pi_1^0} \quad < \quad 0 \tag{A.1}$$

denn:

$$\begin{aligned}
\pi_1(t) - \overline{\pi_1^0} &= A_1 x_4 (e^{-\gamma \cdot t} - e^{-\beta t}) + (1 - e^{-\beta t}) d\overline{\pi_1} \\
&= -\frac{d\overline{r}_1}{1 - \alpha_1 + \alpha_2} \left(\frac{\beta}{\beta - \gamma} (e^{-\gamma t} - e^{-\beta t}) - (1 - e^{-\beta t}) \right) \\
&= -\frac{d\overline{r}_1}{1 - \alpha_1 + \alpha_2} \cdot \frac{1}{\beta - \gamma} \cdot \left(\beta e^{-\gamma t} - \gamma e^{-\beta t} - (\beta - \gamma) \right).
\end{aligned}$$

Wegen

$$\beta e^{-\gamma t} - \gamma e^{-\beta t} \quad < \quad \beta - \gamma \qquad t > 0$$

ist der Wert der Klammer negativ.

Die kurzfristige Terms-of-Trade-Reaktion fällt schwächer aus als die langfristige Behauptung:

$$| \, d\tau(0) \, | \quad < \quad | \, d\overline{\tau} \, | \tag{A.2}$$

$$\begin{aligned}
d\tau(0) &= d\overline{\tau} + A_1 x_1 + A_3 \\
A_1 x_1 + A_3 &= -\frac{d\overline{r}_1}{\alpha_3} \cdot \frac{\beta}{\beta - \gamma} + \frac{1}{v(\beta)} \cdot \left(d\overline{\ell} + A_1 x_2 \right) \\
&= -\frac{d\overline{r}_1}{\alpha_3} \cdot \left(\frac{\beta}{\beta - \gamma} + \frac{1}{v(\beta)} \cdot \left[\frac{l_1 b_3}{\psi} - v(\gamma) \cdot \frac{\beta}{\beta - \gamma} \right] \right) \\
&= -\frac{d\overline{r}_1}{\alpha_3} \cdot \left\{ \frac{\beta}{\beta - \gamma} (1 - \frac{v(\gamma)}{v(\beta)}) + \frac{1}{v(\beta)} \frac{l_1 b_3}{\psi} \right\} \\
\Longrightarrow & \\
A_1 x_1 + A_3 > 0 & \qquad \text{für } d\overline{r}_1 < 0.
\end{aligned}$$

Damit ist für den Fall einer Reallohnsenkung die kurzfristige Terms-of-Trade-Senkung schwächer als die langfristige.

Die kurzfristige τ_1-Senkung fällt schwächer aus als die langfristige: Für $d\overline{r}_1 < 0$ gilt:

$$\begin{aligned}
0 > d\tau(0) &> d\overline{\tau} \\
0 = d\pi(0) &> d\overline{\pi} \\
\Longrightarrow 0 > d\tau_1(0) &> d\overline{\tau}_1.
\end{aligned} \tag{A.3}$$

Für τ_2 gilt analog, wenn $l_2 \gamma < 2\frac{\alpha_2}{\alpha_3}$:

Die kurzfristige τ_2-Senkung fällt schwächer aus als die langfristige:

$$\begin{aligned}
2 \cdot d\tau_2(0) &= d\tau(0) \\
2 \cdot d\tau_2(0) &= d\overline{\tau} - \frac{d\overline{r}_1}{\alpha_3} \left\{ \frac{\beta}{\beta - \gamma} (1 - \frac{v(\gamma)}{v(\beta)}) + \frac{1}{v(\beta)} \frac{l_1 b_3}{\psi} \right\} \\
2 d\overline{\tau_2} &= d\overline{\tau} - d\overline{\pi}
\end{aligned}$$

$$
\begin{aligned}
d\tau_2(0) &> d\overline{\tau}_2 \iff \\
\frac{-d\overline{r}_1}{\alpha_3}\left\{\frac{\beta}{\beta-\gamma}(1-\frac{v(\gamma)}{v(\beta)})+\frac{1}{v(\beta)}\frac{l_1b_3}{\psi}\right. &> \frac{-d\overline{r}_1}{1-\alpha_1+\alpha_2} \\
\frac{\beta}{\beta-\gamma}(1-\frac{v(\gamma)}{v(\beta)})+\frac{1}{v(\beta)}\frac{l_1b_3}{\psi}\left.\right\} &> \frac{\alpha_3}{1-\alpha_1+\alpha_2}
\end{aligned}
$$

$$
2\alpha_2\left(\beta[v(\beta)-v(\gamma)]+(\beta-\gamma)\frac{l_1b_3}{\psi}\right)+\alpha_3\underbrace{\left[\gamma\left(v(\beta)-\frac{l_1b_3}{\psi}\right)-\beta\left(v(\gamma)-\frac{l_1b_3}{\psi}\right)\right]}_{<0}>0.
$$

Mit der Abkürzung Z (Definition s.S. 62) erhält man

$$
2\frac{\alpha_2}{\alpha_3}\left(\beta[v(\beta)-v(\gamma)]+(\beta-\gamma)\frac{l_1b_3}{\psi}\right)+\gamma\left(v(\beta)-\frac{l_1b_3}{\psi}\right)-\beta\left(v(\gamma)-\frac{l_1b_3}{\psi}\right)>0
$$

$$
2\frac{\alpha_2}{\alpha_3}(\beta-\gamma)\frac{l_1b_3}{\psi}+2\frac{\alpha_2}{\alpha_3}\beta Z\left(\frac{\beta}{1+l_2\beta}-\frac{\gamma}{1+l_2\gamma}\right)+Z\beta\gamma\left(\frac{1}{1+l_2\beta}-\frac{1}{1+l_2\gamma}\right)>0
$$

$$
\begin{aligned}
2\frac{\alpha_2}{\alpha_3}(\beta-\gamma)\frac{l_1b_3}{\psi\cdot\beta Z}+2\frac{\alpha_2}{\alpha_3}\left(\frac{\beta}{1+l_2\beta}-\frac{\gamma}{1+l_2\gamma}\right)+\frac{\gamma}{1+l_2\beta}-\frac{\gamma}{1+l_2\gamma} &> 0 \\
\iff 2\frac{\alpha_2}{\alpha_3}\frac{l_1b_3}{\psi\cdot\beta Z}(1+l_2\beta)(1+l_2\gamma)+2\frac{\alpha_2}{\alpha_3} &> l_2\gamma.
\end{aligned}
$$

Die hinreichende Bedingung $l_2\gamma < 2\frac{\alpha_2}{\alpha_3}$ wird als erfüllt angesehen.

Behauptung:

$$
\tau(t)-\tau_0 < \pi_1(t)-\pi_1^0
$$

$$
\begin{aligned}
d\overline{\tau}+A_1x_1e^{-\gamma_1 t}+A_3e^{-\beta t} &< d\pi_1(1-e^{-\beta t})+A_1x_4(e^{-\gamma_1 t}-e^{-\beta t}) \\
& x_4 = x_1\cdot\frac{\alpha_3}{1-\alpha_1+\alpha_2} \\
& A_3 = \frac{1}{v(\beta)}\cdot\left(-\frac{l_1b_3}{\alpha_3\psi}d\overline{r}_1+x_1v(\gamma)d\overline{r}_1\right)
\end{aligned}
$$

$$
\begin{aligned}
\tau_2-\tau_2^0 &< \pi_1-\pi_1^0 \\
\iff \tau-\tau_0 &< 3(\pi_1-\pi_1^0).
\end{aligned}
\tag{A.4}
$$

$$
d\tau+A_1x_1e^{-\gamma_1 t}+A_3e^{-\beta t} < 3\left\{d\pi_1+A_1x_4(e^{-\gamma t}-e^{-\beta t})-d\pi_1e^{-\beta t}\right\}.
$$

Die hinreichende Bedingung lautet

$$
\begin{aligned}
-\frac{d\overline{r}_1}{\alpha_3}\cdot\left\{-1+\frac{\beta}{\beta-\gamma}e^{-\gamma t}-e^{-\beta t}\cdot\left(\frac{v(\gamma)}{v(\beta)}\cdot\frac{\beta}{\beta-\gamma}-\frac{l_1b_3}{\psi\cdot v(\beta)}\right)\right\} &< \\
-\frac{3d\overline{r}_1}{2\alpha_2+\alpha_3}\cdot\left\{-1+\frac{\beta}{\beta-\gamma}e^{-\gamma t}-e^{-\beta t}\cdot\left(\frac{\beta}{\beta-\gamma}-1\right)\right\}
\end{aligned}
$$

$$\Longleftrightarrow$$

$$\begin{aligned} -\frac{d\overline{r}_1}{\alpha_3} \cdot \left\{ -(\beta-\gamma) + \beta \cdot e^{-\gamma t} - \frac{e^{-\beta t}}{v(\beta)} \left(\beta v(\gamma) - (\beta-\gamma) \frac{l_1 b_3}{\psi} \right) \right\} &< \\ -\frac{3d\overline{r}_1}{2\alpha_2+\alpha_3} \cdot \left\{ -(\beta-\gamma) + \beta e^{-\gamma t} - \gamma \cdot e^{-\beta t} \right\} & \\ = -\frac{3d\overline{r}_1}{2\alpha_2+\alpha_3} \cdot \left\{ \beta(e^{-\gamma t}-1) - \gamma \cdot (e^{-\beta t}-1) \right\} & \end{aligned}$$

$$-\frac{d\overline{r}_1}{\alpha_3} \left\{ \beta(e^{-\gamma t}-1) - \gamma(e^{-\beta t}-1) + \frac{e^{-\beta t}}{v(\beta)} \underbrace{\left[\gamma \left(v(\beta) - \frac{l_1 b_3}{\psi} \right) - \beta \left(v(\gamma) - \frac{l_1 b_3}{\psi} \right) \right]}_{<0} \right\}$$
$$< -\frac{3d\overline{r}_1}{2\alpha_2+\alpha_3} \cdot \left\{ \beta(e^{-\gamma t}-1) - \gamma \cdot (e^{-\beta t}-1) \right\}.$$

Wegen

$$\begin{aligned} \beta e^{-\gamma t} - \gamma e^{-\beta t} &< \beta - \gamma \\ \Longrightarrow \beta(e^{-\gamma t}-1) - \gamma \cdot (e^{-\beta t}-1) &< 0. \end{aligned}$$

Gilt weiterhin $\alpha_2 \geq \alpha_3$, so ist die Behauptung gezeigt.

Folgerung

Im Fall einer einseitigen dauerhaften Lohnzurückhaltung bilden die relativen Preise des aktiven Landes einen Preiskorridor für die terms of trade des passiven Landes.

$$0 > \tilde{\pi}_1(t) > \tilde{\tau}_2(t) > \tilde{\tau}_1(t) \tag{A.5}$$

Dieses Ergebnis gilt unabhängig davon, ob auch in der Ausgangslage eine unmittelbare Lohnzurückhaltung erfolgt.

3. Die nationalen Unternehmenssektoren

3.1 Einleitung und Aufbau

Im vorliegenden Kapitel erfolgt die Modellierung der nationalen Outputsektoren der Unionsländer. Das Ziel ist die Herleitung entscheidungslogisch fundierter Faktornachfragefunktionen und Preisgleichungen für die einzelnen Unionsländer.

Kapitel 3 ist wie folgt aufgebaut: In Abschnitt 3.2 wird eine UZAWA-CES-Produktionsfunktion für jedes Unionsland spezifiziert. Darauf aufbauend werden in 3.3 Faktornachfragefunktionen, die eine kostenminimale Produktion garantieren, hergeleitet. Abschnitt 3.4 widmet sich dem gewinnmaximalen Output, während in Abschnitt 3.5 Wertschöpfung und Produktion angesichts importierter Vorleistungen differenziert werden. Abschnitt 3.6 befasst sich mit der Mikrofundierung von Preisrigiditäten und beschreibt einen dynamischen Anpassungsprozess des Outputsektors. Die Faktornachfrage bei Beschäftigungsglättung ist Inhalt des Abschnittes 3.7. Abschnitt 3.8 ordnet das vorliegende Kapitel in den Gesamtkontext dieser Arbeit ein und bietet einen Ausblick auf die Untersuchungen in den nachfolgenden Kapiteln. Die wichtigsten Ergebnisse dieses Kapitels werden in Abschnitt 3.9 zusammengefasst.

3.2 Die Produktionsfunktion für zwei variable Inputfaktoren

Im folgenden wird davon ausgegangen, dass jedes Unionsland ein Outputgüterbündel erstellt, welches zu dem Güterbündel der jeweils anderen Länder ein unvollständiges Substitut darstellt. Zwischen den Inputfaktoren eines Unionslandes j,

$$\text{Arbeit } N_j, \quad \text{importierte Vorleistungen } V_j, \quad \text{Sachkapital } K_j$$

werden substitutive Beziehungen unterstellt.

Der Analysezeitraum ist die kurze und mittlere Frist, in der der Sachkapitalstock näherungsweise als exogen und fixiert angenommen werden kann,

$$K_j = \overline{K_j}.$$

Innerhalb dieser Frist sind die Inputs Arbeit N_j und importierte Vorleistungen V_j variierbar.

Die produktionstechnischen Zusammenhänge zwischen dem Einsatz der drei Inputfaktoren und der Ausbringung an Gütern Q_j werden für jedes Unionsland j durch eine erweiterte UZAWA-CES-Produktionsfunktion (vgl. Fandel 1994, S. 87) modelliert,

$$Q_j = \tilde{A}_j \cdot \left[\left(\gamma_j \cdot N_j^{-\rho_j} + (1-\gamma_j) \cdot V_j^{-\rho_j} \right)^{-\frac{\tilde{\nu}_j}{\rho_j}} \right]^{\alpha_j} \cdot K_j^{\beta_j} \qquad (3.1)$$
$$\alpha_j, \beta_j > 0, \quad \alpha_j + \beta_j \leq 1, \tilde{\nu}_j \leq 1.$$

Diese zweistufige CES–Produktionsfunktion unterscheidet zwei Gruppen von Inputs. Während zwischen den Faktoren der ersten Faktorgruppe (Arbeit und Vorleistungen) eine Substitutionselastizität von $\sigma_j < 1$ ($\sigma_j = \frac{1}{1+\rho_j}$) herrscht, erfolgt die produktive Verknüpfung zwischen dieser Faktorgruppe und dem Faktor Kapital K_j gemäß einer Cobb-Douglas-Produktionsfunktion. Zwischen der erstgenannten Faktorgruppe (N_j und V_j) und dem Faktor Kapital wird deshalb eine Substitutionselastizität von eins unterstellt.[1] Von technischem Fortschritt wird abstrahiert.[2]

Der Produktionsfaktor Kapital geht für die hier betrachtete Frist formal als eine Konstante ein; aus (3.1) ergibt sich daher die folgende CES–Produktionsfunktion (3.2), welche die produktionstechnischen Zusammenhänge zwischen dem Einsatz der *variablen* Inputfaktoren und der Ausbringung an Gütern Q_j für jedes Unionsland j abbildet,

$$Q_j = A_j \cdot \left[\gamma_j \cdot N_j^{-\rho_j} + (1-\gamma_j) \cdot V_j^{-\rho_j} \right]^{-\frac{\nu_j}{\rho_j}} \qquad (3.2)$$
$$\gamma_j, \rho_j > 0, \nu_j \leq 1, \quad j = 1, 2$$

mit den Konstanten

$$A_j := \tilde{A}_j \cdot K_j^{\beta_j}$$
$$\nu_j := \alpha_j \cdot \tilde{\nu}_j < 1.$$

Der nationale Effizienzparameter A_j variiert mit dem nationalen Kapitalstock K_j.

---

[1] Die kurzfristig variablen Inputs besitzen also gegenüber K die gleiche Substitutionselastizität. Zur zweistufigen CES–Funktion vgl. Hansen (1993, S. 35).

[2] Technischer Fortschritt kann durch Variationen von $\tilde{A}_j, \gamma_j, \rho_j, \tilde{\nu}_j$ modelliert werden. Siehe hierzu Hansen (1993, S. 9ff.).

Es handelt sich in (3.2) um eine Produktionsfunktion für die kurze Frist mit *abnehmenden Skalenerträgen*; die Skalenelastizität ν_j ist kleiner als eins. Abnehmende Skalenerträge treten typischerweise bei Vorliegen kurzfristig fixer Produktionsfaktoren auf (vgl. z.B. Herberg 1994, S. 172). Bei gleichbleibendem Einsatz des fixen Produktionsfaktors hat eine Erhöhung von Arbeit und Vorleistungen um den gleichen Prozentsatz nur einen unterproportionalen Anstieg der Produktionsmenge zur Folge.[3]

Die *logarithmisch-lineare Approximation* der CES–Produktionsfunktion (3.2) resultiert aus der linearen Taylor–Approximation,

$$\begin{aligned}
Q_j - Q_{j,0} &= (N_j - N_{j,0}) \cdot Q_{N_j} + (V_j - V_{j,0}) \cdot Q_{V_j} \\
&\quad Q_{N_j} = \gamma_j \nu_j N_j^{-\rho_j - 1} \cdot Q_{j,0} \cdot \left(\frac{Q_{j,0}}{A_j}\right)^{\rho_j/\nu_j} \\
&\quad Q_{V_j} = (1-\gamma_j)\nu_j V_j^{-\rho_j - 1} \cdot Q_{j,0} \cdot \left(\frac{Q_{j,0}}{A_j}\right)^{\rho_j/\nu_j} \\
\Longrightarrow \frac{Q_j - Q_{j,0}}{Q_{j,0}} &= \frac{N_j - N_{j,0}}{N_{j,0}} \cdot \mu_1^j + \frac{V - V_0}{V_0} \cdot \mu_2^j
\end{aligned}$$

$$\begin{aligned}
\mu_1^j &= (Q_{N_j})_0 \cdot \left(\frac{N_j}{Q_j}\right)_0 \\
\mu_2^j &= (Q_{V_j})_0 \cdot \left(\frac{V_j}{Q_j}\right)_0 .
\end{aligned}$$

μ_1^j und μ_2^j bezeichnen die Produktionselastizitäten der Faktoren N_j bzw. V_j in der Ausgangslage. Gemäß des Wicksell-Johnson-Theorems (siehe Krelle 1969, S. 93) addieren sie sich zur Skalenelastizität ν_j:

$$\mu_1^j + \mu_2^j = \nu_j < 1.$$

Darüber hinaus gilt für die Produktionselastizitäten die Abschätzung:

$$\begin{aligned}
\frac{\mu_1^j}{\mu_2^j} &= \frac{\gamma_j}{1-\gamma_j} \cdot \left(\frac{V_j}{N_j}\right)^{\rho_j} \qquad \rho_j > 0 \\
\frac{V_j}{N_j} < 1 &\Longrightarrow \frac{\mu_1^j}{\mu_2^j} < \frac{\gamma_j}{1-\gamma_j} \\
&\Longrightarrow \mu_1^j < \gamma_j \nu_j \qquad \mu_2^j > \nu_j(1-\gamma_j).
\end{aligned}$$

[3] Ein Homogenitätsgrad von kleiner als eins lässt sich außerdem mit Qualitätsunterschieden der variablen Faktoren begründen. Vgl. z.B. Hansen (1993, S. 6f).

Mit

$$\ln x - \ln x_0 \approx \frac{x - x_0}{x_0}$$

lautet die logarithmisch-lineare Approximation der CES-Produktionsfunktion (3.2):

$$q_j - q_{j,0} = \mu_1^j \cdot (n_j - n_{j,0}) + \mu_2^j \cdot (v_j - v_{j,0}) \qquad (3.3)$$

($q_j := \ln Q_j$, $n_j := \ln N_j$, $v_j := \ln V_j$).

Bei nur einem variablen Produktionsfaktor (Arbeit) reduziert sich die CES-Produktionsfunktion (3.2) auf den **Spezialfall** $\gamma_j = 1$. Formal liegt dann die Cobb-Douglas-Produktionsfunktion

$$Q_j = A_j \cdot N_j^{\nu_j} \qquad \nu_j < 1$$

vor; deren logarithmische Formulierung lautet

$$q_j = a_j + \nu_j \cdot n_j \qquad a_j := \ln A_j. \qquad (3.4)$$

3.3 Die nationale bedingte Faktornachfrage

Im folgenden wird von einer repräsentativen Unternehmung ausgegangen, die auf den Gütermärkten einen Preissetzungsspielraum besitzt.[4] Dagegen sind die Faktorpreise aus der Sicht des Unternehmens exogen gegeben.

Das Gewinnmaximierungskalkül des Unternehmens wird als ein *zweistufiger Entscheidungsprozess* (Hansen 1993, S. 33f) aufgefasst; auf der ersten Stufe werden die Faktoreinsatzmengen bei gegebenem Output so festgelegt, dass der gegebene Output mit minimalen Kosten produziert wird. Auf der zweiten Stufe wird dann die gewinnoptimale Produktionshöhe bestimmt.

[4] Auf den Gütermärkten wird von einer monopolistischen Konkurrenz ausgegangen. Die einzelne Branchenunternehmung agiert in ihrem spezifischen Marktsegment als Quasi-Monopolist (vgl z.B. Wied-Nebbeling 1994). Weiter wird im vorliegenden makroökonomischen Kontext von der Symmetriehypothese ausgegangen (d.h. 1. alle Branchenunternehmen eines Landes produzieren mit der gleichen Produktionstechnologie, 2. in allen Branchen gelten identische Güternachfragefunktionen). Die einzelnen Kostenfunktionen stimmen dann überein wie auch die einzelnen Güterpreise (symmetrisches Gleichgewicht). Damit beschränkt sich die nachfolgende Analyse auf die repräsentative Unternehmung eines Landes. Vgl. Blanchard 1990, Blanchard, Kiyotaki 1987, Blanchard, Fischer (1989, S. 377f) sowie Rotemberg (1987b, S. 82).

3.3.1 Die Kostenfunktion

Die kurze Frist ist durch die Variabilität der Produktionsfaktoren Arbeit und importierte Vorleistungen gekennzeichnet.

Die momentanen Kosten $C_j(t)$ sind neben den Faktoreinsatzmengen von den aktuellen Faktorpreisen abhängig. Die *Faktorpreise* werden von der repräsentativen Unternehmung als *gegeben* angesehen. Dabei ist der Nominallohnsatz $W_j(t)$ vom nationalen Gewerkschaftsverhalten abhängig, während der Faktorpreis für importierte Vorleistungen $R(t)$ mit dem Wechselkurs variiert und für alle Unionsländer identisch ist,[5]

$$C_j(t) = W_j(t) \cdot N_j + R(t) \cdot V_j + \text{const}_j. \tag{3.5}$$

Die unternehmerische Zielsetzung bestehe in der *kostenminimalen Produktion* eines gegebenen Outputniveaus (vgl. z.B. Koutsoyiannis 1982, S. 97ff., Franz 1999, S. 127ff.). Betrachtet der repräsentative Unternehmer im Entscheidungszeitpunkt t_0 die zukünftige Outputentwicklung[6] als vorgegeben, so resultiert der kostenminimale Faktoreinsatz aus dem folgenden unternehmerischen Entscheidungsproblem:

$$\begin{aligned} \int_{t_0}^{t_0+T} C_j(s)\, ds &\longrightarrow \min && (3.6) \\ Q_j(N_j, V_j)(t) &= \overline{Q}_j(t) \qquad t_0 \leq t \leq t_0 + T \\ Q_j(N_j, V_j) &= A_j \cdot \left[\gamma_j \cdot N_j^{-\rho_j} + (1-\gamma_j) \cdot V_j^{-\rho_j}\right]^{-\nu_j/\rho_j}. \end{aligned}$$

Ziel ist die Minimierung der aggregierten Kosten über den Planungszeitraum T bei vorgegebener Outputentwicklung $\overline{Q}_j(t)$.[7] Das Entscheidungsproblem ist unabhängig von den herrschenden Marktpreisen.

Aufgrund der Flexibilität der betrachteten Inputs stimmt das Resultat des intertemporalen Entscheidungsproblems (3.6) mit dem des korrespondierenden statischen Entscheidungsproblems überein. Die Kostensumme ist genau dann minimal, wenn in jedem Zeitpunkt kostenminimal produziert wird. Das Optimum ist charakterisiert durch[8]

[5] Dabei wird unterstellt, dass der Faktor Arbeit international weitgehend immobil ist. Dies entspricht der Beobachtung, dass in Europa die grenzüberschreitende Mobilität der Arbeitskräfte als gering einzuschätzen ist.

[6] Dies ist bei Anpassung der Produktion an Nachfrageschwankungen der Fall.

[7] T ist u.a. durch denjenigen Zeitraum beschränkt, in welchem näherungsweise von der Konstanz des Inputfaktors Kapital ausgegangen werden kann.

[8] Siehe Anhang B.1.

$$\frac{Q_{N_j}}{Q_{V_j}}(t) = \frac{W_j(t)}{R(t)}.$$

Der kostenminimale Faktoreinsatz eines Unionslandes resultiert aus dem Verhältnis der nationalen Faktorkosten,

$$V_j(t) = \left[\frac{1-\gamma_j}{\gamma_j} \cdot \frac{W_j(t)}{R(t)}\right]^{\sigma_j} \cdot N_j(t). \tag{3.7}$$

Aus der Minimalkostenkombination (3.7) ergibt sich mit (3.2) und (3.5) die folgende Kostenfunktion:[9]

$$C_j^*(t) = Q_j^{\frac{1}{\nu_j}}(t) \cdot c_j^*(W_j, R)(t) + const_j \tag{3.8}$$

$$c_j^*(W_j, R)(t) = \frac{1}{A^{\frac{1}{\nu_j}}{}_j} \left[W_j^{1-\sigma_j}(t) \cdot \gamma_j^{\sigma_j} + (1-\gamma_j)^{\sigma_j} \cdot R^{1-\sigma_j}(t)\right]^{\frac{1}{1-\sigma_j}} \tag{3.9}$$

Dabei bezeichnet $c_j^*(t)$ die *quasi-variablen Stückkosten*,

$$c_j^*(W_j, R)(t) = \frac{C_j^* - const_j}{Q_j^{\frac{1}{\nu_j}}}(t).$$

3.3.2 Die bedingten Faktornachfragefunktionen

Für ein *gegebenes Outputniveau* $\overline{Q}_j(t)$ lautet der kostenminimale Arbeitseinsatz:[10]

$$N_j^*(t) = \overline{Q}_j^{1/\nu_j}(t) \cdot \gamma_j^{\sigma_j} \cdot A_j^{(1/\nu_j)(\sigma-1)} \cdot \left(\frac{c_j^*(t)}{W_j(t)}\right)^{\sigma_j}. \tag{3.10}$$

Der kostenminimale Arbeitseinsatz ist von der Höhe des aktuellen Outputniveaus sowie von sämtlichen herrschenden Faktorpreisen abhängig, jedoch unabhängig von den Marktpreisen des produzierten Gutes.

Analog erhält man für den zweiten Inputfaktor

$$V_j^*(t) = \overline{Q}_j^{1/\nu_j}(t) \cdot (1-\gamma_j)^{\sigma_j} \cdot A_j^{(1/\nu_j)(\sigma-1)} \cdot \left(\frac{c_j^*(t)}{R(t)}\right)^{\sigma_j}. \tag{3.11}$$

Variationen des Faktoreinsatzes resultieren gemäß (3.10) und (3.11) aus einem Substitutionseffekt aufgrund von Faktorpreisänderungen sowie aus einem Skaleneffekt aufgrund von Outputänderungen (vgl. z.B. Ehrenberg, Smith 1982, S. 85ff.). Die bedingten Faktornachfragefunktionen (3.10) und (3.11) sind zugleich gewinnoptimal, wenn die repräsentative Unternehmung

[9] Siehe Anhang B.1.

[10] Siehe Anhang B.1.

auf den Gütermärkten einer Absatzbeschränkung in Höhe von $\overline{Q}_j(t)$ unterliegt.[11]

Aus (3.10) und (3.11) ergeben sich die folgenden *logarithmierten Faktornachfragefunktionen*

$$n_j(t) = k_{1,j} + 1/\nu_j \cdot q_j(t) + \sigma_j \cdot (\ln c_j^*(t) - w_j(t)) \tag{3.12}$$
$$v_j(t) = k_{2,j} + 1/\nu_j \cdot q_j(t) + \sigma_j \cdot (\ln c_j^*(t) - r(t)) \tag{3.13}$$

$(w_j := \ln W_j, r := \ln R)$.

Berücksichtigt man die kostenminimalen Faktornachfragen (3.12) und (3.13) in der logarithmisch–lineare Approximation der CES–Produktionsfunktion (3.3), so erhält man die *logarithmierte Quasi-Stückkostengleichung*

$$\begin{aligned}
\ln c^*(w_j, r)(t) - \ln c_{j,0}^* &= \frac{\mu_j^1}{\nu_j} \cdot (w_j(t) - w_{j,0}) + \frac{\mu_j^2}{\nu_j} \cdot (r(t) - r_0) \\
\ln c^*(w_j, r)(t) &= -k_j + \frac{\mu_j^1}{\nu_j} \cdot w_j(t) + \frac{\mu_j^2}{\nu_j} \cdot r(t) \\
\mu_j^1 + \mu_j^2 &= \nu_j.
\end{aligned}$$

Die (logarithmierten) nominalen (Quasi-)Stückkosten sind eine Konvexkombination der (logarithmierten) Faktorpreise.

Im **Spezialfall** nur eines variablen Produktionsfaktors (Arbeit) resultiert die Faktornachfrage direkt aus der korrespondierenden Produktionsfunktion (3.4); in logarithmischer Form ergibt sich die nationale Arbeitsnachfrage aus einer produktionstechnischen Beziehung,

$$n_j(t) = -\frac{1}{\nu_j} a_j + 1/\nu_j \cdot q_j(t) \qquad a_j := \ln A_j.$$

Diese Faktornachfragegleichung ist unabhängig von den Faktorpreisen. Für $c^*(t)$ gilt in diesem Fall:

$$c^*(w_j)(t) = -\frac{1}{\nu_j} a_j + w_j(t).$$

3.4 Die Preisgleichung bei gewinnoptimaler Produktion

Betrachtet man das Gewinnmaximierungskalkül eines Unternehmens als zweistufigen Entscheidungsprozess, so werden auf der ersten Stufe die Faktoreinsatzmengen bei gegebenem Output kostenminimal gewählt, während auf der

[11] In diesem Fall handelt es sich bei den bedingten Faktornachfragefunktionen gemäß der dualen Entscheidungshypothese von Clower um effektive Nachfragefunktionen. Vgl. hierzu Clower (1981).

zweiten Stufe die gewinnoptimale Produktionshöhe bestimmt wird. Dabei wird von einem Preissetzungsspielraum der repräsentativen Unternehmung ausgegangen.

$$G_j(t) \quad = \quad p_j(Q_j)(t) \cdot Q_j(N_j, V_j)(t) - C^*(W_j, R, Q_j)(t). \tag{3.14}$$

In Gleichung (3.14) bezeichnet $G_j(t)$ den Momentangewinn bei gegebenem Output $Q_j(t)$ und $C^*(W_j, R, Q_j)(t)$ die korrespondierenden Kosten bei kostenminimaler Produktion.

Wird ein Planungshorizont von T Perioden unterstellt, so lautet das Gewinnoptimierungsproblem

$$G_j \quad = \quad \int_{t_0}^{t_0+T} G_j(s)\, ds \longrightarrow \max .$$

Aus den Optimalitätsbedingungen erster Ordnung resultiert die Grenzertrag = Grenzkosten-Relation

$$\begin{aligned}
\frac{\partial G_j}{\partial Q_j(t)} &= P_j(t) + Q_j(t) \cdot \frac{\partial P_j(t)}{\partial Q_j(t)} - \frac{\partial C_j^*}{\partial Q_j}(t) \\
&\stackrel{!}{=} 0 \\
&\epsilon_j := \frac{P_j}{Q_j}(t) \cdot \frac{\partial Q_j}{\partial P_j}(t) \\
\Longrightarrow P_j^M(t)(1 + \frac{1}{\epsilon_j}) &= \frac{\partial C_j^*}{\partial Q_j}(t).
\end{aligned}$$

Der gewinnoptimale Preis $P_j^M(t)$ ergibt sich durch einen Aufschlag (Inverse der Preiselastizität ($\epsilon_j < -1$) der Nachfrage[12]) auf die Grenzkosten (Amoroso-Robinson-Relation).[13] Berücksichtigt man die Zerlegung der Kostenfunktion

$$C^*(Q_j, W_j, r)(t) - const \quad = \quad c^*(W_j, R)(t) \cdot Q_j^{1/\nu}(t),$$

so lautet die Optimalitätsbedingung

$$P_j^M(t) \quad = \quad \frac{1}{1 + \frac{1}{\epsilon_j}} \cdot \frac{1}{\nu_j} Q_j^{\frac{1-\nu_j}{\nu_j}}(t) \cdot c^*(W_j, R)(t). \tag{3.15}$$

Im Sonderfall konstanter Skalenerträge ($\nu_j = 1$) und einer nicht vom Output abhängigen Nachfrageelastizität ist P_j^M von Q_j unabhängig.

Als logarithmisch-lineare Approximation der Preisgleichung (3.15) ergibt sich

$$p_j^M(t) \quad = \quad -\ln\left(\left(1 + \frac{1}{\epsilon_j}\right) \cdot \nu_j\right) + \ln c_j^*(t) + \frac{1 - \nu_j}{\nu_j} \cdot q_j(t). \tag{3.16}$$

---

[12] Es wird die Konstanz der ϵ_j unterstellt. Bei vollkommener Konkurrenz ($|\epsilon_j| \rightarrow \infty$) ist der gewinnoptimale Preis gleich den Grenzkosten.

[13] Siehe z.B. Wied-Nebbeling (1994, S. 19).

3.5 Produktion und Wertschöpfung

Die Wertschöpfung (das Nationaleinkommen) eines Landes U_j resultiert aus seinem aggregierten Output nach Abzug der importierten Vorleistungen. Genauer ist das reale Nationaleinkommen Y_j gleich der Differenz aus dem realen Output Q_j und dem Realwert der importierten Vorleistungen, d.h.

$$Y_j(t) \;=\; Q_j(t) - \frac{R}{P_j}(t) \cdot V_j(t). \tag{3.17}$$

V_j bezeichnet die Vorleistungsmenge, die aus einem Land außerhalb der Währungsunion importiert wird; die Höhe von V_j ergibt sich aus dem unternehmerischen Entscheidungskalkül. R/P_j ist der reale Faktorpreis für importierte Vorleistungen.

Geht man zur logarithmisch-linearen Approximation von (3.17) über, so kann für die Differenz zwischen $\ln Q_j$ und $\ln Y_j$ die folgende Näherung angegeben werden:[14]

$$\begin{aligned} q_j(t) \;&=\; \psi_{j,1} \cdot y_j(t) + \psi_{j,2} \cdot (r_j - p_j)(t) \\ &\quad\; \psi_{j,1} \geq 1, \quad \psi_2 \leq 1 - \sigma_j . \end{aligned} \tag{3.18}$$

mit $y_j := \ln Y_j$, $q_j := \ln Q_j$, $r_j - p_j := \ln\left(\frac{R}{P_j}\right)$.

Der Approximationsfehler, der beim Übergang von (3.17) nach (3.18) entsteht, hat zur Folge, dass das Gewinneinkommen nur näherungsweise ermittelt wird.

3.6 Preisrigiditäten, Produktions- und Faktorpreisdynamik

In Abschnitt 3.6 wird für die Angebotsseite einer Volkswirtschaft ein Prozess konstruiert, in dessen Verlauf das realisierte Outputniveau $Q_j(t)$ gegen das gewinnmaximale Niveau Q_j^M *konvergiert.*

Dabei wird in der *kurzen Frist* von *Preisrigiditäten* ausgegangen. Unter einer Preisrigidität soll eine nominale Preisrigidität verstanden werden, d.h. Kostenänderungen führen nicht zu unmittelbaren Preisänderungen gemäß der Amoroso-Robinson-Bedingung (3.15); stattdessen passen sich die Güterpreise nur träge den Faktorpreisänderungen an. Die verzögerte Preisanpassung einer preissetzenden Unternehmung führt zu temporären Abweichungen von der Optimalitätsbedingung (3.15). Auf den ersten Blick scheint dieses Verhalten dem Rationalitätsprinzip zu widersprechen.

[14] Die Herleitung erfolgt im Anhang B.4.

Unter zusätzlichen Annahmen lassen sich jedoch temporäre Preisinflexibilitäten mikroökonomisch aus einem Entscheidungskalkül herleiten.[15] Einige in der Literatur diskutierten Ansätze zur Herleitung von Preisrigiditäten gehen von Informationskosten der Nachfrager aus und leiten auf der Basis (individueller) geknickter Preisabsatzfunktionen (Stiglitz 1979) Preisrigiditäten ab. Weitere Ansätze unterstellen auf der Anbieterseite Unsicherheit über die Verteilung der Konkurrenzpreise (vgl. Döpke 1993). Als weiteren Grund für Preisstarrheiten werden in der Literatur Preisanpassungskosten genannt (Rotemberg 1982).[16] Diese sogenannten menu-costs-Ansätze gehen von unvollkommener Information auf der Nachfrageseite aus (Mankiw 1985) und berücksichtigen, dass kleine Abweichungen vom Optimalpreis P_j^M nur geringe Auswirkungen (d.h. 2. Ordnung) auf den Gewinn haben.[17]

In neueren Ansätzen, die auf Arbeiten von Dreze (1979) basieren, wird eine verzögerte Preisanpassung aus der *Risikoaversion der Produzenten* abgeleitet. Die Unternehmer sehen sich einer Güternachfragefunktion gegenüber, deren Preiselastizität $\epsilon_j(t)$ sie nicht genau kennen und daher auf Schätzungen angewiesen sind. Diese Schätzungen sind mit einem Unsicherheitsfaktor behaftet. Während die Unternehmung die Nachfrage (c.p.) zum aktuellen (Status-Quo) Preis kennt, herrscht Unsicherheit über die Gewinnentwicklung im Fall von Güterpreisänderungen. Während ein risikoneutraler Produzent die Preise vollkommen flexibel gemäß der Amoroso-Robinson-Bedingung setzt, induziert Risikoaversion eine vorsichtigere Preispolitik und infolgedessen eine verzögerten Preisanpassung. Die Preisreaktion ist dann abhängig vom Grad der Risikoaversion des Preissetzers (Weinrich 1997) sowie vom Ausmaß der Parameterunsicherheit, die durch den $t-$Wert der geschätzten Preiselastizität angegeben werden kann.[18]

Aufbauend auf diesen Arbeiten wird nachfolgend von einer nominalen *Preisrigidität* ausgegangen; die Güterpreise reagieren dann *verzögert* auf *Änderungen der Grenzkosten.*[19] Weiter wird angenommen, dass die Unternehmung in der kurzen Frist ihre Produktionshöhe an die Güternachfrage ausrichtet, welche bei einem aktuellen Güterpreis $P_j(t)$ durch $\overline{Q_j(P_j(t))}$ angegeben wird. Dabei erfolgt die Produktion $Q_j(N_j, R_j)(t)$ in Höhe des nach-

[15] Eine Übersicht geben Köhler (1996), Maennig et al. (1998) sowie Taylor (1998).

[16] Unter menu costs sind firmeninterne Anpassungskosten wie das Erstellen neuer Preislisten für die gesamte Produktpalette sowie die Aufwendungen des Managements zu verstehen. Vgl. Döpke (1993).

[17] Andersen und Toulemonde (1999) zeigen, dass die Ergebnisse der menu-costs-Ansätze nur dann gültig sind, wenn die Preisanpassungskosten die Mengenanpassungskosten dominieren.

[18] Stiassny (1997, S. 10) zeigt in numerischen Simulationen, dass die Preisreaktion um so schwächer erfolgt, je höher der Grad der Risikoversion und je höher die Parameterunsicherheit (kleiner t-Wert) ist.

[19] Sind dagegen die Güterpreise vollkommen flexibel, so unterliegen sie der gleichen Volatilität wie der Wechselkurs, der in dem Inlandspreis für importierte Vorleistungen enthalten ist.

frageseitig determinierten Niveaus $\overline{Q_j(P_j(t))}$ zu jedem Zeitpunkt kostenminimal, d.h. die Produktionsfaktoren $N_j(t)$ und $R_j(t)$ werden auf der Basis der aktuellen Faktorpreise gemäß der Minimalkostenkombination (3.7) eingesetzt. Für die Faktorpreise $W_j(t)$ und $R(t)$ wird angenommen, dass diese einer im Zeitverlauf vorgegebenen, nicht näher spezifizierten Dynamik unterliegen.

Der sich daraus ergebende Anpassungsprozess soll durch das folgende Schema abgebildet werden:

$$P_j(t) \overset{W_j(t),R(t)}{\longrightarrow} \left. \overline{Q_j\left(P_j(t)\right)} = Q_j(t) \right\} \begin{array}{l} P_j^M(t) \longrightarrow \Delta P_j(t) \\ N_j^*(t) \\ V_j^*(t). \end{array} \tag{3.19}$$

(3.19) beschreibt in Kurzform den folgenden Anpassungsprozess von Preisen, Güternachfrage und Produktion:

Bei gegebenen Preisen $P_j(t)$ ergibt sich eine Güternachfrage in Höhe von $\overline{Q_j\left(P_j(t)\right)}$. Die Produzenten passen sich mit ihrer Produktion $Q_j(t)$ an, wobei auf der Basis der aktuellen Faktorpreise $W_j(t)$ und $R(t)$ ein kostenminimaler Faktoreinsatz erfolgt. Aus den aktuellen Grenzkosten ergibt sich ein gewinnoptimaler Preis $P_j^M(t)$. Aus der Differenz zwischen $P_j(t)$ und $P_j^M(t)$ resultiert eine verzögerte Preisänderung in Höhe von $\Delta P_j(t)$.[20] Aus der Preisänderung ergibt sich eine neue Güternachfrage in Höhe von $\overline{Q_j(P_j(t) + \Delta P_j(t))}$, woraufhin die Unternehmen wieder mit einer kostenminimalen Produktionsanpassung reagieren usw.

Wie entwickeln sich im Rahmen des Prozesses (3.19) langfristig die Faktornachfragen $N_j^*(t)$ und $V_j^*(t)$ sowie das Outputniveau $Q_j(t)$?

Proposition 3.1. *Mit $(W_j(t))$ und $(R(t))$ werde die exogen gegebene Entwicklung der Faktorpreise im Zeitverlauf bezeichnet. Langfristig gelte die Konstanz des Faktorpreisverhältnisses, d.h.*

$$\lim_{t\to\infty} \frac{W_j(t)}{R(t)} = \frac{W_j}{R}. \tag{3.20}$$

Erfolgt darüber hinaus eine verzögerte Anpassung der Güterpreise $P_j(t)$ an $P_j^M(t)$, d.h.

$$\lim_{t\to\infty} \frac{P_j(t)}{P_j^M(t)} = 1, \tag{3.21}$$

[20] Diese Preisanpassung kann z.B. in der Form $\Delta P_j(t) = \beta_j \cdot \left(P_j^M(t) - P_j(t)\right)$ angegeben werden.

$$\text{mit} \quad P_j^M(t) = \frac{1}{1+\frac{1}{\epsilon_j}} \cdot \frac{1}{\nu_j} Q_j^{\frac{1-\nu_j}{\nu_j}} (P_j(t)) \cdot c^*(W_j, R)(t), \tag{3.22}$$

so streben die bedingten Faktornachfragefunktionen (3.10) und (3.11) in der Formulierung

$$N_j^*(t) = N_j\left[\overline{Q_j(P_j(t))}, \frac{c_j^*(t)}{W_j(t)}\right]$$
$$V_j^*(t) = V_j\left[\overline{Q_j(P_j(t))}, \frac{c_j^*(t)}{R(t)}\right]$$

gegen die gewinnoptimalen Faktornachfragen N_j^M und V_j^M, d.h.

$$\lim_{t\to\infty} N_j^*(t) = N_j^M \tag{3.23}$$
$$\lim_{t\to\infty} V_j^*(t) = V_j^M. \tag{3.24}$$

Die (langfristig) gewinnoptimalen Faktoreinsatzmengen N_j^M und V_j^M gewährleisten zusammen mit $P_j^M = \lim_{t\to\infty} P_j^M(t)$ eine gewinnoptimale Produktionshöhe Q_j^M.

Der Beweis basiert auf der Stetigkeit der Produktions- und Faktornachfragefunktionen.[21]

In der Proposition 3.1 wird bei der Preiskalkulation (3.22) von einer konstanten Preiselastizität ϵ_j ausgegangen. Die Aussage der Proposition 3.1 bleibt erhalten, wenn die Preiselastizität der Nachfrage im Zeitverlauf variiert, aber längerfristig gegen ϵ_j konvergiert, d.h.

$$\lim_{t\to\infty} \epsilon_j(t) = \epsilon_j.$$

Weiterhin gilt:

Proposition 3.2. *Folgen $R(t)$ und $W_j(t)$ einem inflationären Prozess, so dass (3.20) und (3.21) erfüllt sind, so gilt für die Wachstumsraten der Faktorpreise*

$$\lim_{t\to\infty} \hat{W}_j(t) = \lim_{t\to\infty} \hat{R}(t),$$
$$\hat{W}_j(t) := \frac{\dot{W}}{W}(t), \quad \hat{R}(t) := \frac{\dot{R}}{R}(t).$$

Weiterhin stimmt dann die Wachstumsrate der variablen Stückkosten und damit die der Güterpreise mit der Wachstumsrate der Faktorpreise überein,

$$\lim_{t\to\infty} \hat{W}_j(t) = \lim_{t\to\infty} \hat{R}(t) = \lim_{t\to\infty} \hat{c}_j^*(t) = \lim_{t\to\infty} \hat{p}_j^M(t) = \lim_{t\to\infty} \hat{P}_j(t).$$

[21] Siehe Anhang B.3.

3.7 Faktornachfrage bei Beschäftigungsglättung

In Abschnitt 3.7 werden die Kosten von Beschäftigungsvariationen (sog. turnover costs, vgl. Lindbeck 1992) explizit im unternehmerischen Entscheidungskalkül berücksichtigt. Variationen des Arbeitseinsatzes induzieren zusätzliche Kosten: So gehen in die Einstellungsentscheidung die erwartete Beschäftigungsdauer und die an ihrem Ende entstehenden Entlassungskosten in Form von Abfindungen oder Sozialplänen ein; hinzu kommen Einstellungskosten für die fachliche Einarbeitung sowie für die Sozialisation des Mitarbeiters im Unternehmen.[22] Die Antizipation dieser Kosten wirkt sich auf die Einstellungs- bzw. Entlassungsentscheidung des Unternehmens aus.[23]

Dagegen wird bezüglich der importierten Vorleistungen weiterhin unterstellt, dass $V_j(t)$ jederzeit frei ohne zusätzliche Kosten variierbar ist. Die momentanen Kosten können dann für die Unternehmung in U_j in der folgenden Form dargestellt werden:

$$C_j(t) = W_j(t) \cdot N_j(t) + R(t) \cdot V_j(t) + d_j \cdot \left(\dot{N}_j\right)^2 + \text{const}_j .$$

Dabei werden die Kosten einer Beschäftigungs*änderung* durch den quadratischen Term $\left(\dot{N}_j(t)\right)^2$ erfasst. d_j gewichtet die Kostenintensität von Beschäftigungsschwankungen; der Wert von d_j ist national von institutionellen Gegebenheiten abhängig (Kündigungsschutz etc.). Die Berücksichtigung des zusätzlichen Terms $\left(\dot{N}_j\right)^2$ in der unternehmerischen Kostenfunktion bewirkt eine Glättung des Beschäftigungsverlaufs innerhalb des Planungshorizontes.

Das gegenüber (3.6) erweiterte unternehmerische Entscheidungsproblem lautet: Bestimme zu jedem Zeitpunkt t_0 den kostenminimalen Faktoreinsatz unter der Nebenbedingung, dass Beschäftigungsschwankungen während des Planungshorizontes zu zusätzlichen Kosten führen:

$$K_j(t_0) := \int_{t_0}^{t_0+T} C_j(s)\, ds \longrightarrow \min . \tag{3.25}$$

Dabei wird der Outputverlauf $Q_j(t)$ exogen vorgegeben. Die Nebenbedingungen des intertemporalen Kostenminimierungsproblems lauten jetzt:[24]

$$Q(N_j, V_j)(t_0) = Q_j(t_0) \tag{3.26}$$

$$\dot{Q}(N_j, V_j)(t) = \dot{Q}_j(t) \tag{3.27}$$

$$\dot{Q}(N_j, V_j)(t) = \dot{N}_j(t) \cdot Q_{N_j}(t) + \dot{V}_j(t) \cdot Q_{V_j}(t) \tag{3.28}$$

---

22 Vgl. z.B. Albach (1996, S. 84).

23 Vgl. hierzu Franz (1999, S. 132ff.), Ehrenberg, Smith (1982) sowie die empirischen Untersuchungen von v. Bieler (1984).

24 Es wird ein glatter Outputverlauf unterstellt, d.h. $Q_j(t)$ ist (für $t > t_0$) differenzierbar.

Die *Lösung* des Entscheidungsproblems ist charakterisiert durch:[25]

$$\begin{aligned} \dot{N}_j^*(t) &\equiv 0 \\ \Longrightarrow N_j^*(t) &\equiv N_j^*(t_0). \end{aligned} \tag{3.29}$$

Während des gesamten Planungszeitraumes bleibt die (geplante) Beschäftigung also konstant. Kurzfristige Outputvariationen werden durch den Mehreinsatz von Vorleistungen ausgeglichen. Der Faktor Arbeit wird durch die Existenz von Einstellungs- und Entlassungskosten inflexibel. Diese Starrheiten beeinflussen das optimale Beschäftigungsniveau.

Welche Beschäftigungshöhe $N_j^*(t)$ plant das Unternehmen im Zeitpunkt t_0 für die folgenden T Perioden?
Mit dem Zwischenergebnis (3.29) reduziert sich die Kostenfunktion (3.25) auf

$$K_j(t_0) = N_j^*(t_0) \cdot \int_{t_0}^{t_0+T} W_j(s)\, ds + \int_{t_0}^{t_0+T} R(s) \cdot V_j(s)\, ds.$$

Im Kostenminimum gilt:[26]

$$\int_{t_0}^{t_0+T} W_j(s)\, ds = \int_{t_0}^{t_0+T} R(s) \cdot \frac{Q_{N_j}}{Q_{V_j}} \Big(N_j^*(t_0), V(s) \Big)\, ds. \tag{3.30}$$

Der kostenminimale Faktoreinsatz hängt gemäß (3.30) nicht nur von den gegenwärtigen, sondern zudem von den *zukünftigen* Faktorpreisen ab.

Approximiert man in (3.30) die Grenzproduktivitäten bzw. die Substitutionsrate durch[27] $\frac{Q_{N_j}}{Q_{V_j}} (N_j^*(t_0), V_j(t)) \approx \frac{Q_{N_j^*}}{Q_{V_j}} (N_j(t_0), V_j(t_0))$, so vereinfacht sich die die notwendige Bedingung für eine intertemporale Minimalkostenkombination (approximierte Optimalitätsbedingung 1. Ordnung) auf

$$\frac{Q_{N_j}}{Q_{V_j}}(t_0) \stackrel{!}{=} \frac{\int_{t_0}^{t_0+T} W_j(s)\, ds}{\int_{t_0}^{t_0+T} R(s)\, ds}. \tag{3.31}$$

Damit variiert die Minimalkostenkombination mit der zukünftigen Entwicklung der Faktorpreise, über die die Unternehmung Erwartungen zu bilden hat.

Die aus (3.31) resultierende Arbeitsnachfrage lautet[28]

---

[25] Siehe Anhang B.5.

[26] Siehe Anhang B.5.

[27] Geringe Abweichungen vom Optimum führen lediglich zu Kostenänderungen zweiter Ordnung.

[28] Siehe Anhang B.5.

$$N_j^*(t_0) = \tag{3.32}$$

$$\left(\frac{Q_j(t_0)}{A_j}\right)^{1/\nu_j} \left[\gamma_j + (1-\gamma_j)^{\sigma_j} \cdot \gamma_j^{\rho_j \sigma_j} \cdot \left(\frac{\int_{t_0}^{t_0+T} W_j(s)ds}{\int_{t_0}^{t_0+T} R(s)ds}\right)^{-\frac{\rho_j}{1+\rho_j}}\right]^{\frac{1}{\rho_j}}.$$

Die Arbeitsnachfragefunktion (3.32) hängt von der Entwicklung der zukünftigen Faktorpreise, insbesondere von der längerfristigen Lohnentwicklung ab. (3.32) betont damit die Bedeutung des längerfristigen (zukünftigen) Gewerkschaftsverhaltens für den aktuellen Faktoreinsatz und damit für die Beschäftigung. Die unternehmerische Beschäftigungsentscheidung ist folglich nicht nur von den aktuellen Arbeitskosten abhängig, sondern zugleich von den Erwartungen über ihre zukünftige Änderung (Albach 1996, S. 94).

Im Fall statischer Faktorpreiserwartungen, d.h.

$$\begin{aligned} W_j^{erw}(t) &= W_j(t_0) \quad t > t_0 \\ R^{erw}(t) &= R(t_0) \quad t > t_0 \end{aligned}$$

gilt

$$\begin{aligned} \frac{\int_{t_0}^{t_0+T} W_j^{erw}(s)\,ds}{\int_{t_0}^{t_0+T} R^{erw}(s)\,ds} &= \frac{T \cdot W_j(t_0)}{T \cdot R(t_0)} \\ &= \frac{W_j(t_0)}{R(t_0)}. \end{aligned}$$

In diesem Fall stimmen die Lösungen von (3.6) und (3.25) überein.

Liegen dagegen nicht-statische Faktorpreiserwartungen vor, so erhält man die Approximation[29]

$$\frac{\int_{t_0}^{t_0+T} W_j^{erw}(s)\,ds}{\int_{t_0}^{t_0+T} R^{erw}(s)\,ds} \approx \frac{W_j(t_0)}{R(t_0)} \cdot \frac{1+t_{W_j}}{1+t_R}.$$

t_{W_j} kann als unternehmerischer Risikoaufschlag aufgefasst werden. Erwarten die Produzenten sinkende Lohnkosten bzw. ein abnehmendes Wachstum der Löhne, so sinkt t_{W_j}. Dies führt c.p. zu einem Anstieg der Beschäftigung durch Faktorsubstitution.

[29] Siehe Anhang B.5.

Die (approximierte) Optimalitätsbedingung lautet dann

$$\frac{Q_{N_j}}{Q_{V_j}}(t_0) \stackrel{!}{=} \frac{W_j(t_0) \cdot (1 + t_{W_j})}{R(t_0) \cdot (1 + t_R)}.$$

Die Erwartungen der Unternehmen bezüglich der zukünftigen Lohnentwicklung können durch die Fristigkeit von Tarifverträgen beeinflusst werden; längerfristige Tarifverträge tragen zur Planungssicherheit bei und induzieren im Fall einer Lohnzurückhaltung eine Reduktion von t_{W_j}.

Diese Ergebnisse sind kompatibel mit den Empfehlungen des Sachverständigenrates (SVR). Dieser hat (SVR 1997, Textziffer 368) mehrmals gefordert, dass die Lohnpolitik glaubwürdig für mehrere Jahre angelegt sein sollte.[30]

Erweiterung des Entscheidungskalküls

Die grundlegende Idee des Ansatzes (3.25) besteht darin, Beschäftigungsschwankungen *innerhalb* des Planungshorizontes zu vermeiden. Allerdings werden Beschäftigungsänderungen, die im Entscheidungszeitpunkt t_0 auftreten, als Kostenfaktor vernachlässigt.

Strebt die Unternehmung insgesamt eine Beschäftigungsglättung an, so sind im Rahmen der Kostenminimierung Beschäftigungsschwankungen auch im Entscheidungszeitpunkt t_0 zu berücksichtigen.

Das erweiterte Entscheidungsproblem lautet in diesem Fall

$$K_j := \int_{t_0}^{t_0+T} C_j(s)\, ds + d_0 \cdot (N_j(t_0) - \overline{N_{j,0}})^2 \longrightarrow \min$$

unter den Nebenbedingungen (3.26) bis (3.28). Dabei bezeichnet $\overline{N_{j,0}}$ den historisch determinierten, im Entscheidungszeitpunkt t_0 bereits vorhandenen Faktoreinsatz; $N_j(t_0)$ ist dagegen im Rahmen des Entscheidungsproblems eine endogene Größe.

Für die Lösung des erweiterten Problems gilt auch hier:[31]

$$\begin{aligned} \dot{N}_j^*(t) &\equiv 0 \\ \Longrightarrow N_j^*(t) &\equiv N_j^*(t_0, \overline{N_{j,0}}). \end{aligned}$$

Bezeichnet $N_j^*(t_0)$ (vgl. (3.32)) die Lösung des Entscheidungsproblems (3.25), so gilt für $N_j^*(N_{j,0}, t_0)$:

[30] Der Sachverständigenrat betont dabei den Investitionscharakter einer Neueinstellung. "Die Unternehmen werden Neueinstellungen daher erst dann vornehmen, wenn (...) sie mit einer Entlastung bei den Arbeitskosten für mehrere Jahre rechnen können." (SVR 1997, Textziffer 372).

[31] Siehe Anhang B.5.

$$N_j^*(N_{j,0}, t_0) \quad < \quad N_j^*(t_0) \quad \text{für } N_j^*(t_0) > N_{j,0}$$
$$N_j^*(N_{j,0}, t_0) \quad > \quad N_j^*(t_0) \quad \text{für } N_j^*(t_0) < N_{j,0}.$$

Führen Beschäftigungsschwankungen, die im Entscheidungszeitpunkt t_0 auftreten, zu zusätzlichen Kosten, so resultiert daraus eine weitere Beschäftigungsglättung.

3.8 Ausblick

In den nachfolgenden Kapiteln wird die Entwicklung der Faktorpreise im Rahmen einer makroökonomischen Totalanalyse endogen bestimmt. Dabei resultiert die Entwicklung der Löhne aus dem nationalen Gewerkschaftsverhalten, während der Inlandspreis für importierte Vorleistungen mit dem Wechselkurs variiert.

Die gesamtwirtschaftliche Nachfragefunktion $Q_j(P_j)(t)$ ergibt sich dabei aus einem interdependenten System, welches sich aus den nationalen Gütermärkten in der Währungsunion und vorausschauenden Finanzmärkten zusammensetzt. Sie besitzt die Form

$$Q_j(P_j)(t) \quad = \quad Q_j\left[\frac{M}{P_j + P_i}, \frac{P_j}{P_i}, \frac{P_j \cdot E}{P^*}, i_j - \hat{P}_j, S_j\right](t).$$

Determinanten der nationalen Güternachfrage sind zum Zeitpunkt t die reale Geldmenge, das Preisverhältnis gegenüber dem Partnerland der Union, das Preisverhältnis gegenüber der übrigen Welt, der Realzins sowie sonstige exogene Faktoren S_j.

Dabei ist zu beachten, dass der Wechselkurs $E(t)$ aus den Portfolioentscheidungen der Anleger resultiert und eine Informationsvariable darstellt, in der die zukünftigen Entwicklungen der gesamten Volkswirtschaft bereits antizipiert sind.

Darüber hinaus wird im Rahmen der makroökonomischen Totalanalyse auf der Angebotsseite der einzelnen Unionsländer von einer unternehmerischen Preisanpassung ausgegangen, die auf dem in Abschnitt 3.6 beschriebenen Prozess (3.19) basiert.

3.9 Zusammenfassung des Kapitels 3

Im vorliegenden Kapitel wurde der Unternehmenssektor der beiden Unionsländer modelliert. Für die Produktion der nationalen Güterbündel stehen zwei variable Produktionsfaktoren zur Verfügung: Arbeit und Vorleistungen, wobei letztere aus einem Land außerhalb der Währungsunion importiert werden. Die produktionstechnischen Zusammenhänge zwischen den

Inputfaktoren und der Produktion eines Landes werden jeweils durch eine UZAWA-CES-Produktionsfunktion abgebildet, d.h.

$$q_j - q_{j,0} = \mu_1^j \cdot (n_j - n_{j,0}) + \mu_2^j \cdot (v_j - v_{j,0}).$$

Dabei wird grundsätzlich von asymmetrischen Produktionsstrukturen in den Unionsländern ausgegangen. Außerdem werden abnehmende Skalenerträge unterstellt.

Die nationalen Outputsektoren werden durch Verhaltensgleichungen abgebildet (logarithmisch-lineare Formulierung), die jeweils aus einem intertemporalen unternehmerischen Entscheidungskalkül resultieren.

Die Faktornachfragefunktionen garantieren eine kostenminimale Produktion eines gegebenen Outputvolumens. Sie lauten

$$\begin{aligned} n_j(t) &= k_{1,j} + 1/\nu_j \cdot q_j(t) + \sigma_j \cdot (\ln c_j^*(t) - w_j(t)) \\ v_j(t) &= k_{2,j} + 1/\nu_j \cdot q_j(t) + \sigma_j \cdot (\ln c_j^*(t) - r(t)). \end{aligned}$$

Dabei bezeichnet $\ln c_j^*(t)$ die Quasi-Stückkosten; diese resultieren aus einer Konvexkombination der Faktorpreise,

$$\begin{aligned} \ln c^*(w_j, r)(t) &= k + \frac{\mu_{j,1}}{\nu_j} \cdot w_j(t) + \frac{\mu_{j,2}}{\nu_j} \cdot r(t) \\ \mu_{j,1} + \mu_{j,2} &= \nu_j. \end{aligned}$$

Sind die Güterpreise vollkommen flexibel, so ergibt sich aus dem Gewinnoptimierungskalkül die Gleichung

$$p_j^*(t) = -\ln\left(\left(1 + \frac{1}{\epsilon_j}\right) \cdot 1/\nu_j\right) + \ln c_j^*(t) + \frac{1-\nu_j}{\nu_j} \cdot q_j(t).$$

Geht man dagegen von einer Parameterunsicherheit bezüglich der Preiselastizität der Güternachfrage aus, so führt risikoaverses Unternehmerverhalten zu einer vorsichtigeren Preispolitik, d.h. zu einer Preisanpassung in kleinen Schritten.

Für den Fall einer allmählichen Anpassung der Güterpreise an Änderungen der Grenzkosten wurde ein Prozess beschrieben, der im Zeitverlauf gegen ein gewinnmaximales Outputniveau konvergiert.

Berücksichtigt man zusätzlich jene Kosten, die in einer Unternehmung durch Schwankungen der Beschäftigung entstehen, so ist die resultierende Arbeitsnachfrage auch von der zukünftig erwarteten Entwicklung der Faktorkosten abhängig. Maßgeblich für die aktuelle Beschäftigung sind dann nicht nur die aktuellen Faktorpreise, sondern auch deren mittelfristige Entwicklung. Damit entsteht ein Potential für die Gewerkschaften, durch ihr Verhalten auf die unternehmerische Erwartungsbildung Einfluss zu nehmen. Können Gewerkschaften glaubhaft eine längerfristige Lohnzurückhaltung erkennen lassen, so erfolgen Substitutionseffekte zugunsten der Beschäftigung. Dies kann durch längerfristige Tarifverträge erreicht werden.

B. Anhang zu Kapitel 3

B.1 Herleitung der Kostenfunktion

Zu dem Entscheidungsproblem (3.6) korrespondiert die Lagrange-Funktion (vgl. Hansen (1993, S. 43 ff.) sowie Simon, Blume (1994, S. 556ff.))

$$\ell_j(t) = C_j(t) + \lambda_j(t) \cdot (Q_j(t) - Q_j(N_j, V_j)).$$

Die partiellen Ableitungen nach den variablen Inputs lauten

$$\begin{aligned} \frac{\partial \ell_j}{\partial N_j} &= W_j(t) - \lambda_j(t) \cdot Q_{N_j} \\ \frac{\partial \ell_j}{\partial V_j} &= R(t) - \lambda_j(t) \cdot Q_{V_j}. \end{aligned}$$

Elimination von $\lambda_j(t)$ ergibt

$$\begin{aligned} \frac{Q_{N_j}}{Q_{V_j}} &= \frac{W_j(t)}{R(t)} \\ &= \frac{\gamma_j}{1-\gamma_j} \cdot \left(\frac{N_j(t)}{V_j(t)} \right)^{-(\rho_j+1)}. \end{aligned}$$

Aus diesem Optimierungsansatz resultiert die folgende Minimalkostenkombination:

$$V_j(t) = \left[\frac{1-\gamma_j}{\gamma_j} \cdot \frac{W_j(t)}{R(t)} \right]^{\sigma_j} \cdot N_j(t).$$

Einsetzen dieser kostenminimaler Kombination in die CES–Produktionsfunktion (3.2) liefert ($\sigma_j := 1/(1+\rho_j)$)

$$\begin{aligned} \left(\frac{Q_j(t)}{A_j} \right)^{-\rho_j/\nu_j} &= \gamma_j N_j^{-\rho_j}(t) + (1-\gamma_j) V_j^{-\rho_j}(t) \\ &= N_j^{-\rho_j}(t) \cdot \left[\gamma_j + (1-\gamma_j) \left(\frac{1-\gamma_j}{\gamma_j} \cdot \frac{W_j(t)}{R(t)} \right)^{-\frac{\rho_j}{1+\rho_j}} \right] \\ &= N_j^{-\rho_j}(t) \cdot \left[\gamma_j + (1-\gamma_j)^{\sigma_j} \cdot \gamma^{\rho_j \sigma_j} \cdot \left(\frac{W_j(t)}{R(t)} \right)^{-\frac{\rho_j}{1+\rho_j}} \right]. \end{aligned}$$

Für ein gegebenes Outputniveau $Q_j(t)$ lautet dann der kostenminimale Arbeitseinsatz:

$$
\begin{aligned}
N_j^*(t) &= \left(\frac{Q_j(t)}{A_j}\right)^{1/\nu_j}\left[\gamma_j + (1-\gamma_j)^{\sigma_j}\cdot\gamma_j^{\rho_j\sigma_j}\cdot\left(\frac{W_j(t)}{R(t)}\right)^{-\frac{\rho_j}{1+\rho_j}}\right]^{\frac{1}{\rho_j}} \\
&= \left(\frac{Q_j(t)}{A_j}\right)^{1/\nu_j}\cdot\gamma_j^{\sigma_j}\cdot W_j^{-\sigma_j}(t)\cdot\left[W_j^{1-\sigma_j}(t)\gamma_j^{\sigma_j} + (1-\gamma_j)^{\sigma_j}R^{1-\sigma_j}(t)\right]^{\frac{1}{\rho_j}} \\
&= Q_j^{1/\nu_j}(t)\cdot\gamma_j^{\sigma_j}\cdot A_j^{(1/\nu_j)(\sigma-1)}\cdot\left(\frac{c_j^*(t)}{W_j(t)}\right)^{\sigma_j},
\end{aligned}
\tag{B.1}
$$

und für den kostenminimalen Input importierter Vorleistungen gilt

$$
V_j^*(t) = Q_j^{1/\nu_j}(t)\cdot(1-\gamma_j)^{\sigma_j}\cdot A_j^{(1/\nu_j)(\sigma-1)}\cdot\left(\frac{c_j^*(t)}{R(t)}\right)^{\sigma_j}. \tag{B.2}
$$

Für die Kostenfunktion des Unionslandes U_j resultiert dann

$$
\begin{aligned}
C_j^*(t) &= N_j(t)\cdot\left[W_j(t) + R(t)\cdot\left(\frac{1-\gamma_j}{\gamma_j}\frac{W_j(t)}{R(t)}\right)^{\sigma_j}\right] + const_j \\
&= \left(\frac{Q_j(t)}{A_j}\right)^{1/\nu_j}\cdot\left[W_j^{1-\sigma_j}(t)\gamma_j^{\sigma_j} + (1-\gamma_j)^{\sigma_j}R^{1-\sigma_j}(t)\right]^{\frac{1+\rho_j}{\rho_j}} + \\
&\quad + const_j \\
&= Q_j^{\frac{1}{\nu_j}}(t)\cdot c_j^*(W_j(t),R(t)) + const_j \\
c_j^*(W_j(t),R(t)) &= \frac{1}{A_j^{\frac{1}{\nu_j}}}\cdot\left[W_j^{1-\sigma_j}(t)\gamma_j^{\sigma_j} + (1-\gamma_j)^{\sigma_j}R^{1-\sigma_j}(t)\right]^{\frac{1}{1-\sigma_j}}.
\end{aligned}
$$

Mit Shephard's lemma (Simon, Blume 1994, S. 562) gilt:

$$
\begin{aligned}
N_j^*(t) &= \frac{\partial C_j^*(t)}{\partial W_j(t)} \\
V_j^*(t) &= \frac{\partial C_j^*(t)}{\partial R(t)}.
\end{aligned}
$$

Die quasi-(variablen) Stückkosten $c_j^*(t)$ sind homogen vom Grade 1, d.h. die realen Stückkosten erhält man aus

$$
\frac{c_j^*(t)}{P_j(t)} = c_j^*(W_j(t)/P_j(t), R(t)/P_j(t)).
$$

Die logarithmisch-lineare Approximation der Quasi-Stückkostengleichung ergibt sich aus der logarithmierten Produktionsfunktion sowie aus den logarithmierten Faktornachfragefunktionen, d.h.

$$
\begin{aligned}
\ln c^*(w_j,r)(t) - \ln c_{j,0}^* &= \frac{\mu_{j,1}}{\nu_j}\cdot(w_j(t)-w_{j,0}) + \frac{\mu_{j,2}}{\nu_j}\cdot(r(t)-r_0) \\
\mu_{j,1} + \mu_{j,2} &= \nu_j.
\end{aligned}
$$

$c_{j,0}^*$ erhält man aus:

$$c^*_{j,0} = \frac{1}{A^{\frac{1}{\nu_j}}{}_j} \cdot \left[W_{j,0}^{1-\sigma_j} \cdot \gamma_j^{\sigma_j} + (1-\gamma_j)^{\sigma_j} \cdot R_0^{1-\sigma_j}\right]^{\frac{1}{1-\sigma_j}}.$$

Mit

$$x_{j,0} := \frac{R_0}{W_{j,0}} = \left(\frac{Q_{V_j}}{Q_{N_j}}\right)_0$$

gilt weiter

$$\begin{aligned}
c^*_{j,0} &= \frac{1}{A^{\frac{1}{\nu_j}}{}_j} W_{j,0} \cdot \left[\gamma_j^{\sigma_j} + (1-\gamma_j)^{\sigma_j} \cdot x_{j,0}^{1-\sigma_j}\right]^{\frac{1}{1-\sigma_j}} \\
&= \frac{1}{A^{\frac{1}{\nu_j}}{}_j} W_{j,0}^{\alpha_j} \cdot R_0^{1-\alpha_j} \cdot x_{j,0}^{-(1-\alpha_j)} \cdot \left[\gamma_j^{\sigma_j} + (1-\gamma_j)^{\sigma_j} \cdot x_{j,0}^{1-\sigma_j}\right]^{\frac{1}{1-\sigma_j}} \\
& \alpha_{j,0} = \mu_1^j/\nu_j \\
\ln c^*_{j,0} &= k_j + \frac{\mu_1^j}{\nu_j} \cdot w_{j,0} + \frac{\mu_2^j}{\nu_j} \cdot \tilde{r}_0 \\
k_j &= \ln \frac{1}{A^{\frac{1}{\nu_j}}{}_j} \cdot \left[\gamma_j^{\sigma_j} + (1-\gamma_j)^{\sigma_j} \cdot x_{j,0}^{1-\sigma_j}\right]^{\frac{1}{1-\sigma_j}} \\
& \ln k_j > 0.
\end{aligned}$$

Mit der Approximation

$$q_{j,0} = a_j + \mu_1^j n_{j,0} + \mu_2^j v_{j,0}$$

und den logarithmierten Faktornachfragefunktionen

$$\begin{aligned}
n_{j,0} &= 1/\nu_j q_{j,0} + \sigma_j \gamma_j + 1/\nu_j \cdot (\sigma_j - 1) \cdot a_j + \sigma_j (\ln c^*_{j,0} - w_{j,0}) \qquad \Big| \cdot \frac{\mu_1^j}{\nu_j} \\
v_{j,0} &= 1/\nu_j q_{j,0} + \sigma_j (1-\gamma_j) + 1/\nu_j \cdot (\sigma_j - 1) \cdot a_j + \sigma_j (\ln c^*_{j,0} - \tilde{r}_{j,0}) \qquad \Big| \cdot \frac{\mu_2^j}{\nu_j}
\end{aligned}$$

erhält man

$$\ln c^*_{j,0} - \frac{\mu_1^j}{\nu_j} w_{j,0} - \frac{\mu_2^j}{\nu_j} \tilde{r}_{j,0} = -1/\nu_j \left(a_j + \gamma_j \mu_1^j + (1-\gamma_j)\mu_2^j\right).$$

Damit erhält man

$$\begin{aligned}
\ln c^*(w_j, r)(t) &= \frac{\mu_{j,1}}{\nu_j} \cdot w_j(t) + \frac{\mu_{j,2}}{\nu_j} \cdot \tilde{r}(t) - \chi_j \\
\chi_j &:= 1/\nu_j \left(a_j + \gamma_j \mu_1^j + (1-\gamma_j)\mu_2^j\right).
\end{aligned}$$

B.2 Die Faktornachfragen bei gewinnoptimaler Produktion

Aus der Bedingung für das unrestringierte Gewinnmaximum (vgl. 3.15)

$$c^*(W_j, R)(t) = P_j^M(t) \cdot (1 + 1/\epsilon_j) \cdot \nu_j \cdot Q_j^{-\frac{1-\nu_j}{\nu_j}}(t)$$

ergeben sich die folgenden gewinnoptimalen Faktornachfragen:[1]

$$N_j^M(t) = \tag{B.3}$$

$$\left[\gamma_j \nu_j (1 + \frac{1}{\epsilon_j})\right]^{\sigma_j} \cdot A_j^{(1/\nu_j)(\sigma_j - 1)} \cdot Q^{\frac{1}{\nu_j} \cdot (1 - \sigma_j(1 - \nu_j))} \cdot \left(\frac{W_j(t)}{P_j^M(t)}\right)^{-\sigma_j}$$

$$V_j^M(t) = \tag{B.4}$$

$$\left[(1 - \gamma_j)\nu_j (1 + \frac{1}{\epsilon_j})\right]^{\sigma_j} \cdot A_j^{(1/\nu_j)(\sigma_j - 1)} \cdot Q^{\frac{1}{\nu_j} \cdot (1 - \sigma_j(1 - \nu_j))} \cdot \left(\frac{R(t)}{P_j^M(t)}\right)^{-\sigma_j}$$

$$\frac{1}{\nu_j} \cdot (1 - \sigma_j(1 - \nu_j)) > 1 \text{ für } \sigma_j < 1.$$

Darüber hinaus ergibt sich in diesem Fall für das Unionsland U_j die folgende *Angebotsfunktion*:

$$Q_j^M = \left[(1 + \frac{1}{\epsilon_j}) \cdot \nu_j\right]^{\frac{\nu_j}{1-\nu_j}} \cdot \left[c_j^*\left(\frac{W_j}{P_j^M}, \frac{R}{P_j^M}\right)\right]^{-\frac{\nu_j}{1-\nu_j}}. \tag{B.5}$$

B.3 Produktions- und Faktorpreisdynamik

Im folgenden wird unterstellt, dass die Faktorpreise im Zeitverlauf einer vorgegebenen Dynamik unterliegen. Darüber hinaus wird angenommen, dass die Güterpreise $P_j(t)$ nicht vollkommen flexibel sind, sondern nur verzögert an das gewinnoptimale Niveau $P_j^M(t)$ angepasst werden können. Dagegen reagiert die Nachfrage $Q_j(P_j(t))$ unverzögert auf Preisänderungen mit der Preiselastizität $\epsilon_j = \frac{\partial Q_j}{\partial P_j} \cdot \frac{P_j}{Q_j}$.

Wie entwickeln sich in diesem Fall die Faktornachfrage und das Outputniveau?

$(W_j(t))$ und die $(R(t))$ bezeichne die exogen gegebene Entwicklung der Faktorpreise im Zeitverlauf, und es gelte

$$\lim_{t \to \infty} \frac{W_j(t)}{R(t)} = \frac{W_j}{R}. \tag{B.6}$$

Erfolgt darüber hinaus eine verzögerte Anpassung der Güterpreise $P_j(t)$ an $P_j^M(t)$, d.h.

$$\lim_{t \to \infty} \frac{P_j(t)}{P_j^M(t)} = 1, \tag{B.7}$$

$$\textit{mit } P_j^M(t) = \frac{1}{1 + \frac{1}{\epsilon_j}} \cdot \frac{1}{\nu} Q_j^{\frac{1-\nu_j}{\nu_j}}(P_j(t)) \cdot c^*(W_j, R)(t)$$

[1] Aus der Sicht der Neuen Keynesianischen Makroökonomik handelt es sich um sog. hypothetische Nachfragefunktionen.

so streben die bedingten Faktornachfragefunktionen (B.1) und (B.2)

$$\begin{aligned} N_j^*(t) &= N_j\left[\overline{Q_j(P_j(t))}, \frac{c_j^*(t)}{W_j(t)}\right] \\ V_j^*(t) &= V_j\left[\overline{Q_j(P_j(t))}, \frac{c_j^*(t)}{R(t)}\right] \end{aligned}$$

gegen die gewinnoptimalen Faktornachfragen N_j^M *und* V_j^M*, d.h.*

$$\lim_{t\to\infty} N_j^*(t) = N_j^M \tag{B.8}$$

$$\lim_{t\to\infty} V_j^*(t) = V_j^M. \tag{B.9}$$

Die (langfristig) gewinnoptimalen Faktoreinsatzmengen N_j^M *und* V_j^M *gewährleisten zusammen mit* P_j^M *eine gewinnoptimale Produktion* Q_j^M.

Beweis:

$$\begin{aligned} \lim_{t\to\infty} \frac{W_j}{R}(t) &= \frac{W_j}{R} \\ &\Longrightarrow \\ \lim_{t\to\infty} \frac{c^*}{R}(t) &= \frac{c^*}{R} \\ \lim_{t\to\infty} \frac{c^*}{W_j}(t) &= \frac{c^*}{W_j}. \end{aligned}$$

Mit

$$\begin{aligned} \lim_{t\to\infty} \frac{P_j}{P_j^M}(t) &= 1 \\ &\Longrightarrow \\ \lim_{t\to\infty} \frac{c_j^*/P_j}{W_j/P_j}(t) &= \lim_{t\to\infty} \frac{c_j^*/P_j}{W_j/P_j}(t) \cdot \frac{P_j^M}{P_j^M}(t) = \frac{c^*/P_j^M}{W_j/P^M} \\ \lim_{t\to\infty} \frac{c_j^*/P_j}{R/P_j}(t) &= \lim_{t\to\infty} \frac{c_j^*/P_j}{R/P_j}(t) \cdot \frac{P_j^M}{P_j^M}(t) = \frac{c_j^*/P_j^M}{R/P_j^M}. \end{aligned}$$

Da $c_j^*(t)$ homogen vom Grade 1 ist, gilt

$$\frac{c_j^*}{P_j^M}(t) = c^*\left(\frac{W_j}{P_j^M}, \frac{R}{P_j^M}\right).$$

P_j^M erfüllt die Amoroso-Robinson-Relation (3.15), d.h. es gilt

$$1 = \frac{1}{1+\frac{1}{\epsilon_j}} \cdot \frac{1}{\nu} Q_j^{\frac{1-\nu_j}{\nu_j}}(t) \cdot \frac{c^*(W_j, R)(t)}{P_j^M(t)},$$

so dass

$$\lim_{t\to\infty} Q_j(p_j(t)) = Q_j^M.$$

Folgerung
Folgen $R(t)$ und $W_j(t)$ einem inflationären Prozess, *so dass (B.6) erfüllt ist, so gilt für die Wachstumsraten der Faktorpreise*

$$\lim_{t\to\infty} \hat{W}_j(t) = \lim_{t\to\infty} \hat{R}(t),$$

$$\hat{W}_j(t) := \frac{\dot{W}}{W}(t), \quad \hat{R}(t) := \frac{\dot{R}}{R}(t).$$

Weiterhin stimmt dann die Wachstumsrate der variablen Stückkosten und damit die der Güterpreise mit der Wachstumsrate der Faktorpreise überein,

$$\lim_{t\to\infty} \hat{W}_j(t) = \lim_{t\to\infty} \hat{R}(t) = \lim_{t\to\infty} \hat{c}_j^*(t) = \lim_{t\to\infty} \hat{p}_j^M(t).$$

Ausgehend von (3.9) erhält man als Ableitung nach der Zeit

$$\begin{aligned} \dot{c}_j^*(W_j, R)(t) &= \Big[(1-\sigma_j)\dot{W}_j(t)W_j^{-\sigma_j}(t)\gamma_j^{\sigma_j} + (1-\gamma_j)^{\sigma_j}(1-\sigma_j)\dot{R}(t)R^{\sigma_j}(t)\Big] \cdot \\ &\quad \cdot \frac{1}{1-\sigma_j}\frac{1}{A^{\frac{1}{\nu_j}}{}_j} \cdot \Big[W_j^{1-\sigma_j}(t)\cdot\gamma_j^{\sigma_j} + (1-\gamma_j)^{\sigma_j}\cdot R^{1-\sigma_j}(t)\Big]^{\frac{1}{1-\sigma_j}-1} \\ &= \frac{\dot{W}_j(t)}{W_j(t)} \cdot c_j^*(W_j, R)(t). \end{aligned}$$

Dieses Ergebnis bleibt erhalten, wenn die Preiselastizität der Güternachfrage im Zeitverlauf schwankt, langfristig jedoch gegen einen festen Wert konvergiert, d.h.

$$\lim_{t\to\infty} \epsilon_j(t) = \epsilon_j.$$

B.4 Produktion und Wertschöpfung

Das reale Nationaleinkommen Y_j resultiert aus der Differenz zwischen realem Output und Realwert der importierten Vorleistungen, d.h.

$$Y_j(t) = Q_j(t) - \frac{R}{P_j}(t) \cdot V_j(t).$$

Geht man zur logarithmisch-linearen Approximation über, so kann für die Differenz zwischen $\ln Q_j$ und $\ln Y_j$ die folgende Näherung angegeben werden:
Gilt $P_j = P_j^M$, so erfolgt der Faktorinput gemäß (B.4)

$$\begin{aligned} V_j(t) &= B_j \cdot Q_j^{\frac{1}{\nu_j}\cdot(1-\sigma_j(1-\nu_j))} \cdot \left(\frac{R(t)}{P_j(t)}\right)^{-\sigma_j} \\ B_j &= \left[(1-\gamma_j)\cdot\nu_j\cdot(1+\frac{1}{\epsilon_j})\right]^{\sigma_j} \cdot A_j^{(1/\nu_j)(\sigma_j-1)}. \end{aligned}$$

Durch Bildung des totalen Differentials ergibt sich

$$\begin{aligned} dQ_j - dY_j &= d\left(\frac{R}{P_j}V_j\right) \\ &= B_j \cdot \hat{\kappa}_j \cdot Q_j^{\kappa_j - 1} \cdot (R/P_j)^{1-\sigma_j} \cdot dQ_j + \\ &\quad + B_j \cdot Q_j^{\hat{\kappa}_j} \cdot (1-\sigma_j) \cdot \left(\frac{R}{P_j}\right)^{-\sigma_j} \cdot d\left(\frac{R}{P_j}\right) \\ &\quad \hat{\kappa}_j := \frac{1}{\nu_j} \cdot (1 - \sigma_j(1-\nu_j)) \end{aligned}$$

$$\frac{dQ_j}{Q_{j,0}} - \frac{dY_j}{Q_{j,0}} = \hat{\kappa}_j \cdot \left(\frac{R}{P_j}\frac{V_j}{Q_j}\right)_0 \cdot \frac{dQ_j}{Q_{j,0}} + (1-\sigma_j) \cdot \left(\frac{R}{P_j}\frac{V_j}{Q_j}\right)_0 \cdot \frac{d\left(\frac{R}{P_j}\right)}{\left(\frac{R}{P_j}\right)_0}$$

$$\begin{aligned} \frac{dQ_j}{Q_{j,0}}\left(1 - \hat{\kappa}_j\left(\frac{R}{P_j}\frac{V_j}{Q_j}\right)_0\right) - \frac{dY_j}{Y_{j,0}}\left(1 - \left(\frac{R}{P_j}\frac{V_j}{Q_j}\right)_0\right) &= \\ (1-\sigma_j) \cdot \left(\frac{R}{P_j}\frac{V_j}{Q_j}\right)_0 \cdot \frac{d\left(\frac{R}{P_j}\right)}{\left(\frac{R}{P_j}\right)_0}. \end{aligned}$$

Nebenrechnung: Mit

$$\begin{aligned} \left(Q_{V_j} \cdot \left(1 + \frac{1}{\epsilon_j}\right)\right)_0 &= \left(\frac{R}{P_j}\right)_0 \\ \mu_{j,2} &= \left[Q_{V_j} \cdot \frac{V}{Q}\right]_0 \end{aligned}$$

gilt

$$\left(\frac{R}{P_j}\frac{V_j}{Q_j}\right)_0 = \left(1 + \frac{1}{\epsilon_j}\right) \cdot \mu_{j,2}.$$

Weiter ist

$$\frac{dQ_j}{Q_{j,0}} = \psi_{j,1} \cdot \frac{dY_j}{Y_{j,0}} + \psi_{j,2} \cdot \frac{d\left(\frac{R}{P_j}\right)}{\left(\frac{R}{P_j}\right)_0}$$

mit

$$\begin{aligned} \psi_{j,1} &= \frac{1 - (1 + \frac{1}{\epsilon_j})\mu_2^j}{1 - \hat{\kappa}_j(1 + \frac{1}{\epsilon_j})\mu_2^j} \\ \psi_{j,2} &= \frac{(1-\sigma_j)(1 + \frac{1}{\epsilon_j})\mu_2^j}{1 - \hat{\kappa}_j(1 + \frac{1}{\epsilon_j})\mu_2^j} \end{aligned}$$

$$\begin{aligned} &\Longrightarrow \\ q_j - q_{j,0} &= \psi_{j,1} \cdot (y_j - y_{j,0}) + \psi_{j,2} \cdot (r_j - r_{j,0}) \\ \Longrightarrow q_j &= \psi_{j,1} \cdot y_j + \psi_{j,2} \cdot r_j \\ & \psi_{j,1} \geq 1, \quad \psi_2 \leq 1 - \sigma_j. \end{aligned}$$

$(\sigma_j < 1 \Longrightarrow \hat{\kappa}_j > 1)$

mit $y_j := \ln Y_j$, $q_j := \ln Q_j$, $r_j := \ln\left(\frac{R}{P_j}\right)$.

Diese Umrechnung gilt nur näherungsweise. Approximationsfehler entstehen durch die Annahme von $P_j \approx P_j^M$ sowie durch die logarithmisch-lineare Approximation.

B.5 Faktornachfrage bei Beschäftigungsglättung

Ziel ist die Herleitung der Minimalkostenkombination bei rollender Planung

$$\begin{aligned} K_j(t_0) &:= \int_{t_0}^{t_0+T} C_j(s)ds + d_0 \cdot (N_j(t_0) - \overline{N_{j,0}})^2 \longrightarrow \min \\ C_j(t) &= W_j(t) \cdot N_j(t) + R(t) \cdot V_j(t) + d_j \cdot \left(\dot{N}_j\right)^2 \end{aligned}$$

unter den Nebenbedingungen:

$$\begin{aligned} Q(N_j, V_j)(t_0) &= Q_j(t_0) \\ \dot{Q}(N_j, V_j)(t) &= \dot{Q}_j(t) \\ \dot{Q}(N_j, V_j)(t) &= \dot{N}_j(t) \cdot Q_{N_j}(t) + \dot{V}_j(t) \cdot Q_{V_j}(t). \end{aligned}$$

Ansatz 1: $d_0 = 0$
Ansatz 2: $d_0 > 0$.

Lagrange-Ansatz:

$$\begin{aligned} \ell_j(t_0) &= K_j(t_0) + \int_{t_0}^{t_0+T} \lambda(t) \cdot \left(\dot{Q}_j(t) - \dot{N}_j \cdot Q_{N_j} - \dot{V}_j \cdot Q_{V_j}\right) ds + \\ &\quad +\mu \cdot (Q_j(N_0, V_0) - Q_j(t_0)) \\ \frac{\partial \ell_j}{\partial \dot{N}_j} &= 2 \cdot d_1 \cdot \dot{N}_j - \lambda(t) \cdot Q_{N_j} \\ \frac{\partial \ell_j}{\partial \dot{V}_j} &= -\lambda(t) \cdot Q_{V_j}. \end{aligned}$$

Folgerung:

$$\begin{aligned} \lambda(t) &\equiv 0 \\ \dot{N}_j^*(t) &\equiv 0 \\ N_j^*(t) &\equiv N_j^*(t_0) \quad \text{(endogen)}. \end{aligned}$$

Diese Ergebnisse gelten unabhängig vom Wert $d_j > 0$. $N_j^*(t)$ ist innerhalb des Planungszeitraumes konstant, selbst bei (erwarteten) zukünftigen Outputschwankungen.

Daraus resultiert die nachfolgende Neuformulierung des unternehmerischen Entscheidungsproblems. Aus diesem Kalkül wird das optimale (kostenminimale) Beschäftigungsniveau $N_j^*(t_0)$ hergeleitet:

$$\begin{aligned}\tilde{K}_j(t_0) &= N_j^*(t_0)\int_{t_0}^{t_0+T} W_j(s)ds + \int_{t_0}^{t_0+T} R(s)\cdot V_j(s)ds + d_0\cdot\left(N_j^*(t_0)-\overline{N_{j,0}}\right)^2\\ &\longrightarrow \min\\ &Q_j(N_j^*(t_0),V_j(t)) = Q_j(t).\end{aligned}$$

Anmerkung: Da $Q_j(t_0)$ sowie $\dot{Q}_j(t), t > t_0$ gegeben sind, ist auch der Outputverlauf $Q_j(t)$ für $t \geq t_0$ (exogen) gegeben.

Die korrespondierende Lagrange-Funktion lautet:

$$\tilde{\ell}_j(t_0) = \tilde{K}_j(t_0) + \int_{t_0}^{t_0+T} \tilde{\lambda}(t)\cdot Q_j(\left(N_j^*(t_0,V_j(s)) - Q_j(s)\right)\, ds$$

$$\begin{aligned}\frac{\partial\tilde{\ell}_j(t_0)}{\partial N_j^*(t_0)} &= \int_{t_0}^{t_0+T} W_j(s)ds + 2d_0(N_j^*(t_0)-\overline{N_{j,0}}\Big) +\\ &\quad + \int_{t_0}^{t_0+T} \tilde{\lambda}(s)\cdot Q_{N_j}\left(Q_j(N_j^*(t_0),V_j(s))\right)ds\\ \frac{\partial\tilde{\ell}_j(t)}{\partial V_j(t)} &= R(t) + \tilde{\lambda}(t)\cdot Q_{V_j}\Big(N_j^*(t_0),V_j(t))\end{aligned}$$

$$\Longrightarrow$$

$$\begin{aligned}\frac{\partial\tilde{\ell}_j(t_0)}{\partial N_j^*(t_0)} &= \int_{t_0}^{t_0+T} W_j(s)ds + 2d_0(N_j^*(t_0)-\overline{N_{j,0}}\Big) -\\ &\quad - \int_{t_0}^{t_0+T} R(s)\cdot\frac{Q_{N_j}}{Q_{V_j}}\Big(N_j^*(t_0),V_j(s)\Big)ds.\end{aligned}$$

Mit $\frac{Q_{N_j}}{Q_{V_j}}\Big(N_j^*(t_0),V_j(s)\Big) \approx \frac{Q_{N_j}}{Q_{V_j}}\Big(N_j^*(t_0),V_j(t_0)\Big)$ erhält man die notwendige Bedingung für eine intertemporale Minimalkostenkombination (approximierte Optimalitätsbedingung 1. Ordnung)

Fall $d_0 = 0$:

$$\frac{Q_{N_j}}{Q_{V_j}}\Big(N_j^*(t_0),V_j(t_0)\Big) = \frac{\int_{t_0}^{t_0+T} W_j(s)ds}{\int_{t_0}^{t_0+T} R(s)ds}.$$

Mit (B.1) erhält man für den Arbeitseinsatz

$$N_j^*(t_0) = \left(\frac{Q_j(t_0)}{A_j}\right)^{1/\nu_j} \left[\gamma_j + (1-\gamma_j)^{\sigma_j} \cdot \gamma_j^{\rho_j \sigma_j} \cdot \left(\frac{\int_{t_0}^{t_0+T} W_j(s)ds}{\int_{t_0}^{t_0+T} R(s)ds}\right)^{-\frac{\rho_j}{1+\rho_j}}\right]^{\frac{1}{\rho_j}}$$

Der resultierende Einsatz von Vorleistungen ergibt sich aus der Produktionsfunktion:

$$\left(\frac{Q_j}{A_j}(t)\right)^{-\rho_j/\nu_k} = \gamma_j \left(N_j^*\right)^{-\rho_j}(t_0) + (1-\gamma_j)V_j^{-\rho_j}(t)$$

$$\Longrightarrow$$

$$V_j(t) = (1-\gamma_j)^{1/\rho_j} \cdot \left[\left(\frac{Q_j(t)}{A_j}\right)^{-\rho_j/\nu_j} - \gamma_j \cdot \left(N_j^*(t_0)\right)^{-\rho_j}\right]^{-1/\rho_j}.$$

Fall $d_0 > 0$:
Bezeichne $N_j^*(t_0)$ die Lösung für $d_0 = 0$ und $N_j^*(N_{j,0}, t_0)$ die Lösung für $d_0 > 0$. Dann gilt für das intertemporale Kostenminimum

$$\frac{Q_{N_j}}{Q_{V_j}}\left(N_j^*(N_{j,0}, t_0), V_j(t_0)\right) = \frac{\int_{t_0}^{t_0+T} W_j(s)ds}{\int_{t_0}^{t_0+T} R(s)ds} + \frac{2d_0\left(N_j^*(N_{j,0}, t_0) - \overline{N_{j,0}}\right)}{\int_{t_0}^{t_0+T} R(s)ds}$$

mit

$$\frac{Q_{N_j}}{Q_{V_j}} = \frac{\gamma_j}{1-\gamma_j} \cdot \left(\frac{N_j(t)}{V_j(t)}\right)^{-(\rho_j+1)}.$$

Für $N_j^*(N_{j,0}, t_0)$ gilt:

$$\begin{aligned} N_j^*(N_{j,0}, t_0) &< N_j^*(t_0) \quad \text{für } N_j^*(t_0) > N_{j,0} \\ N_j^*(N_{j,0}, t_0) &> N_j^*(t_0) \quad \text{für } N_j^*(t_0) < N_{j,0}. \end{aligned}$$

Führen Beschäftigungsschwankungen, die im Entscheidungszeitpunkt t_0 auftreten, zu zusätzlichen Kosten, so resultiert daraus eine weitere Beschäftigungsglättung.

Approximation des Integrals
Mit dem Mittelwertsatz

$$\begin{aligned} \int_{t_0}^{t_0+T} W_j(s)ds &= T \cdot W_j(\xi_1) \qquad t_0 < \xi_1 < t_0 + T \\ \int_{t_0}^{t_0+T} R(s)ds &= T \cdot R(\xi_2) \qquad t_0 < \xi_2 < t_0 + T \end{aligned}$$

erhält man

$$\frac{\displaystyle\int_{t_0}^{t_0+T} W_j(s)ds}{\displaystyle\int_{t_0}^{t_0+T} R(s)ds} = \frac{W_j(\xi_1)}{R(\xi_2)}.$$

$W_j(\xi_1)$ und $R(\xi_2)$ sind zukünftige, von den Produzenten erwartete Faktorpreise.

Bildet man die Näherungen (Erwartungen)

$$\begin{aligned} W_j(\xi_1) &\approx W_j(t_0) \cdot (1 + t_{W_j}) \\ R(\xi_2) &\approx R(t_0) \cdot (1 + t_R) \end{aligned}$$

so erhält man die Approximation

$$\frac{\displaystyle\int_{t_0}^{t_0+T} W_j(s)ds}{\displaystyle\int_{t_0}^{t_0+T} R(s)ds} \approx \frac{W_j(t_0)}{R(t_0)} \cdot \frac{1 + t_{W_j}}{1 + t_R}.$$

4. Dynamische Modelle für die Währungsunion: Die Berücksichtigung produktionsseitiger Asymmetrien

4.1 Einleitung und Übersicht

In Kapitel 4 werden zwei dynamische Totalmodelle für eine Währungsunion entwickelt. Diese bilden den modelltheoretischen Rahmen für die weiteren Untersuchungen in dieser Arbeit. Die beiden Modelle unterscheiden sich in der Zahl der kurzfristig variablen Inputfaktoren. Während in Modell I lediglich der Faktor Arbeit in der kurzen First frei variierbar ist, werden in Modell II neben dem inländischen Produktionsfaktor zusätzlich Vorleistungen berücksichtigt, die aus einem Drittland außerhalb der Währungsunion importiert werden. In beiden Systemen wird grundsätzlich von einer angebotsseitigen (produktionstechnischen) Asymmetrie ausgegangen.[1] Damit wird der Vielzahl empirischer Studien über Produktivitätsunterschiede in Europa Rechnung getragen.[2]

Kapitel 4 ist folgendermaßen aufgebaut: Zunächst werden in Abschnitt 4.2 empirische Studien zur unternehmerischen Reaktion auf Kosten- und Nachfrageänderungen vorgestellt. Abschnitt 4.3 bietet eine Übersicht über die in neueren makroökonomischen Ansätzen üblichen Modellierungen von Preis- und Lohnrigiditäten. In Abschnitt 4.4 werden generelle Annahmen für die nachfolgenden Modelle I und II zusammengestellt. In 4.5 wird Modell I vorgestellt und gegenüber makroökonomischen Standardmodellen abgegrenzt. In 4.6 wird das angebotsseitig stark erweiterte Modell II präsentiert und ebenfalls gegenüber den in der Literatur verwendeten makroökonomischen Systemen offener Volkswirtschaften abgegrenzt. In Abschnitt 4.7 wird auf die modelltheoretische Problematik asymmetrischen Lohnverhaltens in offenen Volkswirtschaften eingegangen und der aktuelle Stand der Forschung präsentiert. Kapitel 4 endet mit einer Zusammenfassung der wichtigsten Ergebnisse.

---

[1] Diese kann aus einer unterschiedlichen Sachkapitalausstattung resultieren.

[2] Vgl. z.B. den Sammelband von Wagner, van Ark (1996), darüber hinaus die Arbeiten von van Ark, Crafts (1996), van Ark (1996), Maddison (1996) sowie die dort angegebene Literatur. Zu den divergierenden Arbeitsproduktivitäten in Europa siehe z.B. Siebert (1998a, S. 5).

4.2 Unternehmerische Preis- und Mengenreaktionen auf Gütermärkten aus empirischer Sicht

Eine moderne makroökonomische Modellierung erhebt - bezogen auf den jeweiligen Untersuchungsgegenstand - den Anspruch, auf entscheidungslogisch fundierten Verhaltensgleichungen zu basieren und zugleich eine Projektion von beobachtbaren Verhaltensweisen der Marktteilnehmer zu liefern. Für theoretische Analysen ist dabei die Nebenbedingung zu berücksichtigen, dass das Gesamtmodell geschlossen lösbar (und überschaubar) bleibt. Die in diesem Kapitel entwickelten Modelle versuchen, diesen Anforderungen in bezug auf die Angebotsseite der einzelnen Volkswirtschaften gerecht zu werden. Während die Mikrofundierung der Angebotsseite in Kapitel 3 erfolgte, werden im folgenden Abschnitt empirische Fakten diskutiert, die bei einer Modellierung der Währungsunion Berücksichtigung finden sollten.

Von grundlegender Bedeutung für eine makroökonomische Modellierung der Wirtschaftsdynamik sind Informationen über die Reaktionen der Produzenten auf Kosten- und Nachfrageänderungen.[3] Während auf Auktionsmärkten Markträumung typischerweise durch flexible Anpassung der Preise erfolgt, ist auf Gütermärkten diese Preisflexibilität nicht zu beobachten. Die in der Literatur dokumentierten empirischen Untersuchungen (Unternehmensbefragungen und Analysen von Sekundärdaten) zum unternehmerischen Preisverhalten (z.B. Wied-Nebbeling, 1985a, im folgenden kurz W-N) liefern das folgende Bild:[4]

- Preissetzungen sind kostenorientiert.
- Preisänderungen erfolgen zumeist nur ein- bis zweimal im Jahr.
- Die Anpassung an konjunkturelle Nachfrageschwankungen erfolgt über die Produktionsmenge und nicht über die Preise.

Dabei kommt seitens des Produzentenverhaltens der *Unsicherheit* darüber, in welchem Ausmaß die Abnehmer auf Preisänderungen reagieren, eine maßgebliche Rolle zu.[5] Die Preispolitik eines einzelnen Unternehmens wird als ein risikoreiches Instrument der Absatzpolitik angesehen.

Grundsätzlich führen Kostenänderungen zu Preisänderungen. So geben nach W-N 81 % der Unternehmungen Kostenänderungen als ein Grund für Preisänderungen an (W-N, S. 76). Rund die Hälfte der von W-N befragten

[3] Eine historische Übersicht der mittlerweile über 250 Jahre alten makroökonomischen Debatte über Lohn- und Preisrigiditäten gibt Laidler (1996).

[4] Empirische Untersuchungen zum unternehmerischen Preisverhalten liefern darüber hinaus u. a. Anderson et al. (1956), Kawasaki et al. (1982), Carlton (1986), Cecchetti (1986), Blanchard (1987), Blanchard u. Quah (1989), Blinder (1991), Bhaskar et al. (1993), Döpke (1993), Weiss (1993), Lach u. Tsiddon (1994), Fisher u. Konieczny (1995), Köhler (1996), Slade (1998), Blinder et al. (1998). Siehe auch die Übersichten von Lee (1992) und Weiss (1993).

[5] Vgl. auch Köhler (1996), S. 172.

Unternehmen erhöhen die Preise dann, wenn sich Kostensteigerungen nicht mehr auffangen lassen.[6] Im nächsten Schritt erhebt sich die Frage, in welchem Umfang Kostenänderungen auf die Güterpreise überwälzt werden. Bezüglich der *Preisanpassungsgeschwindigkeit* kommt Döpke (1993, S. 90) für den Zeitraum von 1970-1991 zu dem Ergebnis, dass bei der Reaktion der Preise auf Variationen ihrer Determinanten bis zum Abschluss des Anpassungsprozesses von 2-3 Jahren ausgegangen werden kann.[7] *Von einem unverzüglichen Preisanpassungsverhalten der Unternehmen kann nicht ausgegangen werden* (Köhler 1996, S. 193).

Änderungen der Verkaufspreise sind - auch im internationalen Vergleich - weitgehend *institutionalisiert*, d.h. an Geschäftsjahr, Saison oder Tarifrunde gebunden (für Deutschland siehe W-N, S. 101). Zu ähnlichen Ergebnissen kommen Carlton (1986) und Blinder (1991) für die USA. Die Ergebnisse werden für Deutschland von Köhler (1996) bestätigt. In einer neueren Untersuchung von 200 Unternehmen des verarbeitenden Gewerbes stellen Blinder et al. (1998, S. 84) für die USA fest, dass 65 % der Unternehmen ein bis zwei Preisänderungen pro Jahr vornehmen. Der Median zwischen zwei Preisänderungen beträgt 9 Monate.

Besteht seitens der Unternehmer (einer Branche) ein Konsens bezüglich institutionalisierter Preisänderungen, so liegt ein koordiniertes Verhalten vor. Die Unsicherheit bezüglich des Nachfrageverhaltens wird dadurch gemindert.[8]

Wie ist das oben dokumentierte Preisverhalten der Unternehmen mit den Unternehmenszielen vereinbar? Als Unternehmensziel wird zumeist an erster Stelle die *langfristige Gewinnmaximierung* angegeben (W-N S. 41f). Einer kurzfristigen Gewinnmaximierung kommt demnach in der Praxis *keine* Bedeutung zu;[9] umgangssprachlich wird dies seitens der befragten Unternehmen auch durch ein Streben nach "angemessenem Gewinn" formuliert.[10] Folglich kann festgehalten werden, dass *die Amoroso-Robinson-Bedingung nicht permanent erfüllt ist, sondern erst langfristig.*

In der Regel verläuft die Anpassung an konjunkturelle Schwankungen über die Menge und nicht über den Preis (z.B. Wied-Nebbeling, 1985a, S. 4f. u. S. 101 sowie 1985b, S. 214). Die kurzfristige Mengenanpassung eines Unternehmens impliziert im Fall einer Nachfrageausdehnung, die ei-

---

[6] Dieses Ergebnis wird von Blinder (1991) bestätigt.

[7] Zu ähnlichen Ergebnissen kommt Blanchard (1987).

[8] Institutionalisierte Preisänderungen können von vertraglichen Preisbindungen begleitet sein. In der Untersuchung von Köhler (1996, S. 195) ist die vertragliche Preisbindung der von Unternehmerseite meistgenannte Grund für Preisträgheiten.

[9] Zu diesem Ergebnis kommt auch Francis (1980).

[10] Dies bestätigen auch Befragungen von Francis (1980) für Großbritannien sowie von L. Gordon (1981) für Kanada und USA. — Allerdings wäre zu prüfen, ob diese Ergebnisse mit der Maximierung der Summe der abdiskontierten zukünftigen (erwarteten) Unternehmensgewinne kompatibel ist.

gene Stellung am Markt auszudehnen oder sie möglichst lange gegen die Konkurrenz zu verteidigen. Würde ein Unternehmen einer Strategie der kurzfristigen Gewinnmaximierung folgen, so würde im konjunkturellen Aufschwung ein Großteil des Nachfragepotentials nicht bedient werden, da der Produzent seine Preise erhöhen und die Produktion unter das Nachfragepotential einschränken würde. Damit würde für Konkurrenten (auch für ausländische) ein Anreiz bestehen, dieses Potential zu erschließen und eine überdurchschnittliche Rendite zu erzielen.[11] Insofern ist es für die einzelne Unternehmung unter langfristigen Gesichtspunkten rational, auf Nachfrageschwankungen mit Produktionsanpassungen zu reagieren. Die Folge ist ein Preis, der unter dem kurzfristigen Gewinnmaximum liegt. Dies gilt auch (bei potentiellen Preissenkungen) in Zeiten eines Nachfragerückgangs. Wenn unterhalb des gewinnmaximalen Preises angeboten wird, so befürchten die Unternehmer, dass eine unmittelbare Preissenkung im Fall eines Nachfragerückgangs zu einer größeren Gewinnminderung führt als die Hinnahme des Absatzrückgangs mit unveränderten Preisen.

Diese Preisrigiditäten auf Mikroebene haben grundlegende Konsequenzen für die zeitliche Entwicklung der makroökonomischen Variablen und wirken infolgedessen auf die Mikroebene zurück. Die konkrete Ausprägung dieser Wechselwirkungen wird durch das makroökonomische Modell angegeben.

4.3 Preis- und Mengendynamik in neueren makroökonomischen Modellen offener Volkswirtschaften

Die in neueren makroökonomischen Modellen offener Volkswirtschaften unterstellte Güterpreisdynamik lässt sich grob in drei Klassen unterteilen. Dabei wird zumeist von der Marktform der vollkommenen Konkurrenz ausgegangen.[12]

1. Preise reagieren verzögert auf Gütermarktungleichgewichte. Ein Nachfrageüberschuss induziert einen walrasianischen Preisanpassungsprozess, bis der Gütermarkt geräumt ist. Die Preissteigerungsrate $\dot{p}$ entwickelt sich dann proportional zum Ungleichgewicht $(q^D - q^S)$, d.h.

$$\dot{p} = \lambda \cdot (q^D - q^S).$$

Diese Preisdynamik wird beispielsweise in dem zentralen Aufsatz von Dornbusch (1976) unterstellt. Nachfrageüberschüsse führen verzögert zu Preisstei-

[11] Aus theoretischer Sicht könnte ein Unternehmen sogenannte Limit-Preise setzen, um Konkurrenten keinen Anreiz zu bieten, in den Markt einzudringen. Limitpricing spielt allerdings aus empirischer Sicht nur eine untergeordnete Rolle. Siehe Wied-Nebbeling (1985b, S. 214 und 1994, S. 205) sowie die dort angegebene Literatur.

[12] Zugleich wird in der Regel eine Skalenelastizität von eins unterstellt.

gerungen, Angebotsüberschüsse dagegen zu Preissenkungen, bis die Güternachfrage mit dem ggf. exogen fixierten Angebot ($q^S = \overline{q}$) wieder übereinstimmt.

2. Preisrigiditäten resultieren aus einer verzögerten, graduellen Änderung der Nominallöhne w, d.h.

$$\dot{p} = \dot{w}. \tag{4.1}$$

Die Preisrigidität wird demnach *nicht originär* erklärt, sondern aus der Lohnrigidität abgeleitet. Die Preise reagieren letztlich unverzüglich auf die Nominallohndynamik (Lohnänderungen werden auf die Preise überwälzt). Der resultierende (keynesianische) Transmissionsmechanismus basiert folglich auf Trägheiten der Nominallöhne. Dabei resultiert die rigide Lohnentwicklung aus einem Phillips-Kurven-Ansatz, nach dem sich die Wachstumsrate der Löhne an der rational erwarteten Steigerungsrate der Verbraucherpreise[13] orientiert, d.h.

$$\dot{w} = \dot{p}^V + \delta(q - \overline{q}) \qquad \delta > 0. \tag{4.2}$$

($\dot{w}$ = Wachstumsrate der Nominallöhne, $\dot{p}^V$ = rationale erwartete (zukünftige) Wachstumsrate der Verbraucherpreise, q = Outputniveau, $\overline{q}$ = "natürliches" Outputniveau.)

Dieses Konzept einer Lohn-Preis-Dynamik impliziert allerdings, dass die Geldlöhne auf *unerwartete* Änderungen der Verbraucherpreise *nicht* reagieren und in diesem Fall seitens der Arbeitsanbieter eine *Geldillusion* vorliegt. Diese Geldillusion entsteht modelltheoretisch dadurch, dass die Geldlöhne nur an stetige und damit antizipierbare zukünftige Änderungen der Verbraucherpreise angepasst werden, nicht aber (sofort oder nachträglich) bei *unerwarteten* Änderungen. Unerwartete Änderungen der Verbraucherpreise treten bei exogenen Schocks in offenen Volkswirtschaften durch die endogene Wechselkursreaktion im Ausgangszeitpunkt t_0 auf:

$$e(t_0) \longrightarrow p^V(t_0) \longrightarrow \left(w(t_0) - p^V(t_0)\right).$$

Plötzliche Senkungen (wie auch Steigerungen) des Reallohnes $\left(w(t_0) - p^V(t_0)\right)$ werden nach der Phillips-Kurven-Dynamik (4.2) passiv hingenommen und führen seitens der Arbeitsanbieter - auch nachträglich - zu keiner Anpassungsreaktion.[14] Diese Lohndynamik ist - trotz einer perfekten Antizipation der

[13] In Modellen, in denen vom Gesetz des einheitlichen Preises ausgegangen (Kaufkraftparität) wird, braucht zwischen Verbraucherpreisen p^V und inländischen Güterpreisen p nicht unterschieden werden.

[14] Um diese Geldillusion modelltheoretisch zu unterbinden, wurde in Kapitel 2 die Lohn-Preisdynamik

$$\dot{w} = \dot{p}^V - \beta \cdot (w - p^V - r)$$

eingeführt. Durch den Klammerterm auf der rechten Seite der Gleichung erfolgt ex post eine Reaktion der Arbeitsanbieter auf unerwartete Schwankungen der Konsumlöhne.

zukünftigen Veränderung der Verbraucherpreise - durch eine Geldillusion bezüglich der Kaufkraft der Löhne gekennzeichnet; sie überträgt sich im Rahmen einer Zuschlagskalkulation auf die Güterpreise. Die beschriebene Geldillusion wird in der Literatur stets vernachlässigt. Folglich basiert die jeweils abgeleitete intertemporale Entwicklung der Modellvariablen auf einer Geldillusion der Arbeitsanbieter. Angesichts detaillierter und monatlich aktualisierter amtlicher Preisstatistiken kann nicht davon ausgegangen werden, dass eine plötzliche, nicht antizipierte Änderung der Verbraucherpreise keine Anpassungsreaktion rational handelnder Arbeitsanbieter zur Folge hat.

Bezüglich der *Outputreaktion* wird üblicherweise angenommen, dass sich das Produktionsniveau (ex post) kurzfristig vollkommen elastisch der Nachfrageentwicklung anpasst, d.h.

$$q = q^d. \tag{4.3}$$

Die durch die Gleichungen (4.1), (4.2) und (4.3) beschriebene Preis-Mengen-Dynamik wird von den meisten Autoren dynamischer makroökonomischer Systeme unterstellt, z.B. Turnovsky u. Kingston (1977), Buiter u. Miller (1982), Bhandari u. Turnovsky (1984), Wohltmann (1993a und 1994a) sowie Wohltmann u. Bulthaupt (1999).

3. In makroökonomischen Modellen, die als weiteren Inputfaktor importierte Rohstoffe berücksichtigen, wird unterstellt, dass die Güterpreise vollkommen flexibel auf Kostenänderungen reagieren, d.h.

$$p = \alpha \cdot w + (1-\alpha) \cdot \left(p^F - e\right).$$

(w= Nominallohn, $p^F - e$ = Inlandspreis der importierten Rohstoffe).

Eine partielle Rigidität wird über die Lohnanpassungsgleichung (Phillips-Kurven-Ansatz, Gleichung (4.2)) induziert.[15] Da die Faktorkosten $p^F - e$ mit dem Wechselkurs e schwanken, weisen die Güterpreise die gleiche Volatilität auf wie der Wechselkurs (und ggf. die Rohstoffpreise). Allerdings machen Bhandari und Turnovsky (1984, S. 161) auf diese eher unrealistische Modellannahme einer unmittelbaren Reaktion der Endproduktpreise aufmerksam.

Der *Output* wird auch in diesen Ansätzen kurzfristig als rein nachfrageorientiert angenommen (Gleichung 4.3). Diese Form der Preis-Mengen-Dynamik unterstellen Buiter u. Miller (1982), Bhandari u. Turnovsky (1984) sowie Wohltmann u. Bulthaupt (1999).

[15] Eine Ausnahme bildet Obstfeld (1980), der von vollkommen flexiblen Nominallöhnen und einem ständig geräumten Arbeitsmarkt ausgeht.

4.4 Allgemeine Modellannahmen

Die beiden nachfolgenden Modelle basieren auf den folgenden Grundannahmen:

1. Die betrachtete Währungsunion besteht aus zwei Ländern U_1 und U_2. Sie ist klein gegenüber der übrigen Welt, so dass konjunkturelle Entwicklungen innerhalb der Währungsunion einen vernachlässigbaren Einfluss auf die übrige Welt haben. Der Wechselkurs nach außen ist flexibel.
2. Jedes Land produziert ein Güterbündel, welches ein unvollständiges Substitut gegenüber dem jeweils ausländischen Güterbündel (Güterbündel des Partnerlandes sowie Güterbündel der übrigen Welt) darstellt.
3. Die Produktionstechnologie wird mittels einer UZAWA-CES-Produktionsfunktion mit fallenden Skalenerträgen abgebildet.
4. Die Produzenten besitzen einen Preissetzungsspielraum.
5. Die Produktionshöhe passt sich kurzfristig an die Nachfrage an. Dabei erfolgt die Produktion im Kostenminimum.
6. Langfristig erfolgt die Produktion im Gewinnoptimum.
7. Die Exportgüterpreise werden durch den Inlandspreis determiniert.
8. Das Inland ist Preisnehmer auf dem jeweiligen Importgütermarkt.
9. Es wird eine vollständige Kapitalmobilität unterstellt; Arbitrageverzögerungen sind ausgeschlossen. Die Anleger betrachten in- und ausländische Bonds (d.h. Bonds aus dem Partnerland der Union sowie Bonds aus der übrigen Welt) als perfekte Substitute.
10. Der Geschäftsbankensektor wird ausgeblendet.
11. Die Kapitalakkumulation ist vernachlässigbar gering, so dass von einem konstanten Sachkapitalstock ausgegangen wird.
12. Erwartungen werden gemäß der rationalen Erwartungshypothese gebildet.

4.5 Das Totalmodell bei einem kurzfristig variablen Produktionsfaktor

Das folgende makroökonomische Modell beschreibt die gesamtwirtschaftliche Dynamik einer aus zwei Ländern bestehenden Währungsunion. Dieses Modell geht von einem kurzfristig variablen Produktionsfaktor aus und wird nachfolgend kurz mit Modell I bezeichnet.

4.5.1 Die Güternachfrageseite

$$\begin{aligned} y_1 &= a_0 + a_1 y_1 - a_2(i_1 - \dot{p}_1) + g_1 - \\ &\quad -b_{11}y_1 + b_{12}y_2 + b_2 y^a - b_3\tau_1 - b_4\pi_1 \end{aligned} \quad (4.4)$$

$$\begin{aligned} y_2 &= a_0 + a_1 y_2 - a_2(i_2 - \dot{p}_2) + g_2 - \\ &\quad -b_{11}y_2 + b_{12}y_1 + b_2 y^a - b_3\tau_2 - b_4\pi_2 \\ &\quad \tau_{1(2)} = p_{1(2)} - (p^a - e) \\ &\quad \pi_{1(2)} = p_{1(2)} - p_{2(1)} \end{aligned} \quad (4.5)$$

$$m = l_0 + p_1 + l_1 y_1 - l_2 i_1 + p_2 + l_1 y_2 - l_2 i_2 \quad (4.6)$$

$$i_1 = i_2 = i^a - \dot{e}. \quad (4.7)$$

Bis auf die nominalen Zinssätze i_1, i_2 und i^a sind alle Variablen als Logarithmen zu lesen; sämtliche Modellparameter sind positiv.

Bezeichnungen: $y_{1(2)}$ = reales Nationaleinkommen von $U_{1(2)}$, $i_{1(2)} - \dot{p}_{1(2)}$ = realer Zinssatz, $g_{1(2)}$ = Staatsausgaben, $\tau_{1(2)}$ = terms of trade (Preisverhältnis) gegenüber dem Rest der Welt, $\pi_{1(2)}$ = innergemeinschaftliches Preisverhältnis, e = Wechselkurs in Mengennotierung, m = Geldmengenaggregat der Währungsunion, $p_{1(2)}$ = Produzentenpreisniveau.

Die Nachfrageseite der beiden Unionsländer wird durch ein interdependentes System abgebildet, bestehend aus zwei Gleichungen für die Gütermärkte (Gleichungen (4.4) und (4.5)), aus einer Geldmarktgleichung (4.6) sowie aus zwei Bedingungen für die perfekte Kapitalmobilität (Gleichungen in 4.7). Diese Modellgleichungen wurden bereits in Kapitel 2 erläutert. Die Nachfrageseiten der beiden Unionsländer werden als vollkommen symmetrisch angenommen.

4.5.2 Der Unternehmenssektor

Die Modellgleichungen für den Unternehmenssektor basieren auf den Herleitungen in Kapitel 3. Dabei wird von einer kurzfristigen, vollkommen elastischen Mengenanpassung und einer verzögerten Preisanpassung ausgegangen. Wie gezeigt wurde, ist dieses Verhalten sowohl mikroökonomisch fundiert und konsistent mit empirischen Beobachtungen. Die Modellgleichungen lauten

— für Unionsland U_1:

$$c_1 = -\theta_0 + w_1 \quad (4.8)$$

$$p_1^m = \theta_1 + c_1 + \kappa \cdot y_1 \quad (4.9)$$

$$\dot{p}_1 = \dot{p}_1^m + \beta \cdot \left(p_1^m - p_1\right) \quad (4.10)$$

$$n_1 = -\theta_0 + \frac{1}{\nu} \cdot y_1 \quad (4.11)$$

$$w_1 = w_1(\cdot) \quad (4.12)$$

—für Unionsland U_2:

$$c_2 = -\theta_0^* + w_2 \tag{4.13}$$
$$p_2^m = \theta_1^* + c_2 + \kappa^* \cdot y_2 \tag{4.14}$$
$$\dot{p}_2 = \dot{p}_2^m + \beta \cdot \left(p_2^m - p_2\right) \tag{4.15}$$
$$n_2 = -\theta_0^* + \frac{1}{\nu^*} \cdot y_2 \tag{4.16}$$
$$w_2 = w_2(\cdot) \tag{4.17}$$

mit den positiven, technologieabhängigen Parameterwerten

$$\theta_0 := \frac{1}{\nu_1} \cdot \ln A_1 \qquad \theta_0^* := \frac{1}{\nu_2} \cdot \ln A_2$$
$$\theta_1 := \ln \frac{1}{\nu_1} + \ln \frac{1}{1 + \frac{1}{\epsilon_1}} \qquad \theta_1^* := \ln \frac{1}{\nu_2} + \ln \frac{1}{1 + \frac{1}{\epsilon_2}}$$
$$\kappa := \frac{1 - \nu_1}{\nu_1} \qquad \kappa^* := \frac{1 - \nu_2}{\nu_2}$$
$$\nu := \nu_1 \qquad \nu^* := \nu_2.$$

Dabei bezeichnet θ_0 (bzw. θ_0^*) den Effizienzparameter, θ_1 (bzw. θ_1^*) den Aufschlagssatz der preissetzenden Unternehmung und ν (bzw. ν^*) die Skalenelastizität für U_1 (bzw. U_2).

Die Angebotsseiten der beiden Unionsländer sind im Unterschied zu den Nachfrageseiten *vollkommen asymmetrisch*,[16] d.h.

$$\theta_0 \neq \theta_0^* \quad \theta_1 \neq \theta_1^* \quad \nu \neq \nu^*.$$

Gleichung (4.8) definiert die quasi-variablen Stückkosten c_1 für das Unionsland U_1. Diese sind von den Lohnkosten w_1 sowie von dem Technologieparameter θ_0 abhängig.

Durch Gleichung (4.9) wird mit p_1^m eine (intertemporale) Näherung für den gewinnoptimalen Preis angegeben.[17] Dabei bezeichnet $(c_1 + \kappa \cdot y_1)$ die

[16] Durch diese Berücksichtigung wird dem Umstand Rechnung getragen, dass zwischen den Ländern der Europäischen Währungsunion *deutliche Produktivitätsunterschiede* bestehen. Zu diesem Ergebnis kommen Pilat (1996), Tyrväinen (1998) sowie Siebert (1998a).

[17] Die Näherung besteht darin, dass $y_1(t)$ zum *aktuellen* Güterpreis $p_1(t)$ korrespondiert, d.h.

$$p_1^m(t) = \theta_1 + c_1(t) + \kappa \cdot y_1[p_1(t)].$$

Das Gewinnmaximum ist erst dann erreicht, wenn

$$p_1^m(t) = \theta_1 + c_1(t) + \kappa \cdot y_1[p_1^m(t)].$$

gilt.

Grenzkosten und θ_1 den Aufschlagssatz[18] gemäß der Amoroso-Robinson-Bedingung. Diese Preisgleichung charakterisiert das preissetzende Verhalten der Unternehmung.

Gemäß der Preisanpassungsgleichung (4.10) reagieren die Güterpreise verzögert auf Kostenänderungen. Sie entwickeln sich proportional zu antizipierbaren, graduellen Änderungen der Grenzkosten.[19] Plötzliche Schwankungen der Grenzkosten führen nicht zu unmittelbaren Preisreaktionen, sondern verzögert zu einer allmählichen Anpassung. Die Preisanpassungsgleichung gewährleistet, dass langfristig p_1 mit p_1^m übereinstimmt und das Gewinnoptimum erreicht wird.[20] Gleichung (4.11) beschreibt die Arbeitsnachfrage in Abhängigkeit des Technologieparameters θ_0 und des Outputniveaus y_1. Die konkrete Form der Lohngleichung (4.12) wird in Kapitel 5 hergeleitet.

Die Gleichungen (4.13) bis (4.16) erklären die entsprechenden Variablen für das Unionsland U_2.

Die Angebotsseiten von U_1 und U_2 werden jeweils durch 5 Gleichungen für jedes Unionsland beschrieben. Sie sind über das nachfragedeterminierte Outputniveau $y_{1(2)}$ miteinander gekoppelt.[21] Durch die Outputabhängigkeit der Güterpreise besteht eine indirekte Abhängigkeit der inländischen von ausländischen Preisen, da die aggregierte Nachfrage nach heimischen Gütern über den Außenhandel auf Änderungen der Auslandspreise reagiert.

Das Modell ist vollständig formuliert, wenn für die Nominallohnentwicklung in U_1 und U_2, d.h. für (4.12) und (4.17), Verhaltensgleichungen spezifiziert sind.

4.5.3 Modelldynamik

Die Assetmärkte befinden sich gemäß den Gleichungen (4.6) und (4.7) zu jedem Zeitpunkt im Gleichgewicht, d.h. die Assetpreise reagieren unverzüglich auf Störungen der jeweiligen Bestandsgleichgewichte. Demgegenüber reagieren die Güterpreise gemäß den Preisanpassungsgleichungen (4.10) und (4.15) träge.

---

[18] Nach Schätzungen von Haffner u. Bergeijk (1998, S. 118f) liegen im Verarbeitenden Gewerbe die Aufschlagssätze auf die Grenzkosten in den Ländern der EWU zwischen 16% und 20 %. Eine Ausnahme bildet Frankreich mit 26 %.

[19] Die graduelle Veränderung der Grenzkosten ergibt sich aus $\dot{p}_1^m = \dot{c}_1 + \kappa \cdot \dot{y}_1$.

[20] Langfristig gilt (in nichtlogarithmierten Größen)

$$\lim_{t\to\infty} \frac{P_1}{P_1^m}(t) = 1 \qquad \lim_{t\to\infty} \frac{P_2}{P_2^m}(t) = 1.$$

Gemäß Proposition 3.1 (Kapitel 3) liegt nach Abschluss der Anpassungsprozesse ein Gewinnmaximum vor.

[21] Eine weitere Koppelung der beiden Systeme erfolgt, wenn die nationalen Lohngleichungen spezifiziert sind.

Rein formal befinden sich auch die Gütermärkte in einem permanenten Gleichgewicht (Gleichungen (4.4) und (4.5)). Damit soll zum Ausdruck gebracht werden, dass die Gütermengen schneller reagieren als die Preise. Formal weisen die Produktionsmengen allerdings die gleiche Reaktionsgeschwindigkeit auf wie die Assetpreise; diese modelltheoretische Ungenauigkeit könnte durch die Berücksichtigung von Lundberg-lags, d.h. durch eine verzögerte Outputreaktion auf Nachfrageänderungen, Rechnung getragen werden.[22] Allerdings würde diese Berücksichtigung zu einer erhöhten dynamischen Komplexität führen, wodurch die intertemporale Modellanalyse erschwert wird. Die Gleichgewichtsbeziehungen für die Gütermärkte sind insofern als eine modelltheoretische Vereinfachung zu verstehen.

Die einzige Symmetrie auf der Angebotsseite besteht in den Verhaltensgleichungen (4.10) und (4.15), in denen von einer identischen Preisanpassungsgeschwindigkeit β ausgegangen wird. Diese Symmetrieannahme kann aus empirischer Sicht als konsistent angesehen werden.[23]

Die Güterpreise reagieren verzögert; ihr aktuelles Niveau ist historisch determiniert; formal handelt es sich um vorherbestimmte Variablen. Systemtheoretisch kann für das Güterpreisniveau ein Anfangswert angegeben werden. Dagegen enthält der Wechselkurs e als Finanzmarktpreis sämtliche Informationen bzgl. der *zukünftigen* Entwicklung der Volkswirtschaften; formal liegt eine nicht vorherbestimmte Variable vor. Systemtheoretisch kann für e das (rational erwartete) langfristige (Steady-State-)Niveau angegeben werden, während der Ausgangswert ($t = t_0$) modellendogen ist.

4.5.4 Abgrenzung des Modells

Das in Abschnitt 4.5 formulierte Modell unterscheidet sich von den in der Literatur diskutierten Modellen in erster Linie in der Preisanpassungsgleichung.

---

[22] Eine verzögerte Mengenreaktion kann durch die Lundberg-lags

$$\begin{aligned} \dot{y}_1 &= \lambda \cdot (y_1^d - y_1) \\ \dot{y}_2 &= \lambda^* \cdot (y_2^d - y_2) \end{aligned}$$

y_1^d (bzw. y_2^d) = Güternachfrage des Landes U_1 (bzw. U_2) modelliert werden. Im obigen Modell werden hohe Anpassungsgeschwindigkeiten, d.h. große Werte für λ und λ^*, durch $\lambda \to \infty$ und $\lambda^* \to \infty$ ersetzt.

[23] Im Fall unterschiedlicher Preisanpassungsgeschwindigkeiten in den Unionsländern ist $\beta_1 \neq \beta_2$. Wie in Kapitel 5 gezeigt wird, kann auch diese Modellerweiterung eine intertemporale Analyse mit geringem zusätzlichen formalen Aufwand durchgeführt werden. Für die Langfristanalyse (Steady-State) hat die Asymmetrie in den Preisanpassungsgeschwindigkeiten keine Auswirkungen.

Die unterstellte Preisrigidität in Form einer verzögerten Anpassung der Güterpreise an Kostenänderungen lässt sich nicht nur mikroökonomisch fundieren, sondern entspricht zugleich den empirischen Beobachtungen.[24]

Außerdem wird in dem vorgestellten Modell eine angebotsseitige Asymmetrie zugelassen, während in der makroökonomischen Literatur stets von produktionstechnischen Symmetrien sowie von konstanten Skalenerträgen ausgegangen wird.

4.6 Das Totalmodell bei zwei kurzfristig variablen Produktionsfaktoren

Das folgende makroökonomische Modell beschreibt die gesamtwirtschaftliche Dynamik einer aus zwei Ländern bestehenden Währungsunion. Im Unterschied zu Modell I wird im nachfolgenden Modell II von *zwei* kurzfristig variablen Produktionsfaktoren, Arbeit und Vorleistungen, die aus einem Drittland außerhalb der Währungsunion importiert werden, ausgegangen.[25] Das Angebot an importierten Vorleistungen ist vollkommen elastisch.

Diese Modellerweiterung hat grundlegende Konsequenzen für die Angebotsseite der Volkswirtschaften, da jetzt Substitutionsmöglichkeiten zwischen den in- und ausländischen Inputfaktoren bestehen.

4.6.1 Die Güternachfrageseite

$$\begin{aligned}
q_1 &= a_0 + a_1 y_1 - a_2(i_1 - \dot{p}_1) + g_1 - \\
&\quad -b_{11} y_1 + b_{12} y_2 + b_2 y^a - b_3 \tau_1 - b_4 \pi_1 && (4.18)\\
q_2 &= a_0 + a_1 y_2 - a_2(i_2 - \dot{p}_2) + g_2 - \\
&\quad -b_{11} y_2 + b_{12} y_1 + b_2 y^a - b_3 \tau_2 - b_4 \pi_2 && (4.19)\\
&\quad \tau_{1(2)} = p_{1(2)} - (p^a - e), \quad \pi_{1(2)} = p_{1(2)} - p_{2(1)} \\
m &= l_0 + p_1 + l_1 q_1 - l_2 i_1 + p_2 + l_1 q_2 - l_2 i_2 && (4.20)\\
i_1 &= i_2 = i^a - \dot{e}. && (4.21)
\end{aligned}$$

Zusätzliche Bezeichnungen: $q_{1(2)}$ = gesamtwirtschaftliche Produktion (von Endprodukten). Ausländische Variablen sind mit einem hochgestellten a gekennzeichnet.

Die Gleichungen (4.18) und (4.19) bezeichnen das Güternachfragegleichgewicht von U_1 und U_2. Dabei ist aufgrund der importierten Vorleistungen

---

[24] Zur mikroökonomischen Fundierung siehe Kapitel 3, zur empirischen Fundierung siehe Abschnitt 4.2.

[25] Im Unterschied zum hier präsentierten Modell wird beispielsweise im makroökonomischen Ansatz der *Deutschen Bundesbank* (1996) von einer Substitutionselastizität in Höhe von eins ausgegangen.

zwischen dem Nationaleinkommen $y_1(y_2)$ eines Landes und seiner Produktion $q_1(q_2)$ zu differenzieren. Der Außenbeitrag (jeweils zweite Zeile) betrifft den Handel mit Endprodukten und setzt sich aus dem bilateralen Handelsbilanzsaldo gegenüber dem Partnerland sowie gegenüber der übrigen Welt zusammen. Abweichend von Modell I wird in (4.20) die Geldnachfrage in Abhängigkeit von q_1 und q_2 formuliert. Dabei wird unterstellt, dass das jeweilige Produktionsniveau (q_1 bzw. q_2) ein besseres Maß für das Transaktionsvolumen darstellt als das jeweilige Nationaleinkommen (y_1 bzw. y_2) (Jarchow 1992, S. 5).

4.6.2 Der Unternehmenssektor

Die Modellgleichungen für den Unternehmenssektor basieren auf den Herleitungen in Kapitel 3. Ihnen liegt eine UZAWA-CES-Produktionsfunktion zugrunde. Bezüglich der Preis-Mengen-Dynamik wird erneut von einer kurzfristig flexiblen Mengenanpassung und einer verzögerten Preisanpassung ausgegangen. Im Unterschied zu Modell I bestehen jetzt Substitutionsmöglichkeiten zwischen den Inputfaktoren. Dies hat Konsequenzen für die nationalen Faktornachfragefunktionen sowie für die Flexibilität der Grenzkosten.

Die Modellgleichungen lauten

— für Unionsland U_1

$$
\begin{aligned}
c_1 &= -\theta_0 + \frac{\mu}{\nu} \cdot w_1 + \left(1 - \frac{\mu}{\nu}\right) \cdot (p^F - e) && (4.22)\\
p_1^m &= \theta_1 + c_1 + \kappa \cdot q_1 && (4.23)\\
\dot{p}_1 &= \dot{p}_1^m + \beta \cdot \left(p_1^m - p_1\right) && (4.24)\\
n_1 &= -\theta_2 + 1/\nu \cdot q_1 + \sigma \cdot \left(c_1 - w_1\right) && (4.25)\\
q_1 &= \psi_1 \cdot y_1 + \psi_2 \cdot r_1 \qquad \psi_1 \geq 1, \quad \psi_2 \leq 1 - \sigma && (4.26)\\
& \quad r_1 = p^F - e - p_1
\end{aligned}
$$

– für Unionsland U_2:

$$
\begin{aligned}
c_2 &= -\theta_0^* + \frac{\mu^*}{\nu^*} \cdot w_2 + \left(1 - \frac{\mu^*}{\nu^*}\right) \cdot (p^F - e) && (4.27)\\
p_2^m &= \theta_1^* + c_2 + \kappa^* \cdot q_2 && (4.28)\\
\dot{p}_2 &= \dot{p}_2^m + \beta \cdot \left(p_2^m - p_2\right) && (4.29)\\
n_2 &= -\theta_2^* + \frac{1}{\nu^*} \cdot q_2 + \sigma^* \cdot \left(c_2 - w_2\right) && (4.30)\\
q_2 &= \psi_1^* \cdot y_2 + \psi_2^* \cdot r_2 \qquad \psi_1^* \geq 1, \quad \psi_2^* \leq 1 - \sigma^* && (4.31)\\
& \quad r_2 = p^F - e - p_2 .
\end{aligned}
$$

$p^m_{1(2)}$ ist über $q_{1(2)}$ abhängig von den ausländischen Preisen $p_{2(1)}$ und $p_a - e$.

$$\theta_0 := 1/\nu \cdot [\ln A_1 + \gamma\mu_1 + (1-\gamma)\mu_2] \qquad \theta_0^* := 1/\nu^* \, [\ln A_2 + \gamma\mu_1 + (1-\gamma^*)\mu_2^*]$$

$$\theta_1 := -\ln\left[\left(1+\frac{1}{\epsilon}\right)\cdot\nu\right] > 0 \qquad \theta_1^* := -\ln\left[\left(1+\frac{1}{\epsilon^*}\right)\cdot\nu^*\right] > 0$$

$$\theta_2 := -\sigma\ln\gamma + \frac{1-\sigma_j}{\nu_j}\ln A_j > 0 \qquad \theta_2^* := -\sigma^*\ln\gamma^* + \frac{1-\sigma^*}{\nu^*}\ln A_2 > 0.$$

Zusätzliche Parameterbezeichnungen: μ (bzw. μ^*) = Produktionselastizität des Faktors Arbeit in Unionsland U_1 (bzw. in U_2), σ (bzw. σ^*) = Substitutionselastizität zwischen den Inputs Arbeit und importierte Vorleistungen $(0 < \sigma, \sigma^* < 1)$,[26] ψ_1 (bzw. ψ_1^*) und ψ_2 (bzw.ψ_2^*) = Umrechnungsfaktoren.

Die Angebotsseiten der Unionsländer U_1 und U_2 sind über das nachfragedeterminierte Outputniveau q_1 (bzw. q_2) sowie über den gemeinsamen Wechselkurs e miteinander gekoppelt. Eine weitere Koppelung erfolgt über die Spezifikation der nationalen Lohngleichungen.

Gemäß Gleichung (4.22) sind die quasi-variablen Stückkosten c_1 eine Konvexkombination der Faktorkosten. Dabei bezeichnet w_1 den Geldlohnsatz, p^F den exogen gegebenen Preis für importierte Vorleistungen in ausländischer Währung und $p^F - e$ den Inlandspreis für importierte Vorleistungen. Das Gewicht μ bezeichnet die Produktionselastizität des Faktors Arbeit, ν die Skalenelastizität, die mit der Summe der beiden Produktionselastizitäten übereinstimmt (Wicksell-Johnson-Theorem). $(\nu - \mu)$ bzw. $(1 - \frac{\mu}{\nu})$ ist als *angebotsseitiger Offenheitsgrad* zu interpretieren (Bhandari, Turnovsky 1984).[27] (4.23) ist eine Näherung für den gewinnoptimalen Preis. Dieser resultiert aus einem Aufschlag in Höhe von θ_1 auf die Grenzkosten $(c_1 + \kappa q_1)$. Die Preisanpassungsgleichung (4.24) beschreibt die allmähliche Anpassung des Güterpreises an sein gewinnoptimales Niveau. Langfristig stimmt der Güterpreis $p_1(t)$ mit $p_1^m(t)$ überein. Infolgedessen wird in der langen Frist ein Gewinnoptimum erreicht. In diesem Fall ist die Amoroso-Robinson-Bedingung erfüllt, d.h. es gilt (in logarithmischer Formulierung) für $t \to \infty$

$$p_1(t) = p^m(t) \quad = \quad \theta_1 + c_1(t) + q_1\,[p_1^m(t)]\,.$$

Die Arbeitsnachfragefunktion (4.25) resultiert aus dem kostenminimalen Faktoreinsatz. Die Faktoreinsatzmengen hängen jeweils negativ vom eigenen und positiv vom Preis des konkurrierenden Faktors ab; eine Erhöhung der Lohnkosten w_1 induziert c.p. eine Faktorsubstitution zugunsten importierter

[26] Dreger u. Schumacher (1999, S. 28) ermitteln für Deutschland in einer Schätzung für den Zeitraum 1968 bis 1994 zeitlich variable Substitutionselastizitäten σ zwischen 0.7 und 0.75.

[27] Grob gesprochen ist der angebotsseitige Offenheitsgrad $\nu - \mu$ gleich dem Anteil des Realwertes importierter Vorleistungen am Gesamtoutput.

Vorleistungen. Darüberhinaus wirkt über die Produktionshöhe ein positiver Skaleneffekt auf den Arbeitseinsatz. θ_2 ist ein Effizienzparameter.

Gleichung (4.26) beschreibt den Unterschied zwischen dem Nationaleinkommen y_1 und der inländischen gesamten Produktion q_1. Beide Größen unterscheiden sich um den Realwert der importierten Vorleistungen.[28]

Die Gleichungen (4.27) bis (4.31) erklären die entsprechenden Größen des Partnerlandes U_2.

In den nachfolgenden Analysen wird *vereinfachend* davon ausgegangen, dass die Faktoren ψ_1 und ψ_1^* sowie ψ_2 und ψ_2^* übereinstimmen, d.h.[29]

$$\psi_1 = \psi_1^* \tag{4.32}$$
$$\psi_2 = \psi_2^*. \tag{4.33}$$

Diese Vereinfachung hat lediglich Konsequenzen für die Güternachfragegleichungen beider Länder. Genauer hat sie zur Folge, dass die Gewinneinkommen in U_1 und U_2 nur näherungsweise bestimmt werden. Die dadurch auftretende Ungenauigkeit ist vernachlässigbar, wenn unterstellt wird, dass die Nachfragereaktion auf Änderungen der Gewinneinkommen vergleichsweise schwach ist. Durch die Annahmen (4.32) und (4.33) bleiben die Nachfrageseiten in beiden Unionsländern symmetrisch.

4.6.3 Modellkritik im Lichte der Globalisierung

In der durch die Gleichungen (4.18) bis (4.31) modellierten Währungsunion wird bei der Zusammensetzung der Einfuhren aus Ländern außerhalb der Union unterschieden, ob es sich um Güter der Endnachfrage oder um Vorleistungen handelt, die als Inputfaktoren in den Produktionsprozess einfließen.

---

[28] Im Spezialfall konstanter Skalenerträge gilt

$$\psi_1 = 1.$$

Liegt eine Cobb-Douglas-Produktionsfunktion vor, so ist darüber hinaus

$$\psi_2 = 0.$$

[29] Die neuen Umrechnungsfaktoren könnten durch den Übergang zu Durchschnittswerten gebildet werden,

$$\tilde{\psi}_1 = \frac{\psi_1 + \psi_1^*}{2} \qquad \tilde{\psi}_2 = \frac{\psi_2 + \psi_2^*}{2}.$$

Betrachtet man die Güter(end-)nachfrageseite, führen sinkende Importpreise p_a c.p. zu einer Verringerung der Nachfrage nach heimischen Gütern.[30] Eine Senkung des Auslandspreises löst infolge des $q-$Terms in den Preisgleichungen (4.23) und (4.28) eine gleichgerichtete Reaktion der jeweiligen Inlandspreise aus, da eine Senkung der Einfuhrpreise c.p. einen Rückgang der Nachfrage nach heimischen Produkten induziert.

Handelt es sich bei den Importen dagegen um Vorleistungsgüter,[31] so verbilligen gesunkene Importpreise p^F die Fertigung bzw. die Stückkosten und führen durch Substitutionseffekte zugunsten importierter Vorleistungen c.p. zu einem Crowding Out des inländischen Produktionsfaktors Arbeit.

Die Entwicklung monetärer makroökonomischer Modelle unter Berücksichtigung importierter Vorleistungen wurde infolge der beiden Ölkrisen in den siebziger Jahren vorangetrieben. Der betrachtete Vorleistungsimport bezog sich dabei ausschließlich auf Rohöl bzw. Rohstoffe.[32]

Modellansätze, die importierte Produktionsfaktoren berücksichtigen, gewinnen angesichts der voranschreitenden Globalisierung zunehmend an Bedeutung, wenn man anstatt von importierten Rohstoffen allgemein von importierten Vorleistungen ausgeht. Aufgrund der Substitutionsmöglichkeiten zwischen Arbeit und importierten Vorleistungen werden der Faktoreinsatz und somit die Grenzkosten flexibler. Die Einschaltung ausländischer Zulieferer bei guter Konjunkturlage im Inland führt dazu, den Ausbau von personellen Kapazitäten im Inland zu begrenzen, die im Abschwung wieder abzubauen wären. Dies entspricht den empirischen Beobachtungen.

Ein Anstieg von Zulieferleistungen ist langfristig als Produktionsverlagerung in Länder außerhalb der Währungsunion anzusehen.[33] Sind inländische Lohnkosten relativ zu den Kosten konkurrierender Inputfaktoren zu hoch,

[30] Branchen, in denen ein hoher Anteil der Endnachfrage direkt aus dem Ausland befriedigt wird, sind in Deutschland die Bereiche DV-Geräte, Textilien und Lederwaren, Bekleidungsgewerbe. Vgl. hierzu die Import- und Produktionswerte in den Statistischen Jahrbüchern des Statistischen Bundesamtes, Kapitel Außenhandel (12) sowie Produzierendes Gewerbe (9).

[31] Branchen, die einen vergleichsweise hohen Vorleistungsanteil aufweisen (Anteil der Vorleistungen am Produktionswert) sind z.B. die Mineralölverarbeitung, Herstellung von NE-Metallen, Zellstoff, Papier, die Chemische Industrie, die Kunststoff- und Gummiverarbeitung, der Fahrzeugbau, die Herstellung von DV-Geräten und elektrotechnischen Erzeugnissen sowie von Musikinstrumenten, Spielwaren und Sportgeräten. Vgl. hierzu die korrespondierenden Import- und Produktionswerte in den Jahrbüchern des Statistischen Bundesamtes, Kapitel Außenhandel (12) sowie Produzierendes Gewerbe (9). Darüber hinaus weist das Statistische Bundesamt seit 1997 explizit die Werte für importierte Vorleistungsgüter und importierte Verbrauchsgüter aus (Statistisches Bundesamt, Außenhandel, Fachserie 7, Reihe 1).

[32] Vgl. Bhandari u. Turnovsky (1984) und die dort angegebene Literatur.

[33] Der Anteil des Außenhandels transnationaler Unternehmen am Welthandel wird auf mindestens zwei Drittel geschätzt. 40 % bis 50 % des Welthandels erfolgen mittlerweile konzernintern; siehe Lammers (1999) sowie Dunning (1994).

so werden diese durch Leistungen aus Niedriglohnländern in "Übersee" substituiert (Feenstra 1998, S. 32).[34] Können Vorleistungen im Ausland kostengünstiger erstellt werden, so kann es für das inländische Unternehmen rational sein, sich auf Kernbereiche zu beschränken. Dieser Auslagerungsprozess bzw. diese weltwirtschaftliche Arbeitsteilung (auch Allianzen und Kooperationen zwischen Unternehmen verschiedener Länder) hat in den letzten Jahren zunehmend an Bedeutung gewonnen.[35] Dies liegt einerseits an den Fortschritten in der Kommunikationstechnologie und im weltweiten EDV-Einsatz begründet (Feenstra 1998, S. 41), andererseits am technologischen Aufholprozess der Entwicklungs- und Schwellenländer. Hinzu kommt die Privatisierung und Öffnung der Märkte in den ehemals sozialistischen Ländern[36] sowie deren schrittweise Angleichung an EU-Standards. Insbesondere konkurrieren inländische low-tech-Industrien zunehmend mit Schwellen- und Transformationsländern (Burda 1996, S. 47). Dies wiederum erklärt den überproportionalen Anteil der sogenannten unskilled workers an den Arbeitslosen in Deutschland.

Angesichts der voranschreitenden globalen Vernetzung und des damit verbundenen Business-to-Business-Commerce ("b2b") wird die Bedeutung von Modellklassen, die importierte Produktionsfaktoren berücksichtigen, weiter zunehmen.[37]

---

[34] Dieses "Outsourcen" unprofitabler Produktionsprozesse induziert im Rahmen der Konjunkturanalyse analog zu den Ansätzen von Baldwin u. Lyons (1994) Hystereseeffekte.

[35] Dieses Outsourcen wird von Feenstra (1998, S. 36) anhand von zwei Beispielen verdeutlicht:

Beispiel 1: Firma Mattel, Produktion von Barbie-Puppen. Die Rohmaterialien (Plastik und Haar) werden aus Taiwan und Japan bezogen. Produziert wird in den Niedriglohnländern Indonesien, Malaysia und China. Die Pressformen stammen aus den USA. China produziert die Puppenkleidung. Marketing, Management, Groß- und Einzelhandel erfolgt in den USA, wo die Puppen letztlich verkauft und exportiert werden.

Beispiel 2: Firma Nike, Produktion von Sportbekleidung. Die Produktion erfolgt in Asien (Süd-Korea) in Subunternehmen durch etwa 75.000 Beschäftigte. Verkauf und Vertrieb, Design und Marketing erfolgt in den USA durch 2.500 Beschäftigte.

[36] Im Rahmen des realwirtschaftlichen Integrationsprozesses sind insbesondere die Auswirkungen der Ostöffnung 1989 (sowie der spätere Abschluss der Europaabkommen) zu nennen, die durch den Zerfall der Sowjetunion und des COMECON entstanden sind. Vgl. Farmer u. Wendner (1997, S. 258).

[37] Damit verbunden ist einerseits eine Verschlechterung der Beschäftigungsmöglichkeiten der unskilled workers, wie bereits von Prognos und IAB vorausgesagt wird. Siehe hierzu Hesse (1996, S. 333f.). Aber auch bei höherqualifizierter Arbeit kann es durch das Internet für Unternehmen lohnender sein, Arbeitsleistungen (z.B. Ingenieurleistungen) im Ausland zu kaufen (siehe Hesse 1996, S. 331, insbesondere Fußnote 2).

4.6.4 Abgrenzung des Modells

Das obige Modell unterscheidet sich von den in der Literatur bekannten Ansätzen in den folgenden Punkten:

- in der Preisanpassungsgleichung
- in der angebotsseitigen Asymmetrie
- in den Faktornachfragefunktionen.

Auf die unterstellte Preisrigidität in Form einer verzögerten Anpassung der Güterpreise an Kostenänderungen wurde bereits in Abschnitt 4.5.4 eingegangen, ebenso auf die angebotsseitige Asymmetrie. In der makroökonomischen Literatur dynamischer Mehr-Länder-Modelle wird dagegen stets von produktionstechnischen Symmetrien sowie von konstanten Skalenerträgen ausgegangen.[38]

Dynamische Modelle, in denen importierte Vorleistungen berücksichtigt werden, beziehen sich fast ausschließlich auf kleine offene Volkswirtschaften. Eine Ausnahme bildet Wohltmann (1994b) mit der Analyse eines Zwei-Länder-Modells sowie Wohltmann und Bulthaupt (1999) mit der Erweiterung für eine Währungsunion.

Die in der Literatur im Rahmen dynamischer Modelle unterstellten (Preis- und) Faktornachfragefunktionen resultieren aus einem *kurzfristigen* unternehmerischen Gewinnmaximierungskalkül und sind infolgedessen nur von relativen Faktorpreisen abhängig. Kostenminimale Faktorkombinationen, die vom kurzfristigen Gewinnoptimum abweichen, wurden bisher nicht in makroökonomischen Analysen berücksichtigt. Die sich daraus ergebenden Faktornachfragefunktionen sind nicht mehr von den realen Faktorpreisen, sondern von den relativen Faktorkosten abhängig.

4.7 Ausblick

In den folgenden Kapiteln sollen die Modelle I und II durch die Angabe von Verhaltensgleichungen lohnsetzender Gewerkschaften vervollständigt und die Konsequenzen asymmetrischer Lohngleichungen untersucht werden. Diese Frage wurde bisher in der makroökonomischen Literatur offener Volkswirtschaften weitgehend vernachlässigt. Eine Ausnahme bilden Daseking (1996) sowie Wohltmann, Bulthaupt, Krömer (1998), die in einem *statischen* Kontext für eine Wechselkursunion die Wirksamkeit wirtschaftspolitischer Maßnahmen bei asymmetrischer Lohnsetzung analysiert haben.

[38] In einer Modellvariante betrachten Bhandari u. Turnovsky (1984, S. 172ff) auch den Fall abnehmender Skalenerträge. Aufgrund des hohen Komplexitätsgrades beschränken sie die Modellanalyse auf numerische Simulationen. Anhand von Beispielrechnungen wird demonstriert, dass sich die gefundenen Resultate beim Übergang von konstanten zu fallenden Skalenerträgen qualitativ nicht ändern.

Daseking (1996) untersucht in einem *statischen* Modell für eine Wechselkursunion die Konsequenzen unterschiedlicher Reallohnrigiditäten in den beiden Unionsländern. Dabei wird von den Lohngleichungen

$$\begin{aligned} w_1 &= \epsilon \cdot p_1^v \qquad 0 \leq \epsilon \leq 1. \\ w_2 &= \epsilon^* \cdot p_2^v \qquad 0 \leq \epsilon^* \leq 1. \end{aligned}$$

ausgegangen.

Wohltmann, Bulthaupt, Krömer (1998) unterstellen die Lohngleichungen

$$\begin{aligned} w_1 &= \epsilon \cdot p_1^V + \delta \cdot y_1 \qquad 0 \leq \epsilon \leq 1 \\ w_2 &= \epsilon^* \cdot p_2^V + \delta \cdot y_2 \qquad 0 \leq \epsilon^* \leq 1 \\ & \delta > 0. \end{aligned}$$

Dabei wird angenommen, dass sich die Verbraucherpreise in beiden Unionsländern identisch entwickeln, d.h. $p_1^V = p_2^V$. Dieser Spezialfall liegt vor, wenn neben $\alpha_1 = \alpha_1^*, \alpha_2 = \alpha_2^*, \alpha_3 = \alpha_3^*$ zusätzlich $\alpha_1 = \alpha_2$ gilt, d.h. wenn der Konsumgüterimport aus dem Partnerland den Konsumgüterausgaben für inländische Produkte entspricht.

Aoki (1981, S. 255) untersucht im Rahmen eines dynamischen Zwei-Länder-Modells die Auswirkungen einer asymmetrischen Lohnentwicklung auf die *Stabilität* des Modells. Dabei werden adaptive Inflationserwartungen unterstellt. Die Lohngleichungen lauten

$$\begin{aligned} \dot{w}_1 &= \epsilon \cdot \dot{p}_1^V + \delta \cdot y_1 \\ \dot{w}_2 &= \epsilon^* \cdot \dot{p}_2^V + \delta^* \cdot y_2. \end{aligned}$$

Aoki geht durch die Betrachtung mehrerer Spezialfälle[39] der Frage nach, welche Konsequenzen asymmetrische Lohngleichungen auf die Stabilität des Modells haben.

Darüber hinaus wurden bisher angebotsseitige Asymmetrien, insbesondere ein asymmetrisches Lohnverhalten, nicht untersucht. Ein Hauptgrund für diese Lücke ist die Tatsache, dass die Standardtechnik zur Lösung dynamischer Mehrländermodelle, die AOKI-Methode (Aoki 1981), im Fall von Parameterasymmetrien nicht mehr anwendbar ist. Will man die Auswirkungen asymmetrischen Gewerkschaftsverhaltens in einer analytischen

[39] Aoki (1981) führt reine Stabilitätsuntersuchungen durch, z.B. unter der Annahme

$$\begin{aligned} y_1 &= -\rho_1 \cdot (w_1 - p_1) \\ y_2 &= -\rho_2 \cdot (w_2 - p_2). \end{aligned}$$

Vorgehensweise[40] untersuchen, so ist die Entwicklung einer neuen Lösungstechnik erforderlich.

4.8 Zusammenfassung des Kapitels 4

Im vorliegenden Kapitel 4 wurde der modelltheoretische Rahmen für die nachfolgenden Analysen konzipiert. Es handelt sich um zwei dynamische Modelle für eine aus zwei Ländern bestehende Währungsunion, die sich in der Zahl der kurzfristig variablen Inputfaktoren unterscheiden.

Bezüglich der Preis-Mengen-Dynamik wird abweichend von der Literatur die Annahme der kurzfristigen Gewinnmaximierung aufgegeben und durch das empirisch eher relevante Konzept der kurzfristig kostenminimalen Produktion ersetzt. Dabei wird stets von einer produktionstechnischen Asymmetrie der beiden Unionsländer ausgegangen. Um die Konsequenzen ausländischer, konkurrierender Produktionsfaktoren berücksichtigen zu können, werden in Modell II importierte Vorleistungen berücksichtigt. Dadurch wird in der kurzen Frist der inländische Produktionsfaktor Arbeit durch den ausländischen Produktionsfaktor substituierbar. Diese Substitution entspricht in der langen Frist einer Auslagerung von Produktionsprozessen. Modellklassen, die den Import ausländischer Produktionsfaktoren berücksichtigen, gewinnen angesichts der internationalen Arbeitsteilung und globalen Vernetzung zunehmend an Bedeutung. In diesem Zusammenhang ist v.a. der "Business-to-Business"[41] (auch "b2b") zu nennen, im Rahmen dessen die Unternehmen benötigte Vorleistungen via Internet ordern.

---

[40] Dieses Problem entfällt, wenn man sich auf rein numerische Simulationen beschränkt, da für lineare Differentialgleichungssysteme beliebiger Ordnung Standardsoftware zur Verfügung steht. Numerische Beispielrechnungen erlauben allerdings nicht die *Herleitung allgemeiner Aussagen.*

[41] Vgl. hierzu Albers et al. (1999).

5. Heterogene Lohnbildung in einer Währungsunion

5.1 Einleitung und Aufbau

In Kapitel 4 wurden makroökonomische Totalmodelle entwickelt, deren mikroökonomisch fundierte Angebotsseiten die Produktivitätsunterschiede in der EWU berücksichtigen. Im vorliegenden Kapitel sollen auch die Lohnasymmetrien in den europäischen Ländern modelltheoretisch erfasst und deren gesamtwirtschaftliche Konsequenzen für die Volkswirtschaften der Währungsunion analysiert werden. Die weitere makroökonomische Modellierung berücksichtigt daher, dass

- die Toleranz für Beschäftigungslosigkeit von Land zu Land unterschiedlich ist[1] sowie
- asymmetrische gewerkschaftliche Zentralisierungsgrade in den einzelnen Unionsländern bestehen.[2]

M.a.W. die Volkswirtschaften der EWU sind durch ein *heterogenes Lohnverhalten* aufgrund unterschiedlicher (gewerkschaftlicher) Zielsetzungen und institutioneller Gegebenheiten charakterisiert (Jaeger 1996, S. 179 sowie Horn et al. 1999, S. 37). Eine Konvergenz der nationalen Lohnbildungsprozesse ist derzeit nicht erkennbar.[3]

Aufgrund dieser empirischen Fakten werden in Kapitel 5 sowohl in einem statischen als auch in einem dynamischen Kontext die gesamtwirtschaftlichen Auswirkungen asymmetrischer Lohnbildungsprozesse in einer

[1] Vgl. z.B. Burda (1996, S. 49).

[2] Bezogen auf die Mitgliedsländer der EWU sowie auf die Pre-Ins weisen Österreich, Norwegen, Schweden, Dänemark und Finnland einen hohen Zentralisierungsgrad der Gewerkschaften auf. Deutschland, Niederlande und Belgien gehören zur Gruppe mit einem mittleren Zentralisierungsgrad, während Frankreich, Großbritannien, Italien und die Schweiz einen geringen Zentralisierungsgrad aufweisen. Vgl. Schmitter (1981), Cameron (1984), Bruno, Sachs (1985), Blyth (1987), Calmfors, Driffill (1988) sowie Calmfors (1993). Vgl. auch die Übersicht von Horn, Scheremet und Zwiener (1999, S. 31).

[3] Vgl. Horn et al. (1999, S. 52ff.). Die Autoren kommen im Rahmen ihrer ökonometrischen Schätzungen zu dem Ergebnis, dass die signifikanten Parameter der Lohngleichungen für die europäischen Länder nahezu zeitlich stabil sind. Die substantiellen Unterschiede zwischen den nationalen Lohnbildungsprozessen bleiben infolgedessen in absehbarer Zeit erhalten.

Währungsunion analysiert. Den modelltheoretischen Rahmen bildet die in Kapitel 4 entwickelte Modellvariante mit nur einem kurzfristig variablen Produktionsfaktor (Arbeit).[4] Ferner berücksichtigt die Totalanalyse die Reaktionen der internationalen Finanzmärkte, die Antizipationseffekte der Anleger und der Finanzmarktpreise sowie deren Rückwirkungen auf die Gütermärkte der Union.[5]

Im ersten Teil dieses Kapitels werden Lohngleichungen für jedes Unionsland hergeleitet. Dabei wird davon ausgegangen, dass eine Gewerkschaft hauptsächlich an Steigerungen der realen Konsumlöhne W_j/P_j^V und der Beschäftigung N_j interessiert ist. Modelltheoretisch maximiert sie eine Nutzenfunktion, die beide Variablen als Argumente enthält,

$$\mathcal{U}_j = \mathcal{U}_j\left(\frac{W_j}{P_j^V}, N_j\right).$$

Dabei hat sie grundsätzlich die unternehmerische als auch die güternachfrageseitige Reaktion zu berücksichtigen.

Das nutzenmaximierende Verhalten einer Gewerkschaft ist auf institutioneller Ebene davon abhängig, ob sie auf der Mikroebene oder auf der Makroebene agiert. Im letzteren Fall berücksichtigt die Gewerkschaft die gesamtwirtschaftlichen Konsequenzen ihres Handelns, während sie auf der Mikroebene die gesamtwirtschaftlichen Größen als Datenvariable betrachtet und infolgedessen gesamtwirtschaftliche Auswirkungen ihrer Lohnpolitik externalisiert (vgl. Calmfors 1993, 163ff.). Dagegen kann auf der Mikroebene davon ausgegangen werden, dass firmenspezifische Marktgegebenheiten stärker das gewerkschaftliche Handeln beeinflussen. Der Übergang von der Mikro- zur Makroebene ist folglich durch einen negativen trade-off zwischen der Berücksichtigung des firmenspezifischen Wettbewerbs und der Internalisierung externer Effekte der Lohnsetzung gekennzeichnet. Die unterschiedlichen Präferenzen der Gewerkschaften sowie die institutionellen Rahmenbedingungen beeinflussen die Reaktion der Löhne auf Beschäftigungsänderungen. Eine unterschiedliche Reallohnflexibilität wird als ein Hauptgrund für divergie-

[4] Die Berücksichtigung von Substitutionsbeziehungen zwischen dem inländischen Faktor Arbeit und importierten Vorleistungen sind Gegenstand von Kapitel 6.

[5] Beschränkt man dagegen die Analyse makroökonomischen Gewerkschaftsverhaltens auf *realwirtschaftliche Modelle*, so wird die Existenz von Finanzaktiva vernachlässigt, und die Wechselkursreaktion wird aus der Bedingung eines ausgeglichenen Außenbeitrags abgeleitet (vgl. z.B. Driffill, v.d.Ploeg, 1993). Diese realwirtschaftlich begründete Wechselkursreaktion stimmt im allgemeinen nicht mit der Wechselkursänderung auf vorausschauenden Finanzmärkten überein. — Allerdings ist im vorliegenden Ansatz zu berücksichtigen, das die Modellanalyse sich auf einen Zeitraum bezieht, in dem näherungsweise von einem konstanten Sachkapitalstock ausgegangen werden kann. Die Analyse beschränkt sich folglich auf die kurze und mittlere Frist.

rende Beschäftigungsentwicklungen in den einzelnen Ländern angesehen. Deren Analyse erfolgt im zweiten Teil dieses Kapitels.

Kapitel 5 ist folgendermaßen gegliedert: Zunächst erfolgt in Abschnitt 5.2 die Herleitung der nationalen Lohngleichungen. Damit ist die Neuformulierung der gesamtwirtschaftlichen Angebotsseite abgeschlossen, die in Abschnitt 5.3 zusammengefasst wird. In Abschnitt 5.4 werden im Rahmen einer Steady-State-Analyse die langfristigen Auswirkungen von gewerkschaftlichen Verhaltensänderungen untersucht. Für die nachfolgende dynamische Analyse wird in Abschnitt 5.5 ein Lösungsverfahren vorgestellt. Auf der Basis dieses Verfahrens erfolgt in den Abschnitten 5.6 und 5.7 die intertemporale Analyse der gesamtwirtschaftlichen Konsequenzen asymmetrischen Gewerkschaftsverhaltens. Kapitel 5 endet mit einer Zusammenfassung der wichtigsten Ergebnisse.

5.2 Lohngleichungen nutzenmaximierender Gewerkschaften

5.2.1 Das gewerkschaftliche Entscheidungsproblem

Bei der Analyse des Gewerkschaftsverhaltens in offenen Volkswirtschaften ist zu berücksichtigen, dass die Kaufkraft der Löhne an einem Warenkorb gemessen wird, der neben inländischen Produkten auch Konsumgüter enthält, die aus dem Partnerland und aus der übrigen Welt importiert werden. Der korrespondierende Verbraucherpreisindex werde für U_1 bzw. U_2 mit P_1^V bzw. P_2^V bezeichnet, so dass die realen Konsumlöhne (Konsumenten-Reallöhne) der beiden Länder

$$W_1/P_1^V \qquad \text{bzw.} \qquad W_2/P_2^V$$

lauten.

Neben dem Reallohnziel verfolgen die Gewerkschaften ein Beschäftigungsziel:

$$\mathcal{U}_j = \mathcal{U}\left(\frac{W_j}{P_j^V}, u_j\right) \tag{5.1}$$

(u_j bezeichnet die Arbeitslosenrate des Unionslandes j).

Die gewerkschaftliche Zielsetzung besteht grundsätzlich darin, einen möglichst hohen realen Konsumlohn W_j/P_j^V bei einem möglichst hohen Beschäftigungsgrad zu erzielen. Dabei soll der reale Konsumlohn nicht unter ein Mindestniveau absinken, d.h.

$$\frac{W_j}{P_j^V} \geq \overline{\Omega}_j. \tag{5.2}$$

Reallohnsenkungen auf ein Niveau unterhalb von $\overline{\Omega}_j$ werden seitens der Gewerkschaften als nicht tolerierbar angesehen. Die Gewerkschaften sind folglich nicht zu Lohnzugeständnissen bereit, die das Niveau $\overline{\Omega}_j$ unterschreiten.

Ein steigender realer Konsumlohn W_j/P_j^V induziert andererseits durch seine positive Korrelation mit dem realen Produktlohn eine zunehmende Arbeitslosigkeit. Ein beliebig hoher Anstieg der Arbeitslosigkeit ist allerdings - auch mit Blick auf den sozialen Frieden - nicht mit einem Rationalverhalten der Gewerkschaften und ihrer Mitglieder vereinbar. Die gewerkschaftlich (bzw. gesellschaftlich) tolerierte Arbeitslosenquote ist folglich begrenzt, d.h.

$$u_j \leq u_j^{tol}. \tag{5.3}$$

Dieses Toleranzniveau kann durch die historische Entwicklung der nationalen Arbeitslosigkeit geprägt sein oder aus einem internationalen Vergleich resultieren.

In dem vorliegenden Ansatz wird davon ausgegangen, dass ein realitätsnah modellierter Lohnbildungsprozess mit gewerkschaftlicher Nutzenmaximierung kompatibel ist. Diese wird in einer allgemeinen Form durch die Gleichungen (5.1) bis (5.3) beschrieben. Ein Lohnbildungsprozess wird folglich geprägt durch die Vorstellungen der Gewerkschaften und deren Mitglieder über

– eine gerechte, akzeptierbare reale Entlohnung ($\overline{\Omega}_j$),
– eine tolerierbare, duldend hingenommene Arbeitslosigkeit (u_j^{tol}) sowie
– die Gewichtungen des Real- und Beschäftigungsziels.

Ein traditioneller neoklassischer Konkurrenzmechanismus am Arbeitsmarkt bringt dagegen nach Abschluss des Anpassungsprozesses die angebotenen und nachgefragten Arbeitsmengen der nutzenmaximierenden Haushalte und gewinnmaximierenden Unternehmen zum Ausgleich; er vernachlässigt allerdings die Bedeutung institutioneller Faktoren.[6]

Die Präferenzen der jeweiligen nationalen Gewerkschaft, d.h. ihrer Mitglieder oder der Gewerkschaftsführung, werden durch die Ausprägung ihrer Zielfunktion abgebildet. Im folgenden wird (5.1) durch das Stone-Geary-Funktional präzisiert,[7] dessen Definitionsbereich durch die Nebenbedingungen (5.2) und (5.3) vorgegeben ist:[8]

---

[6] Im einfachsten Fall erheben Gewerkschaften im Rahmen kollektiver Lohnverhandlungen beispielsweise einen Anspruch auf die Differenz zwischen dem Durchschnittsprodukt und dem Grenzprodukt der Arbeit.

[7] Oswald (1985) und Farber (1986) weisen darauf hin, dass diese Funktionalform nicht aus den üblichen Axiomen über die Präferenzen der Arbeitnehmer bzw. der Gewerkschaftsmitglieder herleitbar ist. Infolgedessen kann dieser Funktionstyp nur als approximierende Funktion angesehen werden.

[8] Diese Spezifikation einer quasi-konkaven Nutzenfunktion wird in der Literatur beispielsweise von Rees (1977), Mulvey (1978), Oswald (1979), Dertouzas und

$$\mathcal{U}_j = \left(W_j/P_j^V - \overline{\Omega}_j\right)^{g_j} \left(u_j^{tol} - u_j\right)^{1-g_j} \qquad 0 < g_j < 1. \qquad (5.4)$$

g_j gewichtet die Bedeutung des Reallohnziels, $1 - g_j$ die des Beschäftigungsziels.[9] u_j^{tol} ist die gewerkschaftliche (oder gesellschaftlich) tolerierte Arbeitslosenquote, u_j die tatsächliche Arbeitslosenquote. $\overline{\Omega}_j$ bezeichnet einen gewerkschaftlichen Mindestreallohn.

Die Arbeitslosenrate u_j ist definiert durch

$$u_j := \frac{\overline{N}_j - N_j}{\overline{N}_j},$$

deren gewerkschaftlich akzeptiertes bzw. geduldetes Höchstniveau durch

$$u_j^{tol} := \frac{\overline{N}_j - N_j^{tol}}{\overline{N}_j}.$$

Dabei wird von einem näherungsweise konstanten Arbeitskräftepotential $\overline{N}_j$ ausgegangen.

Mit diesen Umformungen lautet die gewerkschaftliche Zielfunktion

$$\mathcal{U}_j = \frac{1}{\overline{N}_j^{1-g_j}} \left(W_j/P_j^V - \overline{\Omega}_j\right)^{g_j} \left(N_j - N_j^{tol}\right)^{1-g_j}.$$

Nachfolgend werden auf der Basis des Stone-Geary-Funktionals nutzenmaximierende Lohngleichungen hergeleitet. Dabei wird von den folgenden zentralen Annahmen ausgegangen:

Zentrale Annahmen

- Die Gewerkschaften unterliegen - auch kurzfristig - keiner Geldillusion.
- Die Unternehmen legen autonom den gewinnoptimalen Faktoreinsatz fest.
- Der Faktor Arbeit ist international immobil.
- Die Kosten der Arbeitslosigkeit sind im Entscheidungskalkül der Tarifparteien nicht enthalten (fiskalische Externalität).
- Tarifvereinbarungen sind allgemeinverbindlich. Arbeitssuchende können den Tariflohn nicht unterbieten.

Pencavel (1981), Calmfors (1982), Pencavel (1984, 1985), Dixon (1986) unterstellt. Sie hat den Vorteil einer einfachen analytischen Handhabbarkeit.

Chapman (1986, S. 374) liefert eine Übersicht über alternative gewerkschaftliche Zielfunktionen.

[9] Kirchgässner (1996, S. 403f.) weist darauf hin, dass die Gewichtung dieser beiden Ziele von politischen Einflussfaktoren und politischen Zielsetzungen der Gewerkschaften abhängig sein kann. Ein wahlzyklisches Verhalten der Gewerkschaften Deutschlands wird von Gärtner (1980, 1981) sowie von Detken, Gärtner (1993) nachgewiesen.

5.2.2 Lohnsetzung der Gewerkschaften

In den nachfolgenden Abschnitten wird zunächst davon ausgegangen, dass die Gewerkschaften über einen Lohnsetzungsspielraum verfügen. Die resultierenden Ergebnisse werden anschließend in Abschnitt 5.2.6 verallgemeinert, indem zu Tarifverhandlungen zwischen Gewerkschaften und Arbeitgebervertretern übergegangen wird.

Im *Monopolmodell*[10] bestimmt die Gewerkschaft im Rahmen ihres Optimierungskalküls den Lohnsatz W_j.[11] Sie berücksichtigt, dass die Unternehmung anschließend die Beschäftigungsmenge autonom festlegt. Das *gewerkschaftliche Entscheidungsproblem* lautet in diesem Fall

$$\mathcal{U}_j = \frac{1}{\overline{N}_j^{1-g_j}} \left(W_j/P_j^V - \overline{\Omega}_j\right)^{g_j} \left(N_j - N_j^{tol}\right)^{1-g_j} \longrightarrow \max_{W_j} \qquad (5.5)$$

$$0 < g_j < 1$$

unter der Nebenbedingung

$$N_j = \nu_j \left(1 + \frac{1}{\epsilon_j}\right) \cdot Q_j \cdot \left(\frac{P_j}{W_j}\right) \qquad 0 < 1 + 1/\epsilon_j < 1. \qquad (5.6)$$

Die Gewerkschaft sieht sich zwei Reaktionsfunktionen gegenüber: Die Reaktionsfunktion der Unternehmer (Gleichung (5.6) bzw. die Preisgleichung) resultiert aus deren Gewinnmaximierungskalkül, während eine weitere Reaktionsfunktion implizit in Form der gleichgewichtigen gesamtwirtschaftlichen Nachfrage Q_j gegeben ist.

Der gewerkschaftliche Lohnsetzungsspielraum wird implizit durch $\overline{\Omega}_j$ nach unten und durch N_j^{tol} nach oben begrenzt.

5.2.3 Lohnsetzung auf Mikroebene

Auf der Mikroebene unterstellt die einzelne Gewerkschaft, dass von ihrem Verhalten *kein Einfluss auf gesamtwirtschaftliche Aggregatvariablen* ausgeht.

[10] Eine ausführliche Analyse des Monopolmodells findet man z.B. in Schnabel (1989, S. 114ff.) sowie Goerke, Holler (1997, S. 165ff.).

[11] Die monopolistische Sichtweise der Gewerkschaften (vgl. z.B. Hirsch et al. (1999, S. 24f) knüpft an die Indifferenzkurvenanalysen von Fellner (1947) und Cartter (1959) an, die als Ausgangspunkt der neueren mikroökonomischen Ansätze nutzenmaximierender Gewerkschaften betrachtet werden können.

Kausalitäten zwischen der von ihr festgesetzten Lohnhöhe und den gesamtwirtschaftlichen Größen werden vernachlässigt bzw. aus Sicht der Gewerkschaften als vernachlässigbar gering eingeschätzt. Ihre Lohnpolitik ist insofern durch Externalitäten charakterisiert (Calmfors 1993, S. 163ff.). Makroökonomische Größen wie der Verbraucherpreisindex P_j^V und das gesamtwirtschaftliche Outputniveau Q_j sind in diesem Fall aus Sicht der Gewerkschaft *Datenvariablen*, d.h.

$$\begin{aligned} P_j^V(t) &= \overline{P_j^V(t)} \\ Q_j(t) &= \overline{Q_j(t)}. \end{aligned}$$

Allerdings werden Änderungen der Datenvariablen von den Gewerkschaften perfekt antizipiert und in ihren Lohnforderungen berücksichtigt. Insofern wird durch den Informationsstand der Gewerkschaften eine Geldillusion ausgeschlossen.

Von diesen Annahmen kann ausgegangen werden, wenn die (kleine) Gewerkschaft vollkommen dezentral agiert und folglich gesamtwirtschaftliche Konsequenzen ihres Handelns als gering einstuft.[12]

Fall 1: Vernachlässigung der Kostenüberwälzung

Gehen die Gewerkschaften in ihrem mikroökonomischen Entscheidungskalkül davon aus, dass die Unternehmer Kostensteigerungen nicht auf die Preise überwälzen können, so resultiert aus (5.6) die unternehmerische Arbeitsnachfragereaktion auf Lohnänderungen

$$\frac{\partial N_j}{\partial W_j} = -\frac{N_j}{W_j}.$$

[12] Auf der *Mikroebene* ist grundsätzlich zu berücksichtigen, dass Gewerkschaften und einzelne Unternehmen *simultan* über Lohn- *und* Beschäftigungshöhe verhandeln und insofern eine kooperative Verhandlungslösung anstreben können. Mögliche Verhandlungsergebnisse sind durch Tangentialpunkte zwischen Isogewinnkurven der Unternehmen und Indifferenzkurven der Gewerkschaften definiert (vgl. z.B. Goerke, Holler 1997, S. 185ff.). Ausgehend von der Monopollösung ist es also möglich, dass die Unternehmung auf ihrer Isogewinnkurve verbleibt, die Gewerkschaften jedoch durch eine andere Kombination von Lohnsatz und Beschäftigung ein höheres Indifferenzkurvenniveau erreicht. Allerdings wird dadurch die Nebenbedingung (5.6) verlassen. Dieser Ansatz geht auf Leontief (1946) sowie auf McDonald und Solow (1981) zurück. Allerdings zeigen Layard und Nickell (1990), dass die Beschäftigungshöhe nicht notwendigerweise höher ist, wenn Unternehmen und Gewerkschaften über Löhne und Beschäftigung simultan verhandeln.

Auf der *Makroebene* kann dagegen *nicht* davon ausgegangen werden, dass eine zwischen zentralen Unternehmensverbänden und Gewerkschaften vereinbarte Verhandlungslösung über die Lohn- *und* Beschäftigungshöhe seitens der *einzelnen* Unternehmen auch realisiert wird. Insofern können auf Makroebene solche Verhandlungslösungen als irrelevant angesehen werden. Als realistischer sind hier die *Right-to-manage-Ansätze* einzustufen, nach denen die einzelnen Unternehmen die Beschäftigungshöhe autonom festlegen. Dies bestätigen die empirischen Untersuchungen von Oswald (1984).

Aus der Nutzenmaximierungsbedingung

$$\frac{\partial \mathcal{U}_j}{\partial W_j} \stackrel{!}{=} 0$$

folgt dann

$$\begin{aligned}
-\frac{\partial N_j}{\partial W_j} &\stackrel{!}{=} \frac{N_j - N_j^{tol}}{\frac{W_j}{P_j^V} - \overline{\Omega}_j} \cdot \frac{g_j}{1-g_j} \cdot \frac{1}{P_j^V} \\
&\Longrightarrow \\
W_j &= P_j^V \cdot \frac{1-g_j}{g_j} \cdot (W_j/P_j^V - \overline{\Omega}_j) \cdot \frac{N_j}{N_j - N_j^{tol}}.
\end{aligned}$$

Die optimale Lohnhöhe lautet

$$W_j = \frac{(1-g_j)}{(1-g_j) + g_j \cdot \left(\frac{N_j^{tol}}{N_j} - 1\right)} \cdot P_j^V \cdot \overline{\Omega}_j \tag{5.7}$$

mit

$$\frac{\partial}{\partial g_j}\left(\frac{W_j}{P_j^V}\right) > 0.$$

Liegt die Beschäftigung über dem von den Gewerkschaften tolerierten Mindestniveau, so übersteigt der reale Konsumlohn das Anspruchsniveau $\overline{\Omega}_j$: Für $N_j > N_j^{tol}$ folgt aus (5.7) $\frac{W_j}{P_j^V} > \overline{\Omega}_j$.

Lineare Taylor-Approximation[13] an der Stelle $N_j = N_j^{tol}$ liefert

$$\frac{W_j}{P_j^V} = \overline{\Omega}_j \left(1 + \frac{g_j}{1-g_j} \frac{N_j - N_j^{tol}}{N_j^{tol}}\right). \tag{5.8}$$

Mit

$$w_j := \ln W_j \quad p_j^V := \ln P_j^V \quad \overline{\omega}_j := \ln \overline{\Omega}_j$$

$$n_j := \ln N_j \quad n_j^{tol} := \ln N_j^{tol} \quad n_j - n_j^{tol} \approx \frac{N_j - N_j^{tol}}{N_j^{tol}}:$$

lautet die logarithmisch-lineare Approximation von (5.8)

$$w_j = p_j^V + \overline{\omega}_j + \delta_j^{mikro_1} \cdot (n_j - n_j^{tol}). \tag{5.9}$$

[13] Die lineare Taylor-Approximation berücksichtigt die quantitativ bedeutsamen Abhängigkeiten "in der Nähe" von N_j^{tol}. Quantitativ weniger bedeutsame Abhängigkeiten im Sinne von Fehlern 2. Ordnung werden vernachlässigt.

Dabei ist der Parameter $\delta_j^{mikro_1}$ der Quotient der Gewichtungsfaktoren in der gewerkschaftlichen Nutzenfunktion,

$$\delta_j^{mikro_1} := \frac{g_j}{1 - g_j}. \tag{5.10}$$

Eine stärkere Gewichtung des Reallohnziels induziert ein höheres $\delta_j^{mikro_1}$:

$$g_j \uparrow \longrightarrow \delta_j^{mikro_1} \uparrow .$$

Fall 2: Berücksichtigung der Kostenüberwälzung

Gehen die Gewerkschaften in ihrem Entscheidungskalkül von einem Preissetzungsspielraum der Unternehmer aus, so berücksichtigen sie für die Überwälzung der Löhne auf die Preise den Zusammenhang:[14]

$$\frac{\partial P_j}{\partial W_j} \cdot \frac{W_j}{P_j} = \rho_j \tag{5.11}$$

$$\rho_j := \frac{1}{1 - \frac{1-\nu_j}{\nu_j} \cdot \epsilon_j} \leq 1,$$

m.a.W. bei preissetzendem Verhalten der Unternehmen erfolgt eine *unvollständige* Überwälzung von Kostenänderungen auf die Güterpreise. Diese Kostenüberwälzung dämpft im Unterschied zu Fall 1 die unternehmerische Arbeitsnachfragereaktion auf Lohnänderungen,

$$\frac{\partial N_j}{\partial W_j} = -\frac{N_j}{W_j}(1 - \rho_j). \tag{5.12}$$

Aus der gewerkschaftlichen Optimalitätsbedingung

$$\frac{\partial \mathcal{U}_j}{\partial W_j} \stackrel{!}{=} 0$$

$$\Longrightarrow -\frac{\partial N_j}{\partial W_j} \stackrel{!}{=} \frac{N_j - N_j^{tol}}{\frac{W_j}{P_j^V} - \overline{\Omega}_j} \cdot \frac{g_j}{1 - g_j} \cdot \frac{1}{P_j^V}$$

resultiert mit (5.12)

$$W_j = P_j^V \cdot \frac{1 - g_j}{g_j} \cdot \left(W_j/P_j^V - \overline{\Omega}_j\right) \cdot (1 - \rho_j) \frac{N_j}{N_j - N_j^{tol}}.$$

Die nutzenoptimale Lohngleichung der Gewerkschaften lautet unter Berücksichtigung der antizipierten unternehmerischen Anpassungsreaktion

[14] Diese Elastizität resultiert aus der Preisgleichung des preissetzenden Unternehmens.

$$W_j = \frac{(1-g_j)\Lambda_j^{mikro_2}}{(1-g_j)\Lambda_j^{mikro_2} + g_j \cdot \left(\frac{N_j^{tol}}{N_j} - 1\right)} \cdot P_j^V \cdot \overline{\Omega}_j, \qquad (5.13)$$

$$\Lambda_j^{mikro_2} := 1 - \rho_j,$$

dabei gilt

$$\frac{\partial}{\partial g_j}\left(\frac{W_j}{P_j^V}\right) > 0.$$

Im Spezialfall $\rho_j = 0$ ergibt sich hieraus wieder die Lohngleichung (5.7). Lineare Taylor-Approximation an der Stelle $N_j = N_j^{tol}$ liefert

$$\frac{W_j}{P_j^V} = \overline{\Omega}_j\left(1 + \frac{g_j}{1-g_j}\frac{1}{\Lambda_j^{mikro_2}}\frac{N_j - N_j^{tol}}{N_j^{tol}}\right). \qquad (5.14)$$

Die logarithmisch-lineare Approximation hiervon ist

$$w_j = p_j^V + \overline{\omega}_j + \delta_j^{mikro_2} \cdot (n_j - n_j^{tol}) \qquad (5.15)$$

$$\delta_j^{mikro_2} := \frac{g_j}{1-g_j} \cdot \frac{1}{\Lambda_j^{mikro_2}}. \qquad (5.16)$$

Auch für dieses δ_j besteht eine positive Abhängigkeit vom Gewichtungsfaktor g_j,

$$g_j \uparrow \longrightarrow \delta_j^{mikro_2} \uparrow .$$

Für $\rho_j > 0$ gilt

$$\boxed{\delta_j^{mikro_2} > \delta_j^{mikro_1}.} \qquad (5.17)$$

Berücksichtigen die Gewerkschaften die (partiellen) Kostenüberwälzungsmöglichkeiten der Unternehmen, so schwächt sich gemäß (5.12) der negative trade-off zwischen Lohnsteigerung und unternehmerischer Beschäftigungsanpassung ab; da höhere Lohnforderungen jetzt nur geringere negative Beschäftigungseffekte haben, besteht für sie ein Anreiz zu einer expansiven Lohnpolitik (Calmfors (1993, S. 165f.), der in einem höheren δ_j zum Ausdruck kommt. Infolgedessen steigen wegen (5.17) die gewerkschaftlichen Lohnforderungen an.[15] Demgegenüber liegt eine Lohnzurückhaltung vor, wenn die

[15] Dieses Ergebnis lässt die folgende Interpretation zu: Verhandeln Gewerkschaften nicht völlig dezentralisiert auf Unternehmensebene, sondern auf Branchenebene, so erhöhen sich die Kostenüberwälzungsmöglichkeiten der einzelnen Unternehmen einer Branche. Bei einer isolierten Preiserhöhung einer einzelnen Firma besteht dagegen die Gefahr eines (starken) Auftragsrückgangs, da sich die Nach-

Gewerkschaften die Kostenüberwälzungsmöglichkeit der Unternehmen nicht explizit in ihrem Kalkül berücksichtigen.[16]

5.2.4 Gewerkschaftsverhalten auf Makroebene

Lohnsetzung und gesamtwirtschaftlicher Preisindex. Eine auf makroökonomischer Ebene handelnde Zentralgewerkschaft[17] internalisiert die Auswirkungen von Lohnänderungen auf das Preisverhalten der Unternehmen und deren Rückwirkungen auf den Konsumentenpreisindex. Sie berücksichtigt neben der unternehmerischen Kostenüberwälzung auf die Güterpreise *zusätzlich* die Kausalität

$$W_j \longrightarrow P_j \longrightarrow P_j^V.$$

Die Gewerkschaft berücksichtigt in ihrem Kalkül, dass ein isolierter Lohnanstieg nicht nur Beschäftigungseinbußen *und* unternehmerische Preisanpassungen, sondern im Unterschied zum Mikroansatz zusätzlich auch eine Reaktion der Verbraucherpreise zur Folge hat. Der positive Effekt einer Nominallohnsteigerung auf den realen Konsumlohn wird im Vergleich zur Mikroebene als schwächer eingeschätzt.

Die Entwicklung des gesamtwirtschaftlichen, gleichgewichtigen Outputs wird weiterhin als Datenvariable angesehen, d.h.

$$Q_j = \overline{Q_j},$$

frage zugunsten anderer Unternehmen der gleichen Branche verlagert. Insofern können auf Branchenebene die Kostenüberwälzungsspielräume der Unternehmen in den Lohnverhandlungen berücksichtigt werden (vgl. Calmfors, Driffill, 1988, S. 33f.). M.a.W. ausgehend von völlig dezentralisierten Lohnverhandlungen steigen die Löhne mit zunehmendem Zentralisierungsgrad an. Vgl. hierzu z.B. Calmfors, Driffill (1986) sowie Naylor (1999).

[16] Calmfors und Driffill (1988) kommen zu dem analogen Ergebnis, dass völlig dezentralisiert geführte Lohnverhandlungen zu den niedrigsten Reallöhnen und damit zum höchsten Beschäftigungsniveau führen. Darüber hinaus ermöglichen dezentrale Lohnverhandlungen eine flexible Anpassung an unternehmensspezifische Produktions- oder Marktänderungen. Selbst auf Branchenebene sind die einzelnen Firmen heterogen in bezug auf ihre Sachkapitalausstattung und Wettbewerbsstruktur.

In diesem Zusammenhang fordert z.B. Siebert (1998b) eine vollkommen dezentralisierte und regionalisierte Lohnfindung in Europa. Allerdings ist zu bedenken, dass gerade Lohnverhandlungen auf Unternehmensebene einen Anreiz zu einem *Insider-Outsider-Verhalten* bieten. Firmenspezifische labour turnover costs ermöglichen den bereits Beschäftigten (den Insidern), ihr Lohnniveau über ein markräumendes Niveau hinaus anzuheben und die Konkurrenz von Outsidern zu unterbinden (vgl. Schnabel 1997, S. 53).

[17] Auf der Makroebene ist zu beachten, dass unternehmerische Technologieparameter durch Durchschnittswerte ersetzt werden.

m.a.W. die Reaktionsfunktion der gleichgewichtigen Güternachfrage liegt im Rahmen des gewerkschaftlichen Entscheidungsmodells in open-loop-Form[18] vor.

Analog zu (5.11) geht die Gewerkschaft auf der Makroebene von einer unvollständigen Überwälzung von Kostenänderungen auf die Güterpreise aus.

$$\frac{\partial P_j}{\partial W_j} \cdot \frac{W_j}{P_j} = \rho_j \tag{5.18}$$

$$\rho_j := \frac{1}{1 - \frac{1-\nu_j}{\nu_j} \cdot \epsilon_j} \leq 1.$$

Damit gilt für die unternehmerische Arbeitsnachfragereaktion auf Lohnänderungen

$$\frac{\partial N_j}{\partial W_j} = -\frac{N_j}{W_j}(1 - \rho_j).$$

Weiter wird davon ausgegangen, dass auf nationaler Ebene operierende Gewerkschaften den Einfluss ihrer Lohnbildung auf die des Partnerlandes und damit auf die ausländische Preisreaktion nicht berücksichtigen (vgl. Driffill, v.d.Ploeg, 1993, S. 381). Vernachlässigen die Gewerkschaften in ihrem Entscheidungskalkül die *kausale* Beeinflussung der ausländischen Preise[19] sowie des Wechselkurses durch ihre Lohnpolitik, d.h.

$$\frac{\partial P_i}{\partial W_j} = 0, i \neq j \qquad \frac{\partial e}{\partial W_j} = 0, \tag{5.19}$$

so gilt mit

$$\begin{aligned} \eta_j &:= \frac{\partial P_j^V}{\partial W_j} \cdot \frac{W_j}{P_j^V} \\ &= \underbrace{\frac{\partial P_j^V}{\partial P_j} \cdot \frac{P_j}{P_j^V}}_{<1^{20}} \cdot \underbrace{\frac{\partial P_j}{\partial W_j} \cdot \frac{W_j}{P_j}}_{=\rho_j} : \\ \eta_j &< \rho_j. \end{aligned} \tag{5.20}$$

Aus dem gewerkschaftlichen Optimierungskalkül

$$\frac{\partial \mathcal{U}_j}{\partial W_j} \stackrel{!}{=} 0$$

---

[18] Zur Definition von Informationstrukturen in open-loop-Form vgl. z.B. Basar, Olsder (1989, S. 10).

[19] Die Internalisierung der ausländischen (Lohn- und)Preisreaktion wird als ein Kennzeichen international agierender Gewerkschaften angesehen. Siehe Driffill, v.d.Ploeg (1993, S. 381).

[20] Eine inländische Preissteigerung induziert mit (5.19) eine unterproportionale Steigerung des Konsumentenpreisindexes.

resultiert

$$-\frac{\partial N_j}{\partial W_j} = \frac{N_j - N_j^{tol}}{\frac{W_j}{P_j^V} - \overline{\Omega}_j} \cdot \frac{g_j}{1-g_j} \cdot \frac{1-\eta_j}{P_j^V}.$$

Für die optimale Lohnpolitik erhält man dann

$$W_j = \frac{(1-g_j)\Lambda_j^{makro_1}}{(1-g_j)\Lambda_j^{makro_1} + g_j \cdot \left(\frac{N_j^{tol}}{N_j} - 1\right)} \cdot P_j^V \cdot \overline{\Omega}_j, \tag{5.21}$$

$$\Lambda_j^{makro_1} := \frac{1-\rho_j}{1-\eta_j}.$$

Es gilt wiederum $\frac{\partial}{\partial g_j}\left(\frac{W_j}{P_j^V}\right) > 0$.

Lineare Taylor-Approximation an der Stelle $N_j = N_j^{tol}$ liefert

$$\frac{W_j}{P_j^V} = \overline{\Omega}_j \left(1 + \frac{g_j}{1-g_j} \frac{1}{\Lambda_j^{makro_1}} \frac{N_j - N_j^{tol}}{N_j^{tol}}\right). \tag{5.22}$$

Für die logarithmisch-lineare Approximation ergibt sich

$$w_j = p_j^V + \overline{\omega}_j + \delta_j^{makro_1} \cdot (n_j - n_j^{tol}) \tag{5.23}$$

$$\delta_j^{makro_1} := \frac{g_j}{1-g_j} \cdot \frac{1}{\Lambda_j^{makro_1}}. \tag{5.24}$$

Auch hier gilt der Zusammenhang $g_j \uparrow \longrightarrow \delta_j^{makro_1} \uparrow$; außerdem ist wegen $\eta_j < 1$:

$$\boxed{\delta_j^{makro_1} < \delta_j^{mikro_2}.} \tag{5.25}$$

Bei Berücksichtigung makroökonomischer Konsequenzen ist es aus gewerkschaftlicher Sicht rational, eine im Vergleich zur Mikroebene (i.S. von Branchenebene mit $\delta_j = \delta_j^{mikro_2}$) *zurückhaltendere Lohnpolitik* durchzuführen. Nutzenmaximierende Lohnsteigerungen fallen auf der Makroebene zugunsten der Beschäftigung *schwächer* aus, denn die Gewerkschaften beziehen die Auswirkungen der unternehmerischen Preisanpassung auf den Verbraucherpreisindex in ihr Kalkül ein. Die Vernachlässigung makroökonomischer Konsequenzen (d.h. $\delta_j = \delta_j^{mikro_2}$) führt dagegen zu einer Überbewertung des Realwertes der Konsumlöhne. Dies wiederum hat eine im Vergleich zur beschriebenen Makroebene expansive Lohnpolitik zur Folge. Vergleicht man *nutzenoptimale Kombinationen* von realem Konsumlohn und Beschäftigung der beiden Ansätze miteinander, so korrespondiert ein gegebener realer Konsumlohn auf der Makroebene mit einer höheren Beschäftigung als auf der Mikroebene.

Bei der gewerkschaftlichen Lohnpolitik kann von einer Berücksichtigung makroökonomischer Konsequenzen um so eher ausgegangen werden, je zentralisierter die Lohnverhandlungen stattfinden (Franz 1996b, S. 14).

Vergleicht man die Parameter $\delta_j^{makro_1}$ und $\delta_j^{mikro_1}$ miteinander, so gilt im Unterschied zu (5.25)

$$\delta_j^{mikro_1} < \delta_j^{makro_1} \quad \Longleftrightarrow \quad \frac{1-\eta_j}{1-\rho_j} > 1 \Longleftrightarrow \rho_j > \eta_j.$$

Diese Ungleichung ist wegen (5.20) erfüllt. Sie bleibt auch in einem allgemeineren Kontext gültig, wenn eine Lohnerhöhung gesamtwirtschaftlich eine Steigerung der unionsinternen und externen terms of trade (π_j und τ_j) induziert - und diese Steigerung von den Gewerkschaften auch antizipiert wird. Dadurch steigt P_j^V nicht so stark an wie P_j. Im Rahmen des Makroansatzes dominiert der lohnsteigernde Anreiz, der von einer antizipierten unternehmerischen Kostenüberwälzung ausgeht, den lohnsenkenden Effekt, der durch die Berücksichtigung der gesamtwirtschaftlichen Preisindexsteigerung ausgeht.[21] Der positive Gesamteffekt auf den realen Konsumlohn induziert dann vergleichsweise höhere Lohnforderungen (vgl. Driffill, v.d. Ploeg 1993, S. 381f.), d.h. $\delta_j^{mikro_1} < \delta_j^{makro_1}$. In diesem Fall fordert eine auf makroökonomischer Ebene agierende Gewerkschaft höhere Löhne als eine Gewerkschaft, die auf betrieblicher Ebene agiert und die gesamtwirtschaftlichen Effekte ihres Handelns *nicht* in ihrem Entscheidungskalkül berücksichtigt. Demgegenüber fordert sie geringere Löhne als eine auf Branchenebene agierende Gewerkschaft, die zwar die Kostenüberwälzung der Unternehmer antizipiert, nicht aber die Reaktion des Konsumentenpreisindexes:[22]

$$\boxed{\delta_j^{mikro_1} < \delta_j^{mikro_2} > \delta_j^{makro_1}.} \tag{5.26}$$

Interpretiert man $\delta_j^{mikro_2}$ als einen mittleren Zentralisierungsgrad der Gewerkschaften, so ist dieser mit dem höchsten realen Konsumlohn und dem geringsten Beschäftigungsniveau verbunden. Eine weitere Erhöhung des Zentralisierungsgrades der Gewerkschaften, d.h. ein Handeln auf Makroebene, induziert Internalisierungseffekte und infolgedessen eine Lohnzurückhaltung (Calmfors 1993, S. 165).

---

[21] Bei der Bestimmung von $\delta_j^{mikro_1}$ werden die beiden Effekte vernachlässigt.

[22] Dieses Ergebnis ist kompatibel mit der in der Literatur vorherrschenden Vorstellung, dass der Zusammenhang zwischen Lohnforderung und Zentralisierungsgrad einen ∩-förmigen Verlauf aufweist (vgl. z.B. Franz 1996a, S. 203).

Lohnsetzung, gesamtwirtschaftlicher Preisindex und gesamtwirtschaftliche Nachfrage. Rational handelnde Gewerkschaften berücksichtigen auf der Makroebene auch die Reaktion der *gesamtwirtschaftlichen* Nachfrage auf allgemeine Änderungen der inländischen Güterpreise, d.h.

$$W_j \longrightarrow P_j \longrightarrow Q_j$$

sowie die daraus resultierenden Beschäftigungseffekte. Q_j ist auf dieser Ebene für die Gewerkschaften keine Datenvariable mehr, sondern eine Reaktionsfunktion, die in closed-loop-Darstellung[23] vorliegt.

Der Zusammenhang zwischen Lohnsatz und gleichgewichtiger Güternachfrage soll vereinfacht durch

$$\frac{\partial Q_j}{\partial W_j} \cdot \frac{W_j}{Q_j} = v_j \tag{5.27}$$

dargestellt werden. v_j ist jetzt Bestandteil des gewerkschaftlichen Entscheidungsmodells. Das Vorzeichen dieser Elastizität ist dabei von den gewerkschaftlichen Vorstellungen über gesamtwirtschaftliche Wirkungszusammenhänge abhängig. Folgt man dem regelmäßig in deutschen Tarifverhandlungen vorgetragenen *Kaufkraftargument* der Löhne,[24] so muss von einem *positiven* Vorzeichen ausgegangen werden. Allerdings wurde in Kapitel 2 dieser Arbeit im Rahmen eines keynesianisch geprägten, nachfrageorientierten Modells ohne Heranziehung des *Kostenargumentes* der Löhne gezeigt, dass positive Nachfrageeffekte einer Lohnsteigerung nur kurzfristig in Spezialfällen auftreten können. Es wurde gezeigt, dass Lohnerhöhungen grundsätzlich *kontraktiv* auf die Nachfrage nach heimischen Produkten wirken und damit Outputsenkungen zur Folge haben.[25] Aus diesem Grunde wird nachfolgend

$$v_j < 0 \tag{5.28}$$

unterstellt.[26] Im gewerkschaftlichen Entscheidungsmodell wird damit von einem *negativen* Zusammenhang zwischen Lohnhöhe und Güternachfrage ausgegangen.

---

[23] Zur Definition von Informationsstrukturen in closed-loop-Form vgl. z.B. Basar, Olsder (1989, S. 10).

[24] Nach dem Kaufkraftargument der Löhne beleben Lohnsteigerungen über einen Anstieg der Lohnsumme die Konsumausgaben und stimulieren die Inlandsnachfrage. Vgl. z.B. Schnabel (1997, S. 83).

[25] Dieses Ergebnis entspricht auch verschiedenen empirischen Analysen, vgl. z.B. Lehment (1997).

[26] Im Rahmen der bisherigen Modellannahmen dieses Abschnitts gilt

$$\frac{\partial Q_j}{\partial W_j} \cdot \frac{W_j}{Q_j} = \epsilon_j \cdot \rho_j < 0.$$

Für die (von den Gewerkschaften erwartete) unternehmerische Arbeitsnachfragereaktion resultiert jetzt aus (5.6):

$$\frac{\partial N_j}{\partial W_j} = -\frac{N_j}{W_j} \cdot \left(1 - \rho_j - \upsilon_j\right).$$

Aus dem gewerkschaftlichen Optimierungsansatz erhält man in diesem Fall die Lohngleichung

$$W_j = \frac{(1-g_j)\Lambda_j^{makro_2}}{(1-g_j)\Lambda_j^{makro_2} + g_j \cdot \left(\frac{N_j^{tol}}{N_j} - 1\right)} \cdot P_j^V \cdot \overline{\Omega}_j \tag{5.29}$$

$$\text{mit} \qquad \Lambda_j^{makro_2} := \frac{1 - \rho_j - \upsilon_j}{1 - \eta_j}.$$

Lineare Taylor-Approximation an der Stelle $N_j = N_j^{tol}$ liefert

$$\frac{W_j}{P_j^V} = \overline{\Omega}_j \left(1 + \frac{g_j}{1-g_j} \frac{1}{\Lambda_j^{makro_2}} \frac{N_j - N_j^{tol}}{N_j^{tol}}\right). \tag{5.30}$$

Die logarithmisch-lineare Approximation hiervon ist

$$w_j = p_j^V + \overline{\omega}_j + \delta_j^{makro_2} \cdot (n_j - n_j^{tol}) \tag{5.31}$$

$$\delta_j^{makro_2} := \frac{g_j}{1-g_j} \cdot \frac{1}{\Lambda_j^{makro_2}}. \tag{5.32}$$

Zwischen der Elastizität υ_j und δ_j gilt der folgende Zusammenhang:

$$\boxed{\upsilon_j < 0 \quad \Longleftrightarrow \quad \delta_j^{makro_2} < \delta_j^{makro_1}.} \tag{5.33}$$

Die Berücksichtigung eines *negativen* Zusammenhangs zwischen Lohnhöhe und gesamtwirtschaftlicher Güternachfrage führt zu *geringeren* Lohnforderungen.

Im entgegengesetzten Fall $\upsilon_j > 0$ (d.h. bei einer gewerkschaftlichen Sichtweise, dass steigende Löhne letztlich die Nachfrage nach inländischen Produkten belebt) wäre dagegen $\delta_j^{makro_2} > \delta_j^{makro_1}$; dieses Ergebnis ist nicht kompatibel mit der Vorstellung, dass der Zusammenhang zwischen Lohnforderung und Zentralisierungsgrad einen $\cap$-förmigen Verlauf aufweist.

Zusammengefasst gilt die folgende

Proposition 5.1. *Berücksichtigen die Gewerkschaften in einem makroökonomischen Kontext die Kausalitäten*

1. Steigende Nominallöhne induzieren steigende Verbraucherpreise und infolgedessen eine Abschwächung des Reallohnanstiegs;

2. Steigende Nominallöhne induzieren steigende Güterpreise und eine kontraktive Reaktion der gesamtwirtschaftlichen Nachfrage nach heimischen Produkten;

so ist eine makroökonomisch rationale Lohnpolitik zurückhaltender als eine mikroökonomisch rationale Lohnpolitik.

Die Berücksichtigung von (1.) schwächt die positiven (realen) Konsumlohneffekte einer Lohnsteigerung ab, während (2.) den negativen trade-off zwischen Lohnsatz und Beschäftigung verstärkt.

Mit zunehmender Berücksichtigung makroökonomischer Konsequenzen (d.h. deren Übernahme in das gewerkschaftliche Entscheidungskalkül) fällt die optimale Lohnpolitik der Gewerkschaften zurückhaltender aus.

Insgesamt gilt (unter der Voraussetzung $v_j < 0$):

$$\boxed{\delta_j^{mikro_1} < \delta_j^{mikro_2} > \delta_j^{makro_1} > \delta_j^{makro_2}.} \tag{5.34}$$

Die Lohnforderungen fallen an den "Rändern" ($\delta_j^{mikro_1}$ und $\delta_j^{makro_2}$) am geringsten aus, d.h. wenn die Lohnbildung entweder vollkommen disaggregiert auf Firmenebene oder vollkommen aggregiert auf gesamtwirtschaftlicher Ebene erfolgt. Diese Ergebnisse sind kompatibel mit empirischen Beobachtungen.[27]

5.2.5 Exkurs: Modellendogene gewerkschaftliche Referenzgrößen

Ausgangspunkt für die nachfolgende, alternative Interpretation des gewerkschaftlichen Nutzenmaximierungsansatzes ist ein geräumter Arbeitsmarkt. W_j^* bezeichne den markträumenden Nominallohnsatz und N_j^* das korrespondierende (gesamtwirtschaftliche) Vollbeschäftigungsniveau des Konkurrenzgleichgewichts.

[27] Aus empirischer Sicht werden die Beschäftigungserfolge in den USA und Großbritannien den völlig dezentralisierten Lohnverhandlungen zugeschrieben, während der andere Extremfall hoher Zentralisierungsgrade in Norwegen und Schweden ebenfalls für die Begründung der dortigen Beschäftigungserfolge herangezogen wird. Vgl. z.B. Calmfors, Driffill (1988, S. 16ff.).

Die Gewerkschaft ist nun unter Inkaufnahme einer geringeren Beschäftigung bestrebt, ein Lohnniveau zu erzielen, welches das kompetitive Niveau W_j^* übersteigt.[28] Dabei wird der negative trade-off zwischen Lohnsatz und Beschäftigung durch die Reaktionsfunktion der Unternehmen berücksichtigt.[29] Das gewerkschaftliche Entscheidungsproblem lautet in diesem Fall

$$\mathcal{U}_j = \left(\frac{W_j - W_j^*}{P_j^V}\right)^{g_j} \left(\frac{N_j - \alpha_j \cdot N_j^*}{N_j^*}\right)^{1-g_j} \longrightarrow \max_{W_j} \qquad \alpha_j < 1$$

unter der Nebenbedingung

$$N_j = \nu_j \left(1 + \frac{1}{\epsilon_j}\right) \cdot Q_j \cdot \left(\frac{P_j}{W_j}\right).$$

Die gewerkschaftlichen Referenzgrößen sind im gesamtwirtschaftlichen Kontext endogen:

$$\overline{\Omega}_j := \frac{W_j^*}{P_j^V} \qquad N_j^{tol} = \alpha_j \cdot N_j^*.$$

Analog zu den Abschnitten 5.2.3 und 5.2.4 erhält man die log-linearen Approximationen[30]

$$\begin{aligned} w_j &= p_j^V + \overline{\omega}_j + \frac{g_j}{1-g_j}\frac{1}{\Lambda_j}(n_j - n_j^{tol}) && (5.35)\\ \overline{\omega}_j &:= w_j^* - p_j^V \\ n_j^{tol} &:= n_j^* - \mid \ln \alpha_j \mid . \end{aligned}$$

Mit der Erweiterung

$$\tilde{\omega}_j = \overline{\omega}_j + \frac{g_j}{1-g_j}\frac{1}{\Lambda_j} \mid \ln \alpha_j \mid$$

resultiert aus (5.35)

$$w_j = p_j^V + \tilde{\omega}_j + \tilde{\delta}_j \cdot (n_j - n_j^*),$$

wobei n_j^* das endogene Vollbeschäftigungsniveau bezeichnet. Bei zunehmender Unterbeschäftigung sind dann die Gewerkschaften bereit, Reallohnzugeständnisse, d.h. Abweichungen von $\tilde{\omega}_j$, zu akzeptieren.

---

[28] Vgl. Schnabel (1989, S. 154f.)
[29] Vgl. hierzu Goerke, Holler (1997, S. 171ff.).
[30] Die Spezifikation von Λ_j erfolgt wie in den zurückliegenden Abschnitten.

5.2.6 Tarifverhandlungen

Die in den Abschnitten 5.2.3 bis 5.2.4 abgeleiteten Lohngleichungen gehen von einer *Monopolgewerkschaft* aus, die den Lohnsatz im Rahmen ihres Optimierungskalküls einseitig festlegt. Im folgenden soll unterstellt werden, dass die Gewerkschaft nur über eine *unvollständige Lohnsetzungsmacht* verfügt und infolgedessen den Lohnsatz des Monopolmodells nicht in vollem Umfang realisieren kann. Stattdessen resultiert der Lohnsatz aus einem bilateralen Lohnabkommen (Tarifverhandlungen) zwischen Gewerkschaften und Arbeitgebervertretern, wobei die Unternehmen unilateral und autonom ihre optimale Beschäftigungshöhe festlegen (*right-to-manage-Ansatz*). Der resultierende Lohnsatz ist folglich das Ergebnis eines Verhandlungsprozesses zweier nutzenmaximierender Akteure. Löhne und Beschäftigung resultieren aus einem zweistufigen Prozess:

Auf der *ersten Stufe* erfolgt die Verhandlung über die Höhe der Nominallöhne.

Auf der *zweiten Stufe* legen die Unternehmer autonom die Höhe der Beschäftigung fest.

Das Verhandlungsergebnis soll nachfolgend durch die *Nash-Verhandlungslösung* abgebildet werden (Layard, Nickell 1990, S. 782). Dabei besteht das Ziel der Tarifparteien in der Maximierung des (gewichteten) Produktes (dem sogenannten *Nash-Produkt*) ihrer Nutzenfunktionen (Nickell, Andrews, 1983),[31]

$$\mathcal{U}_j^{\gamma_j} \cdot \Pi_j^{1-\gamma_j} \longrightarrow \max_{W_j}, \tag{5.36}$$

unter der Nebenbedingung

$$N_j = \nu_j \left(1 + \frac{1}{\epsilon_j}\right) \cdot Q_j \cdot \left(\frac{P_j}{W_j}\right) \qquad \epsilon_j < -1.$$

Dabei bezeichnet $U_j = U_j\left(W_j/P_j^V, N_j\right)$ den Gewerkschaftsnutzen (vgl. die Nutzenfunktion 5.5) und Π_j den unternehmerischen Betriebsgewinn,[32]

$$\Pi_j := P_j \cdot Q_j(N_j) - W_j \cdot N_j.$$

[31] Diese (als stabil angenommene) Nash-Lösung kann als Näherung zu komplexeren Verhandlungsansätzen angesehen werden. Vgl. Binmore, Rubinstein, Wolinsky (1986).

[32] Es wird angenommen, dass der Nutzen der Unternehmer linear im Gewinn ist. Vgl. z.B. Holler, Illing (1996, S. 180ff.).

γ_j ist das Maß für die Verhandlungsmacht der Gewerkschaften.[33] Für $\gamma_j = 1$ liegt als Spezialfall das gewerkschaftliche Monopolmodell vor. Dagegen werden im Fall $0 < \gamma_j < 1$ sowohl Gewerkschafts- als auch Unternehmerinteressen berücksichtigt.

Formal wird in (5.36) das geometrische gewichtete Mittel aus Gewerkschafts- und Unternehmernutzen maximiert. Die Verhandlungslösung ist gekennzeichnet durch[34]

$$\gamma_j \cdot \frac{\mathcal{U}_{W_j}}{\mathcal{U}_j} \stackrel{!}{=} -(1-\gamma_j) \cdot \frac{\Pi_{W_j}}{\Pi_j}.$$

Mittels des Gewichtungsfaktors γ_j erfolgt eine Parametrisierung der gewerkschaftlichen Lohnsetzungsmacht: Im Fall $\gamma_j = 1$ ergeben sich die Ergebnisse des Monopolmodells ($W_j = W_j^M$, Abschnitte 5.2.3 und 5.2.4), im Fall $\gamma_j = 0$ ist die Lohnsetzungsmacht der Gewerkschaften gleich null, so dass die Reallöhne auf das Mindestniveau $\overline{\Omega}_j$ absinken.[35] Für dazwischenliegende Parametrisierungen ergibt sich als Ergebnis eines verhandlungstheoretischen Ansatzes ein gewichtetes Mittel aus W_j^M und $\overline{\Omega}_j \cdot P_j^V$. Die resultierenden Verhandlungslöhne sind in diesem Fall stets niedriger als die bei vollständiger Lohnsetzungsmacht (siehe Calmfors, Driffill (1988, S. 37)).

Die log-linearen Approximationen der optimalen Verhandlungslösungen ergeben jeweils eine Lohngleichung der Form[36]

$$w_j = \overline{\omega}_j + p_j^V + \delta_j \cdot (n_j - n_j^{tol})$$

mit

$$\begin{aligned} \gamma_j = 0 &\implies \delta_j = 0 \\ 0 < \gamma_j < 1 &\implies \frac{\partial \delta_j}{\partial \gamma_j} > 0 \\ \gamma_j = 1 &\implies \delta_j = \delta_j^M, \end{aligned}$$

wobei δ_j^M die jeweilige Lösung des Monopolmodells bezeichnet (vgl. hierzu die Abschnitte 5.2.3 und 5.2.4.

Anmerkung: Im vorliegenden Ansatz bestehen zwischen den log-linearen Lösungen des Monopolmodells und denen des Verhandlungsmodells für $N_j \approx$

[33] Im Fall unterschiedlich starker Verhandlungsmacht zwischen Gewerkschaften und Arbeitgebervertretern, d.h. $\gamma_j \neq 0.5$, spricht man auch von einem asymmetrischen Nash-Produkt.

[34] Siehe Anhang C.1. Vgl. auch Ulph, Ulph (1990) sowie Booth (1995).

[35] In der Literatur wird häufig davon ausgegangen, dass die Marktmacht der Gewerkschaften mit dem Zentralisierungsgrad ansteigt (vgl. Calmfors, Driffill 1988). Insofern kann auf der Makroebene von einer höheren Verhandlungsmacht der Gewerkschaften ausgegangen werden als auf der Mikroebene.

[36] Siehe Anhang C.1.

N_j^{tol} *keine* qualitativen Unterschiede, d.h. die linearen Taylorapproximationen an der Stelle $N_j = N_j^{tol}$ stimmen für beide Ansätze überein.

Für $N_j > N_j^{tol}$ erhält man das Ergebnis, dass der Verhandlungsansatz zu einem geringeren Lohnsatz führt als der Monopolansatz (vgl. z.B. Goerke, Holler 1997, S. 183).[37]

5.2.7 Eigenschaften der Lohngleichungen

In den zurückliegenden Abschnitten 5.2.3 bis 5.2.6 wurden aus einem Nutzenmaximierungskalkül der Tarifparteien nationale Lohngleichungen für die beiden Unionsländer hergeleitet. In logarithmisch-linearer Darstellung lauten diese

$$w_1 = \overline{\omega}_1 + p_1^V + \delta \cdot (n_1 - n_1^{tol}) \quad (5.37)$$

$$w_2 = \overline{\omega}_2 + p_2^V + \delta^* \cdot (n_2 - n_2^{tol}). \quad (5.38)$$

Zunächst ist festzuhalten, dass die *Löhne* in allen oben behandelten Fällen rationalen Gewerkschaftsverhaltens *vollständig indexiert* sind.[38]

Dabei resultieren der Mindestreallohn $\overline{\omega}_1$ bzw. $\overline{\omega}_2$, das Toleranzniveau für die Beschäftigung n_1^{tol} bzw. n_2^{tol} sowie die Parameter δ bzw. δ^* aus den Präferenzen der nationalen Gewerkschaften.

Insbesondere ist δ (bzw. δ^*) um so größer,

- je stärker die nationalen Gewerkschaften das Reallohnziel gewichten
- je weniger die Gewerkschaften gesamtwirtschaftliche Konsequenzen ihres Handelns berücksichtigen[39]
- je höher die Lohnsetzungsmacht der Gewerkschaften ist.

Unterschiede zwischen δ und δ^* können aus unterschiedlichen nationalen Gewichtungen des Reallohnziels resultieren oder aus einer unterschiedlichen Lohnsetzungsmacht;[40] außerdem ergeben sich unterschiedliche δ und δ^*, wenn die Gewerkschaften eines Landes auf der Mikroebene agieren, während die Zentralgewerkschaft des Partnerlandes die gesamtwirtschaftlichen Konsequenzen ihrer Lohnpolitik explizit in ihrem Entscheidungsmodell berücksichtigt.

---

[37] Dieses Ergebnis liegt darin begründet, dass eine Lohnsteigerung nicht nur eine Nutzenminderung durch den Beschäftigungsrückgang verursacht, sondern darüber hinaus eine Senkung des unternehmerischen Gewinns.

[38] Zu diesem Ergebnis kommen auch Fehr, Hof (1994).

[39] Eine Ausnahme bildet der Fall einer vollkommen dezentralisierten Lohnverhandlung (auf Firmenebene).

[40] Empirische Untersuchungen bestätigen, dass die Lohnvereinbarungen vom Beschäftigungsgrad und von der relativen Verhandlungsstärke der Gewerkschaften abhängen (z.B. Bean 1994, S. 759).

Formuliert man die Lohngleichungen (5.37) und (5.38) in Änderungsraten (bei konstanten Werten von $\overline{\omega}_1$ und $\overline{\omega}_2$ sowie von n_1^{tol} und n_2^{tol}), d.h.

$$\dot{w}_1 = \dot{p}_1^V + \delta \cdot \dot{n}_1 \qquad (5.39)$$
$$\dot{w}_2 = \dot{p}_2^V + \delta^* \cdot \dot{n}_2, \qquad (5.40)$$

so erkennt man, dass ein konstantes Arbeitslosen*niveau*, d.h.

$$\dot{n}_j = 0 \qquad j = 1, 2$$

keinen dämpfenden Einfluss auf die Lohnentwicklung ausübt. Es gilt also

$$\frac{\partial \dot{w}_j}{\partial n_j} = 0.$$

Lediglich unmittelbar zurückliegende *Änderungen* der Arbeitslosigkeit (d.h. $\dot{n}_j \neq 0$) lösen eine Anpassungsreaktion der Löhne aus:

$$\frac{\partial \dot{w}_j}{\partial \dot{n}_j} > 0.$$

Es besteht eine Abhängigkeit zwischen der Reallohn*änderungsrate* und der *Änderung* der Arbeitslosigkeit, nicht aber zwischen der Reallohn*änderungsrate* und dem *Niveau* der Arbeitslosigkeit. Eine Änderung des Beschäftigungsniveaus n_j aufgrund exogener Schocks induziert im Rahmen des *Verhandlungsansatzes* lediglich eine *einmalige* Lohnanpassung, so dass bei gegebenem δ bzw. δ^* die Gleichung (5.37) bzw. (5.38) erfüllt ist. Weitere Lohnänderungen aufgrund einer bestehenden Unterbeschäftigung treten *nicht* auf. Im Gegensatz dazu erfolgen im Rahmen eines *Phillips-Kurven-Ansatzes permanente* Lohnänderungen, bis das natürliche Beschäftigungsniveau erreicht ist.

Durch die Annahme ökonomisch rationalen Verhaltens der Tarifparteien ändert sich gegenüber den traditionellen *Phillips-Kurven-Ansätzen* der Zusammenhang zwischen realem Konsumlohn und Beschäftigung: Während in Phillips-Kurven-Ansätzen das *Niveau* der Arbeitslosenquote (bzw. deren Differenz vom natürlichen Niveau) in negativer Weise die Lohnsteigerungsraten beeinflusst,[41] ändern sich die realen Konsumlöhne, die aus *Verhandlungsansätzen* abgeleitet werden - bei gegebenen Präferenzen - nur bei *Veränderungen* der Beschäftigung bzw. der Arbeitslosenquote (vgl. Schnabel 1997, S. 29f.). Die Höhe der Arbeitslosenquote ist nach diesem Ansatz *nicht*

[41] Darüber hinaus wird in traditionellen makroökonomischen Modellen angenommen, dass der aus der Phillips-Kurve resultierende Lohnanpassungsprozess dazu führt, dass das natürliche Beschäftigungsniveau (langfristig) erreicht wird.

signifikant für die Entwicklung der Löhne im Zeitverlauf.[42] Phillips-Kurven-Effekte i.S. eines lohndämpfenden Einflusses des Arbeitslosenniveaus treten bei einer Konstanz von $\overline{\omega}_j$ und n_j^{tol} *nicht* auf.

Änderungen von n_j (d.h $\dot{n}_j \neq 0$), die als Veränderung der Zahl (bzw. Quote) der kurzfristig Arbeitslosen[43] aufgefasst werden kann, haben Auswirkungen auf die Entwicklung des optimalen Tariflohns; das Arbeitlosenniveau übt dagegen keinen dämpfenden Einfluss auf die Lohninflation $\dot{w}_j$ aus. Diese Ergebnisse sind kompatibel mit empirischen Untersuchungen.[44]
Dagegen gilt bei Änderungen von $\overline{\omega}_j$ und n_j^{tol}:

$$\begin{aligned} \frac{\partial}{\overline{\omega}_j}\left(\frac{W_j}{P_j^V}\right) &> 0 \\ \frac{\partial}{n_j^{tol}}\left(\frac{W_j}{P_j^V}\right) &< 0. \end{aligned} \tag{5.41}$$

Eine Erhöhung des Anspruchsniveaus $\overline{\omega}_j$ induziert im Rahmen des Verhandlungsansatzes Steigerungen des realen Konsumlohns, während eine Anhebung der unteren Beschäftigungsgrenze n_j^{tol} Reallohnzugeständnisse zur Folge hat.

5.2.8 Spezialfälle und Erweiterungen

Ausgehend von den log-linearen Lohngleichungen (5.37) und (5.38) sollen nachfolgend Erweiterungen vorgestellt werden. Diese Erweiterungen betreffen die Spezifikation der bisher exogen vorgegebenen Größen $\overline{\omega}_j$ und n_j^{tol}.

---

[42] Coe (1990, S.65 ff.) untersucht für verschiedene europäische Länder die Determinanten der Konsumentenreallohnentwicklung. Die Ergebnisse unterstreichen die internationalen Asymmetrien in den Lohngleichungen sowie die empirische Relevanz des Lohnverhandlungsmodells. Insgesamt kommt Coe zu dem Ergebnis, dass die Unterbeschäftigungsrate in den meisten der untersuchten Industrien *keinen* signifikanten Einfluss auf die Lohnentwicklung haben. Industrien, in denen die Löhne einem Phillips-Kurven-Ansatz folgen, bilden demnach die Ausnahme. Unterbeschäftigung beeinflusst eher das Niveau der Löhne, nicht jedoch deren Wachstum.

Hansen (1991, S. 275f.) zeigt in einer Untersuchung für den deutschen Arbeitsmarkt, dass eine Abhängigkeit zwischen Reallohn*änderungsrate* und *Änderung* der Arbeitslosenrate besteht, nicht aber zwischen Reallohnänderungsrate und dem Niveau der Arbeitslosenrate.

[43] Diese Größe kann als Anzahl der weniger als ein Jahr lang Arbeitslosen aufgefasst werden.

[44] Schnabel (1997, S. 129) zeigt in empirischen Untersuchungen für Deutschland, dass von der kollektiven Lohnfindung keine Impulse zum Abbau der Langzeitarbeitslosigkeit ausgehen.

Perfekte Reallohnrigidität. Orientiert sich die tolerierte Arbeitslosenquote u_j^{tol} an der tatsächlichen zeitlichen Entwicklung von u_j, d.h. gilt

$$\dot{u}_j^{tol} = \dot{u}_j$$

bzw.

$$\dot{n}_j^{tol} = \dot{n}_j, \tag{5.42}$$

so gilt

$$\begin{aligned} \left(n_j - n_j^{tol}\right)(t) &= \left(n_j - n_j^{tol}\right)(t_0) \\ \Longrightarrow & \\ w_j - p_j^V &= \overline{\omega}_j + \delta_j \left(n_j - n_j^{tol}\right)(t_0) \\ &=: \tilde{\omega}_j(t_0). \end{aligned} \tag{5.43}$$

Die Verhaltensgleichung (5.42) induziert eine *Konsumentenreallohnrigidität* gemäß (5.43). Stetige Änderungen der Arbeitslosigkeit üben über den Gewöhnungseffekt (5.42) keinen Einfluss auf die Lohninflation $\dot{w}_j$ aus. Lediglich (einmalige) Schocks führen zu einer (einmaligen) Anpassungsreaktion der Reallöhne.

Hysterese. *Hysterese* im Sinne von *Ratchet-Effekten* tritt auf, wenn sich die gewerkschaftlichen Vorstellungen bzgl. $\overline{\omega}_j$ und n_j^{tol} nur dann anpassen, wenn signifikante Änderungen in der Beschäftigung oder im Reallohnniveau aufgetreten sind:

Genese von Hystereseeffekten durch Beschäftigungsschwankungen

$\dot{n}_j^{tol}(t)$	$= 0$	falls $\mid n_j(t) - n_j(t_k) \mid < \xi_j, \quad t \geq t_k$
$\Delta \mid n_j^{tol}(t_{k+1}) \mid$	> 0	falls im Zeitpunkt $t = t_{k+1}$ gilt: $\mid n_j(t_{k+1}) - n_j(t_k) \mid \geq \xi_j$. Ersetze anschließend t_k durch t_{k+1}.

Solange nur geringe Beschäftigungsänderungen auftreten, tritt keine Verhaltensänderung der Gewerkschaften auf ($\dot{n}_j^{tol}(t) = 0$). Kommt es dagegen zu signifikanten Beschäftigungsänderungen, erfolgt eine (gleichgerichtete) Anpassung des tolerierten Arbeitslosenniveaus ($\Delta \mid n_j^{tol}(t_{k+1}) \mid > 0$).

Die folgende Grafik verdeutlicht diesen Zusammenhang:

Hystereseeffekte durch gewerkschaftliche Verhaltensänderung: Senkung des tolerierten Beschäftigungsniveaus

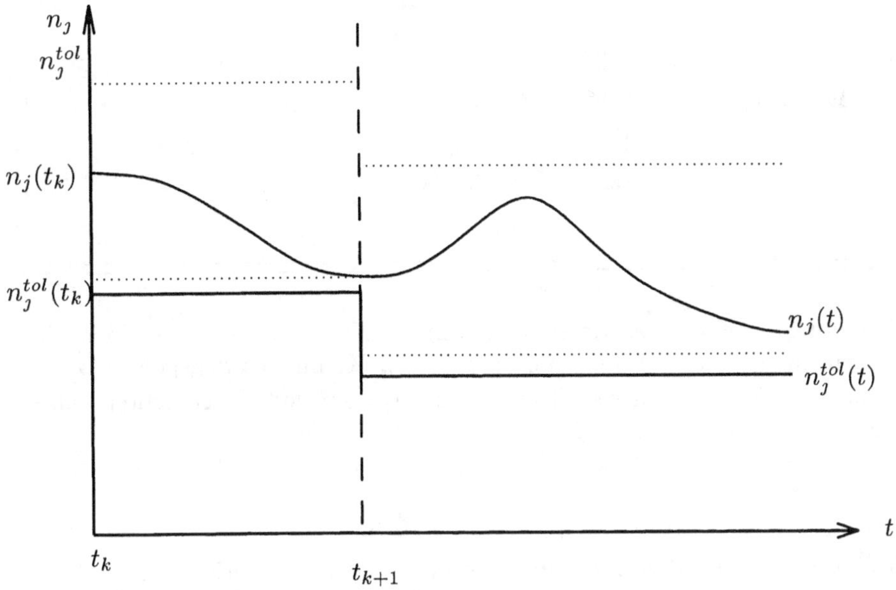

Nachdem die Beschäftigung $n_j(t)$ (durchgezogene Kurve) in $t = t_{k+1}$ das Niveau $n_j^{tol}(t_k) - \xi_j$ (untere gepunktete Kurve) erreicht hat, erfolgt eine Verhaltensanpassung, indem die tolerierte Beschäftigungsuntergrenze von $n_j^{tol}(t_k)$ auf $n_j^{tol}(t_{k+1})$ sinkt (treppenförmige, durchgezogene Linie). Dies löst einen *Ratchet-Effekt* aus: Obwohl die Beschäftigung anschließend wieder - etwa aufgrund eines Nachfrageschocks - ansteigt, bleibt das Referenzniveau $n_j^{tol}(t_{k+1})$ unverändert, denn es gilt

$$| n_j(t) - n_j(t_{k+1}) | < \xi_j, \qquad t \geq t_{k+1}.$$

Die Lohnentwicklung orientiert sich daher weiterhin am Niveau $n_j^{tol}(t_{k+1})$. Dies induziert gemäß (5.37) bzw. (5.38) vergleichsweise hohe Löhne, so dass die tatsächliche Arbeitslosigkeit langfristig ansteigt.

Analog resultieren *Hysterese-Effekte* aus Änderungen des Anspruchsniveaus $\overline{\omega}_j$:

Genese von Hystereseeffekten durch Schwankungen des realen Konsumlohnes

$$\begin{array}{rll} \dot{\overline{\omega}}_j(t) & = 0 & \text{falls } \mid (w_j - p_j^V)(t) - (w_j - p_j^V)(t_l) \mid < \chi_j, \quad t \geq t_l \\ \mid \Delta\overline{\omega}_j(t_{l+1}) \mid & > 0 & \text{falls im Zeitpunkt } t = t_{l+1} \text{ gilt:} \\ & & \mid (w_j - p_j^V)(t_{l+1}) - (w_j - p_j^V)(t_l) \mid \geq \chi_j \\ & & \text{ersetze anschließend } t_l \text{ durch } t_{l+1}. \end{array}$$

Geringe Änderungen des realen Konsumlohnes $(w_j - p_j^V)$ bleiben ohne Auswirkungen auf das Anspruchsniveau $\overline{\omega}_j$. Kommt es dagegen (z.B. aufgrund von Schocks) zu signifikanten Änderungen des Konsumentenreallohnes, so erfolgt eine (gleichgerichtete) Anpassung von $\overline{\omega}_j$.
Sinkt der Reallohn nach der Erhöhung des Anspruchsniveaus $\overline{\omega}_j(t_{l+1})$ wieder ab, so dass

$$\mid (w_j - p_j^V)(t) - (w_j - p_j^V)(t_{l+1}) \mid < \chi_j,$$

erfolgt keine Verhaltensänderung. Die Lohnforderungen orientieren sich weiterhin am erhöhten Niveau $\overline{\omega}_j(t_{l+1})$, wodurch langfristig die Beschäftigung absinkt.

Phillips-Kurven-Effekte. Gemäß den Phillips-Kurven-Ansätzen übt das Arbeitslosen*niveau* einen negativen Einfluss auf die Lohninflation $\dot{w}_j$ aus. Im vorliegenden Ansatz liegt ein *Phillips-Kurven-Effekt* vor, wenn sich das Anspruchsniveau $\overline{\omega}_j$ an dem Niveau der Arbeitslosigkeit orientiert, d.h.

$$\dot{\overline{\omega}}_j = \lambda_j(n_j - n_j^*) \qquad \lambda_j > 0.$$

Liegt die Beschäftigung n_j unter ihrem natürlichen Niveau n_j^*, sinkt das Anspruchsniveau $\overline{\omega}_j$ allmählich ab; dies induziert gemäß (5.37) und (5.38) sowie (5.41) sinkende Lohnforderungen und in der Folge positive Beschäftigungseffekte.
In diesem Fall geht von dem Arbeitslosenniveau ein Lohndruck aus. Die *traditionelle Phillips-Kurve* erhält man dann im *Spezialfall* $\delta_j = 0$:

$$\begin{aligned} w_j &= \overline{\omega}_j + p_j^V + \delta_j \cdot (n_j - n_j^{tol}) \\ \dot{\overline{\omega}}_j &= \lambda_j(n_j - n_j^*) \qquad \lambda_j > 0 \\ \delta_j &= 0 \\ \Longrightarrow & \\ \dot{w}_j &= \dot{p}_j^V + \lambda_j(n_j - n_j^*). \end{aligned}$$

Im Fall $\delta_j > 0$ ist die Lohnentwicklung *sowohl* von der *Veränderung* als auch vom *Niveau* der Unterbeschäftigung abhängig:

$$\begin{aligned}
w_j &= \overline{\omega}_j + p_j^V + \delta_j \cdot (n_j - n_j^{tol}) \\
\dot{\overline{\omega}}_j &= \lambda_j (n_j - n_j^*) \qquad \lambda_j > 0 \\
\Longrightarrow & \\
\dot{w}_j &= \dot{p}_j^V + \delta_j \cdot (\dot{n}_j - \dot{n}_j^{tol}) + \lambda_j (n_j - n_j^*).
\end{aligned}$$

5.2.9 Vollständige Asymmetrie in Europa

In den nachfolgenden makroökonomischen Analysen für die Mitgliedsländer der Währungsunion wird von einer *vollständigen Asymmetrie* in den Lohngleichungen ausgegangen, d.h.

$$\begin{aligned}
\delta &\neq \delta^* \\
\overline{\omega}_1 &\neq \overline{\omega}_2 \\
n_1^{tol} &\neq n_2^{tol}.
\end{aligned}$$

(Dabei wurde δ_1 durch δ und δ_2 durch δ^* ersetzt.) Dadurch wird berücksichtigt, dass die Reaktion der Löhne auf Unterbeschäftigung im europäischen Vergleich deutliche Unterschiede aufweist (Horn et al. 1999, S. 52). Im einzelnen sind dies im Ländervergleich

- unterschiedliche Gewichtungen des Reallohnziels
- unterschiedliche Anspruchsniveaus
- unterschiedliche Toleranz der Arbeitslosigkeit
- unterschiedliche Zentralisierungsgrade.

Eine *weitere Asymmetrie* betrifft den (logarithmierten) Preisindex für Konsumgüter,

$$\begin{aligned}
p_1^V &= \alpha_1 p_1 + \alpha_2 p_2 + \alpha_3 (p^a - e) \\
p_2^V &= \alpha_1^* p_2 + \alpha_2^* p_1 + \alpha_3^* (p^a - e).
\end{aligned}$$

Aus empirischer Sicht muss davon ausgegangen werden, dass die nachfrageseitigen Offenheitsgrade α_2, α_3 mit den entsprechenden Parameterwerten des Partnerlandes α_2^*, α_3^* *nicht* übereinstimmen.[45] Aus diesem Grunde wird in den nachfolgenden Analysen berücksichtigt, dass

$$\begin{aligned}
\alpha_1 &\neq \alpha_1^* \\
\alpha_2 &\neq \alpha_2^* \\
\alpha_3 &\neq \alpha_3^*.
\end{aligned}$$

[45] Davidson (1994, S. 205) bestimmt die aggregierte Offenheitsgrade im Sinne von $(\alpha_2 + \alpha_3)$ u.a für verschiedene europäische Länder.

5.3 Konsequenzen für die makroökonomische Modellierung der gesamtwirtschaftlichen Angebotsseite

Mit der Herleitung der Lohngleichungen für die einzelnen Unionsländer ist die Modellierung der makroökonomischen Angebotsseite für die Währungsunion abgeschlossen.

Die in dynamischen Modellen anglo-amerikanischer Prägung übliche,[46] kompetitive Abbildung der Angebotsseite kann auf das System

$$p_j = c_0 + w_j \tag{5.44}$$
$$\dot{w}_j = \dot{p}_j^V + \lambda \cdot (y_j - \overline{y}_j) \quad \lambda > 0,\ j = 1,2 \tag{5.45}$$

($\overline{y}_j$ bezeichnet das natürliche Outputniveau) reduziert werden. Die angebotsseitige Modelldynamik wird aus einer Walras-Gleichung (Phillips-Kurve) für den Arbeitsmarkt (Hansen 1991, S. 282) abgeleitet.

Demgegenüber wird in der weiteren Analyse davon ausgegangen, dass die angebotsseitigen Verhältnisse in Europa durch Lohngleichungen gekennzeichnet sind, in denen der Phillips-Kurven-Effekt nicht permanent wirksam ist. Im Rahmen des vorliegenden Konjunkturmodells[47] wird sein Effekt infolgedessen als vernachlässigbar angesehen. Die vollständige Angebotsseite lautet

— für Unionsland U_1:

$$c_1 = -\theta_0 + w_1 \tag{5.46}$$
$$p_1^m = \theta_1 + c_1 + \kappa \cdot y_1 \tag{5.47}$$
$$\dot{p}_1 = \dot{p}_1^m + \beta \cdot \left(p_1^m - p_1\right) \tag{5.48}$$
$$n_1 = -\theta_0 + \frac{1}{\nu} \cdot y_1 \tag{5.49}$$
$$w_1 = p_1^V + \overline{\omega}_1 + \delta \cdot (n_1 - n_1^{tol}) \tag{5.50}$$

— für Unionsland U_2:

$$c_2 = -\theta_0^* + w_2 \tag{5.51}$$
$$p_2^m = \theta_1^* + c_2 + \kappa^* \cdot y_2 \tag{5.52}$$
$$\dot{p}_2 = \dot{p}_2^m + \beta \cdot \left(p_2^m - p_2\right) \tag{5.53}$$
$$n_2 = -\theta_0^* + \frac{1}{\nu^*} \cdot y_2 \tag{5.54}$$
$$w_2 = p_2^V + \overline{\omega}_2 + \delta^* \cdot (n_2 - n_2^{tol}). \tag{5.55}$$

[46] Vgl. hierzu die Ausführungen in Kapitel 4.

[47] Die Gültigkeitsdauer des Konjunkturmodells ist beispielsweise durch die Annahme eines festen Kapitalstocks sowie der Vernachlässigung technischen Fortschritts beschränkt.

Dieser Ansatz ist durch einen unvollständigen Wettbewerb gekennzeichnet. Die Konjunkturdynamik ergibt sich hier aus einer verzögerten Anpassung der Preise an Kostenänderungen. Die einzelnen Verhaltensgleichungen resultieren aus einem entscheidungslogischen Ansatz. Darüber hinaus werden diese Modellgleichungen durch eine Vielzahl empirischer Untersuchungen in der Literatur gestützt.

Diese - gegenüber dem Phillips-Kurven-Ansatz (5.44, 5.45) - *Neuformulierung der Angebotsseite* hat Konsequenzen für die Analyse der langfristigen Entwicklung einer Volkswirtschaft, aber auch für die kurzfristige konjunkturelle Entwicklung, wie in den nachfolgenden Abschnitten gezeigt wird.

Anmerkung: In den Lohngleichungen (5.50) und (5.55) wird vereinfachend von einer unverzüglichen Anpassung an Datenänderungen ausgegangen. Eine verzögerte Anpassung des Nominallohns an unstetige Änderungen der Datenvariablen kann analog zu Kapitel 2 abgebildet werden.

5.4 Änderungen des Gewerkschaftsverhaltens: Eine gesamtwirtschaftliche Steady-State-Analyse

In Abschnitt 5.4 werden die langfristigen Auswirkungen gewerkschaftlicher Verhaltensänderungen auf gesamtwirtschaftliche Aggregatvariablen analysiert. Die Ergebnisse resultieren aus einem System in- und ausländischer Reaktionsfunktionen. Der makroökonomische Kontext ist durch *unvollständige* Konkurrenz auf den Güter- und Arbeitsmärkten, d.h. durch Marktmacht der Unternehmer und der Gewerkschaften, gekennzeichnet.

5.4.1 Output und Konjunkturübertragung

Der Steady-State ist gekennzeichnet durch

$$\begin{aligned} \dot{r}_1 &= 0 \\ \dot{\pi}_1 &= 0 \\ p_1 &= p_1^m \\ p_2 &= p_2^m \end{aligned}$$

sowie

$$\dot{p}_1 = \dot{p}_2 = \dot{w}_1 = \dot{w}_2 = \hat{m}.$$

Im langfristigen Gleichgewicht sind sämtliche Anpassungsprozesse auf den Güter- und Finanzmärkten abgeschlossen; die Preis- und Lohninflation stimmt mit der Geldmengenwachstumsrate überein. Das *Niveau* der Löhne und Preise, der Produktion und der Beschäftigung resultiert jeweils aus einem Rationalkalkül der Wirtschaftssubjekte. Die Beschäftigung im Steady-State ist folglich kompatibel mit den Optimierungsansätzen von Unternehmen und Gewerkschaften. Es liegt insofern ein Quasi-Gleichgewicht auf dem Arbeitsmarkt vor: Es handelt sich dabei um ein *stabiles Unterbeschäftigungsgleichgewicht*;[48] Arbeitslosigkeit hat folglich im vorliegenden Modell strukturellen Charakter.

Die aus den Steady-State-Bedingungen resultierenden Modellgleichungen für die lange Frist lauten

$$p_1 = -\theta_0 + \theta_1 + w_1 + \kappa \cdot y_1 \tag{5.56}$$
$$n_1 = -\theta_0 + \frac{1}{\nu} \cdot y_1 \tag{5.57}$$
$$w_1 = p_1^V + \overline{\omega}_1 + \delta \cdot (n_1 - n_1^{tol}) \tag{5.58}$$
$$p_2 = -\theta_0^* + \theta_1^* + w_2 + \kappa^* \cdot y_2 \tag{5.59}$$
$$n_2 = -\theta_0^* + \frac{1}{\nu^*} \cdot y_2 \tag{5.60}$$
$$w_2 = p_2^V + \overline{\omega}_2 + \delta^* \cdot (n_2 - n_2^{tol}) \tag{5.61}$$

sowie

$$y_1 = a_0 + a_1 y_1 - a_2(i_a - \dot{p}^a) + g_1 - b_{11} y_1 + b_{12} y_2 + b_2 y^a - b_3 \tau_1 - b_4 \pi_1 \tag{5.62}$$
$$y_2 = a_0 + a_1 y_2 - a_2(i_a - \dot{p}^a) + g_2 - b_{11} y_2 + b_{12} y_1 + b_2 y^a - b_3 \tau_2 - b_4 \pi_2 \tag{5.63}$$
$$\tau_{1(2)} = p_{1(2)} - (p^a - e)$$
$$\pi_{1(2)} = p_{1(2)} - p_{2(1)}$$
$$m = l_0 + p_1 + l_1 y_1 - l_2 i_1 + p_2 + l_1 y_2 - l_2 i_2 \tag{5.64}$$
$$i_1 = i_2 = i^a + \hat{m}. \tag{5.65}$$

Die **Angebotsseite** der beiden Unionsländer resultiert für jedes Land aus den inländischen Preis- und Lohngleichungen, die jeweils aus einem konsistenten, mikroökonomisch fundierten Modell abgeleitet werden. Im Steady-State folgen aus (5.56) bis (5.58) sowie (5.59) bis (5.61) die Beziehungen[49]

[48] Im Gegensatz hierzu resultieren in der Keynesianischen Theorie Unterbeschäftigungsgleichgewichte bei flexiblen Preisen aus so genannten Angebots- oder Nachfragedefekten.

[49] Reduziert man die beiden Angebotsgleichungen auf diejenigen einer geschlossenen Volkswirtschaft, d.h. setzt man formal $\alpha_2 = \alpha_3 = 0$ und $\alpha_2^* = \alpha_3^* = 0$, so determinieren *allein* die nationalen Angebotsfunktionen stabile Unter-

$$\delta/\nu \cdot (y_1 - y_1^{tol}) + \kappa y_1 = \theta_0 - \theta_1 - \overline{\omega}_1 + \alpha_2\pi_1 + \alpha_3\tau_1 \quad (5.66)$$

$$\delta^*/\nu^* \cdot (y_2 - y_2^{tol}) + \kappa^* y_2 = \theta_0^* - \theta_1^* - \overline{\omega}_2 - (\alpha_2^* + \alpha_3^*)\pi_1 + \alpha_3^*\tau_1. \quad (5.67)$$

Beide Angebotsgleichungen sind über die Preisverhältnisse τ_1 und π_1, die wiederum Determinanten der Lohnbildung sind, von der Nachfrageseite des Modells abhängig.

Die Gleichungen (5.66) und (5.67) definieren durch Auflösen nach y_1 bzw. y_2 die folgenden langfristigen gesamtwirtschaftlichen Angebotsfunktionen für U_1 und U_2:

$$\begin{aligned} y_1 &= y_1\Big(\overset{+}{\tau_1}, \overset{+}{\pi_1}, \overset{-}{\overline{\omega}_1}, \overset{+}{n_1^{tol}}, \overset{-}{\delta}, \overset{+}{\theta_0}, \overset{-}{\theta_1}\Big) \quad (5.68)\\ &= y_1^I\Big(\theta_0, \tau_1, \pi_1\Big) + y_1^{II}\Big(\delta, \overline{\omega}_1, n_1^{tol}, \theta_1\Big) \\ y_2 &= y_2\Big(\overset{+}{\tau_2}, \overset{-}{\pi_1}, \overset{-}{\overline{\omega}_2}, \overset{+}{n_2^{tol}}, \overset{-}{\delta^*}, \overset{+}{\theta_0^*}, \overset{-}{\theta_1^*},\Big) \quad (5.69)\\ &= y_2^I\Big(\theta_0^*, \tau_2, \pi_2\Big) + y_2^{II}\Big(\delta^*, \overline{\omega}_2, n_2^{tol}, \theta_1^*\Big). \end{aligned}$$

Die langfristigen Angebotsfunktionen (5.68) und (5.69) besitzen durch ihre positive Abhängigkeit von den Technologieparametern θ_0 bzw. θ_0^* sowie den relativen Preisen τ_1 und π_1 bzw. τ_2 und $\pi_2(= -\pi_1)$ neoklassische Eigenschaften.[50] Darüber hinaus bestehen Abhängigkeiten von

- den gewerkschaftlichen Verhaltensparametern $\overline{\omega}_1, n_1^{tol}$ $(\overline{\omega}_2, n_2^{tol}$ für $U_2)$
- vom tarifpolitischen Parameter δ $(\delta^*$ für $U_2)$
- vom unternehmerischen Aufschlagssatz θ_1 $(\theta_1^*$ für $U_2)$.

beschäftigungsgleichgewichte des betreffenden Landes. Da die Begründung stabiler Beschäftigungsungleichgewichte durch eine fundierte Theorie der Lohn- und Preisbildung möglich ist, wird in der Literatur gelegentlich die Auffassung vertreten, dass auf eine geschlossene Mikrofundierung der gesamtwirtschaftlichen Nachfrageseite (des IS/LM-Modells) verzichtet werden kann. Siehe hierzu Vogt (1996, S. 260 ff.).

50 Die neoklassischen Angebotsfunktionen

$$\begin{aligned} y_1^N &= y_1^N(\theta_0, \tau_1, \pi_1) \\ y_2^N &= y_2^N(\theta_0^*, \tau_2, \pi_2) \end{aligned}$$

sind als Spezialfall in (5.68) bzw. (5.69) enthalten. In diesem Fall besitzen Gewerkschaften und Unternehmer keine Marktmacht, d.h. es gilt $\theta_1 = \theta_1^* = 1$, und die gewerkschaftlichen Parameter $\overline{\omega}_1$ ($\overline{\omega}_2$) und n_1^{tol} (n_2^{tol}) werden durch die endogenen (kompetitiven) Arbeitsmarktgleichgewichte w_1^*/p_1^V (w_2^*/p_2^V) und n_1^* (n_2^*) ersetzt. In diesem Fall gilt

$$\begin{aligned} y_1 &= y_1^I(\theta_0, \tau_1, \pi_1) + y_1^{II}(\tau_1, \pi_1) = y_1(\theta_0, \tau_1, \pi_1) \\ y_2 &= y_2^I(\theta_0^*, \tau_2, \pi_2) + y_2^{II}(\theta_0^*, \tau_2, \pi_2) = y_2(\theta_0^*, \tau_2, \pi_2). \end{aligned}$$

Diese Abhängigkeiten resultieren aus einem optimierenden, wechselseitig konsistenten Unternehmer- und Gewerkschaftsverhalten.

Im langfristigen Gleichgewicht wird die **Güternachfrageseite** der einzelnen Unionsländer durch die folgende reduzierte Form beschrieben:[51]

$$(A - b_{12}x)\, y_1 = K_1 - b_3(1+x)\tau_1 - [b_4(1-x) - xb_3]\pi_1 \qquad (5.70)$$

$$(A - b_{12}x)\, y_2 = K_2 - b_3(1+x)\tau_1 + [b_4(1-x) + b_3]\pi_1 \qquad (5.71)$$

$$A := 1 - a_1 + b_{11}, \quad x := \frac{b_{12}}{A}.$$

Bei gegebenen nachfrageseitigen Konstanten K_1 und K_2 wird das Güternachfragegleichgewicht determiniert durch die terms of trade nach innen (π_1) und außen (τ_1).

Aus den Angebotsgleichungen (5.66) und (5.67) sowie den Nachfragegleichungen (5.70) und (5.71) lassen sich die Realgrößen y_1, y_2, τ_1, π_1 und $\tau_2 = \tau_1 - \pi_1, \pi_2 = -\pi_1$ eindeutig bestimmen. *Im Steady State besteht eine Dichotomie zwischen dem realen und monetären Sektor.*[52]

Reaktionsfunktionen für U_1 und U_2

Kombiniert man die Güternachfrageseite der gesamten Union, bestehend aus (5.70) und (5.71), mit der jeweiligen Angebotsgleichung eines Landes, so erhält man für die beiden Unionsländer die aggregierten Reaktionfunktionen (5.72) und (5.73). Es handelt sich jeweils um Gleichgewichtsbeziehungen ökonomisch-rationalen Verhaltens bei gegebenem Produktionsniveau des Partnerlandes.

$$\mathcal{R}_1 : \quad f_1 \cdot y_1 + \frac{\delta}{\nu}(y_1 - y_1^{tol}) = f_2 y_2 - \overline{\omega}_1 + \theta_0 - \theta_1 \qquad (5.72)$$

$$\mathcal{R}_2 : \quad f_1^* \cdot y_2 + \frac{\delta^*}{\nu^*}(y_2 - y_2^{tol}) = f_2^* y_1 - \overline{\omega}_2 + \theta_0^* - \theta_1^* \qquad (5.73)$$

---

[51] Die Mikrofundierung der hier vorliegenden, bereits in Kapitel 4 modellierten Nachfrageseite basiert auf *isolierten* Theorien der Investitions-, Geld- und Konsumgüternachfrage (Eine Übersicht über neuere Konsumfunktionen bietet z.B. Ehlgen, 1994). Die Zusammenfassung von Partialanalysen stellt eine Vereinfachung dar, denn die Nachfragepläne basieren nicht auf einem *simultanen* (dynamischen) Optimierungskalkül eines repräsentativen Haushalts. Diese Vereinfachung wird in der Literatur aufgrund der Optimalitätseigenschaften der Lohn- und Preisgleichung als vertretbar angesehen. Siehe hierzu Vogt (1996, S. 260 ff.).

[52] Intertemporal besteht diese Dichotomie allerdings nicht, da

- die Preise kurzfristig nicht vollkommen flexibel sind (Zur mikroökonomischen Begründung von Preisrigiditäten siehe Kapitel 3.)
- Antizipationseffekte der Finanzmärkte auf die Gütermärkte zurückwirken.

$$
\begin{aligned}
f_1 &= \frac{1}{b_3 + 2b_4} \cdot \left(A(\alpha_2 + \alpha_3) + \alpha_2 b_{12} + \frac{\alpha_3 b_4}{b_3}(A - b_{12}) \right) + \kappa \\
f_2 &= \frac{1}{b_3 + 2b_4} \cdot \left(\alpha_2 A + b_{12}(\alpha_2 + \alpha_3) - \frac{\alpha_3 b_4}{b_3}(A - b_{12}) \right) \\
f_1^* &= \frac{1}{b_3 + 2b_4} \cdot \left(A(\alpha_2^* + \alpha_3^*) + \alpha_2^* b_{12} + \frac{\alpha_3^* b_4}{b_3}(A - b_{12}) \right) + \kappa^* \\
f_2^* &= \frac{1}{b_3 + 2b_4} \cdot \left(\alpha_2^* A + b_{12}(\alpha_2^* + \alpha_3^*) - \frac{\alpha_3^* b_4}{b_3}(A - b_{12}) \right).
\end{aligned}
$$

Es gilt

$$
\begin{aligned}
f_1 &> \mid f_2 \mid \\
f_1^* &> \mid f_2^* \mid .
\end{aligned}
$$

Die Größen f_2 und f_2^* hängen nur von den Parametern der Güternachfrageseite sowie von den nachfrageseitigen Offenheitsgraden ab.

Die aggregierten Reaktionsfunktionen für U_1 und U_2 grenzen den vorliegenden Ansatz von der traditionellen Makroökonomik ab: Gesamtwirtschaftliche Entwicklungen resultieren - auch langfristig - weder aus Keynesianischen Angebots- oder Nachfragedefekten noch aus einer walrasianischen Markträumung. *Makroökonomische Entwicklungen sind vielmehr das Resultat eines international interdependenten, ökonomisch-rationalen Verhaltens.*

Aus dem Schnittpunkt der beiden Reaktionsfunktionen (5.72) und (5.73) resultieren die folgenden Steady-State-Funktionen für y_1 und y_2 (Diese beschreiben zugleich die Interdependenz der nationalen Arbeitsmärkte):

$$
\begin{aligned}
\left(f_1 + \frac{\delta}{\nu} - \frac{f_2 f_2^*}{f_1^* + \frac{\delta^*}{\nu^*}} \right) \cdot y_1 &= \frac{\delta}{\nu} y_1^{tol} - \overline{\omega}_1 + \theta_0 - \theta_1 + \\
&\quad + \frac{f_2}{f_1^* + \frac{\delta^*}{\nu^*}} \cdot \left(\frac{\delta^*}{\nu^*} y_2^{tol} - \overline{\omega}_2 + \theta_0^* - \theta_1^* \right)
\end{aligned}
$$

$$
\begin{aligned}
\left(f_1^* + \frac{\delta^*}{\nu^*} - \frac{f_2 f_2^*}{f_1 + \frac{\delta}{\nu}} \right) \cdot y_2 &= \frac{f_2^*}{f_1 + \frac{\delta}{\nu}} \cdot \left(\frac{\delta}{\nu} y_1^{tol} - \overline{\omega}_1 + \theta_0 - \theta_1 \right) + \\
&\quad + \frac{\delta^*}{\nu^*} y_2^{tol} - \overline{\omega}_2 + \theta_0^* - \theta_1^* .
\end{aligned}
$$

Das Outputniveau sowie das nicht-walrasianische, quasi-gleichgewichtige Beschäftigungsniveau in den einzelnen Unionsländern ist neben den nachfrageseitigen Größen abhängig

- von den Technologien der beiden Unionsländer (θ_0, κ und θ_0^*, κ^*)
- von den nationalen Offenheitsgraden (α_2, α_3 und α_2^*, α_3^*)
- vom Preissetzungsverhalten in U_1 *und* U_2 (θ_1, θ_1^*)
- von den gewerkschaftlichen Präferenzen in U_1 *und* U_2 ($\overline{\omega}_1, n_1^{tol}$ und $\overline{\omega}_2, n_2^{tol}$) sowie
- von den tarifpolitischen Rahmenbedingungen (δ, δ^*).

Insbesondere besteht eine Konsistenz des Preissetzungs- und des Lohnbildungsprozesses.[53]

Angebotsseitige Störungen in einem Unionsland führen dort zu Kosten- und Preisreaktionen, verändern die relativen Preise und beeinflussen über diesen Transmissionsmechanismus die gesamtwirtschaftliche Nachfrage in beiden Ländern, worauf auch im Partnerland durch den Lohnbildungsprozess Anpassungsreaktionen erfolgen. Genauer gilt bei angebotsseitigen Störungen für die reale Konjunkturübertragung in das Partnerland die folgende:

Proposition 5.2. *Ändert sich der Lohnbildungsprozess in nur einem Unionsland, so ist das* Vorzeichen *der Konjunkturübertragung unabhängig vom aktuellen Lohnbildungsprozess des passiven Landes.*[54] *Das Vorzeichen wird ausschließlich durch die Parameter der Güternachfrageseite sowie durch die nachfrageseitigen Offenheitsgrade des passiven Landes festgelegt.*

U_2 passiv	$\longrightarrow$	sgn dy_2	$=$	sgn $f_2^* \cdot$ sgn dy_1
U_1 passiv	$\longrightarrow$	sgn dy_1	$=$	sgn $f_2 \cdot$ sgn dy_2

Im Fall $dy_1 < 0$ (im aktiven Land) gilt im passiven Land ebenfalls $dy_2 < 0$ (parallele Konjunkturübertragung), wenn $f_2^* > 0$. Im Fall $f_2^* < 0$ würde dagegen eine Outputkontraktion im aktiven Land U_1 eine Outputsteigerung in U_2 nach sich ziehen (entgegengerichtete Konjunkturübertragung). Dieses Ergebnis folgt direkt aus den Gleichgewichtsbeziehungen (5.72) und (5.73).

Bei einem gegebenem Lohnbildungsprozess der Form (5.58) bzw. (5.61) hat die Höhe des Zentralisierungsgrades, der Verhandlungsmacht der Gewerkschaften, des Anspruchsniveaus bzgl. des realen Konsumlohns, der Höhe der tolerierten Arbeitslosigkeit sowie der Gewichtung von Reallohnziel und Beschäftigungsziel *keinen* Einfluss auf das Vorzeichen der Konjunkturübertragung.

[53] Die resultierende Beschäftigungshöhe als das Ergebnis rationalen Handelns wird (in Analysen geschlossener Volkswirtschaften) auch als das Ergebnis eines "battle of the mark-ups" interpretiert (Layard, Nickell, 1986, S. 146 sowie Neudorfer et al. 1990, S. 115).

[54] Die Lohnbildungsprozesse sind in beiden Ländern u.a. durch Vollindexierung der Löhne an Änderungen der nationalen Verbraucherpreise gekennzeichnet.

Darüber hinaus ist das Ausmaß der Konjunkturübertragung um so schwächer, je größer der tarifpolitische Parameter δ (bzw. δ^*) des passiven Landes U_1 (bzw. U_2) ist.[55] Ein hohes δ (bzw. δ^*) im passiven Land, etwa infolge einer hohen Gewichtung des Reallohnziels, dämpft lediglich die Amplitude der Übertragung. Insofern wirkt im passiven Land die Flexibilität des realen Konsumlohns gegenüber Änderungen von $n_j - n_j^{tol}$ wie ein Puffer gegenüber angebotsseitigen Störungen im Partnerland.

Konsequenzen für die Tarifpolitik bei gleichgerichteter Konjunkturübertragung

Liegt aufgrund der Nachfragestruktur in U_2 eine *gleichgerichtete* Konjunkturübertragung vor, so verursacht eine expansive Lohnpolitik in U_1 auch im Partnerland U_2 einen Rückgang der Beschäftigung und infolgedessen auch des realen Konsumlohns. Diese Übertragungseffekte können nur durch eine *Änderung* des Lohnbildungsprozesses in U_2 abgewendet werden:

1. Ein gegebener Lohnbildungsprozess der Form (5.61) ist *nicht* in der Lage, den Beschäftigungsrückgang des passiven Landes U_2 zu kompensieren, der durch eine expansive Lohnpolitik in U_1 verursacht wurde. Beschäftigung und realer Konsumlohn sinken im passiven Land auf ein geringeres Niveau. Folglich kann nur durch eine Änderung in der *Struktur der Lohnpolitik* der Beschäftigungsrückgang verhindert werden. M.a.W. dem endogenen Beschäftigungsrückgang im passiven Land kann dort nur durch eine geeignete Reaktion von $\overline{\omega}_2, n_2^{tol}, \delta^*$ entgegengewirkt werden.
2. Eine Anpassung der tolerierten Arbeitslosigkeit an das gestiegene Niveau durch eine Senkung von n_2^{tol} erhöht in U_2 die realen Konsumlöhne. Andererseits wird dadurch eine *weitere*, dauerhafte Senkung der Beschäftigung (Ratchet-Effekt, siehe Abschnitt 5.2.8) ausgelöst.
3. Die gesunkene Beschäftigung n_2 hat gemäß der optimalen Lohngleichung (5.61) auch eine Senkung des realen Konsumlohns $w_2 - p_2^V$ zur Folge. Korrigieren daraufhin die Gewerkschaften das Anspruchsniveau $\overline{\omega}_2$ nach unten, so wirkt dies beschäftigungssteigernd. In diesem Fall erfolgt indirekt aufgrund des geringen Beschäftigungs*niveaus* ein Reallohnzugeständnis der Gewerkschaften. Eine solche Reaktion entspricht dem Lohndruck eines (einmaligen) Phillips-Kurven-Effektes.

Proposition 5.3. *Wirken auf ein Unionsland kontraktive Störungen ein, so ist eine beschäftigungsorientierte Tarifpolitik durch Reallohnzugeständnisse gekennzeichnet, die in der Wirkung einem Phillips-Kurven-Effekt entsprechen.*

[55] Vgl. hierzu den Anhang C.3.1.

Ein Konjunkturgefälle, das durch *einseitige* expansive Lohnpolitik entsteht, kann durch eine zurückhaltende, aktive Lohnpolitik des anderen Landes neutralisiert werden.

Bedingungen für eine gleichgerichtete Konjunkturübertragung
Eine gleichgerichtete Konjunkturübertragung in das passive Partnerland liegt vor, wenn für das passive Land die folgende Bedingung erfüllt ist:[56]

$$\left.\frac{\text{gesamter Export}}{\text{Konsumgüterimport}}\right|_{\substack{\text{Extra-}\\\text{EWU-}\\\text{Handel}}} \geq \left.\frac{\text{gesamter Export}}{\text{Konsumgüterimport}}\right|_{\substack{\text{Intra-}\\\text{EWU-}\\\text{Handel}}} \tag{5.74}$$

d.h.

$$\text{für } U_1: \quad \frac{\alpha_2}{\alpha_3} \geq \frac{b_4}{b_3} \quad \text{bzw. für } U_2: \quad \frac{\alpha_2^*}{\alpha_3^*} \geq \frac{b_4}{b_3}.$$

Eine *zweite hinreichende Bedingung* für eine gleichgerichtete Konjunkturübertragung ist die Dominanz des gesamten Außenbeitrages durch den einkommensinduzierten bilateralen Handel zwischen U_1 und U_2; dies ist der Fall, wenn die marginale Importquote b_{12} hinreichend groß ist.

Die Bedingung (5.74) ist insbesondere dann erfüllt, wenn die *importierten Konsumgüter* des passiven Landes vorwiegend aus Ländern der *EWU* bezogen werden, die *Exporte* dagegen vorwiegend in Länder *außerhalb* der EWU geliefert werden.

Genauer gilt

$$\begin{aligned} \frac{\alpha_2}{\alpha_3} &\geq \frac{b_4}{b_3} \Longrightarrow f_2 > 0 \\ \frac{\alpha_2}{\alpha_3} &< \frac{b_4}{b_3} \quad \text{und} \quad b_{12} \text{ hinreichend klein} \Longrightarrow f_2 < 0. \end{aligned}$$

Analog:

$$\begin{aligned} \frac{\alpha_2^*}{\alpha_3^*} &\geq \frac{b_4}{b_3} \Longrightarrow f_2^* > 0 \\ \frac{\alpha_2^*}{\alpha_3^*} &< \frac{b_4}{b_3} \quad \text{und} \quad b_{12} \text{ hinreichend klein} \Longrightarrow f_2^* < 0. \end{aligned}$$

[56] Vgl. hierzu Kapitel 2, Seite 14.

Eine gleichgerichtete Konjunkturübertragung ($f_2 > 0$ bzw. $f_2^* > 0$) liegt auch dann vor, wenn die bilaterale Importquote b_{12} hinreichend groß ist.

Grafische Analysen

Die nachfolgenden Grafiken verdeutlichen die langfristigen Auswirkungen einseitiger, gewerkschaftlicher und tarifpolitischer Verhaltensänderungen in U_1 auf das Outputniveau *beider* Unionsländer U_1 und U_2. Dabei kennzeichnen $\mathcal{R}_1$ und $\mathcal{R}_2$ die Reaktionsfunktionen der beiden Unionsländer. Diese sind durch das nutzenmaximierende Verhalten der Gewerkschaften sowie durch das unternehmerische Gewinnmaximierungsverhalten charakterisiert.

Der Verlauf der nationalen Reaktionsfunktionen in einem y_1/y_2–Diagramm ergibt sich aus den Gleichungen (5.72) und (5.73). Wegen $f_1 > 0$ verläuft $\mathcal{R}_1$ im (y_1, y_2)-Diagramm genau dann mit positiver Steigung, wenn $f_2 > 0$ gilt (gleichgerichtete Konjunkturübertragung von U_2 nach U_1). Analog verläuft $\mathcal{R}_2$ wegen $f_1^* > 0$ im (y_1, y_2)-Diagramm genau dann mit positiver Steigung, wenn $f_2^* > 0$ gilt (gleichgerichtete Konjunkturübertragung von U_1 nach U_2).

Verhaltensänderungen der Gewerkschaften bzw. der Tarifparteien lassen sich durch Variationen von $\overline{\omega}_1$, y_1^{tol}, δ (bzw. von $\overline{\omega}_2$, y_2^{tol}, δ^*) beschreiben. Die gewerkschaftlichen Parameter $\overline{\omega}_1$, y_1^{tol} (bzw. $\overline{\omega}_2$, y_2^{tol}) sowie der tarifpolitische Parameter δ (bzw. δ^*) sind Lageparameter von $\mathcal{R}_1$ (bzw. $\mathcal{R}_2$). Genauer induzieren Veränderungen von $\overline{\omega}_1$, y_1^{tol} (bzw. $\overline{\omega}_2$, y_2^{tol}) im Rahmen einer grafischen Analyse Parallelverschiebungen, während Veränderungen von δ (bzw. δ^*) eine Drehung zur Folge haben.

Abb. 5.1. Output- und Beschäftigungsreaktionen bei einer Änderung des tarifpolitischen Parameters δ

Fall 1: $f_2 > 0 \quad f_2^* > 0 \quad \Longrightarrow \quad dy_1 < 0 \quad dy_2 < 0$

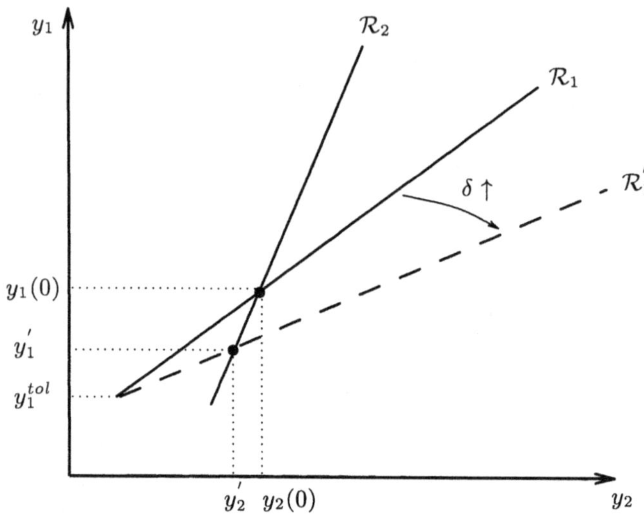

Fall 2: $f_2 < 0 \quad f_2^* > 0 \quad \Longrightarrow \quad dy_1 < 0 \quad dy_2 < 0$

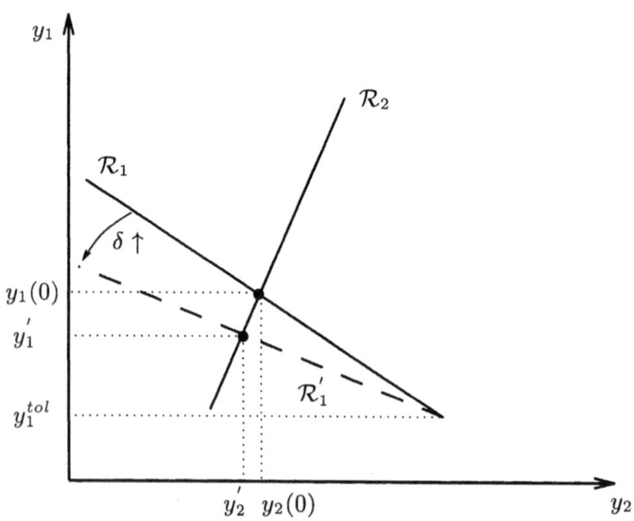

Fall 3: $f_2 > 0$ $f_2^* < 0$ $\Longrightarrow$ $dy_1 < 0$ $dy_2 > 0$

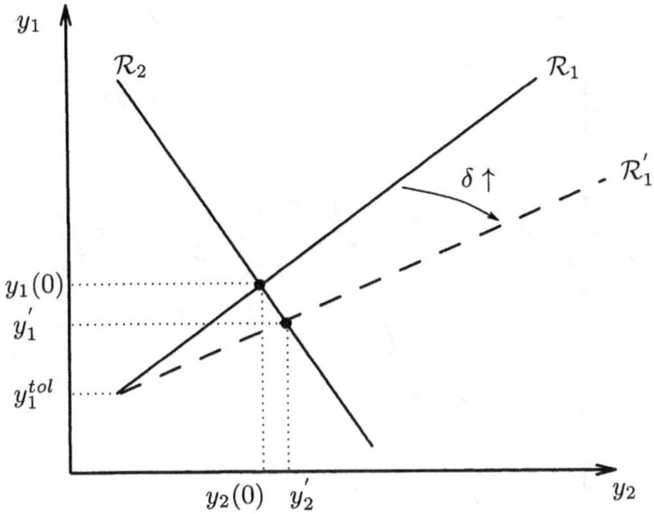

Fall 4: $f_2 < 0$ $f_2^* < 0$ $\Longrightarrow$ $dy_1 < 0$ $dy_2 > 0$

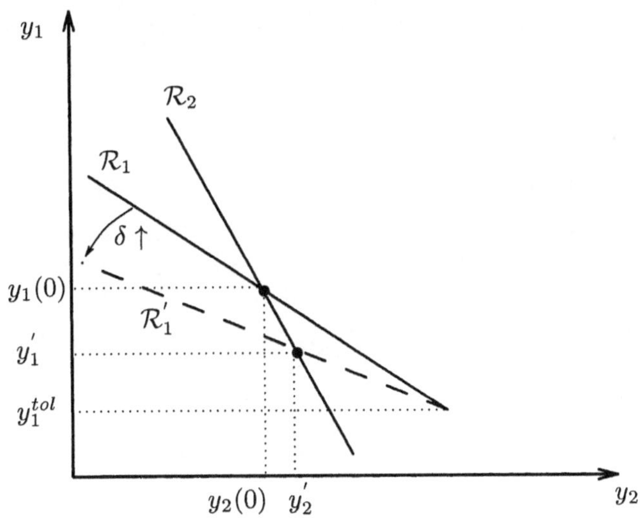

Abb. 5.2. Output- und Beschäftigungsreaktionen bei einer Steigerung von $\overline{\omega}_1$ (Senkung von n_1^{tol})

Fall 1: $\boldsymbol{f_2 > 0}$ $\boldsymbol{f_2^* > 0}$ $\Longrightarrow$ $\boldsymbol{dy_1 < 0}$ $\boldsymbol{dy_2 < 0}$

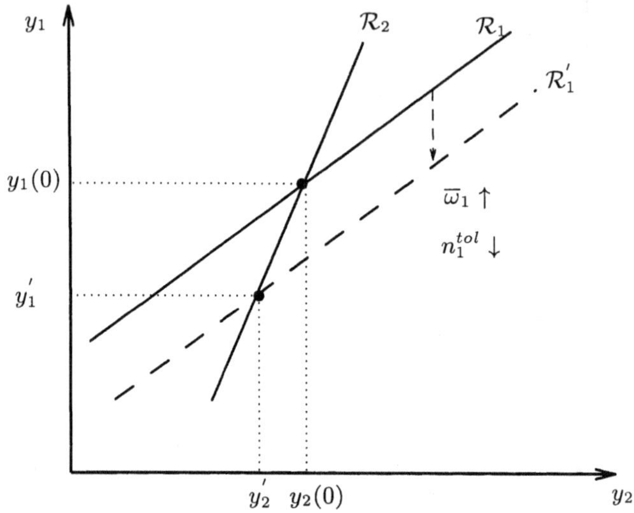

Fall 2: $\boldsymbol{f_2 < 0}$ $\boldsymbol{f_2^* > 0}$ $\Longrightarrow$ $\boldsymbol{dy_1 < 0}$ $\boldsymbol{dy_2 < 0}$

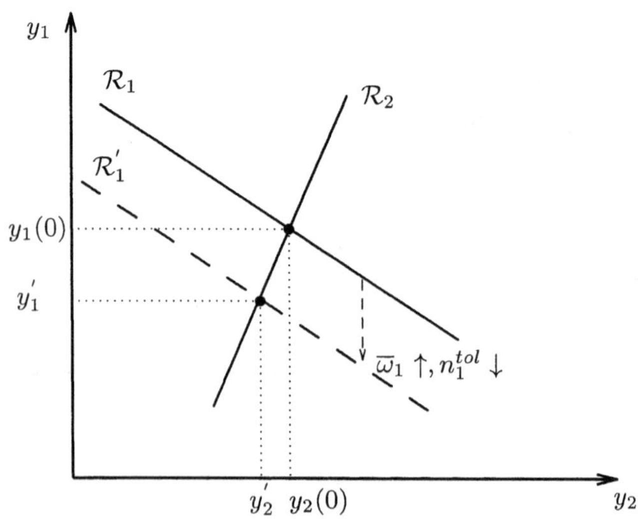

Fall 3: $f_2 > 0 \quad f_2^* < 0 \quad \Longrightarrow \quad dy_1 < 0 \quad dy_2 > 0$

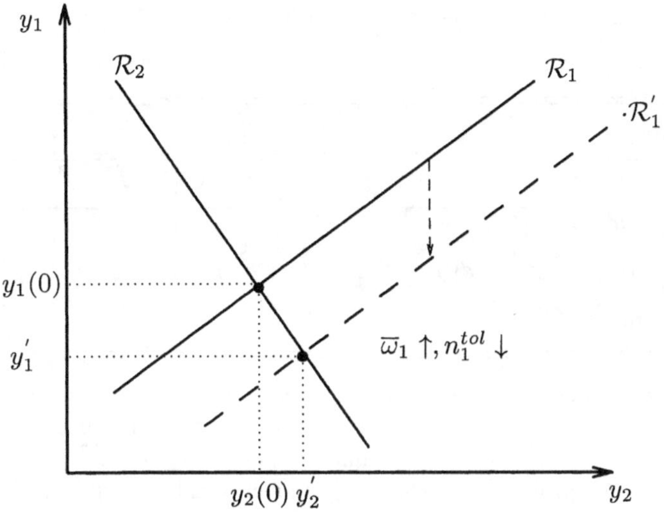

Fall 4: $f_2 < 0 \quad f_2^* < 0 \quad \Longrightarrow \quad dy_1 < 0 \quad dy_2 > 0$

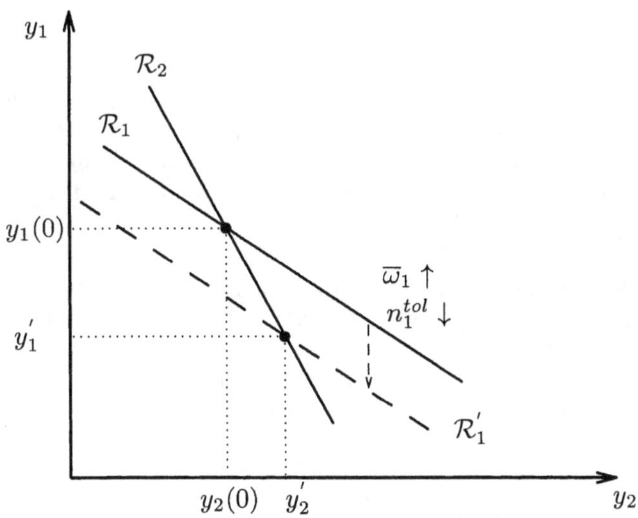

Analoge Grafiken resultieren bei angebotsseitigen Störungen in U_2.

Zusammengefasst gilt für die Outputentwicklung in beiden Unionsländern:

		$f_2^* > 0$	$f_2^* < 0$
$d\delta > 0$ $d\overline{\omega}_1 > 0$ $dn_1^{tol} < 0$	$dy_1 < 0$	$dy_2 < 0$	$dy_2 > 0$

		$f_2 > 0$	$f_2 < 0$
$d\delta^* > 0$ $d\overline{\omega}_2 > 0$ $dn_2^{tol} < 0$	$dy_2 < 0$	$dy_1 < 0$	$dy_1 > 0$

Die kontraktiven Outputeffekte im aktiven Land resultieren aus einem Rückgang des Außenbeitrages. Dies lässt sich nachfrageseitig durch den Anstieg der terms of trade nach innen und nach außen begründen.[57]
Die dazu korrespondierende Beschäftigungsentwicklung ergibt sich aus

$$dn_1 = \frac{1}{\nu} dy_1$$
$$dn_2 = \frac{1}{\nu^*} dy_2.$$

Folgerungen

1. Gilt für den Übertragungsparameter $f_2 > 0$, d.h. liegt eine *gleichgerichtete* Konjunkturübertragung von U_2 nach U_1 vor (siehe Bedingung (5.74)), so profitiert U_1 von einer zurückhaltenden Lohnpolitik[58] im Partnerland U_2. Analog profitiert U_2 von einer Politik der Lohnzurückhaltung in U_1, wenn $f_2^* > 0$ ist.

[57] Die Reaktion der terms of trade wird in Abschnitt 5.4.4 analysiert.

[58] Eine *zurückhaltende Lohnpolitik* in U_1 kann durch drei unterschiedliche Parametervariationen abgebildet werden:

1. Senkung des tarifpolitischen Parameters δ, d.h.
   a) eine stärkere Gewichtung des Beschäftigungsziels seitens der Gewerkschaften
   b) eine Erhöhung des Zentralisierungsgrades auf Makroebene
   c) eine Senkung des Zentralisierungsgrades auf Firmenebene
   d) eine Schwächung der Verhandlungsmacht der Gewerkschaften.
2. Senkung des gewerkschaftlichen Anspruchsniveaus $\overline{\omega}_1$.
3. Senkung der tolerierten Arbeitslosigkeit (Erhöhung von n_1^{tol}).

Dagegen führt eine Lohnsteigerungspolitik in U_2 im Fall $f_2 > 0$ zu Beschäftigungseinbußen in U_1. Analog ergeben sich in U_2 negative Beschäftigungseffekte bei einer Lohnsteigerungspolitik des Partnerlandes, wenn $f_2^* > 0$ ist.

2. Ist $f_2 < 0$, d.h. liegt eine *entgegengerichtete* Konjunkturübertragung von U_2 nach U_1 vor, so verringert sich die Beschäftigung in U_1 als Folge einer zurückhaltenden Lohnpolitik in U_2. Analog sinkt die Beschäftigung in U_2, wenn in U_1 eine zurückhaltende Lohnpolitik betrieben wird und $f_2^* < 0$ gilt.
Im Fall $f_2 < 0$ steigt bei einer expansiven Lohnpolitik in U_2 die Beschäftigung in U_1 an. Analog erhöht sich die Beschäftigung in U_2, wenn in U_1 eine expansive Lohnpolitik betrieben wird und $f_2^* < 0$ gilt.

Zusammengefasst profitieren die Gewerkschaften in U_1 von Lohnsteigerungen in U_2, wenn $f_2 < 0$ ist. Ist dagegen $f_2 > 0$, d.h. dominieren die Einkommenseffekte sowie die Effekte der terms of trade nach außen den Außenbeitrag, so profitiert U_1 von einer zurückhaltenden Lohnpolitik des Partnerlandes. Eine analoge Aussage gilt für U_2.

Die Ergebnisse dieses Abschnitts können wiederum bei Tarifparteien, die auf der Makroebene agieren, im Rahmen ihrer tarifpolitischen Entscheidungsmodelle berücksichtigt werden (vgl. Abschnitt 5.2.4). Die gesamtwirtschaftlichen Interdependenzen beeinflussen - neben den gewerkschaftlichen Präferenzen und institutionellen Gegebenheiten - die Ausprägung der optimalen nationalen Lohnpolitik:

5.4.2 Interaktionen zwischen den nationalen Tarifparteien

Im Rahmen ihres Optimierungsverhaltens berücksichtigen Tarifparteien, die auf der Makroebene agieren, die internationalen Rückwirkungen ihrer Politikmaßnahmen auf die Zielvariablen Beschäftigung n und Verbraucherpreise p^V. Diese Rückwirkungen beeinflussen den Wert des tarifpolitischen Parameters δ (bzw. δ^* für U_2), wie im Abschnitt 5.2.4 ausgeführt wurde.

Bezüglich der ***Beschäftigungsentwicklung*** ergeben sich für die Tarifparteien in U_1 die folgenden ***strukturellen und strategischen*** Abhängigkeiten:

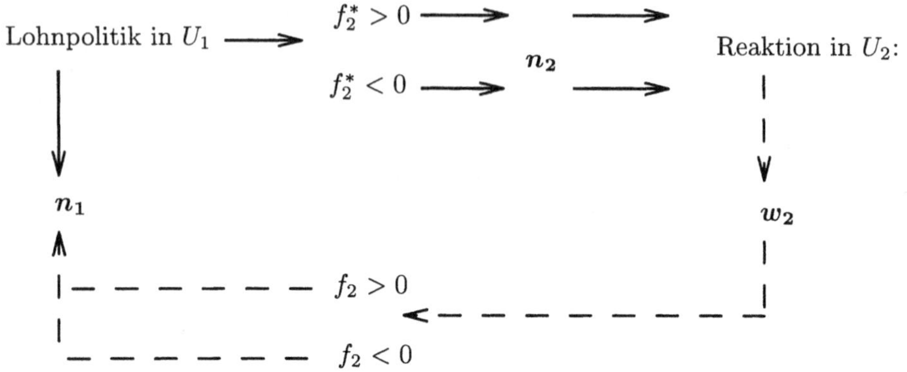

Lohnpolitische Maßnahmen in U_1 beeinflussen über den Übertragungsparameter f_2^* die Beschäftigung in U_2. Je nach Beschäftigungsänderung erfolgt eine Reaktion in U_2; diese ist neben dem Vorzeichen der Konjunkturübertragung auch von den nationalen Präferenzen und institutionellen Gegebenheiten in U_2 abhängig. Die Änderung des Lohnes w_2 hat wiederum nicht nur konjunkturelle Auswirkungen in U_2, sondern beeinflusst über f_2 auch die Beschäftigungsentwicklung in U_1, wobei die Vorzeichen der Übertragungsparameter f_2^* und f_2 *nicht* übereinstimmen müssen.

Darüber hinaus sind bezüglich der *Verbraucherpreise* in U_1 die folgenden Abhängigkeiten im Entscheidungskalkül der Tarifparteien zu berücksichtigen:

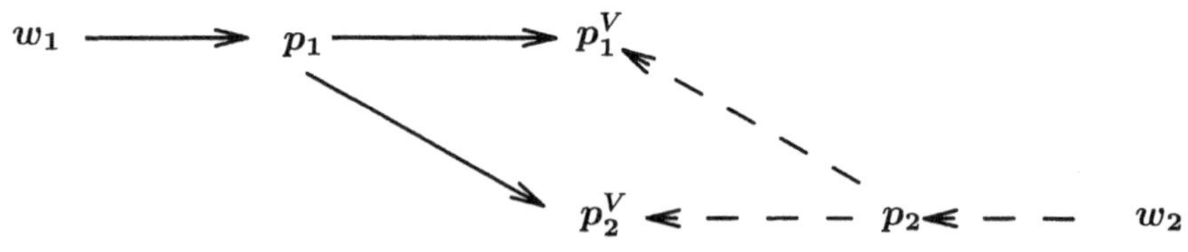

Dabei ist die lohnpolitische Reaktion in U_2, wie oben erwähnt, von den Präferenzen und institutionellen Gegebenheiten in U_2 abhängig. Für die Tarifparteien in U_2 gelten analoge Abhängigkeiten.

5.4.3 Konvoi-Strategien

Die Modellanalyse wurde bisher auf isolierte Maßnahmen nationaler Gewerkschaften bzw. Tarifparteien beschränkt.[59]

Im Fall einer Konvoi-Strategie wirken im Vergleich zu einer einseitigen, nationalen lohnpolitischen Maßnahme auf der Makroebene zwei *zusätzliche* Effekte:

1. Zunächst ist davon auszugehen, dass die *wechselseitige* Beeinflussung der Verbraucherpreise beider Länder in der Determinierung der gemeinsamen Lohnpolitik Berücksichtigung findet,

$$\begin{aligned} dp_1^V &= \frac{\partial p_1^V}{\partial w_1} dw_1 + \frac{\partial p_1^V}{\partial w_2} dw_2 \\ dp_2^V &= \frac{\partial p_2^V}{\partial w_2} dw_2 + \frac{\partial p_2^V}{\partial w_1} dw_1 . \end{aligned}$$

Die antizipierte Reallohnsteigerung einer Nominallohnerhöhung fällt dann schwächer aus. Dieser Effekt wirkt *dämpfend* auf die gemeinsame Lohnsteigerung.

2. Bleibt die innergemeinschaftliche preisliche Wettbewerbsfähigkeit durch ein gemeinsames lohnpolitisches Vorgehen weitgehend unverändert,

$$d\pi_1 \approx 0,$$

---

[59] Dieses Vorgehen wird damit begründet, dass ein Zusammenschluss der Gewerkschaften in Europa bzw. eine internationale Kooperation unter einem europäischen Dachverband derzeit nicht erkennbar ist.

Dagegen sind die folgenden zwei Szenarien für die Zukunft denkbar:

1. Wie die Erfahrungen mit der Deutschen Währungsunion im Rahmen der Wiedervereinigung zeigen, resultiert aus dem Gerechtigkeitsempfinden von Arbeitnehmern und Gewerkschaften, welches unter dem Schlagwort "Gleicher Lohn für gleiche Arbeit" zum Ausdruck gebracht wird, eine nicht vernachlässigbare Dynamik zur internationalen Lohnangleichung. In diesem Szenario ist davon auszugehen, dass die Reallohndifferenzen in Europa mittelfristig abgebaut werden. Dies führt aus modelltheoretischer Sicht in den Niedriglohnländern zu einseitigen lohnpolitischen Maßnahmen in Form einer Anhebung des Anspruchsniveaus ω.

2. Aufgrund des gesunkenen Handlungsspielraums des Fiskalpolitik (vgl. hierzu die Ausführungen in Kapitel 1 dieser Arbeit) ist in der EWU davon auszugehen, dass indirekte beschäftigungspolitische Maßnahmen des Staates wie Frühverrentungen und Subventionen zukünftig nicht mehr in bisherigem Umfang eingesetzt werden können, um nationale Beschäftigungsrückgänge aufzufangen. Die damit verbundene Senkung der Überwälzungsmöglichkeit der Anpassungslasten auf den Staat (Berthold 1998, S. 2) kann zur Folge haben, dass Tarifparteien zunehmend beschäftigungspolitische Verantwortung übernehmen, indem das tolerierte Arbeitslosenniveau u^{tol} gesenkt, d.h. n^{tol} erhöht wird. Insbesondere kann dann nicht davon ausgegangen werden, dass weitere Beschäftigungsrückgänge in einzelnen Ländern der EWU einen Anstieg der tolerierten Arbeitslosigkeit zur Folge hat.

so fällt bei einer expansiven Lohnpolitik der von den Gewerkschaften antizipierte Beschäftigungsrückgang schwächer aus als im Fall einer einseitigen expansiven Lohnpolitik. Dieser Effekt einer Neutralisierung der Wettbewerbsnachteile einseitiger Maßnahmen bietet den Tarifparteien grundsätzlich einen Anreiz zu gemeinsamen *höheren* Lohnabschlüssen.

Der *Gesamteffekt* einer Konvoi-Strategie auf die Lohnpolitik eines Landes ist neben den strukturellen Übertragungsparametern von der Gewichtung des Reallohnziels und des Beschäftigungsziels abhängig.

Im Fall von Konvoi-Strategien gilt für die Output- und damit für die Beschäftigungsentwicklung in beiden Ländern

$d\delta = d\delta^* > 0$ $d\overline{\omega}_1 = d\overline{\omega}_2 > 0$ $dn_1^{tol} = dn_2^{tol} < 0$	$dy_1 < 0$	$dy_2 < 0$

Aufgrund der angebotsseitigen Asymmetrie ist im Fall einer Konvoipolitik der Gewerkschaften ein Konjunkturgefälle zwischen den beiden Unionsländern nicht auszuschließen; in diesem Fall ist die Output- und Beschäftigungsreaktion in den beiden Unionsländern unterschiedlich groß:

$$dy_1 \neq dy_2.$$

Abschließend soll der Frage nachgegangen werden, welches Land von einer Konvoi-Strategie, d.h. von einer gemeinsamen Tariflohnpolitik beider Länder, profitiert.

Fall 1: Gleichgerichtete Konjunkturübertragung von U_2 nach U_1 ($f_2 > 0$). Eine gemeinsame in beiden Ländern durchgeführte expansive Lohnpolitik führt im Land U_1 zu stärkeren Beschäftigungseinbußen als im Fall einer einseitigen expansiven Lohnpolitik von U_1.

Dagegen führt eine gemeinsame Politik der Lohnzurückhaltung zu stärkeren Beschäftigungszuwächsen als im Fall einer einseitigen lohnpolitischen Maßnahme. Im Fall einer gleichgerichteten Konjunkturübertragung profitiert U_1 von einer Politik der gemeinsamen Lohnzurückhaltung.

Fall 2: Entgegengerichtete Konjunkturübertragung von U_2 nach U_1, $f_2 < 0$. Eine gemeinsam in beiden Unionsländern durchgeführte expansive Lohnpolitik führt in Unionsland U_1 zu schwächeren Beschäftigungseinbußen als bei einer einseitigen expansiven Lohnpolitik.

Dagegen führt eine gemeinsame Politik der Lohnzurückhaltung zu schwächeren Beschäftigungszuwächsen in U_1 als im Fall einer einseitigen Politik. Im Fall einer entgegengerichteten Konjunkturübertragung profitiert U_1 von

einer Politik der gemeinsamen Lohnexpansion.
Analoge Aussagen lassen sich für das Unionsland U_2 herleiten, indem Fallunterscheidungen für f_2^* vorgenommen werden.

Eine interessante Kombination ergibt sich im *Asymmetriefall* $f_2 < 0$, $f_2^* > 0$, d.h. bei einer entgegengerichteten Konjunkturübertragung von U_2 nach U_1 und einer gleichgerichteten Konjunkturübertragung von U_1 nach U_2. In diesem Fall induziert eine gemeinsame expansive Lohnpolitik ein Konjunkturgefälle zugunsten der Landes U_1, während eine gemeinsame Politik der Lohnzurückhaltung ein Konjunkturgefälle zugunsten von Land U_2 erzeugt. Die höchsten Beschäftigungseffekte ergeben sich für Land 1 bei einer *asymmetrischen Politik*, die sich aus einer Lohnzurückhaltung in U_1 und einer gleichzeitigen expansiven Lohnpolitik in U_2 zusammensetzt. Für das Unionsland U_2 resultieren dagegen im vorliegenden Asymmetriefall die höchsten Beschäftigungeffekte bei einer *gemeinsamen* Politik der Lohnzurückhaltung, d.h. bei der Konvoi-Strategie.

Dagegen profitieren *beide Länder* von einer Konvoistrategie, wenn bezüglich der strukturellen Interdependenzen die folgenden Konstellationen vorliegen: Beide Unionsländer profitieren von einer Konvoi-Strategie im Fall einer expansiven Lohnpolitik, falls $f_2 < 0, f_2^* < 0$ gilt. Dagegen profitieren beide Länder von einer gemeinsamen Politik der Lohnzurückhaltung, wenn für die Übertragungsparameter $f_2 > 0, f_2^* > 0$ gilt.

5.4.4 Terms of trade, internes Preisverhältnis und Preiskorridor

In diesem Abschnitt soll die langfristige Entwicklung der relativen Preise τ_1, π_1 und τ_2 bei Verhaltensänderungen der Gewerkschaften eines Landes analysiert werden. Insbesondere soll der Frage nachgegangen werden, ob für die terms of trade des passiven Landes auch im vorliegenden Modellansatz ein Preiskorridor angegeben werden kann.

Eliminiert man in den Nachfragegleichungen (5.70) und (5.71) das heimische Nationaleinkommen mittels der Angebotsgleichungen (5.66) bzw. (5.67), so erhält man für die terms of trade die folgenden Bestimmungsgleichungen:[60]

$$\tau_1 = -r \cdot \pi_1 + \mathcal{A} \qquad (5.75)$$

$$\tau_1 = r^* \cdot \pi_1 + \mathcal{A}^* \qquad (5.76)$$

$$\Longrightarrow$$

$$\pi_1 = \frac{\mathcal{A} - \mathcal{A}^*}{r + r^*}$$

$$\tau_1 = \frac{r^* \mathcal{A}}{r + r^*} + \frac{r \mathcal{A}^*}{r + r^*}$$

$$\tau_2 = \tau_1 - \pi_1$$

[60] Siehe Anhang C.3.2.

mit

$$
\begin{aligned}
r &:= \frac{b_4(1-x) - xb_3 + \alpha_2 z}{b_3(1+x) + \alpha_3 z}, \quad r > -0.5 \\
\mathcal{A} &:= \frac{1}{b_3(1+x) + \alpha_3 z}\left[K_1 + z\Big(\theta_1 - \theta_0 + \overline{\omega}_1 - \frac{\delta}{\nu} y_1^{tol}\Big)\right] \\
r^* &:= \frac{b_4(1-x) + b_3 + z^*(\alpha_2^* + \alpha_3^*)}{b_3(1+x) + \alpha_3^* z^*}, \quad r^* > 0.5 \\
\mathcal{A}^* &:= \frac{1}{b_3(1+x) + \alpha_3^* z^*}\left[K_2 + z^*\Big(\theta_1^* - \theta_0^* + \overline{\omega}_2 - \frac{\delta^*}{\nu^*} y_2^{tol}\Big)\right] \\
& z = \frac{A - b_{12}x}{\frac{\delta}{\nu} + \kappa} > 0, \quad z^* = \frac{A - b_{12}x}{\frac{\delta^*}{\nu^*} + \kappa^*} > 0.
\end{aligned}
$$

Aus (5.75) und (5.76) resultieren mit $r > -1/2$ und $r^* > 1/2$ die folgenden Terms-of-Trade-Eigenschaften:

Proposition 5.4. *Die Relativpreise τ_1, π_1 sowie $\tau = \tau_1 + \tau_2$ entwickeln sich bei einseitigen,* angebotsseitigen *Störungen in U_1 stets* gleichgerichtet, *d.h.*

$$\text{sgn}\; d\tau_1 = \text{sgn}\; d\pi_1 = \text{sgn}\; d\tau.$$

Analog entwickeln sich bei einseitigen, angebotsseitigen *Störungen in U_2 die Preisverhältnisse τ_2 und $\pi_2 = -\pi_1$ gleichgerichtet, d.h.*

$$\text{sgn}\; d\tau_2 = \text{sgn}\; d\pi_2 = \text{sgn}\; d\tau.$$

Genauer gilt bei Änderungen von Verhaltensparametern der Tarifparteien:

Störungen in U_1			Störungen in U_2		
$\frac{d\tau_1}{d\delta} > 0$	$\frac{d\pi_1}{d\delta} > 0$	$\frac{d\tau}{d\delta} > 0$	$\frac{d\tau_2}{d\delta^*} > 0$	$\frac{d\pi_1}{d\delta^*} < 0$	$\frac{d\tau}{d\delta^*} > 0$
$\frac{d\tau_1}{d\overline{\omega}_1} > 0$	$\frac{d\pi_1}{d\overline{\omega}_1} > 0$	$\frac{d\tau}{d\overline{\omega}_1} > 0$	$\frac{d\tau_2}{d\overline{\omega}_2} > 0$	$\frac{d\pi_1}{d\overline{\omega}_2} < 0$	$\frac{d\tau}{d\overline{\omega}_2} > 0$
$\frac{d\tau_1}{dn_1^{tol}} < 0$	$\frac{d\pi_1}{dn_1^{tol}} < 0$	$\frac{d\tau}{dn_1^{tol}} < 0$	$\frac{d\tau_2}{dn_2^{tol}} < 0$	$\frac{d\pi_1}{dn_2^{tol}} > 0$	$\frac{d\tau}{dn_2^{tol}} < 0$

Im nächsten Schritt soll der Frage nachgegangen werden, wie sich die terms of trade nach außen eines passiven Landes verändern, wenn im Partnerland angebotsseitige Störungen erfolgen. Insbesondere soll analysiert werden, unter welchen Bedingungen der in Kapitel 2 diskutierte **Preiskorridor** erhalten bleibt.

Zunächst soll die Analyse auf angebotsseitige Störungen in U_1 eingeschränkt werden. Ausgangspunkt ist der Spezialfall

$$\delta^* = \kappa^* = 0.$$

Analog zu Kapitel 2 kann in diesem Fall gezeigt werden, dass gilt

$$\alpha_2^* > \alpha_3^* \quad \Longrightarrow \quad | \, d\tau_1 \, | > | \, d\tau_2 \, | > | \, d\pi_1 \, | \, .$$

Dieser Preiskorridor bleibt für positive δ^* und κ^* erhalten, wenn die Konjunkturübertragung in das Land U_2 *negativ* ist:

$$\alpha_2^* > \alpha_3^*, \quad \frac{\delta^*}{\nu^*} + \kappa^* > 0, \quad f_2^* < 0 \quad \Longrightarrow \quad \begin{array}{l} | \, d\tau_1 \, | > | \, d\tau_2 \, | > | \, d\pi_1 \, |, \\ \text{sgn } d\tau_1 = \text{sgn } d\tau_2 = \text{sgn } d\pi_1 . \end{array}$$

Liegt dagegen eine *positive*, d.h. gleichgerichtete Konjunkturübertragung vor, d.h. ist

$$f_2^* > 0,$$

so sind *drei Fälle* zu unterscheiden:

1. Ist $\frac{\delta^*}{\nu^*} + \kappa^* > 0$ hinreichend klein,[61] so kann wieder ein Preiskorridor angegeben werden.

$$\text{sgn } d\tau_1 = \text{sgn } d\tau_2 = \text{sgn } d\pi_1, \qquad | \, d\tau_1 \, | > | \, d\tau_2 \, | > | \, d\pi_1 \, | \, .$$

   Dieser Fall tritt ein, wenn die Gewerkschaft des passiven Landes U_2 eine starke Beschäftigungspräferenz hat oder die Verhandlungsmacht der Gewerkschaften sehr gering ist.

2. Bei "mittleren" Werten[62] von $\frac{\delta^*}{\nu^*} + \kappa^* > 0$ bilden τ_1 und π_1 keinen Preiskorridor für τ_2; allerdings entwickeln sich τ_1, τ_2 und π_1 in die gleiche Richtung,

$$\text{sgn } d\tau_1 = \text{sgn } d\tau_2 = \text{sgn } d\pi_1, \qquad | \, d\tau_1 \, | > | \, d\pi_1 \, | > | \, d\tau_2 \, | \, .$$

---

[61] In diesem Fall gilt in Gleichung (5.76) $r^* > 2$, siehe Anhang C.3.2.

[62] In diesem Fall gilt in Gleichung (5.76) $2 > r^* > 1$, siehe Anhang C.3.2.

3. Bei hinreichend großen Werten von $\frac{\delta^*}{\nu^*} + \kappa^* > 0$ entwickeln sich τ_1 und τ_2 gegenläufig,[63]

$$\text{sgn } d\tau_1 = -\text{sgn } d\tau_2 .$$

Die Grafik 5.3 verdeutlicht diese Zusammenhänge. Dabei wird von einer lohnpolitischen Verhaltensänderung in U_1 ausgegangen, die in Form eines Anstiegs von δ oder $\overline{\omega}_1$ bzw. durch eine Senkung von n_1^{tol} durchgeführt wird:

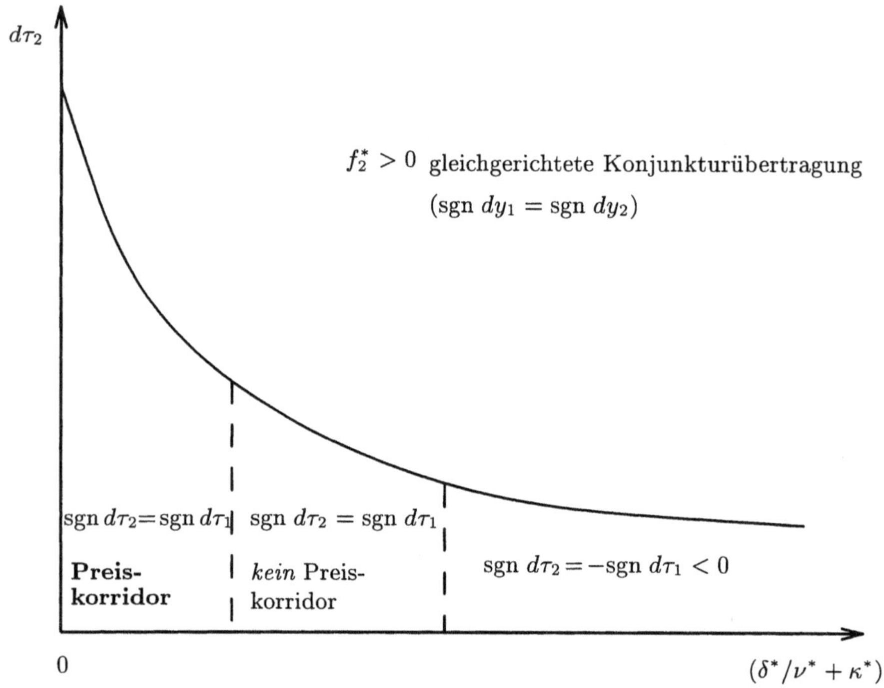

Abb. 5.3. Die Reaktion von τ_2 bei einer expansiven Lohnpolitik in U_1

In der obigen Grafik (Abb. 5.3) wird von $d\tau_1 > 0$ ausgegangen. Die korrespondierende Grafik für $d\tau_1 < 0$ erhält man, indem in der Darstellung die Ordinatenbezeichnung $d\tau_2$ durch $-d\tau_2$ ersetzt wird.

Eine analoge Abbildung erhält man für τ_1, wenn angebotsseitige Störungen in U_2 erfolgen. Im einzelnen erhält man bei *angebotsseitigen Störungen in* U_2

[63] In diesem Fall gilt in Gleichung (5.76) $r^* < 1$, siehe Anhang C.3.2.

die folgenden Resultate für die Terms-of-Trade-Reaktion $d\tau_1$:

Ausgangspunkt ist der Spezialfall

$$\delta = \kappa = 0.$$

Analog zu Kapitel 2 kann gezeigt werden, dass gilt

$$\alpha_2 > \alpha_3 \quad \Longrightarrow \quad | \, d\tau_2 \, | > | \, d\tau_1 \, | > | \, d\pi_1 \, | \, .$$

Die Angabe eines Preiskorridors bleibt für positive δ und κ weiterhin möglich, wenn die Konjunkturübertragung in das Land U_2 *negativ* ist:

$$\alpha_2 > \alpha_3, \quad \frac{\delta}{\nu} + \kappa > 0, \quad f_2 < 0 \quad \Longrightarrow \quad \begin{array}{l} | \, d\tau_2 \, | > | \, d\tau_1 \, | > | \, d\pi_1 \, |, \\ \text{sgn } d\tau_1 = \text{sgn } d\tau_2 = \text{sgn } d\pi_2. \end{array}$$

Liegt dagegen eine *positive*, d.h. gleichgerichtete Konjunkturübertragung vor, d.h. ist

$$f_2 > 0,$$

so sind *drei Fälle* zu unterscheiden:

1. Ist $\frac{\delta}{\nu} + \kappa > 0$ hinreichend klein,[64] so bleibt die Preiskorridoreigenschaft erhalten:

   $$\text{sgn } d\tau_1 = \text{sgn } d\tau_2 = \text{sgn } d\pi_2, \qquad | \, d\tau_2 \, | > | \, d\tau_1 \, | > | \, d\pi_2 \, | \, .$$

2. Bei "mittleren" Werten[65] von $\frac{\delta}{\nu} + \kappa > 0$ bilden τ_2 und π_2 keinen Preiskorridor für die terms of trade des passiven Landes, allerdings entwickeln sich τ_1, τ_2 und π_2 in die gleiche Richtung,

   $$\text{sgn } d\tau_1 = \text{sgn } d\tau_2 = \text{sgn } d\pi_2, \qquad | \, d\tau_2 \, | > | \, d\pi_1 \, | > | \, d\tau_1 \, | \, .$$

3. Bei hinreichend großen Werten von $\frac{\delta}{\nu} + \kappa > 0$ entwickeln sich τ_1 und τ_2 gegenläufig,[66]

   $$\text{sgn } d\tau_1 = -\text{sgn } d\tau_2.$$

[64] In diesem Fall gilt in Gleichung (5.75) $r > 1$, siehe Anhang C.3.2.
[65] In diesem Fall gilt in Gleichung (5.75) $1 > r > 0$, siehe Anhang C.3.2.
[66] In diesem Fall gilt in Gleichung (5.75) $r < 0$, siehe Anhang C.3.2.

5.4.5 Wechselkurs und Preisreaktionen

Wie in Kapitel 2 dieser Arbeit wurde, gilt mit der fundamentalen Abschätzung (Seite 16) sowie mit $l_1 \leq 1$ die folgende

Proposition 5.5. *Kontraktive angebotsseitige Störungen wie die expansive Lohnpolitik in einem Unionsland führen zu einer eindeutigen Aufwertung des gemeinsamen Wechselkurses.*[67]

Genauer ergibt sich aus der Nachfrageseite des Gesamtmodells für den langfristigen Wechselkurs (in Mengennotierung) die Beziehung[68]

$$de = \frac{1}{2}\left(1 - l_1 \frac{b_3}{A - b_{12}}\right) d(\tau_1 + \tau_2).$$

(Dabei wird wie in Kapitel 2 unterstellt, dass die ausländische Inflationsrate langfristig mit der inländischen übereinstimmt, d.h. $\dot{p}^a = \hat{m}$.)

In der fundamentalen Abschätzung aus Kapitel 2 wurde gezeigt, dass $\frac{b_3}{A - b_{12}} < 1$ gilt. Infolgedessen gilt mit $l_1 \leq 1$ für die langfristige Entwicklung des Finanzmarktpreises e:

$$\frac{de}{d\overline{\omega}_1} > 0 \qquad \frac{de}{d\overline{\omega}_2} > 0$$
$$\frac{de}{dn_1^{tol}} < 0 \qquad \frac{de}{dn_2^{tol}} < 0$$
$$\frac{de}{d\delta} > 0 \qquad \frac{de}{d\delta^*} > 0.$$

Für die **langfristige Preisentwicklung** erhält man

$$\frac{dp_1}{d\overline{\omega}_1} > 0, \quad \frac{dp_1}{d\overline{\omega}_1} > \frac{dp_2}{d\overline{\omega}_1} \qquad \frac{dp_2}{d\overline{\omega}_2} > 0, \quad \frac{dp_2}{d\overline{\omega}_2} > \frac{dp_1}{d\overline{\omega}_2}$$
$$\frac{dp_1}{dn_1^{tol}} < 0, \quad \frac{dp_1}{dn_1^{tol}} < \frac{dp_2}{dn_1^{tol}} \qquad \frac{dp_2}{dn_2^{tol}} < 0, \quad \frac{dp_2}{dn_2^{tol}} < \frac{dp_1}{dn_2^{tol}}$$
$$\frac{dp_1}{d\delta} > 0, \quad \frac{dp_1}{d\delta} > \frac{dp_2}{d\delta} \qquad \frac{dp_2}{d\delta^*} > 0, \quad \frac{dp_2}{d\delta^*} > \frac{dp_1}{d\delta^*}.$$

[67] Demgegenüber kommen *realwirtschaftliche* Modelle unter Vernachlässigung des monetären Bereichs zu dem entgegengesetzten Resultat: Kontraktive angebotsseitige Störungen induzieren über inländische Kosten- und Preissteigerungen eine Verschlechterung der preislichen Wettbewerbsfähigkeit gegenüber dem Ausland. Infolgedessen sinkt der Außenbeitrag ab, wodurch auf dem Devisenmarkt eine Überschussnachfrage entsteht. Infolgedessen wertet die Inlandswährung ab. Vgl. hierzu auch die Ausführungen in Kapitel 2.

[68] Siehe Anhang C.3.3.

Außerdem gilt:

$$\begin{aligned} \text{falls} \quad \operatorname{sgn} d\tau_1 &= -\operatorname{sgn} d\tau_2 \\ \text{so ist} \quad \operatorname{sgn} dp_1 &= -\operatorname{sgn} dp_2. \end{aligned}$$

5.4.6 Eine Pufferfunktion des Wechselkurses?

Im folgenden soll auf die Frage eingegangen werden, ob durch den Übergang zur Währungsunion der bisher gemeinsame flexible Wechselkurs zwischen den beiden Unionsländern U_1 und U_2 die Eigenschaft eines shock absorbers besaß und reale Konjunkturübertragungen zwischen den beiden Ländern dämpfte.

Zu diesem Zweck wird das statische, reale System der Währungsunion[69] zu einem *Drei-Länder-Modell* erweitert, in welchem ein flexibler Wechselkurs zwischen den beiden Unionsländern herrscht. Wie im Modell der Währungsunion sind beide Länder insgesamt klein gegenüber der übrigen Welt, deren Variablen exogen vorgegeben sind. Wegen der *statischen Dichotomieeigenschaft* kann im Rahmen der statische Analyse auf den monetären Sektor verzichtet werden.[70] Die Modellgleichungen lauten

$$\begin{aligned} p_1 &= -\theta_0 + \theta_1 + w_1 + \kappa \cdot y_1 \\ n_1 &= -\theta_0 + \frac{1}{\nu} \cdot y_1 \\ w_1 &= p_1^V + \overline{\omega}_1 + \delta \cdot (n_1 - n_1^{tol}) \\ p_2 &= -\theta_0^* + \theta_1^* + w_2 + \kappa^* \cdot y_2 \\ n_2 &= -\theta_0^* + \frac{1}{\nu^*} \cdot y_2 \\ w_2 &= p_2^V + \overline{\omega}_2 + \delta^* \cdot (n_2 - n_2^{tol}) \end{aligned}$$

sowie

$$\begin{aligned} y_1 &= a_0 + a_1 y_1 - a_2(i_a - \dot{p}^a) + g_1 - b_{11} y_1 + b_{12} y_2 + b_2 y^a - b_3 \tau_1 - b_4 \pi_1 \\ y_2 &= a_0 + a_1 y_2 - a_2(i_a - \dot{p}^a) + g_2 - b_{11} y_2 + b_{12} y_1 + b_2 y^a - b_3 \tau_2 - b_4 \pi_2. \end{aligned}$$

Diese Modellgleichungen stimmen mit denen der Währungsunion überein. *Unterschiede* zum Modell der Währungsunion ergeben sich lediglich für die Definition der relativen Preise. Bezeichnet e_1 bzw. e_2 den nominalen Wechselkurs (in Preisnotierung) von U_1 bzw. U_2 gegenüber der übrigen Welt und z den ebenfalls flexiblen Wechselkurs zwischen U_1 und U_2, so gilt

---

[69] In der hier betrachteten Frist wird - wie in den Modellen der monetären Makroökonomik üblich - von einem näherungsweise konstanten Kapitalstock ausgegangen.

[70] Zu beachten ist, dass im Rahmen der *intertemporalen Analyse keine Dichotomie* zwischen realem und monetärem Sektor herrscht.

$$\begin{aligned}
\tau_1 &= p_1 - (p^a + e_1) &(5.77)\\
\tau_2 &= p_2 - (p^a + e_2) &(5.78)\\
z &= e_1 - e_2 &(5.79)\\
\pi_1 &= p_1 - (p_2 + z) &(5.80)\\
\pi_2 &= -\pi_1. &(5.81)
\end{aligned}$$

Für die Verbraucherpreise gilt analog zum Modell der Währungsunion

$$\begin{aligned}
p_1^V &= \alpha_1 p_1 + \alpha_2(p_2 + z) + \alpha_3(p^a + e_1)\\
&= p_1 - \alpha_2\pi_1 - \alpha_3\tau_1 &(5.82)\\
p_2^V &= \alpha_1^* p_2 + \alpha_2^*(p_1 - z) + \alpha_3^*(p^a + e_2)\\
&= p_2 - \alpha_2^*\pi_2 - \alpha_3^*\tau_2. &(5.83)
\end{aligned}$$

Unter Berücksichtigung der Gleichungen (5.77) bis (5.83) ergeben sich auch im Modell mit *flexiblem* Wechselkurs zwischen U_1 und U_2 die reduzierten Formen (5.66), (5.67) für die Angebotsseite und (5.70) (5.71) für die Nachfrageseite. Aus diesem System resultieren für die realen Größen die *gleichen Ergebnisse* wie im Modell der Währungsunion. y_1 und y_2 resultieren folglich aus (5.72) und (5.73), während sich die Steady-State Werte für τ_1, π_1 und $\tau_2 = \tau_1 - \pi_1$, $\pi_2 = -\pi_1$ aus (5.75) und (5.76) ergeben.

Die Frage nach der Pufferfunktion des Wechselkurses beantwortet die folgende Proposition:

Proposition 5.6. *Betrachtet man im Rahmen einer Steady-State-Analyse die Auswirkungen angebotsseitiger Störungen (wie z.B. die Änderung der Lohnpolitik eines Landes) oder die einer realen Störung auf der Nachfrageseite (wie z.B. eine Änderung der Staatsausgaben eines Landes), so gilt im vorliegenden Modellrahmen:*

Die Auswirkungen dieser Maßnahmen auf die Outputvariablen y_1 und y_2 sowie auf die relativen Preise τ_1, τ_2 und $\pi_1 (= -\pi_2)$ sind unabhängig davon, ob die beiden Unionsländer U_1 und U_2 eine Währungsunion bilden oder durch einen flexiblen Wechselkurs miteinander verbunden sind.[71]

[71] Es muss folglich davon ausgegangen werden, dass eine möglicherweise sich langfristig einstellende Pufferfunktion des Wechselkurses in der kurzen und mittleren Frist noch nicht gegeben ist.

5.4.7 Arbeitslosigkeit durch Importkonkurrenz?

Geht von einer wachsenden Importkonkurrenz ein Anpassungsdruck auf die europäischen Arbeitsmärkte aus? Welche Bedeutung hat in diesem Zusammenhang das Verhalten der Gewerkschaften?

Importkonkurrenz soll nachfolgend durch eine Senkung des ausländischen Preisniveaus p_a modelliert werden. M.a.W. in den Ländern *außerhalb* der Währungsunion sinkt der Preis für das dort für die Endnachfrage produzierte Güterbündel.

Sinkt das ausländische Preisniveau einmalig auf ein dauerhaft niedrigeres Niveau ab, so bleibt dies ohne Wirkungen auf die Gütermärkte der Währungsunion. Die Wechselkursreaktion führt dazu, dass der Preis für ausländische Güter, gemessen in Unionswährung, unverändert bleibt. Folglich ändern sich weder der Außenbeitrag noch der Verbraucherpreisindex in den Unionsländern. In diesem Fall liegt eine Pufferfunktion des Wechselkurses vor.

Aus den Modellgleichungen für den realen Sektor (5.56) bis (5.63), welche von der nominalen Größe p_a unabhängig sind, ergibt sich

$$\begin{aligned}
\frac{d\tau_1}{dp_a} &= 0 = \frac{d\tau_2}{dp_a} \\
\frac{dy_1}{dp_a} &= 0 \Longrightarrow \frac{dn_1}{dp_a} = 0 \\
\frac{dy_2}{dp_a} &= 0 \Longrightarrow \frac{dn_2}{dp_a} = 0.
\end{aligned}$$

Als Fazit kann festgestellt werden, dass eine nachfrageseitige Importkonkurrenz durch die Wechselkursreaktion neutralisiert wird. Es entstehen keine realen Effekte auf den Güter- und Arbeitsmärkten der Währungsunion. Dieses Ergebnis basiert auf der c.p.-Annahme, dass der Weltzinssatz (und damit die Finanzmärkte) durch die Änderung der Auslandspreise nicht reagiert. Insofern entstehen keine finanzmarktinduzierten Wechselkurseffekte.

5.5 Intertemporale Analyse: Ein rekursives Lösungsverfahren

Das dynamische System einer angebotsseitig asymmetrischen Währungsunion lässt sich durch eine rekursive Vorgehensweise lösen. Das Verfahren gliedert sich in drei Schritte:

Schritt 1:
Lösung des dynamischen Systems für den *realen* Sektor der Währungsunion. Die Zeitpfade der realen Größen τ_1 und π_1 können - bis auf eine Niveauvariable - eindeutig bestimmt werden.

Schritt 2:
Im zweiten Schritt wird die aggregierte Nachfrageseite, bestehend aus den Gütermärkten, dem gemeinsamen Geldmarkt sowie dem internationalen Kapitalmarkt, auf eine dynamische Gleichung reduziert und mit der Terms-of-Trade-Gleichung des realen Systems aus Schritt 1 kombiniert. Dadurch wird die Reaktion der Finanzmärkte auf die zukünftige Wirtschaftsdynamik in der Union erfasst.

Das insgesamt sattelpfadstabile System liefert den Zeitpfad für die reale Geldmenge sowie den endogenen Anfangswert für den Wechselkurs.

Schritt 3:
Mit dem endogenen Anfangswert für den Wechselkurs wird der Freiheitsgrad aus Schritt 1 eliminiert. Damit ist das Gesamtsystem gelöst.

Das Lösungsverfahren verdeutlicht die *dynamische Interdependenz* des Gesamtsystems: Schritt 3 zeigt, dass die realwirtschaftliche Entwicklung der beiden Volkswirtschaften *nicht* unabhängig vom monetären Sektor bestimmt werden kann. Insofern liegt im Gegensatz zum statischen System *keine* Dichotomie zwischen dem realen und monetären Sektor vor. Beschäftigungseffekte resultieren daher aus den wechselseitigen Abhängigkeiten von Güter- und Arbeitsmärkten mit den Finanzmärkten. Die Entwicklung der realen Größen (Schritt 1) kann nicht unabhängig von den Finanzmärkten (Schritt 2) bestimmt werden. Umgekehrt wird in Schritt 2 deutlich, dass vorausschauende Finanzmärkte bei fundamentaler (rationaler) Erwartungsbildung auf die Frühindikatoren der wirtschaftlichen Entwicklung reagieren. Zu diesen Frühindikatoren zählt das Verhalten der Tarifparteien.

5.6 Intertemporale Analyse im vereinfachten Fall

5.6.1 Anwendung des Lösungsverfahrens

Das rekursive Lösungsverfahren soll anhand eines einfachen Spezialfalls verdeutlicht werden.[72] Die Vereinfachung besteht darin, dass die Abhängigkeit der privaten Absorption vom *laufenden* Realzins ersetzt wird durch eine Abhängigkeit vom *langfristigen* Realzins (Realzins im Steady-State). Dieser stimmt mit dem exogen vorgegebenen Welt-Realzinsniveau überein. Durch diese Vereinfachung werden intertemporale Realzinseffekte ausgeblendet.

Schritt 1:
Im Mittelpunkt der Dynamik für den realen Sektor stehen die beiden Preisanpassungsgleichungen

$$\begin{aligned} \dot{p}_1 - \dot{p}_1^m &= -\beta(p_1 - p_1^m) \\ \dot{p}_2 - \dot{p}_2^m &= -\beta(p_2 - p_2^m). \end{aligned}$$

Durch Substitution von p_1^m und p_2^m erhält man unter Berücksichtigung der Lohngleichungen (5.50) und (5.55)

$$\alpha_2\dot{\pi}_1 + \alpha_3\dot{\tau}_1 - (\delta/\nu + \kappa)\dot{y}_1 = \tag{5.84}$$
$$-\beta\left[\theta_0 - \theta_1 - \overline{\omega}_1 + \delta/\nu y_1^{tol} + \alpha_2\pi_1 + \alpha_3\tau_1 - (\delta/\nu + \kappa)y_1\right]$$

$$-(\alpha_2^* + \alpha_3^*)\dot{\pi}_1 + \alpha_3^*\dot{\tau}_1 - (\delta^*/\nu^* + \kappa^*)\dot{y}_2 = \tag{5.85}$$
$$-\beta\left[\theta_0^* - \theta_1^* - \overline{\omega}_2 + \delta^*/\nu^* y_2^{tol} - (\alpha_2^* + \alpha_3^*)\pi_1 + \alpha_3^*\tau_1 - (\delta^*/\nu^* + \kappa^*)y_2\right].$$

Leitet man die IS-Kurven für U_1 und U_2 nach der Zeit ab und berücksichtigt man die Exogenität des langfristigen Realzinses, so erhält man durch Auflösung nach $\dot{y}_1$ und $\dot{y}_2$ das System

$$(A - b_{12}x)\,\dot{y}_1 = -b_3\dot{\tau}_1(1+x) - \dot{\pi}_1[b_4(1-x) - xb_3] \tag{5.86}$$
$$(A - b_{12}x)\,\dot{y}_2 = -b_3\dot{\tau}_1(1+x) + \dot{\pi}_1[b_4(1-x) + b_3]. \tag{5.87}$$

Substituiert man in (5.84) und (5.85) $\dot{y}_1$ und $\dot{y}_2$ mittels (5.86) und (5.87) sowie y_1 und y_2 mittels der IS-Kurven, so erhält man ein lineares dynamisches System in den relativen Preisen τ_1, π_1. Das resultierende dynamische System besitzt die Struktur

$$\mathcal{S}_1 \cdot \begin{pmatrix} \dot{\tau}_1 \\ \dot{\pi}_1 \end{pmatrix} = -\beta \cdot \left[\mathcal{S}_1 \cdot \begin{pmatrix} \tau_1 \\ \pi_1 \end{pmatrix} + \begin{pmatrix} d_1 \\ d_2 \end{pmatrix}\right], \tag{5.88}$$

---

[72] Der allgemeine Fall wird in Abschnitt 5.7 untersucht.

wobei $\mathcal{S}_1$ die (nichtsinguläre) Systemmatrix bezeichnet; d_1, d_2 sind Abkürzungen für das Aggregat der exogenen Variablen.

Das dynamische System (5.88) ist äquivalent zu[73]

$$\dot{\tau}_1 = -\beta \cdot (\tau_1 - \overline{\tau}_1) \tag{5.89}$$
$$\dot{\pi}_1 = -\beta \cdot (\pi_1 - \overline{\pi}_1). \tag{5.90}$$

Damit liegt auch die Bewegungsgleichung von $\tau_2 = \tau_1 - \pi_1$ fest:

$$\dot{\tau}_2 = -\beta(\tau_2 - \overline{\tau}_2).$$

Die Anpassungsgeschwindigkeiten der Relativpreise π_1, τ_1 und τ_2 an ihr langfristiges Niveau werden durch die Anpassungsgeschwindigkeit β der nominalen Güterpreise an ihr langfristig gewinnoptimales Niveau festgelegt.

Das dynamische System (5.89), (5.90) ist wegen $\beta > 0$ stabil. Während für die verzögert reagierende Variable π_1 aufgrund der trägen Anpassung der Güterpreise p_1 und p_2 ein historisch determinierter Anfangswert $\pi_1(t_0)$ angegeben werden kann, ist dies für die terms of trade $\tau_1 = p_1 - p^a - e$ nicht möglich, da der Wechselkurs als nicht vorherbestimmte Variable weitere zukunftsgerichtete Informationen enthält, d.h. Informationen bezüglich der zukünftigen konjunkturellen Entwicklung der Währungsunion. Insofern besteht für den Zeitpfad von τ_1 (und damit auch für τ_2) formal ein Freiheitsgrad. Dieser lässt sich durch Angabe einer geeigneten Transversalitätsbedingung beseitigen (siehe Schritt 2).

Schritt 2
Im zweiten Schritt wird die gesamte Nachfrageseite der Währungsunion, bestehend aus dem aggregierten Gütermarkt (Summe der IS-Kurven) und aus dem gemeinsamen Geldmarkt, auf das folgende System reduziert (Abkürzungen: $\ell := m - p_1 - p_2$ und $\tau := \tau_1 + \tau_2$)

$$\begin{pmatrix} \dot{\ell} \\ \dot{\tau} \end{pmatrix} = \begin{pmatrix} 1/l_2 & a_{12} \\ 0 & -\beta \end{pmatrix} \begin{pmatrix} \ell - \overline{\ell} \\ \tau - \overline{\tau} \end{pmatrix}$$

$$a_{12} := \frac{l_1 b_3}{l_2} \cdot \frac{1}{A - b_{12}} + \beta > 0, \quad A = 1 - a_1 + b_{11}.$$

Die zugehörigen Eigenwerte sind $-\beta$ und $1/l_2$.
Die Lösung lautet

[73] Die Steady-State-Werte $\overline{\tau}_1$ sowie $\overline{\pi}_1$ wurden im Abschnitt 5.4.4 berechnet.

$$\begin{pmatrix} \ell - \overline{\ell} \\ \tau - \overline{\tau} \end{pmatrix} = A_1 \cdot \begin{pmatrix} 1 \\ 0 \end{pmatrix} e^{1/l_2 \cdot (t-t_0)} + A_2 \cdot \begin{pmatrix} x_1 \\ 1 \end{pmatrix} e^{-\beta \cdot (t-t_0)}$$

$$x_1 := -\frac{a_{12} l_2}{1 + l_2 \beta}$$

$$0 > x_1 > -1.$$

Dabei resultiert A_2 aus dem Anfangswert für die reale Geldmenge ℓ,

$$A_2 = \frac{1}{x_1} \cdot \underbrace{(\ell(t_0) - \overline{\ell})}_{=:-d\ell},$$

während sich A_1 aus der *Transversalitätsbedingung* ergibt, nach der das ökonomische System langfristig gegen seinen Steady-State konvergiert,[74] d.h. $A_1 = 0$.[75] Aus diesem sattelpfadstabilen System kann die Wechselkursreaktion in der Ausgangslage bestimmt werden. Für die Abweichung des Wechselkurses von seinem Ausgangsniveau $\overline{e}^0$ gilt in $t = t_0$:

$$(e - \overline{e^0})(t_0) = -\frac{d\ell}{2} \cdot \underbrace{\left(\frac{1}{x_1} + \frac{A - b_{12}}{l_1 b_3} \right)}_{>0}. \tag{5.91}$$

Schritt 3

Nachdem die Höhe des Wechselkurses in $t = t_0$ determiniert ist, liegt $\tau_1(t_0)$ (und $\tau_2(t_0)$) fest, und der Freiheitsgrad aus Schritt 1 ist eliminiert. Damit liegen sämtliche Zeitpfade fest.

Diese lauten (Es handelt sich hierbei um die Abweichungen vom Ausgangsgleichgewicht.):

Zusammenfassung der Bewegungsgleichungen

(Eine hochgestellte ^{0} kennzeichnet das Ausgangsgleichgewicht.)

$$\ell(t) - \overline{\ell}^0 = d\overline{\ell} \cdot \left(1 - e^{-\beta(t-t_0)}\right)$$

$$\pi_1(t) - \overline{\pi}_1^0 = d\overline{\pi}_1 \cdot \left(1 - e^{-\beta(t-t_0)}\right)$$

$$e(t) - \overline{e}^0 = -d\overline{\ell}/2 \cdot \left[\left(\frac{A - b_{12}}{l_1 b_3} - 1 \right) + (1 + \frac{1}{x_1}) \cdot e^{-\beta(t-t_0)} \right]$$

[74] Die Transversalitätsbedingung resultiert in ökonomischen Systemen aus dem Rationalverhalten der Anleger. Vgl. Kouri (1976, S. 282) sowie Gray, Turnovsky (1979, S. 651).

[75] Mit der Transversalitätsbedingung $A_1 = 0$ werden Ankündigungen tarifpolitischer Änderungen, die erst zu einem späteren Zeitpunkt $t > t_0$ umgesetzt werden, ausgeblendet. Damit wird implizit unterstellt, dass Ankündigungen seitens der Tarifparteien für die Finanzmärkte keine prognoserelevante Information darstellen. Die Finanzmärkte reagieren erst, nachdem ein Tarifabschluss realisiert wurde.

$$\frac{A-b_{12}}{l_1 b_3}+\frac{1}{x_1}>0$$

$$\tau(t)-\overline{\tau}^0 = -d\overline{\ell}\left(\frac{A-b_{12}}{l_1 b_3}+\frac{1}{x_1}\cdot e^{-\beta(t-t_0)}\right)$$

$$\frac{1}{x_1} = -\frac{1+l_2\beta}{\frac{l_1 b_3}{A-b_{12}}+l_2\beta} < -1.$$

Für die nationalen Inflationsraten gilt ($\hat{m} = \dot{m}/2$)

$$\dot{p}_1 = \hat{m} + 1/2\cdot\beta\cdot e^{-\beta(t-t_0)}(d\overline{\pi}_1 - d\overline{\ell})$$
$$\dot{p}_2 = \hat{m} - 1/2\cdot\beta\cdot e^{-\beta(t-t_0)}(d\overline{\pi}_1 + d\overline{\ell}).$$

5.6.2 Die intertemporalen Auswirkungen einer einseitigen expansiven Lohnpolitik

Nachdem das dynamische System angebotsseitig asymmetrischer Unionsländer formal in Abschnitt 5.6.1 gelöst wurde, sollen nachfolgend die intertemporalen Effekte analysiert werden, die durch eine expansive Lohnpolitik in U_1 ausgelöst werden.[76] Diese kann für U_1 durch drei unterschiedliche Parametervariationen abgebildet werden:

1. Erhöhung des tarifpolitischen Parameters δ, beispielsweise infolge
   a) einer stärkeren Gewichtung des Reallohnziels seitens der Gewerkschaften
   b) einer Veränderung des Zentralisierungsgrades
      i. Auf der Mikroebene: Verlagerung der Tarifverhandlungen von Firmen- auf Branchenebene.[77]
      ii. Auf der Makroebene: Vernachlässigung kontraktiver Outputeffekte im Optimierungskalkül der Gewerkschaften.[78]
   c) eine Stärkung der Verhandlungsmacht der Gewerkschaften.
2. Erhöhung des gewerkschaftlichen Anspruchsniveaus $\overline{\omega}_1$.
3. Steigerung der tolerierten Arbeitslosigkeit (Senkung von n_1^{tol}).

Eine Verhaltensänderung in U_1 hat zunächst Konsequenzen für die Lohn- und Kostenentwicklung in U_1. Die verzögerte Anpassung der Preise an Kostenänderungen sowie das vorausschauende Verhalten der Finanzmärkte hat maßgeblichen Einfluss auf die Entwicklung der Finanzmarktpreise, auf die nationalen Inflationsraten, auf die Wettbewerbsfähigkeit der einzelnen Länder gegenüber den Partnerländern sowie gegenüber den Ländern außerhalb der

[76] Nachfolgend wird davon ausgegangen, dass die Finanzmärkte erst dann auf lohnpolitische Verhaltensänderungen reagieren, nachdem ein Tarifabschluss erfolgt ist. Mögliche Reaktionen der Anleger auf lohnpolitische Ankündigungen *vor* dem Abschluss eines Tarifvertrages werden nicht betrachtet.

[77] Formal: Übergang vom Mikro1- zum Mikro2-Ansatz.

[78] Formal: Übergang vom Makro2- zum Makro1-Ansatz.

Währungsunion und in der Folge auf das Output- und Beschäftigungsniveau. Außerdem erfolgen Rückkopplungen durch die Reaktion der Tarifparteien.

In den nachfolgenden Grafiken werden die zeitlichen Entwicklungen der Finanzmarktpreise, der internen und externen terms of trade, der Inflationsraten sowie der Produktionsniveaus aufgezeigt. Dabei wird der *Realzins* durch sein langfristiges Niveau approximiert.[79] Die einzelnen Grafen geben jeweils die Abweichungen der endogenen Variablen von ihrem Ausgangsniveau an. Die expansive Lohnpolitik in U_1 ist langfristig mit einer nominalen Auf-

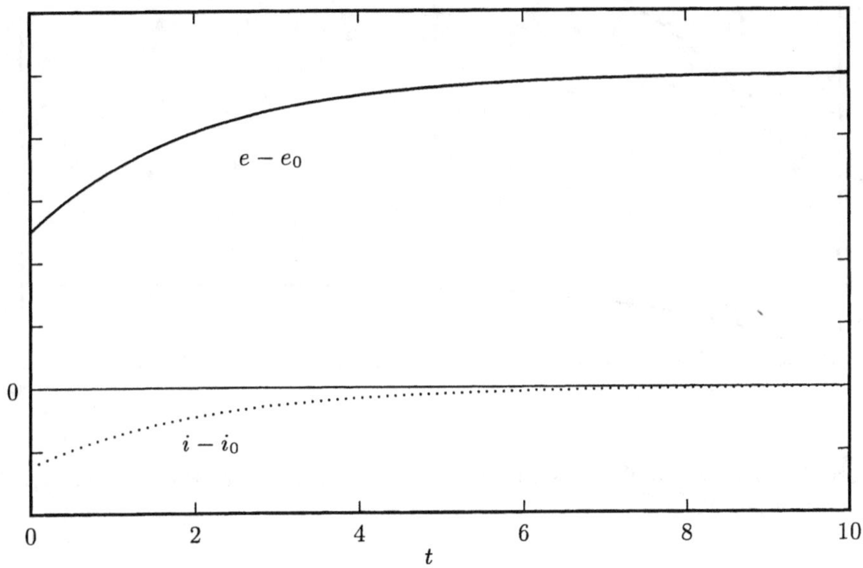

Abb. 5.4. Die Wechselkurs- und Zinsdynamik bei einer expansiven Lohnpolitik in U_1

wertung der Unionswährung verbunden.[80] Mit deren Antizipation durch die Finanzmärkte in $t = 0$ steigt der rational erwartete langfristige Wechselkurs in Mengennotierung an. Die Anleger passen unmittelbar ihre Portfolioentscheidungen an, so dass bereits in $t = 0$ eine Aufwertung (Abbildung 5.4, durchgezogene, obere Linie) der Unionswährung erfolgt. Der daraufhin sinkende Außenbeitrag der Union verursacht einen Rückgang des aggregierten Outputniveaus sowie sinkende Nominalzinsen. Das entstehende internatio-

[79] Diese Vereinfachung wird in Abschnitt 5.7.2 wieder aufgehoben.

[80] Siehe die Steady-State-Analyse in Abschnitt 5.4.5. Grundsätzlich wirken auf den Wechselkurs gegenläufige Effekte ein. Mit der fundamentalen Abschätzung sowie $l_1 \leq 1$ resultiert kurz- und langfristig eine Aufwertung. Siehe hierzu auch die Ausführungen in Kapitel 2.

nale Zinsdifferential ($i - i^a < 0$) dämpft die Wechselkurssteigerung e. Die verzögert einsetzende Preisanpassung an gestiegene Grenzkosten wirkt insgesamt liquiditätsmindernd und zinssteigernd. Mit sinkendem internationalen Zinsdifferential steigt der Wechselkurs auf sein langfristiges Niveau an. Die

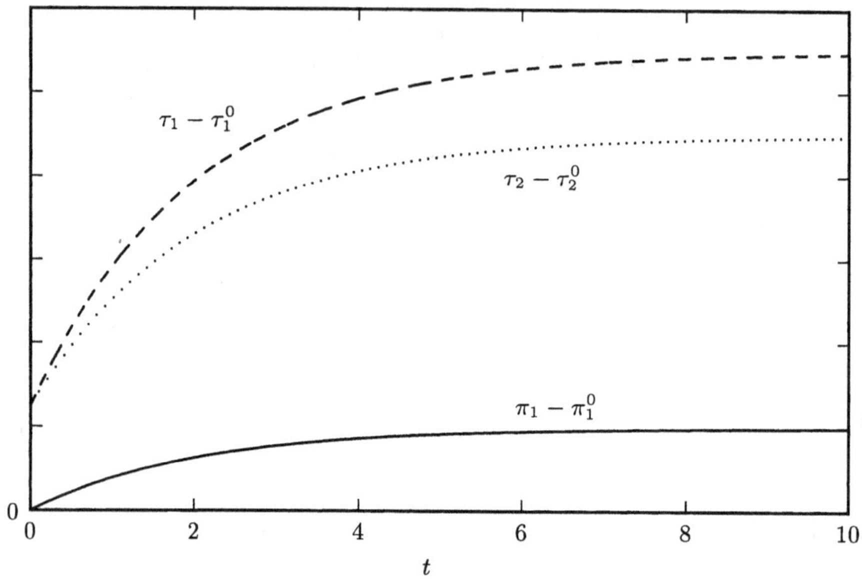

Abb. 5.5. Die Dynamik der terms of trade nach innen und außen bei einer expansiven Lohnpolitik in U_1

nominale Aufwertung in $t = 0$ induziert in *beiden* Unionsländern einen identischen Anstieg der externen terms of trade τ_1 (Abbildung 5.5, gestrichelte Linie) und τ_2 (gepunktete Linie). Die expansive Lohnpolitik in U_1 führt dort zu steigenden Kosten und Preisen und folglich zu einem allmählichen Anstieg des innergemeinschaftlichen Preisverhältnisses π_1 (durchgezogene Linie). Während τ_1 und π_1 sowohl mittel- als auch langfristig weiter ansteigen, ist die weitere Entwicklung von τ_2 von dem Vorzeichen der Konjunkturübertragung von U_1 nach U_2 sowie vom Lohnbildungsprozess in U_2 abhängig: Liegt eine *entgegengerichtete* Konjunkturübertragung vor,[81] so werden in U_2 Lohn- und Preissteigerungen ausgelöst, so dass auch τ_2 im Zeitverlauf weiter ansteigt (wie in Abbildung 5.5); für die externen terms of trade des passiven Landes (τ_2) kann dann für den gesamten Anpassungszeitraum ein *Preiskorridor* (siehe Kapitel 2) angegeben werden:

[81] Bei einer entgegengerichteten Konjunkturübertragung löst die expansive Lohnpolitik in U_1 im aktiven Land Output- und Beschäftigungssenkungen aus, während im passiven Land Output und Beschäftigung ansteigen.

$$\tau_1 - \tau_1^0 > \tau_2 - \tau_2^0 > \pi_1 - \pi_1^0 \quad t > 0. \tag{5.92}$$

In diesem Fall beschränkt $\tau_1 - \tau_1^0$ die Entwicklung von $\tau_2 - \tau_2^0$ von oben, während $\pi_1 - \pi_1^0$ eine untere Schranke für $\tau_2 - \tau_2^0$ darstellt. Die Korridoreigenschaft (5.92) gilt auch im Fall einer *gleichgerichteten* Konjunkturübertragung nach U_2,[82] wenn die Komponente $\frac{\delta^*}{\nu^*} + \kappa^*$ hinreichend klein ist.[83] Je flexibler die Löhne auf die zurückgehende Konjunktur in U_2 reagieren, um so geringer ist die Inflationsrate in U_2. Mit zunehmendem $\frac{\delta^*}{\nu^*} + \kappa^*$ sinkt dann $\tau_2 - \tau_2^0$ im Zeitverlauf unter $\pi_1 - \pi_1^0$ (siehe Abbildung 5.6, vgl. hierzu auch Abbildung 5.3). Dabei kann eine Senkung von τ_2 nicht ausgeschlossen werden (Fall III, Abbildung 5.7).[84]

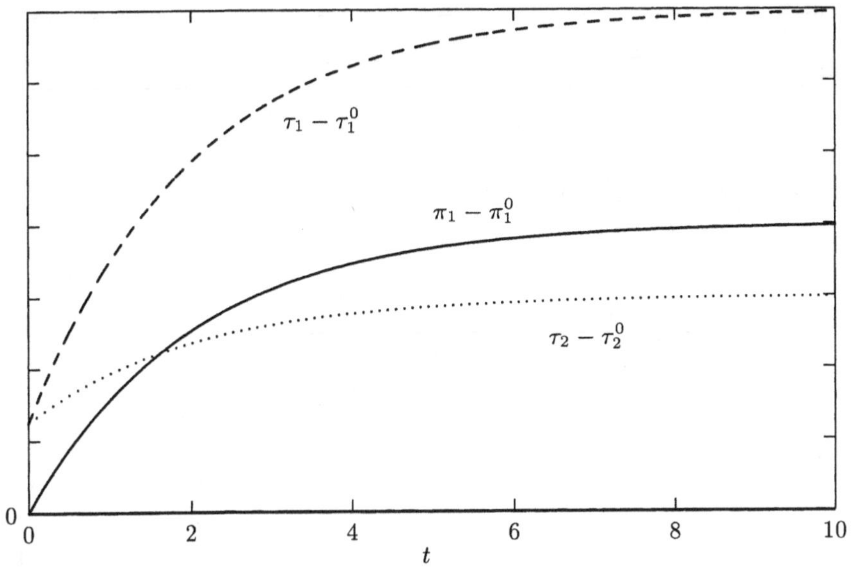

Abb. 5.6. Terms-of-Trade-Dynamik, Fall II

[82] In diesem Fall sinken auch in U_2 Output und Beschäftigung.

[83] Vgl. hierzu die Steady-State-Analyse aus Abschnitt 5.4.4. Die Ergebnisse der Steady-State-Analyse können auf die intertemporale Analyse übertragen werden, da die Veränderung von τ_1 und τ_2 in $t = 0$ identisch ist und sich beide Größen im Zeitverlauf mit identischer Geschwindigkeit in monotoner Weise ihren langfristigen Werten annähern.

[84] Eine Senkung von τ_2 kann nur auftreten, wenn Output und Beschäftigung in U_2 zurückgehen. M.a.W. die zunehmende Verbesserung der preislichen Wettbewerbsfähigkeit von U_2 gegenüber dem aktiven Partnerland U_1 sowie gegenüber den Ländern außerhalb der Währungsunion wird in diesem Fall dominiert durch den einkommensinduzierten Rückgang der Exporte des Landes U_2 nach U_1.

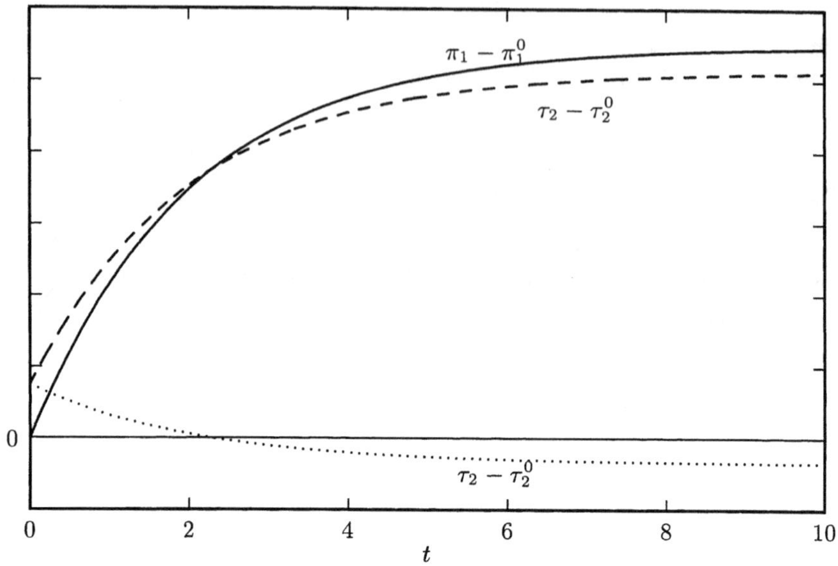

Abb. 5.7. Terms-of-Trade-Dynamik, Fall III

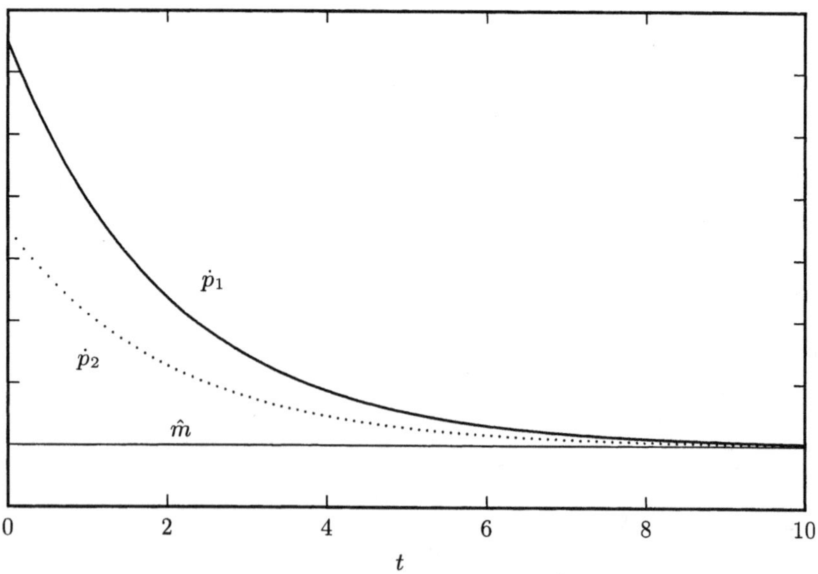

Abb. 5.8. Die Entwicklung der nationalen Inflationsraten bei einer expansiven Lohnpolitik in U_1

Abbildung 5.8 verdeutlicht die Entwicklung der nationalen Inflationsraten im Zeitverlauf. Die expansive Lohnpolitik in U_1 führt kurz- und mittelfristig infolge der unternehmerischen Preisanpassung an gestiegene Grenzkosten zu einem eindeutigen Anstieg der Inflationsrate $\dot{p}_1$; die Inflationsrate $\dot{p}_2$ verläuft unterhalb von $\dot{p}_1$. Dabei kann ein Absinken von $\dot{p}_2$ unter das Ausgangsniveau $\hat{m}$ der Geldmengenwachstumsrate nicht ausgeschlossen werden. In einer Währungsunion treten folglich ***qualitativ unterschiedliche Verläufe der nationalen Inflationsraten*** auf, wenn die Lohnpolitik in den Unionsländern nicht aufeinander abgestimmt ist. Mit dem Abschluss der Preisanpassungen nähern sich die Inflationsraten in beiden Unionsländern langfristig wieder der Geldmengenwachstumsrate $\hat{m}$ an.

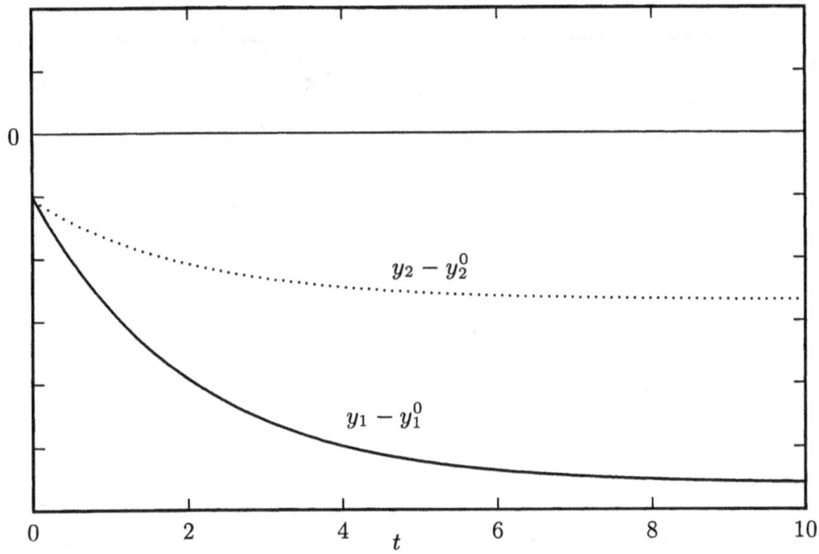

Abb. 5.9. Outputdynamik bei gleichgerichteter Konjunkturübertragung

Die expansive Lohnpolitik in U_1 führt aufgrund der Antizipationseffekte der Finanzmärkte zu einer unmittelbaren nominalen Aufwertung der Unionswährung. Dadurch verschlechtern sich die Außenbeiträge beider Unionsländer gegenüber der übrigen Welt, so dass das Produktionsniveau beider Länder absinkt. Die nachfolgend einsetzende sukzessive Preisanpassung führt zu einem Anstieg des innergemeinschaftlichen Preisverhältnisses sowie zu einem weiteren Ansteigen der externen terms of trade von U_1. Die preisliche Wettbewerbsfähigkeit verschlechtert sich sowohl kurz-, mittel- und langfristig gegenüber dem Partnerland als auch gegenüber den Ländern außerhalb der Währungsunion. Der Rückgang der Nachfrage nach heimischen Produkten führt zu einer Senkung des Output- und Beschäftigungsniveaus in U_1 (Abbildungen 5.9 und 5.10, durchgezogene Linie).

Die Lohnpolitik in U_1 beeinträchtigt nicht nur die kurzfristige, sondern auch die mittel- und langfristige Output- und Beschäftigungsentwicklung des Partnerlandes (gepunktete Linie), wenn die Exporte des Landes U_2 vorwiegend in Länder außerhalb der Währungsunion geliefert werden und Konsumgüter vorwiegend aus dem Partnerland bezogen werden, der innergemeinschaftliche Handel dagegen durch die Einkommensentwicklung in beiden Ländern dominiert wird. Dominiert dagegen die preisliche Wettbewerbsfähigkeit gegenüber dem Partnerland den gesamten Außenbeitrag des passiven Landes, so resultiert hieraus insgesamt eine mittel- und langfristige Konjunkturbelebung in U_2 (Abbildung 5.10, gepunktete Linie).

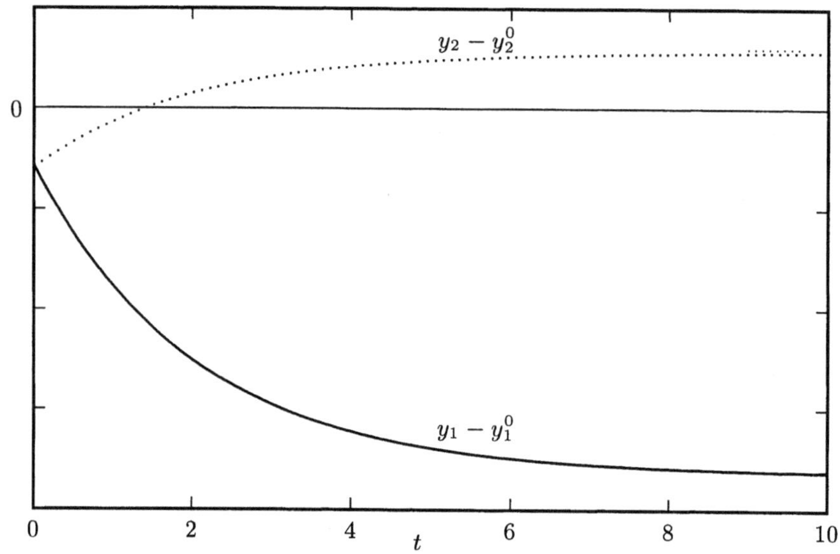

Abb. 5.10. Outputdynamik bei entgegengerichteter Konjunkturübertragung

In der folgenden Tabelle sind für den Fall einer expansiven Lohnpolitik der Tarifparteien in U_1 die kurz-, mittel- und langfristigen konjunkturellen Veränderungen in den beiden Unionsländern (gegenüber ihren Ausgangswerten) zusammengefasst:

	kurzfristig	mittelfristig	langfristig
i	↓	↓	0
e	↑	↑	↑
$\dot{p}_1$	↑	↑	0
$\dot{p}_2$	↑↓	↑↓	0
π_1	0	↑	↑
τ_1	↑	↑	↑
τ_2	↑	↑↓	↑↓
y_1	↓	↓	↓
y_2	↓	↓↑	↓↑*

* Hinreichend für die gleichgerichtete Konjunkturübertragung ist die Bedingung (5.74).

5.7 Intertemporale Analyse für den allgemeinen Fall

5.7.1 Anwendung des Lösungsverfahrens

In Abschnitt 5.7 wird die Vereinfachung des vergangenen Abschnitts aufgehoben und *intertemporale Realzinseffekte* explizit berücksichtigt. Die Modellanalyse erfolgt auch hier unter Anwendung des rekursiven Verfahrens aus Abschnitt 5.5.

Schritt 1:
Im Mittelpunkt der Dynamik für den realen Sektor stehen die beiden Preisanpassungsgleichungen

$$\begin{aligned} \dot{p}_1 - \dot{p}_1^m &= -\beta(p_1 - p_1^m) \\ \dot{p}_2 - \dot{p}_2^m &= -\beta(p_2 - p_2^m). \end{aligned}$$

Aus diesen Preisrigiditäten resultiert unter Berücksichtigung der Gütermarktgleichungen ein dynamisches System, welches sich in zwei Stufen lösen lässt.[85]

In der ersten Stufe werden p_1^m und p_2^m unter Berücksichtigung der Lohngleichungen (5.50) und (5.55) substituiert. Man erhält dadurch das dynamische System (5.84) und (5.85), welches jetzt direkt gelöst wird:

[85] Die Modellerweiterung mit *unterschiedlichen* Preisanpassungsgeschwindigkeiten in beiden Unionsländern kann analog gelöst werden.

$$\alpha_2(\pi_1 - \overline{\pi}_1) + \alpha_3(\tau_1 - \overline{\tau}_1) - \left(\frac{\delta}{\nu} + \kappa\right)(y_1 - \overline{y}_1) = -A_1 \cdot e^{-\beta(t-t_0)}$$

$$-(\alpha_2^* + \alpha_3^*)(\pi_1 - \overline{\pi}_1) + \alpha_3^*(\tau_1 - \overline{\tau}_1) - \left(\frac{\delta^*}{\nu^*} + \kappa^*\right)(y_2 - \overline{y}_2) = -A_2 \cdot e^{-\beta(t-t_0)}$$

(A_1 und A_2 sind Konstanten.)

Eliminiert man die Einkommensgrößen y_1, y_2 mittels der IS-Kurven für beide Unionsländer, so erhält man im vorliegenden Fall einer Abhängigkeit der privaten Absorption vom laufenden Realzins das folgende dynamische System:

$$\begin{pmatrix} \dot{\tau}_1 \\ \dot{\pi}_1 \end{pmatrix} = \mathcal{S}_2 \begin{pmatrix} \tau_1 - \overline{\tau}_1 \\ \pi_1 - \overline{\pi}_1 \end{pmatrix} + \begin{pmatrix} \tilde{c}_1 \\ \tilde{c}_2 \end{pmatrix} \cdot e^{-\beta(t-t_0)} \tag{5.93}$$

($\tilde{c}_1$ und $\tilde{c}_2$ sind Konstanten.) Die Systemmatrix $\mathcal{S}_2$ besitzt zwei instabile Eigenwerte.[86]

Die Realzinsabhängigkeit der privaten Absorption verursacht in dynamischen Modellen typischerweise eine Instabilität (vgl. Buiter, Miller (1982, S. 88f.), Wohltmann (1994b, S. 277)). Diese resultiert daraus, dass beispielsweise eine Outputerhöhung über Lohn- und Kostensteigerungen die Inflationsrate erhöht und infolgedessen den Realzinssatz senkt, was wiederum expansiv auf den Output wirkt und den inflationären Prozess beschleunigt. Diese im Rahmen des vorliegenden Modells theoretisch mögliche, auf Realzinseffekten basierende akzelerierende Inflation (bzw. Deflation) wird für die weitere Analyse als empirisch irrelevant angesehen und daher ausgeschlossen. Dies geschieht durch Berücksichtigung der Stabilitätsbedingungen

$$\lim_{t\to\infty} \pi_1(t) = \overline{\pi}_1 \tag{5.94}$$

$$\lim_{t\to\infty} \tau_1(t) = \overline{\tau}_1. \tag{5.95}$$

Damit ergibt sich aus (5.93) das folgende dynamische System:[87]

$$\dot{\tau}_1 = -\beta \cdot (\tau_1 - \overline{\tau}_1) \tag{5.96}$$

$$\dot{\pi}_1 = -\beta \cdot (\pi_1 - \overline{\pi}_1). \tag{5.97}$$

Folglich liegt auch die Bewegungsgleichung von $\tau_2 = \tau_1 - \pi_1$ fest:

$$\dot{\tau}_2 = -\beta(\tau_2 - \overline{\tau}_2).$$

86 Der Nachweis instabiler Eigenwerte erfolgt im Anhang C.6.

87 Dieses System besitzt aufgrund der Stabilitätsbedingungen die gleiche Struktur wie im vereinfachten Fall. Zur Herleitung des Systems siehe Anhang C.6.

Die Lösung des realen Systems lautet:

$$\begin{aligned}\pi_1(t) - \overline{\pi}_1 &= k_1 \cdot e^{-\beta(t-t_0)}\\ \tau_1(t) - \overline{\tau}_1 &= k_2 \cdot e^{-\beta(t-t_0)}\\ & \quad k_1 := \pi_1(0) - \overline{\pi}_1 = -d\overline{\pi}_1.\end{aligned}$$

Die Anpassungsgeschwindigkeiten von π_1, τ_1 und τ_2 an ihr langfristiges Niveau werden durch die Anpassungsgeschwindigkeit der Güterpreise an ihr langfristig gewinnoptimales Niveau festgelegt.

Das dynamische System (5.96), (5.97) ist wegen $\beta > 0$ stabil. Es weist wie im vereinfachten Fall einen Freiheitsgrad auf, der im zweiten Schritt eliminiert wird.

Schritt 2

Im zweiten Schritt liefert die Reduktion der gesamten Nachfrageseite der Währungsunion das dynamische System (Abkürzungen: $\ell := m - p_1 - p_2$ und $\tau := \tau_1 + \tau_2$)

$$\begin{pmatrix} \dot{\ell} \\ \dot{\tau} \end{pmatrix} = \begin{pmatrix} 1/l_2 & \tilde{a}_{12} \\ 0 & -\beta \end{pmatrix} \begin{pmatrix} \ell - \overline{\ell} \\ \tau - \overline{\tau} \end{pmatrix}$$

$$\tilde{a}_{12} := \frac{l_1 b_3}{l_2} \cdot \frac{1}{A - b_{12}} + \beta \left(1 + \frac{a_2 l_1}{l_2(A - b_{12})}\right) > 0,$$

welches wiederum die Eigenwerte $-\beta$ und $1/l_2$ besitzt.
Für die Zeitpfade gilt dann

$$\begin{pmatrix} \ell - \overline{\ell} \\ \tau - \overline{\tau} \end{pmatrix} = A_1 \cdot \begin{pmatrix} 1 \\ 0 \end{pmatrix} e^{1/l_2 \cdot (t-t_0)} + A_2 \cdot \begin{pmatrix} -v(\beta) \\ 1 \end{pmatrix} e^{-\beta \cdot (t-t_0)}$$

$$v(\beta) := \frac{1}{1 + l_2 \beta} \left(\frac{l_1 b_3}{A - b_{12}} + \beta \cdot \left(l_2 + \frac{l_1 a_2}{A - b_{12}} \right) \right).$$

In Kapitel 2 wurde mit Hilfe der fundamentalen Abschätzung gezeigt, dass

$$v(\beta) \begin{cases} < 1 & \beta \leq 1 \\ \geq 1 & \beta \text{ hinreichend groß.} \end{cases} \tag{5.98}$$

Im folgenden wird von $v(\beta) < 1$ ausgegangen, m.a.W. es wird dem empirischen Faktum Rechnung getragen, dass Preisanpassungen an plötzliche Kostenänderungen nur verzögert erfolgen.

Der Wert für A_2 ergibt sich aus dem Anfangswert für die reale Geldmenge ℓ, während A_1 durch die bereits in Schritt 1 unterstellten Transversalitätsbedingungen (5.94), (5.95) determiniert wird,[88] d.h. $A_1 = 0$. Aus diesem

[88] Es gilt $\tau = \tau_1 + \tau_2 = 2\tau_1 - \pi_1$.

sattelpfadstabilen System[89] kann die Wechselkursreaktion in der Ausgangslage bestimmt werden. Für die Abweichung des Wechselkurses von seinem Ausgangsniveau $\bar{e}_0$ gilt dann in $t = t_0$:

$$(e - \bar{e}_0)(t_0) = -\frac{d\ell}{2} \cdot \underbrace{\left(\frac{1}{\frac{A - b_{12}}{l_1 b_3}} - v(\beta) \right)}_{>0} .$$

Durch die Berücksichtigung intertemporaler Realzinseffekte fällt die unmittelbare Wechselkursreaktion schwächer als in Abschnitt 5.6 aus (vgl. (5.91)).

Schritt 3

Nachdem die Höhe des Wechselkurses in $t = t_0$ determiniert ist, liegt $\tau_1(t_0)$ (und $\tau_2(t_0)$) fest, und der Freiheitsgrad aus Schritt 1 ist eliminiert. Damit sind sämtliche Zeitpfade festgelegt.[90]

Diese lauten:

Zusammenfassung der Bewegungsgleichungen

(Eine hochgestellte ^{0} kennzeichnet das Ausgangsgleichgewicht.)

$$\ell(t) - \bar{\ell}^0 = d\bar{\ell} \cdot \left(1 - e^{-\beta(t-t_0)}\right)$$

$$\pi_1(t) - \bar{\pi}_1^0 = d\bar{\pi}_1 \cdot \left(1 - e^{-\beta(t-t_0)}\right)$$

$$\dot{p}_1 = \hat{m} + 1/2 \cdot \beta \cdot e^{-\beta(t-t_0)}(d\bar{\pi}_1 - d\bar{\ell})$$

$$\dot{p}_2 = \hat{m} - 1/2 \cdot \beta \cdot e^{-\beta(t-t_0)}(d\bar{\pi}_1 + d\bar{\ell}).$$

$$e(t) - \bar{e}^0 = -d\bar{\ell}/2 \cdot \left[\left(\frac{A - b_{12}}{l_1 b_3} - 1 \right) + (1 - \frac{1}{v(\beta)}) \cdot e^{-\beta(t-t_0)} \right]$$

$$\frac{A - b_{12}}{l_1 b_3} - \frac{1}{v(\beta)} > 0$$

$$\tau(t) - \bar{\tau}^0 = -d\bar{\ell} \left(\frac{A - b_{12}}{l_1 b_3} - \frac{1}{v(\beta)} \cdot e^{-\beta(t-t_0)} \right).$$

[89] Im Gegensatz zu Modellen, deren Lohndynamik auf einer Phillipskurve basiert, ist die Sattelpfadeigenschaft des vorliegenden Systems *nicht* an eine Parameterrestriktion gebunden.

[90] Die Konvergenz dieser Pfade ist nicht an eine Parameterrestriktion gebunden.

5.7.2 Die intertemporalen Auswirkungen einer einseitigen expansiven Lohnpolitik

Die konjunkturellen Auswirkungen einer expansiven Lohnpolitik resultieren für jedes Unionsland nicht nur aus den Veränderungen der terms of trade nach innen und außen, sondern zugleich aus endogenen Veränderungen der Realzinsen. Da innerhalb der Union ein einheitliches Nominalzinsniveau herrscht, resultiert aus der unterschiedlichen Inflationsentwicklung eine Realzinsdifferenz zwischen den beiden Unionsländern. Das Niveau der nationalen Realzinsen ist kurz- und mittelfristig abhängig von der jeweiligen Inflationsrate, welche wiederum von der Anpassung der Güterpreise an Kostenänderungen beeinflusst wird. Folglich ist die Stärke des momentanen Realzinseffektes in positiver Weise vom Preisanpassungsparameter β abhängig. Im folgenden wird davon ausgegangen, dass die Preisanpassung an plötzliche Kostenänderungen mindestens eine Periode dauert ($\beta \approx 1$).[91]

Die graphische Darstellung der einzelnen Anpassungsprozesse ist - mit Ausnahme der Outputentwicklungen - aus qualitativer Sicht vollkommen analog zu Abschnitt 5.6.2. Änderungen ergeben sich nur bezüglich der Outputverläufe in beiden Ländern, da jetzt unterschiedliche Realzinseffekte kurz- und mittelfristig auf die nationale Güternachfrage einwirken.

[91] Diese Annahme ist kompatibel mit empirischen Beobachtungen. Formal wird an β die Bedingung gestellt, dass $v(\beta) < 1$ ist. Dies ist insbesondere für $\beta \leq 1$ der Fall.

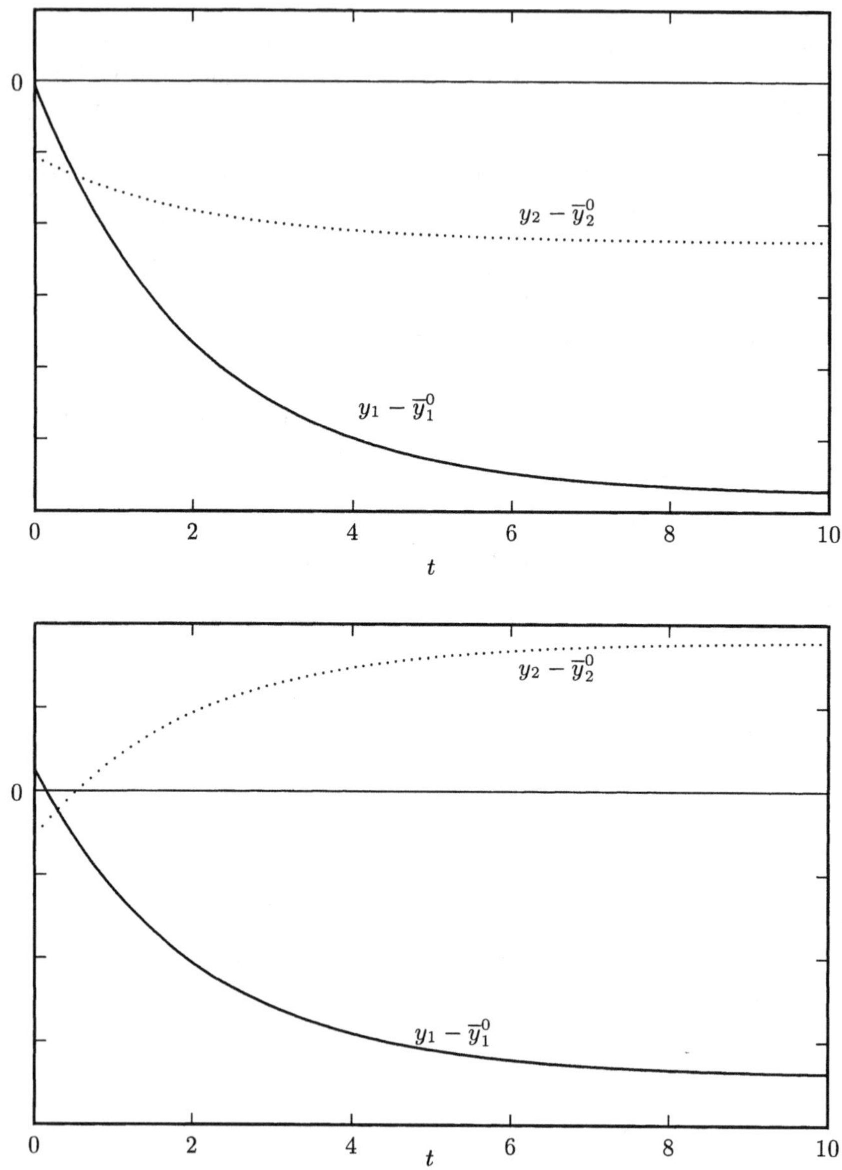

Abb. 5.11. Outputdynamik bei gleich- und entgegengerichteter Konjunkturübertragung

Anhand der Abbildung 5.11 wird verdeutlicht, dass aufgrund der unterschiedlichen Realzinseffekte die Outputreaktionen in U_1 und U_2 voneinander abweichen. Der eindeutig sinkende Realzins in U_1 wirkt dem kontraktiven Wechselkurseffekt entgegen, so dass in U_1 kurzfristig eine temporäre Outputsteigerung als Folge der expansiven Lohnpolitik möglich ist. In U_2 wirkt in $t = 0$ neben dem kontraktiven Wechselkurseffekt ein im Vergleich zu U_1 schwächerer Realzinseffekt auf die Güternachfrage. Genauer gilt in $t = 0$:

$$\begin{aligned} y_2 - \overline{y}_2^0 &< y_1 - \overline{y}_1^0 \\ y_2 - \overline{y}_2^0 &< 0. \end{aligned}$$

In der kurzen Frist sind die Beschäftigungseinbußen im passiven Land am stärksten, während im aktiven Land U_1 Beschäftigungssteigerungen nicht ausgeschlossen werden können.

Mittelfristig nähern sich die Realzinsen in beiden Ländern dem exogen gegebenen Weltrealzinsniveau an, so dass dann die terms of trade τ_1 bzw. τ_2 sowie π_1 den weiteren Outputverlauf dominieren. Während im aktiven Land das Outputniveau aufgrund der verschlechterten preislichen Wettbewerbsfähigkeit mittel- und langfristig absinkt, ist im passiven Partnerland U_2 eine Outputsteigerung möglich. Hinreichend hierfür ist die Bedingung (5.74).

In der folgenden Tabelle sind für den Fall einer expansiven Lohnpolitik der Tarifparteien in U_1 die kurz-, mittel- und langfristigen konjunkturellen Veränderungen in den beiden Unionsländern (gegenüber ihren Ausgangswerten) zusammengefasst:

	kurzfristig	mittelfristig	langfristig
i	↓	↓	0
e	↑	↑	↑
$\dot{p}_1$	↑	↑	0
$\dot{p}_2$	↑↓	↑↓	0
$i - \dot{p}_1$	↓	↓	0
$i - \dot{p}_2$	↓↑	↓↑	0
π_1	0	↑	↑
τ_1	↑	↑	↑
τ_2	↑	↑↓	↑↓
y_1	↓↑	↓	↓
y_2	↓	↓↑	↓↑*

* Hinreichend für die gleichgerichtete Konjunkturübertragung ist die Bedingung (5.74).

5.8 Zusammenfassung des Kapitels 5

In Kapitel 5 werden im Rahmen eines dynamischen Modells für eine aus zwei Ländern bestehenden Währungsunion die intertemporalen Effekte tarifpolitischer Maßnahmen untersucht. Bei der makroökonomischen Modellierung wird von angebotsseitigen Asymmetrien zwischen den einzelnen Unionsländern ausgegangen. Diese beziehen sich auf Produktivitätsunterschiede, auf die Heterogenität der nationalen Lohnbildungsprozesse sowie auf die unterschiedliche Zusammensetzung des jeweiligen Warenkorbes für Konsumgüter. Dadurch sollen charakteristische Eigenschaften der Europäischen Währungsunion modelltheoretisch erfasst werden. Die resultierende makroökonomische Modellierung ist durch die Berücksichtigung empirischer Fakten gekennzeichnet. Darüber hinaus wird das angebotsseitige Verhalten entscheidungslogisch hergeleitet.

Im ersten Schritt werden Lohnbildungsprozesse aus einem Verhandlungsansatz abgeleitet. Dabei sind die Lohnbildungsprozesse einerseits geprägt durch die Vorstellungen der Gewerkschaften über eine gerechte, akzeptierbare Entlohnung sowie über eine tolerierbare, duldend hingenommene Arbeitslosigkeit, andererseits durch die gewerkschaftliche Gewichtung des Reallohn- und des Beschäftigungsziels sowie durch den Grad ihrer Verhandlungsmacht. Die aus einem nutzenmaximierenden Verhalten der Tarifparteien abgeleiteten Lohngleichungen für die beiden Unionsländer lauten in logarithmisch-linearer Darstellung:

$$\begin{aligned} w_1 &= \overline{\omega}_1 + p_1^V + \delta \cdot (n_1 - n_1^{tol}) \\ w_2 &= \overline{\omega}_2 + p_2^V + \delta^* \cdot (n_2 - n_2^{tol}). \end{aligned}$$

In allen behandelten Fällen rationalen Verhaltens der Tarifparteien sind die Löhne vollständig indexiert. Geldillusion seitens der Gewerkschaften ist sowohl kurz- als auch langfristig ausgeschlossen. Dabei resultieren der Mindestreallohn $\overline{\omega}_1$ bzw. $\overline{\omega}_2$ sowie das Toleranzniveau für Arbeitslosigkeit (d.h. die (Mindest-)Beschäftigung n_1^{tol} bzw. n_2^{tol}) aus den Präferenzen der nationalen Gewerkschaften, während in den tarifpolitischen Parametern δ bzw. δ^* u.a. der Zentralisierungsgrad der Gewerkschaften sowie die Verhandlungsmacht der einzelnen Tarifparteien eingehen. Mittels dieser Lohngleichungen kann eine Heterogenität der nationalen Lohnbildungsprozesse in Europa erfasst werden.

Durch die Berücksichtigung institutioneller Faktoren im Lohnbildungsprozess ändert sich gegenüber den traditionellen *Phillips-Kurven-Ansätzen* der Zusammenhang zwischen realem Konsumlohn und Beschäftigung: Während in Phillips-Kurven-Ansätzen das *Niveau* der Arbeitslosenquote (bzw. deren Differenz vom natürlichen Niveau) in negativer Weise die Lohnsteigerungsrate beeinflusst, ändert sich diese in den vorliegenden Verhandlungsansätzen

- bei gegebenen Präferenzen - nur bei *Veränderungen* der Beschäftigung bzw. der Arbeitslosenquote:

$$\begin{aligned} \dot{w}_1 &= \dot{p}_1^V + \delta \cdot \dot{n}_1 \\ \dot{w}_2 &= \dot{p}_2^V + \delta^* \cdot \dot{n}_2. \end{aligned}$$

Die Höhe der Arbeitslosenquote ist im Rahmen dieses Ansatzes *nicht* signifikant für die Entwicklung der Löhne im Zeitverlauf. Diese Eigenschaft der meisten europäischen Lohnbildungsprozesse wurde in der Literatur in verschiedenen Untersuchungen nachgewiesen.

Aus der Interdependenz der makroökonomischen Angebots- und Nachfrageseiten resultieren stabile Unterbeschäftigungsgleichgewichte, die mit dem optimierenden Verhalten von Unternehmen und Gewerkschaften kompatibel sind. Verhaltensänderungen der Tarifparteien in einem Unionsland lösen gesamtwirtschaftliche Prozesse aus, die in *beiden* Unionsländern zu einer Verlagerung der Unterbeschäftigungsgleichgewichte führen.

Die *Analyse der langen Frist* zeigt, dass die expansive Lohnpolitik eines Landes sowohl die preisliche Wettbewerbsfähigkeit des aktiven Landes gegenüber dem Partnerland als auch gegenüber der übrigen Welt verschlechtert; letztere wird infolge einer nominalen Aufwertung der Unionswährung verstärkt. Die Folge ist ein Output- und Beschäftigungsrückgang im aktiven Land. Eine expansive Lohnpolitik in U_1 beeinträchtigt damit auch die Beschäftigung im passiven Partnerland: Zwar verbessert sich in U_2 die preisliche Wettbewerbsfähigkeit gegenüber U_1; sie verschlechtert sich allerdings im Normalfall gegenüber den Ländern außerhalb der Währungsunion. Ist der tarifpolitische Parameter δ^* hinreichend klein, so kann für die zeitliche Entwicklung der externen terms of trade des passiven Unionslandes (τ_2) ein Preiskorridor angegeben werden: die Veränderung von τ_2 wird nach oben durch die Veränderung von τ_1 und nach unten durch die Veränderung des innergemeinschaftlichen Preisverhältnisses π_1 begrenzt. Ob im passiven Unionsland insgesamt positive oder negative Beschäftigungseffekte auftreten, ist von der Ausprägung des dortigen Lohnbildungsprozesses unabhängig; das Vorzeichen der Konjunkturübertragung wird nur durch nachfrageseitige Parameter determiniert. Liegt der Fall einer gleichgerichteten Konjunkturübertragung vor, so sinken infolge einer expansiven Lohnpolitik in U_1 im passiven Land U_2 die Beschäftigung und der reale Konsumlohn ab. Dieser Beschäftigungsrückgang in U_2 kann nur dadurch kompensiert werden, indem die Tarifparteien in U_2 die Struktur ihrer Lohnpolitik ändern und zu einer Politik der Lohnzurückhaltung übergehen. Diese lohnpolitische Reaktion auf das gestiegene Arbeitslosenniveau in U_2 entspricht einem Phillips-Kurven-Effekt und führt zu einer weiteren Senkung des realen Konsumlohns.

Geht man zu einer *intertemporalen* Betrachtungsweise über, so stehen die dynamischen Interaktionen zwischen den Güter- und Finanzmärkten im Vordergrund. Aus ihnen ergeben sich Zeitpfade für den Wechselkurs, für die terms of trade nach innen und außen sowie für die Realzinsen; diese Größen determinieren die nationalen Nachfrage-, Output- und Beschäftigungseffekte.

Aufgrund der vollständigen angebotsseitigen Asymmetrie ist im Rahmen der dynamischen Analyse die AOKI-Methode nicht anwendbar. Es wurde daher ein rekursives Lösungsverfahren entwickelt, mit dem allgemeine, d.h. angebotsseitige wie auch nachfrageseitige, Asymmetrien in den Unionsländern berücksichtigt werden können. Dieses Verfahren verdeutlicht die wechselseitige intertemporale Abhängigkeit von realen und monetären Größen. Die Entwicklung der realen Größen kann folglich nicht unabhängig von den Finanzmärkten bestimmt werden. Dieses rekursive Verfahren ermöglicht eine intertemporale Analyse lohnpolitischer Verhaltensänderungen eines Landes. In der kurzen Frist wird die Outputentwicklung maßgeblich durch die Antizipationseffekte der Finanzmärkte beeinflusst, die bereits auf Frühindikatoren der gesamtwirtschaftlichen Entwicklung reagieren. Zu den Frühindikatoren zählt das Verhalten der Tarifparteien. Die Analyse zeigt im vorliegenden Modell, dass in der kurzen Frist bei einer expansiven Lohnpolitik in U_1 das passive Partnerland U_2 die stärksten Beschäftigungseinbußen aufweist. Mittel- und langfristig kehren sich die Verhältnisse um: im aktiven Land gehen Output und Beschäftigung zurück, während im passiven Land Beschäftigungssteigerungen möglich sind. Diese treten um so eher auf, je stärker der bilaterale Handel vom innergemeinschaftlichen Preisverhältnis abhängt und je höher derjenige Anteil des Konsumgüterimports ist, welcher von Ländern außerhalb der Union bezogen wird. Darüber hinaus hat die einseitige lohnpolitische Maßnahme während des Anpassungsprozesses qualitativ unterschiedliche Verläufe der nationalen Inflationsraten zur Folge.

Ausblick

In Kapitel 5 wurde im Rahmen der dynamischen Modellanalyse von nur einem kurzfristig variablen Produktionsfaktor (Arbeit) ausgegangen. Im nächsten Kapitel soll untersucht werden, wie sich die gesamtwirtschaftlichen Auswirkungen lohnpolitischer Maßnahmen ändern, wenn importierte Vorleistungen als ein weiterer kurzfristig variabler Produktionsfaktor berücksichtigt werden.

In dem nachfolgenden *Exkurs zu diesem Kapitel* soll die Dynamik zweier Modellklassen miteinander verglichen werden. In der *ersten Modellklasse* resultiert die Lohndynamik – wie in den vorangegangenen Analysen – aus Verhandlungsansätzen, während die *zweite Modellklasse* durch eine Phillips-Kurven-Dynamik gekennzeichnet ist. In beiden Modellklassen wird von einer *vollkommenen Asymmetrie* der nationalen Lohngleichungen ausgegangen.

5.9 Exkurs: Die Dynamik unterschiedlicher Modellklassen: Verhandlungsansätze und asymmetrische Phillips-Kurven

Während in der vorliegenden Arbeit von den dynamischen Lohngleichungen

$$\dot{w}_1 = \dot{p}_1^V + \delta \cdot \dot{y}_1 \tag{5.99}$$

$$\dot{w}_2 = \dot{p}_2^V + \delta^* \cdot \dot{y}_2 \tag{5.100}$$

ausgegangen wird, unterstellen Phillips-Kurven-Ansätze Lohngleichungen der Form

$$\dot{w}_1 = \dot{p}_1^V + \Psi \cdot (y_1 - \overline{y}_1) \tag{5.101}$$

$$\dot{w}_2 = \dot{p}_2^V + \Psi^* \cdot (y_2 - \overline{y}_2). \tag{5.102}$$

Hierbei ist $y_1 - \overline{y}_1$ (bzw. $y_2 - \overline{y}_2$) ein Maß für die Abweichung der Arbeitslosenquote von ihrem natürlichen Niveau. Darüber hinaus wird in dynamischen Modellen, die auf Phillips-Kurven basieren, von einer Skalenelastizität von eins ausgegangen und die Preisanpassungsgleichungen

$$\dot{p}_1 = \dot{w}_1 \tag{5.103}$$

$$\dot{p}_2 = \dot{w}_2 \tag{5.104}$$

unterstellt.

Nachfolgend soll das in Abschnitt 5.5 beschriebene rekursive Lösungsverfahren auf Modelle mit Phillips-Kurven-Lohndynamik angewendet und die Unterschiede mit der bisher untersuchten Modelldynamik beschrieben werden. Im Rahmen dieses Exkurses wird von einer angebotsseitigen Asymmetrie ausgegangen, während die Nachfrageseite vollkommen symmetrisch modelliert wird. Die Analyse kann allerdings problemlos auf den Fall einer vollkommen asymmetrischen Nachfrageseite übertragen werden.

5.9.1 Phillips-Kurven-Dynamik bei angebotsseitigen Asymmetrien

Im ersten Teil des Exkurses wird in den Phillips-Kurven (5.101) und (5.102) die Asymmetrie

$$\Psi \neq \Psi^*$$

sowie in den Definitionsgleichungen für den jeweiligen Verbraucherpreisindex

$$\alpha_1 \neq \alpha_1^*$$

$$\alpha_2 \neq \alpha_2^*$$

$$\alpha_3 \neq \alpha_3^*$$

zugelassen.

Schritt 1

Aus den dynamischen Lohn- und Preisgleichungen (5.101), (5.102), (5.103) und (5.104) resultieren die Gleichungen

$$\alpha_2 \dot{\pi}_1 + \alpha_3 \dot{\tau}_1 = \Psi(y_1 - \overline{y}_1) \tag{5.105}$$

$$-(\alpha_2^* + \alpha_3^*)\dot{\pi}_1 + \alpha_3^* \dot{\tau}_1 = \Psi^*(y_2 - \overline{y}_2). \tag{5.106}$$

Substituiert man y_1 und y_2 mit Hilfe der IS-Kurven,[92] so erhält man für den realen Sektor das dynamische System

$$\mathcal{M}_1 \cdot \begin{pmatrix} \dot{\pi}_1 \\ \dot{\tau}_1 \end{pmatrix} = \mathcal{M}_2 \cdot \begin{pmatrix} \pi_1 - \overline{\pi}_1 \\ \tau_1 - \overline{\tau}_1 \end{pmatrix}$$

$$\mathcal{M}_1 := \begin{pmatrix} \alpha_2 + a_2 \cdot \lambda\Psi x & \alpha_3 - a_2 \cdot \lambda\Psi(1+x) \\ -(\alpha_2^* + \alpha_3^* - a_2 \cdot \lambda\Psi^*) & \alpha_3^* - a_2 \cdot \lambda\Psi^*(1+x) \end{pmatrix}$$

$$\mathcal{M}_2 := \begin{pmatrix} -\lambda\Psi[b_4(1+x) - xb_3] & -\lambda\Psi b_3(1+x) \\ \lambda\Psi^*[b_4(1+x) + b_3] & -\lambda\Psi^* b_3(1+x) \end{pmatrix}$$

$$x := \frac{b_{12}}{1 - a_1 + b_{11}},$$

kurz

$$\begin{pmatrix} \dot{\pi}_1 \\ \dot{\tau}_1 \end{pmatrix} = \mathcal{S} \cdot \begin{pmatrix} \pi_1 - \overline{\pi}_1 \\ \tau_1 - \overline{\tau}_1 \end{pmatrix} \tag{5.107}$$

$$\mathcal{S} := \mathcal{M}_1^{-1} \mathcal{M}_2.$$

Die Systemmatrix $\mathcal{S}$ besitzt zwei negative Eigenwerte, wenn die Systemdeterminante $\det \mathcal{S}$ positiv ist,

$$\det \mathcal{S} = \frac{\det \mathcal{M}_2}{\det \mathcal{M}_1}.$$

Wegen $\det \mathcal{M}_2 > 0$ ist dies der Fall, wenn die Stabilitätsbedingung $\det \mathcal{M}_1 > 0$ erfüllt ist. Hinreichend für $\det \mathcal{M}_1 > 0$ sind die Bedingungen

$$\alpha_3^* - a_2 \lambda \Psi^*(1+x) > 0$$

$$\alpha_3 - a_2 \lambda \Psi(1+x) > 0.$$

Diese lassen sich umformen zu

$$\alpha_3^* \cdot (1 - a_1 + b_{11} - b_{12}) > a_2 \Psi^* \tag{5.108}$$

$$\alpha_3 \cdot (1 - a_1 + b_{11} - b_{12}) > a_2 \Psi. \tag{5.109}$$

[92] Siehe hierzu den Anhang C.7.

Diese Stabilitätsbedingungen sind insbesondere dann erfüllt, wenn intertemporale Realzinseffekte ausgeblendet werden. (In diesem Fall ist im Rahmen der dynamischen Analyse der Realzins exogen, d.h. formal $a_2 = 0$.) Werden dagegen intertemporale Realzinseffekte berücksichtigt, d.h. ist $a_2 > 0$, so wirken diese *grundsätzlich destabilisierend* auf das ökonomische System. Die Stabilität des Systems ist nur unter der Parameterrestriktion $\det \mathcal{M}_1 > 0$ bzw. (5.108), (5.109) gewährleistet.

Analog hierzu wurde in Abschnitt 5.7 eine Stabilitätsbedingung formuliert (vgl. (5.93), (5.94), (5.95)).

Wie in Abschnitt 5.7 gezeigt wurde, ist bei Lohnbildungsprozessen, die auf den in Abschnitt 5.2 beschriebenen Verhandlungsansätzen basieren, der stabile Pfad zum langfristigen Gleichgewicht *nicht* an eine Parameterrestriktion gekoppelt. Dagegen ergibt sich in Phillips-Kurven-Ansätzen ein stabiler Pfad nur bei Parameterkombinationen, die die Bedingung $\det \mathcal{M}_1 > 0$ erfüllen.[93]

Ist die Stabilitätsbedingung erfüllt, so ist die Spur der Systemmatrix positiv; für die Diagonalelemente von $\mathcal{S}$ gilt dann

$$s_{11} + s_{22} \quad < \quad 0.$$

Die beiden stabilen Eigenwerte μ_1 und μ_2 der 2x2-Matrix $\mathcal{S}$ lauten

$$\mu_{1,2} \quad = \quad \frac{s_{11} + s_{22}}{2} + / - \frac{1}{2}\sqrt{(s_{11} + s_{22})^2 - 4 \cdot \det \mathcal{S}}.$$

Bezeichnet man die zu den Eigenwerten μ_1 und μ_2 korrespondierenden Eigenvektoren mit

$$\begin{pmatrix} ev_1 \\ 1 \end{pmatrix}, \begin{pmatrix} ev_2 \\ 1 \end{pmatrix}$$

so lautet die Lösung für Schritt 1:

$$\begin{aligned} \pi_1(t) - \overline{\pi}_1 &= A_1 \cdot ev_1 \cdot e^{\mu_1(t-t_0)} + A_2 \cdot ev_2 \cdot e^{\mu_2(t-t_0)} \\ \tau_1(t) - \overline{\tau}_1 &= A_1 e^{\mu_1(t-t_0)} + A_2 e^{\mu_2(t-t_0)}. \end{aligned}$$

Das dynamische System des realen Sektors weist wiederum einen Freiheitsgrad auf.

---

93 Im *symmetrischen Spezialfall* ($\Psi = \Psi^*, \alpha_1 = \alpha_1^*, \alpha_2 = \alpha_2^*$) reduzieren sich (5.108) und (5.109) auf die bekannte Stabilitätsbedingung von Buiter, Miller (1982, S. 88f.):

$$\alpha_3(1 - a_1 + b_{11} - b_{12}) \quad > \quad a_2\Psi.$$

Schritt 2

Eliminiert man in der Geldmarktgleichung die Outputgrößen y_1 und y_2, so erhält man

$$\dot{\ell} = 1/l_2(\ell - \overline{\ell}) - (2\dot{\tau}_1 - \dot{\pi}_1) + \frac{l_1 b_3}{l_2(A - b_{12})}\Big[2(\tau_1 - \overline{\tau}_1) - (\pi_1 - \overline{\pi}_1)\Big].$$

Substituiert man weiter die dynamischen Variablen $\dot{\pi}_1$ und $\dot{\tau}_1$ durch

$$\begin{pmatrix} \dot{\pi}_1 \\ \dot{\tau}_1 \end{pmatrix} = \begin{pmatrix} s_{11} & s_{12} \\ s_{21} & s_{22} \end{pmatrix} \begin{pmatrix} \pi_1 - \overline{\pi}_1 \\ \tau_1 - \overline{\tau}_1 \end{pmatrix},$$

so ergibt sich

$$\begin{aligned} \dot{\ell} &= 1/l_2(\ell - \overline{\ell}) + \left(s_{11} - 2s_{21} - \frac{l_1 b_3}{l_2(A - b_{12})}\right)(\pi_1 - \overline{\pi}_1) - \\ &\quad + \left(\frac{2 l_1 b_3}{l_2(A - b_{12})} + s_{12} - 2s_{22}\right)(\tau_1 - \overline{\tau}_1). \end{aligned}$$

Zusammen mit dem dynamischen System (5.107) aus Schritt 1 resultiert insgesamt

$$\begin{pmatrix} \dot{\ell} \\ \dot{\pi}_1 \\ \dot{\tau}_1 \end{pmatrix} = \begin{pmatrix} 1/l_2 & k_1 \quad k_2 \\ 0 & \mathcal{S} \\ 0 & \end{pmatrix} \begin{pmatrix} \ell - \overline{\ell} \\ \pi_1 - \overline{\pi}_1 \\ \tau_1 - \overline{\tau}_1 \end{pmatrix} \tag{5.110}$$

$$\begin{aligned} k_1 &:= s_{11} - 2s_{21} - \frac{l_1 b_3}{l_2(A - b_{12})} \\ k_2 &:= \frac{2 l_1 b_3}{l_2(A - b_{12})} + s_{12} - 2s_{22}. \end{aligned}$$

Das dynamische System (5.110) verdeutlicht die *rekursive Lösungsmethode*: Das System besitzt den Eigenwert $1/l_2$ sowie die beiden stabilen Eigenwerte von $\mathcal{S}$ (μ_1 und μ_2). Die zu den stabilen Eigenwerten μ_1 und μ_2 korrespondierenden Eigenvektoren lauten

$$\begin{pmatrix} o_1 \\ ev_1 \\ 1 \end{pmatrix}, \quad \begin{pmatrix} o_2 \\ ev_2 \\ 1 \end{pmatrix}$$

$$\begin{aligned} o_1 &:= \frac{k_2 - k_1 \cdot ev_1}{1/l_2 - \mu_1} \\ o_2 &:= \frac{k_2 - k_1 \cdot ev_2}{1/l_2 - \mu_2}, \end{aligned}$$

wobei

$$\begin{pmatrix} ev_1 \\ 1 \end{pmatrix}, \quad \begin{pmatrix} ev_2 \\ 1 \end{pmatrix}$$

die bereits in Schritt 1 ermittelten Eigenvektoren der Matrix S sind.
Damit erhält man die Zeitpfade

$$\begin{pmatrix} \ell - \overline{\ell} \\ \pi_1 - \overline{\pi}_1 \\ \tau_1 - \overline{\tau}_1 \end{pmatrix} = A_1 \cdot \begin{pmatrix} o_1 \\ ev_1 \\ 1 \end{pmatrix} \cdot e^{\mu_1 \cdot (t-t_0)} + A_2 \cdot \begin{pmatrix} o_2 \\ ev_2 \\ 1 \end{pmatrix} \cdot e^{\mu_2 \cdot (t-t_0)}.$$

A_1 und A_2 sind durch die Anfangswerte von π_1 und ℓ festgelegt. Der Freiheitsgrad aus Schritt 1 wird also durch den Anfangswert von $\ell(t_0) - \overline{\ell}$ eliminiert.

Schritt 3
Mit dem endogen ermittelten Wechselkurs ist das intertemporale Verhalten der makroökonomischen Modellvariablen festgelegt.

Mittels des rekursiven Lösungsverfahrens wird das vorliegende intertemporale Problem auf die Bestimmung der Eigenwerte einer 2x2-Matrix reduziert. Diese Eigenwerte sind von sämtlichen Parametern des *realen* Sektors abhängig, aber unabhängig von den Parametern des Geldmarktes.

Insgesamt kann festgehalten werden, dass das in Abschnitt 5.5 beschriebene rekursive Lösungsverfahren auch auf ökonomische Systeme anwendbar ist, in denen die Lohndynamik durch *asymmetrische Phillips-Kurven* modelliert wird. Dieses Problem war bisher in der Literatur analytisch nicht gelöst, da die AOKI-Methode auf diese Parameterasymmetrie nicht anwendbar ist.

5.9.2 Vergleich der Modelldynamik

Im vorliegenden Abschnitt wurde die Dynamik zweier Modellklassen miteinander verglichen. Die *erste Modellklasse* ist durch Lohngleichungen gekennzeichnet, die aus Verhandlungsansätzen resultieren und institutionelle Faktoren im Lohnbildungsprozess berücksichtigen. Die resultierenden dynamischen Lohngleichungen wurden in (5.99) und (5.100) angegeben. Die *zweite Modellklasse* ist durch eine Lohndynamik gekennzeichnet, die durch Phillips-Kurven determiniert ist; diese wurden durch (5.101) und (5.102) beschrieben.

Gemeinsamkeiten
Beide Modellklassen können mit Hilfe des rekursiven Verfahrens 5.5 gelöst werden, und zwar unabhängig davon, ob Asymmetrien auf der Angebots- oder Nachfrageseite des Modells auftreten. In beiden Modellklassen können die Verlaufsraten und damit die Dynamik der realen Größen unabhängig vom monetären Sektor bestimmt werden; das Niveau der realen Größen kann im intertemporalen Kontext jedoch erst durch die Interaktion mit dem monetären Sektor ermittelt werden.

In beiden Modellklassen wirkt die Berücksichtigung intertemporaler Realzinseffekte grundsätzlich destabilisierend. Durch die Angabe von Stabilitätsbedingungen werden nichtkonvergente Zeitpfade ausgeschlossen.

Unterschiede

In den Phillips-Kurven-Ansätzen (Modellklasse 2) resultiert die *Anpassungsgeschwindigkeit* an die langfristigen Werte des Steady State in *endogener* Weise aus sämtlichen Parametern des realen Sektors; formal sind hierfür die Eigenwerte einer 2x2-Matrix zu ermitteln. Demgegenüber können in der ersten Modellklasse die stabilen Eigenwerte des realen Systems direkt aus den Preisanpassungsgeschwindigkeiten ermittelt werden.

Unterschiede ergeben sich auch in den *Stabilitätsbedingungen* bei der Berücksichtigung intertemporaler Realzinseffekte: In der ersten Modellklasse wird durch die Angabe von Transversalitätsbedingungen die Existenz eines stabilen Anpassungspfades garantiert. Demgegenüber wird in der zweiten Modellklasse ein stabiler Anpassungspfad nur durch die Angabe geeigneter Parameterrestriktionen gewährleistet.

C. Anhang zu Kapitel 5

C.1 Lohnbildung als Verhandlungslösung

Das gemeinsame Ziel der Tarifparteien bestehe in der Maximierung des Nash-Produktes

$$U_j^{\gamma_j} \cdot \Pi_j^{1-\gamma_j} \longrightarrow \max_{W_j}$$

unter der Nebenbedingung

$$\frac{\partial \Pi_j}{N_j} = 0$$

(Right-to-Manage-Ansatz).
Aus dem Optimalitätsansatz folgt

$$\gamma_j \cdot \frac{U_{W_j}}{U_j} \stackrel{!}{=} -(1-\gamma_j) \cdot \frac{\Pi_{W_j}}{\Pi_j}.$$

Dabei ist Π_j definiert durch

$$\Pi_j := P_j \cdot Q_j(N_j) - W_j \cdot N_j.$$

Mit dem optimalen Faktoreinsatz ergibt sich

$$\begin{aligned} \Pi_j &= (\kappa_j - 1) \cdot N_j W_j \\ & \kappa_j := \frac{1}{\nu_j} \cdot \frac{1}{1+\frac{1}{\epsilon_j}}. \end{aligned}$$

Infolgedessen ist

$$\begin{aligned} \frac{\Pi_{W_j}}{\Pi_j} &= \frac{1}{W_j} + \frac{N_{W_j}}{N_j} \\ &= \frac{1}{W_j} \cdot (1 - d_j) \\ & d_j := -\frac{\partial N_j}{\partial W_j} \cdot \frac{W_j}{N_j} \\ d_j &= 1 - \rho_j(1+\epsilon_j) > 1. \end{aligned}$$

Für die gewerkschaftliche Nutzenfunktion gilt

$$\frac{U_{W_j}}{U_j} = \frac{g_j(1-\eta_j)}{W_j - \overline{\Omega}_j \cdot P_j^V} + (1-g_j) \cdot \frac{N_{W_j}}{N_j - N_j^{tol}}$$

$$\eta_j := \frac{\partial P_j^V}{\partial W_j} \cdot \frac{W_j}{P_j^V}.$$

Aus der Optimalitätsbedingung folgt

$$\gamma_j \left[\frac{g_j(1-\eta_j)}{W_j - P_j^V \cdot \overline{\Omega}_j} + (1-g_j)\frac{N_{W_j}}{N_j - N_j^{tol}} \right] = \frac{(1-\gamma_j)(d_j - 1)}{W_j}.$$

$$\Longrightarrow$$

$$\gamma_j \left[W_j \cdot g_j(1-\eta_j) - \frac{(1-g_j) \cdot d_j^G \cdot (W_j - P_j^V \cdot \overline{\Omega}_j)}{1 - \frac{N_j^{tol}}{N_j}} \right] =$$

$$(1-\gamma_j)(d_j - 1)(W_j - P_j^V \overline{\Omega}_j) \qquad d_j^G = -\frac{\partial N_j}{\partial W_j}\frac{W_j}{N_j}.$$

d_j^G ist die von den Gewerkschaften antizipierte Beschäftigungsreaktion der Unternehmer auf Lohnänderungen.

$$W_j \left\{ (1-g_j)\gamma_j d_j^G + (1-\gamma_j)(d_j - 1)\left(1 - \frac{N_j^{tol}}{N_j}\right) - \gamma_j g_j (1-\eta_j)\left(1 - \frac{N_j^{tol}}{N_j}\right) \right\} =$$

$$\left\{ (1-g_j)\gamma_j d_j^G + (1-\gamma_j)(d_j - 1)\left(1 - \frac{N_j^{tol}}{N_j}\right) \right\} \cdot P_j^V \cdot \overline{\Omega}_j.$$

Damit lautet die Lösung der Tarifverhandlung:

$$W_j = \frac{F(N_j)}{G(N_j)} \cdot P_j^V \overline{\Omega}_j,$$

$$\frac{\partial F_j/G_j}{\partial \gamma_j} > 0 \qquad N_j > N_j^{tol}.$$

$$F(N_j^{tol}) = G(N_j^{tol}) = (1-g_j)\gamma_j d_j^G$$

$$F'(N_j) = (1-\gamma_j)(d_j - 1) \cdot \frac{N_j^{tol}}{N_j^2}$$

$$G'(N_j) = \Big[(1-\gamma_j)(d_j - 1) - \gamma_j g_j (1-\eta_j)\Big] \cdot \frac{N_j^{tol}}{N_j^2}.$$

Die lineare Taylor-Approximation an der Stelle $N_j = N_j^{tol}$ liefert

$$W_j = P_j \overline{\Omega}_j \left(1 + (N_j - N_j^{tol}) \cdot \frac{F'(N_j^{tol}) - G'(N_j^{tol})}{G(N_j^{tol})} \right)$$

$$\Longrightarrow W_j = P_j \overline{\Omega}_j \left(1 + \frac{g_j}{1-g_j} \cdot \frac{1}{d_j^G}(1-\eta_j)\frac{N_j - N_j^{tol}}{N_j^{tol}} \right)$$

$$\Lambda := \frac{d_j^G}{1-\eta_j}.$$

Diese Taylor-Approximation an der Stelle $N_J = N_J^{tol}$ ist *unabhängig* von der Verhandlungsmacht der Gewerkschaften. Insofern induziert eine Veränderung Verhandlungsmacht in der Nähe von N_J^{tol} nur Auswirkungen zweiter Ordnung auf die optimalen Tarifvereinbarungen.
Andererseits ist für $N_J > N_J^{tol}$

$$\frac{\partial(W_J/P_J^V)}{\partial\gamma_j} \quad > \quad 0.$$

Weiter ist

$$\begin{aligned}\gamma_j = 1 \quad &\Longrightarrow \quad W_J = W_J^M \\ \gamma_j = 0 \quad &\Longrightarrow \quad W_J = \overline{\Omega}_J \cdot P_J^V.\end{aligned}$$

Für Lohnverhandlungen auf der Mikroebene ist $\eta_j = 0$. Für die einzelnen Zentralisierungsgrade ergeben sich die entsprechenden Lösungen durch Substitution von Λ_J durch $\Lambda_J^{mikro_2}, \Lambda_J^{makro_1}$ oder $\Lambda_J^{makro_2}$.

C.2 Reduzierte Formen

C.2.1 Die Nachfrageseite

$$\begin{aligned}A \quad &:= \quad 1 - a_1 + b_{11} \\ x \quad &:= \quad \frac{b_{12}}{A}\end{aligned}$$

$$\begin{aligned}i_1 - \dot{p}_1 \quad &= \quad i^a - \dot{\tau}_1 \\ i_2 - \dot{p}_2 \quad &= \quad i^a - \dot{\tau}_2 \\ \tau_2 \quad &= \quad \tau_1 - \pi_1\end{aligned}$$

$$\begin{aligned}(A - b_{12}x)\, y_1 \quad &= \quad [a_0 - a_2 i^a + b_2 y^a](1+x) + g_1 + x g_2 + \qquad \text{(C.1)} \\ &\quad + a_2\dot{\tau}_1(1+x) - x a_2 \dot{\pi}_1 - b_3\tau_1(1+x) - \pi_1[b_4(1-x) - x b_3] \\ (A - b_{12}x)\, y_2 \quad &= \quad [a_0 - a_2 i^a + b_2 y^a](1+x) + g_2 + x g_1 + \qquad \text{(C.2)} \\ &\quad + a_2\dot{\tau}_1(1+x) - a_2\dot{\pi}_1 - b_3\tau_1(1+x) + \pi_1[b_4(1-x) + b_3].\end{aligned}$$

C.2.2 Angebotsseite

$$\begin{aligned}p_1 - p_1^m \quad &= \quad \theta_0 - \theta_1 + p_1 - w_1 - \kappa y_1 \\ p_2 - p_2^m \quad &= \quad \theta_0^* - \theta_1^* + p_2 - w_2 - \kappa^* y_2.\end{aligned}$$

Mit

$$\begin{aligned}p_1^V \quad &= \quad p_1 - \alpha_2\pi_1 - \alpha_3\tau_1 \\ p_2^V \quad &= \quad p_2 + \alpha_2^*\pi_1 - \alpha_3^*\tau_2 \\ &= \quad p_2 + (\alpha_2^* + \alpha_3^*)\pi_1 - \alpha_3^*\tau_1\end{aligned}$$

und

$$\begin{aligned}
w_1 &= \overline{\omega}_1 + p_1^V + \delta \cdot (n_1 - n_1^{tol}) \\
w_2 &= \overline{\omega}_2 + p_2^V + \delta^* \cdot (n_2 - n_2^{tol}) \\
&\quad \delta \neq \delta^* \\
n_1 &= -\theta_0 + \frac{1}{\nu} y_1 \\
n_2 &= -\theta_0^* + \frac{1}{\nu^*} y_2
\end{aligned}$$

resultiert

$$\begin{aligned}
w_1 - p_1 &= \overline{\omega}_1 - \alpha_2 \pi_1 - \alpha_3 \tau_1 + \delta/\nu \cdot (y_1 - y_1^{tol}) \\
w_2 - p_2 &= \overline{\omega}_2 + (\alpha_2^* + \alpha_3^*)\pi_1 - \alpha_3^* \tau_1 + \delta^*/\nu^* \cdot (y_2 - y_2^{tol})
\end{aligned}$$

$$p_1 - p_1^m = \theta_0 - \theta_1 - \overline{\omega}_1 + \alpha_2 \pi_1 + \alpha_3 \tau_1 - \delta/\nu(y_1 - y_1^{tol}) - \kappa y_1 \tag{C.3}$$

$$p_2 - p_2^m = \theta_0^* - \theta_1^* - \overline{\omega}_2 - (\alpha_2^* + \alpha_3^*)\pi_1 + \alpha_3^* \tau_1 - \delta^*/\nu^*(y_2 - y_2^{tol}) - \kappa^* y_2. \tag{C.4}$$

C.3 Steady-State

Im Steady-State gilt

$$\begin{aligned}
\dot{\tau}_1 &= 0 \\
\dot{\pi}_1 &= 0 \\
p_1 &= p_1^m \\
p_2 &= p_2^m.
\end{aligned}$$

Langfristig besteht eine Dichotomie zwischen realem und monetärem Sektor.

C.3.1 Outputentwicklung

Die Nachfrageseite reduziert sich im Steady-State auf

$$(A - b_{12}x)\, y_1 = K_1 - b_3\tau_1(1+x) - \pi_1[b_4(1-x) - xb_3] \tag{C.5}$$

$$(A - b_{12}x)\, y_2 = K_2 - b_3\tau_1(1+x) + \pi_1[b_4(1-x) + b_3] \tag{C.6}$$

$$(b_3 + 2b_4)\pi_1 = g_1 - g_2 - (A + b_{12})(y_1 - y_2)$$

$$(A - b_{12})(y_1 + y_2) = 2a_0 - 2a_2 i^a + 2b_2 y^a + g_1 + g_2 - 2b_3\tau_1 + b_3\pi_1 \tag{C.7}$$

$$\begin{aligned}
2b_3\tau_1 = {} & K + \frac{b_3}{b_3 + 2b_4}(g_1 - g_2) - \\
& - y_1\left[A\left(1 + \frac{b_3}{b_3 + 2b_4}\right) - b_{12}\frac{2b_4}{b_3 + 2b_4}\right] + \\
& + y_2\left[-A\frac{2b_4}{b_3 + 2b_4} + b_{12}\left(1 + \frac{b_3}{b_3 + 2b_4}\right)\right],
\end{aligned}$$

und für die Angebotsseite gilt

$$0 = \theta_0 - \theta_1 - \overline{\omega}_1 + \alpha_2\pi_1 + \alpha_3\tau_1 - \delta/\nu(y_1 - y_1^{tol}) - \kappa y_1 \quad \text{(C.8)}$$
$$0 = \theta_0^* - \theta_1^* - \overline{\omega}_2 - (\alpha_2^* + \alpha_3^*)\pi_1 + \alpha_3^*\tau_1 - \delta^*/\nu^*(y_2 - y_2^{tol}) - \kappa^* y_2 \quad \text{(C.9)}$$

$$y_1\left(A(\alpha_2+\alpha_3) + \alpha_2 b_{12} + \frac{\alpha_3 b_4}{b_3}(A - b_{12})\right) + (b_3 + 2b_4)\left[\delta/\nu[y_1 - y_1^{tol}] + \kappa y_1)\right]$$
$$= y_2\left(\alpha_2 A + b_{12}(\alpha_2+\alpha_3) - \frac{\alpha_3 b_4}{b_3}(A - b_{12})\right) - (b_3 + 2b_4)(\overline{\omega}_1 + \theta_1 - \theta_0)$$
$$y_2\left(A(\alpha_2^*+\alpha_3^*) + \alpha_2^* b_{12} + \frac{\alpha_3^* b_4}{b_3}(A - b_{12})\right) + (b_3 + 2b_4)\left[\delta^*/\nu^*[y_2 - y_2^{tol}] + \kappa^* y_2)\right]$$
$$= y_1\left(\alpha_2^* A + b_{12}(\alpha_2^*+\alpha_3^*) - \frac{\alpha_3^* b_4}{b_3}(A - b_{12})\right) - (b_3 + 2b_4)(\overline{\omega}_2 + \theta_1^* - \theta_0^*).$$

Es gilt

$$\left(\alpha_2 A + b_{12}(\alpha_2+\alpha_3) - \frac{\alpha_3 b_4}{b_3}(A - b_{12})\right) > 0$$
$$\Longleftrightarrow$$
$$(\alpha_2 b_3 - \alpha_3 b_4)A > -b_{12}[\alpha_3 b_4 + b_3(\alpha_2+\alpha_3)]$$
$$\Longleftrightarrow$$
$$(\alpha_2 b_3 - \alpha_3 b_4)(A - b_{12}) > -b_{12} b_3(2\alpha_2 + \alpha_3).$$

Hinreichende Bedingung:

$$\alpha_2 b_3 > \alpha_3 b_4.$$

Analog:

$$\left(\alpha_2^* A + b_{12}(\alpha_2^*+\alpha_3^*) - \frac{\alpha_3^* b_4}{b_3}(A - b_{12})\right) > 0$$
$$\Longleftrightarrow$$
$$(\alpha_2^* b_3 - \alpha_3^* b_4)(A - b_{12}) > -b_{12} b_3(2\alpha_2^* + \alpha_3^*).$$

Hinreichende Bedingung:

$$\alpha_2^* b_3 > \alpha_3^* b_4.$$

Fallunterscheidung

$$\alpha_2 b_3 > \alpha_3 b_4 \qquad \alpha_2^* b_3 > \alpha_3^* b_4.$$

$$U_1: \quad f_1 \cdot y_1 + \frac{\delta}{\nu}(y_1 - y_1^{tol}) = f_2 y_2 - \overline{\omega}_1 + \theta_0 - \theta_1$$
$$U_2: \quad f_1^* \cdot y_2 + \frac{\delta^*}{\nu^*}(y_2 - y_2^{tol}) = f_2^* y_1 - \overline{\omega}_2 + \theta_0^* - \theta_1^*$$

$$f_1 = \frac{1}{b_3 + 2b_4} \cdot \left(A(\alpha_2 + \alpha_3) + \alpha_2 b_{12} + \frac{\alpha_3 b_4}{b_3}(A - b_{12}) \right) + \kappa$$
$$f_2 = \frac{1}{b_3 + 2b_4} \cdot \left(\alpha_2 A + b_{12}(\alpha_2 + \alpha_3) - \frac{\alpha_3 b_4}{b_3}(A - b_{12}) \right)$$
$$f_1^* = \frac{1}{b_3 + 2b_4} \cdot \left(A(\alpha_2^* + \alpha_3^*) + \alpha_2^* b_{12} + \frac{\alpha_3^* b_4}{b_3}(A - b_{12}) \right) + \kappa^*$$
$$f_2^* = \frac{1}{b_3 + 2b_4} \cdot \left(\alpha_2^* A + b_{12}(\alpha_2^* + \alpha_3^*) - \frac{\alpha_3^* b_4}{b_3}(A - b_{12}) \right)$$

mit

$$f_1 > | f_2 | \tag{C.10}$$
$$f_1^* > | f_2^* | \tag{C.11}$$

$$\left(f_1 + \frac{\delta}{\nu} - \frac{f_2 f_2^*}{f_1^* + \frac{\delta^*}{\nu^*}} \right) \cdot y_1 = \frac{\delta}{\nu} y_1^{tol} - \overline{\omega}_1 + \theta_0 - \theta_1 + $$
$$+ \frac{f_2}{f_1^* + \frac{\delta^*}{\nu^*}} \cdot \left(\frac{\delta^*}{\nu^*} y_2^{tol} - \overline{\omega}_2 + \theta_0^* - \theta_1^* \right)$$

$$\left(f_1^* + \frac{\delta^*}{\nu^*} - \frac{f_2 f_2^*}{f_1 + \frac{\delta}{\nu}} \right) \cdot y_2 = \frac{f_2^*}{f_1 + \frac{\delta}{\nu}} \cdot \left(\frac{\delta}{\nu} y_1^{tol} - \overline{\omega}_1 + \theta_0 - \theta_1 \right) + $$
$$+ \frac{\delta^*}{\nu^*} y_2^{tol} - \overline{\omega}_2 + \theta_0^* - \theta_1^*.$$

Wegen (C.10) und (C.11) gilt

$$\left(f_1 + \frac{\delta}{\nu} - \frac{f_2 f_2^*}{f_1^* + \frac{\delta^*}{\nu^*}} \right) > 0$$

$$\frac{\partial y_1}{\partial \delta} = -\frac{1}{\nu} \cdot \frac{1}{\left(f_1 + \frac{\delta}{\nu} - \frac{f_2 f_2^*}{f_1^* + \frac{\delta^*}{\nu^*}} \right)} \cdot \left(y_1(t_0) - y_1^{tol} \right).$$

Konjunkturübertragung:

$$\left(f_1 + \frac{\delta}{\nu} \right) \cdot \frac{\partial y_1}{\partial \delta^*} = f_2 \cdot \frac{\partial y_2}{\partial \delta^*}$$
$$\frac{\partial y_2}{\partial \delta^*} = -\frac{1}{\nu^*} \cdot \frac{1}{\left(f_1^* + \frac{\delta^*}{\nu^*} - \frac{f_2 f_2^*}{f_1 + \frac{\delta}{\nu}} \right)} \cdot \left(y_2(t_0) - y_2^{tol} \right)$$

sowie

$$\left(f_1^* + \frac{\delta^*}{\nu^*}\right) \cdot \frac{\partial y_2}{\partial \delta} = f_2^* \cdot \frac{\partial y_1}{\partial \delta}.$$

Weitere Parameteränderungen:

$$\frac{\partial y_1}{\partial \overline{\omega_1}} = -\frac{1}{\left(f_1 + \frac{\delta}{\nu} - \frac{f_2 f_2^*}{f_1^* + \frac{\delta^*}{\nu^*}}\right)}$$

$$\frac{\partial y_1}{\partial y_1^{tol}} = \frac{\delta}{\nu} \cdot \frac{1}{\left(f_1 + \frac{\delta}{\nu} - \frac{f_2 f_2^*}{f_1^* + \frac{\delta^*}{\nu^*}}\right)}.$$

Die korrespondierenden Konjunkturübertragungen resultieren aus

$$\left(f_1^* + \frac{\delta^*}{\nu^*}\right) \cdot \frac{\partial y_2}{\partial \overline{\omega_1}} = f_2^* \cdot \frac{\partial y_1}{\partial \overline{\omega_1}}$$

$$\left(f_1^* + \frac{\delta^*}{\nu^*}\right) \cdot \frac{\partial y_2}{\partial y_1^{tol}} = f_2^* \cdot \frac{\partial y_1}{\partial y_1^{tol}}.$$

Analog gilt für Parameteränderungen in U_2:

$$\frac{\partial y_2}{\partial \overline{\omega_2}} = -\frac{1}{\left(f_1^* + \frac{\delta^*}{\nu^*} - \frac{f_2 f_2^*}{f_1 + \frac{\delta}{\nu}}\right)}$$

$$\frac{\partial y_2}{\partial y_2^{tol}} = \frac{\delta^*}{\nu^*} \cdot \frac{1}{\left(f_1^* + \frac{\delta^*}{\nu^*} - \frac{f_2 f_2^*}{f_1 + \frac{\delta}{\nu}}\right)}.$$

Die korrespondierenden Konjunkturübertragungen resultieren aus

$$\left(f_1 + \frac{\delta}{\nu}\right) \cdot \frac{\partial y_1}{\partial \overline{\omega_2}} = f_2 \cdot \frac{\partial y_2}{\partial \overline{\omega_2}}$$

$$\left(f_1 + \frac{\delta}{\nu}\right) \cdot \frac{\partial y_1}{\partial y_2^{tol}} = f_2 \cdot \frac{\partial y_2}{\partial y_2^{tol}}.$$

Konjunkturübertragung und Zentralisierungsgrad

Bezeichne m_1 eine expansive lohnpolitische Maßnahme in U_1, $m_1 = \overline{\omega}_1, -n_1^{tol}, \delta$. Dann gilt mit $\frac{\partial y_1}{\partial m_1} < 0$

$$\frac{\partial y_2}{\partial m_1} = \frac{f_2^*}{f_1^* + \frac{\delta^*}{\nu^*}} \cdot \frac{\partial y_1}{\partial m_1}$$

$$\Longrightarrow$$

$$\frac{\partial}{\partial \delta^*}\left(\frac{\partial y_2}{\partial m_1}\right) = -\frac{1}{\nu^* \cdot \left(f_1^* + \frac{\delta^*}{\nu^*}\right)} \cdot \frac{f_2^*}{f_1^* + \frac{\delta^*}{\nu^*}} \cdot \frac{\partial y_1}{\partial m_1} + \\ + \frac{f_2^*}{f_1^* + \frac{\delta^*}{\nu^*}} \cdot \frac{\partial}{\partial \delta^*}\left(\frac{\partial y_1}{\partial m_1}\right)$$

$$\delta^* \uparrow \implies \mid \frac{\partial y_1}{\partial m_1} \mid \downarrow$$

$$\implies \frac{\partial}{\partial \delta^*}\left(\frac{\partial y_1}{\partial m_1}\right) > 0.$$

Damit gilt

$$\frac{\partial}{\partial \delta^*}\left(\frac{\partial y_2}{\partial m_1}\right) > 0 \iff f_2^* > 0.$$

Die tarifpolitischen Parameter, d.h. der Zentralisierungsgrad, die Verhandlungsmacht der Gewerkschaften sowie die Toleranz für Beschäftigungslosigkeit, sind ohne Auswirkungen auf das Vorzeichen der Konjunkturübertragung. Das Ausmaß der Konjunkturübertragung auf das passive Land U_2 ist um so *schwächer*, je *höher* δ^* ist.

C.3.2 Terms of trade

Durch Einsetzen von (5.66) in (C.5) sowie von (5.67) in (C.6) mit

$$z = \frac{A - b_{12}x}{\frac{\delta}{\nu} + \kappa} \qquad z^* = \frac{A - b_{12}x}{\frac{\delta^*}{\nu^*} + \kappa^*}$$

erhält man für U_1:

$$z\left(\theta_0 - \theta_1 - \overline{\omega}_1 + \frac{\delta}{\nu} y_1^{tol}\right) = \\ K_1 - \tau_1 \cdot [b_3(1+x) + \alpha_3 z] - \pi_1 \cdot [b_4(1-x) - x b_3 + \alpha_2 z]$$

und für U_2:

$$z^*\left(\theta_0^* - \theta_1^* - \overline{\omega}_2 + \frac{\delta^*}{\nu^*} y_2^{tol}\right) = \\ K_2 - \tau_1 \cdot [b_3(1+x) + \alpha_3^* z^*] + \pi_1 \cdot [b_4(1-x) + b_3 + z^*(\alpha_2^* + \alpha_3^*)].$$

Unter welchen Bedingungen existiert ein Preiskorridor?
U_1:

$$\tau_1 = -\frac{b_4(1-x) - x b_3 + \alpha_2 z}{b_3(1+x) + \alpha_3 z} \cdot \pi_1 + \\ + \frac{1}{b_3(1+x) + \alpha_3 z}\left[K_1 + z\left(\theta_1 - \theta_0 + \overline{\omega}_1 - \frac{\delta}{\nu} y_1^{tol}\right)\right].$$

U_2:

$$\tau_1 = \frac{b_4(1-x) + b_3 + z^*(\alpha_2^* + \alpha_3^*)}{b_3(1+x) + \alpha_3^* z^*} \pi_1 + \\ + \frac{1}{b_3(1+x) + \alpha_3^* z^*}\left[K_2 + z^*\left(\theta_1^* - \theta_0^* + \overline{\omega}_2 - \frac{\delta^*}{\nu^*} y_2^{tol}\right)\right].$$

In Kurzschreibweise:

$$\begin{aligned}
\tau_1 &= -r \cdot \pi_1 + \mathcal{A} \qquad r > -1 \\
\tau_1 &= r^* \cdot \pi_1 + \mathcal{A}^* \qquad r^* > 0 \\
\Longrightarrow & \\
\pi_1 &= \frac{\mathcal{A} - \mathcal{A}^*}{r + r^*} \\
\tau_1 &= \frac{r^*\mathcal{A}}{r + r^*} + \frac{r\mathcal{A}^*}{r + r^*}.
\end{aligned}$$

Auswertung:

$$\begin{aligned}
r\left[\left(\frac{\delta}{\nu} + \kappa\right) = 0\right] &= \frac{\alpha_2}{\alpha_3} \\
r^*\left[\left(\frac{\delta^*}{\nu^*} + \kappa^*\right) = 0\right] &= 1 + \frac{\alpha_2^*}{\alpha_3^*}
\end{aligned}$$

$$\begin{aligned}
\frac{\partial r^*}{\partial\left(\frac{\delta^*}{\nu^*} + \kappa^*\right)} > 0 &\iff f_2^* < 0 \\
\frac{\partial r}{\partial\left(\frac{\delta}{\nu} + \kappa\right)} > 0 &\iff f_2 < 0.
\end{aligned}$$

Außerdem gilt

$$\frac{\partial r^*}{\partial b_{12}} < 0$$

$$\begin{aligned}
\frac{\partial \pi_1}{\partial \overline{\omega}_1} &= \frac{1}{r + r^*} \cdot \frac{1}{b_3(1+x) + \alpha_3 z} > 0 \\
\frac{\partial \tau_1}{\partial \overline{\omega}_1} &= \frac{r^*}{r + r^*} \cdot \frac{1}{b_3(1+x) + \alpha_3 z} > 0 \\
\frac{\partial \tau_2}{\partial \overline{\omega}_1} &= \frac{r^* - 1}{r + r^*} \cdot \frac{1}{b_3(1+x) + \alpha_3 z}.
\end{aligned}$$

$$\begin{aligned}
\frac{\partial \pi_1}{\partial y_1^{tol}} &= -\frac{1}{r + r^*} \cdot \frac{1}{b_3(1+x) + \alpha_3 z} \cdot \frac{\delta}{\nu} < 0 \\
\frac{\partial \tau_1}{\partial y_1^{tol}} &= -\frac{r^*}{r + r^*} \cdot \frac{1}{b_3(1+x) + \alpha_3 z} \cdot \frac{\delta}{\nu} < 0 \\
\frac{\partial \tau_2}{\partial y_1^{tol}} &= -\frac{r^* - 1}{r + r^*} \cdot \frac{1}{b_3(1+x) + \alpha_3 z} \cdot \frac{\delta}{\nu}.
\end{aligned}$$

Preiskorridor:

$$\begin{aligned}
r^* &> 2 \iff \\
b_4(1-x) + z^*(\alpha_2^* - \alpha_3^*) &> b_3(1+2x) \\
b_4 - b_3 + z^*(\alpha_2^* - \alpha_3^*) &> x(b_4 + 2b_3).
\end{aligned}$$

Ableitung nach δ:

$$\frac{\partial \tau_1}{\partial \delta} = r^* \cdot \frac{\partial \pi_1}{\partial \delta}.$$

Zusammen mit (C.5) ergibt sich

$$(A - b_{12}x) \cdot \frac{\partial y_1}{\partial \delta} = -\underbrace{\left[b_3(1+x) + \frac{1}{r^*}\Big(b_4(1-x) - xb_3\Big)\right]}_{>0} \cdot \frac{\partial \tau_1}{\partial \delta}$$

$$\Longrightarrow$$

$$\frac{\partial \tau_1}{\partial \delta} > 0$$

$$\Longrightarrow$$

$$\frac{\partial \pi_1}{\partial \delta} > 0.$$

Analog:

$$\frac{\partial \tau_2}{\partial \delta^*} > 0$$

$$\Longrightarrow$$

$$\frac{\partial \pi_1}{\partial \delta^*} < 0.$$

Zur Entwicklung von τ_2:

Es gilt

$$\begin{aligned} \tau_2 &= \tau_1 - \pi_1 \\ &= (r^* - 1)\pi_1 + \mathcal{A}^*. \end{aligned}$$

Erfolgen Störungen nur in Land 1, so erhält man

$$d\tau_2 = (r^* - 1)d\pi_1.$$

Folgerung:
1. Ist $r^* > 1$, so entwickeln sich τ_2 und π_1 parallel.
2. Ist $r^* > 2$, so gilt

$$| d\tau_2 | > | d\pi_1 | .$$

3. Es gilt wegen $r^* > 0$

$$\operatorname{sgn} d\tau_1 = \operatorname{sgn} d\pi_1,$$

m.a.W. τ_1 und π_1 entwickeln sich gleichgerichtet.
4. Mit (3.) gilt

$$| d\tau_1 | > | d\tau_2 | .$$

5. Preiskorridor: Gilt $r^* > 2$, so gilt

$$| d\tau_1 | > | d\tau_2 | > | d\pi_1 | .$$

Ein Preiskorridor existiert für $\frac{\delta^*}{\nu^*} + \kappa^* = 0$.

Ist dagegen die Konjunkturübertragung negativ ($f_2^* < 0$), so führt der Lohndruck zu Preisreaktionen in U_2, so dass wiederum ein Preiskorridor angegeben werden kann.

Liegt dagegen eine gleichgerichtete Konjunkturübertragung vor ($f_2^* > 0$), so induzieren endogene Lohnreaktionen gleichgerichtete Änderungen der Güterpreise, so dass gegenläufige Entwicklungen von τ_1 und τ_2 auftreten können.

Abschätzungen:

$$\begin{aligned} r^* &> 1 \\ b_4(1-x)+\alpha_2^* z^* &> x b_3 \\ \left(\frac{\delta^*}{\nu^*}+\kappa^*\right)\left[b_4(A-b_{12})-b_{12}b_3\right]+\alpha_2^*(A^2-b_{12}^2) &> 0. \end{aligned}$$

Im Spezialfall $\kappa^* = 0 = \delta^*$ ist die Ungleichung erfüllt.
Hinreichend ist jetzt

$$A - b_{12} > b_{12} \cdot b_3/b_4$$

$$\begin{aligned} r^* &> 2 \\ b_4(1-x)+z^*(\alpha_2^*-\alpha_3^*) &> b_3(1+2x). \end{aligned}$$

Im Spezialfall $\kappa^* = 0 = \delta^*$ ist die Ungleichung erfüllt, wenn $\alpha_2^* > \alpha_3^*$.
Zusätzlich muss jetzt gelten

$$b_4(1-x) > b_3(1+2x).$$

Übertragungseffekte auf τ_1:

$$\begin{aligned} d\tau_1 &= \frac{r}{r+r^*} d\,\mathcal{A}^* \\ d\omega_2 > 0 \Longrightarrow &\quad d\mathcal{A}^* > 0 \\ dy_2^{tol} > 0 \Longrightarrow &\quad d\mathcal{A}^* < 0 \\ \Longrightarrow & \\ \frac{d\tau_1}{d\omega_2} > 0 &\quad \Longleftrightarrow r > 0 \\ \frac{d\tau_1}{dy_2^{tol}} < 0 &\quad \Longleftrightarrow r > 0 \end{aligned}$$

(da $r + r^* > 0$)

$$\begin{aligned} \tau_1 &= -r \cdot \pi_1 + \mathcal{A} \\ d\tau_1 &= -r d\pi_1 \\ |\, d\tau_1 \,| &> |\, d\pi_2 \,| \\ \longleftrightarrow |\, r \cdot d\pi_1 \,| &> |\, d\pi_1 \,| \\ \longleftrightarrow r &> 1 \quad (r > 0). \end{aligned}$$

$$\begin{aligned} \tau_2 &= \tau_1 - \pi_1 \\ \frac{\partial \tau_2}{\partial \delta} &= (r^* - 1)\frac{\partial \pi_1}{\partial \delta} \end{aligned}$$

$$\frac{\partial}{\partial \delta^*}\left(\frac{\partial \tau_2}{\partial \delta}\right) = \frac{\partial r^*}{\partial \delta^*} \cdot \frac{\partial \pi_1}{\partial \delta} + (r^* - 1)\frac{\partial^2 \pi_1}{\partial \delta^* \partial \delta}$$

$$\begin{aligned}
\frac{\partial^2 \pi_1}{\partial \delta^* \partial \delta} &= \frac{-1}{r+r^*}\left(\frac{\partial r}{\partial \delta}\frac{\partial \pi_1}{\partial \delta^*} + \frac{\partial r^*}{\partial \delta^*}\frac{\partial \pi_1}{\partial \delta}\right) \\
\Longrightarrow & \\
\frac{\partial^2 \tau_2}{\partial \delta^* \partial \delta} &= \frac{1}{r+r^*}\left((1+r)\frac{\partial r^*}{\partial \delta^*} \cdot \frac{\partial \pi_1}{\partial \delta} + (1-r^*)\frac{\partial r}{\partial \delta} \cdot \frac{\partial \pi_1}{\partial \delta^*}\right).
\end{aligned}$$

Weiter ist

$$\begin{aligned}
\frac{\partial \pi_1}{\partial \delta} &= \frac{1}{r+r^*}\left(\frac{\partial \mathcal{A}}{\partial \delta} - \frac{\partial r}{\partial \delta}\pi_1\right) \\
\frac{\partial \pi_1}{\partial \delta^*} &= \frac{-1}{r+r^*}\left(\frac{\partial \mathcal{A}^*}{\partial \delta^*} + \frac{\partial r^*}{\partial \delta^*}\pi_1\right)
\end{aligned}$$

$$\begin{aligned}
\frac{\partial \tau_2}{\partial \overline{\omega}_1} &= (r^* - 1)\frac{\partial \pi_1}{\partial \overline{\omega}_1} \\
\frac{\partial^2 \tau_2}{\partial \delta^* \partial \overline{\omega}_1} &= \frac{\partial r^*}{\partial \delta^*} \cdot \frac{\partial \pi_1}{\partial \overline{\omega}_1} + (r^* - 1)\frac{\partial^2 \pi_1}{\partial \delta^* \partial \overline{\omega}_1}
\end{aligned}$$

$$\frac{\partial \pi_1}{\partial \overline{\omega}_1} > 0$$

$$\begin{aligned}
\frac{\partial^2 \pi_1}{\partial \delta^* \partial \overline{\omega}_1} &= -\frac{\frac{\partial r^*}{\partial \delta^*} \cdot \frac{\partial \pi_1}{\partial \overline{\omega}_1}}{r+r^*} \\
\frac{\partial^2 \tau_2}{\partial \delta^* \partial \overline{\omega}_1} &= \frac{\partial r^*}{\partial \delta^*} \cdot \frac{\partial \pi_1}{\partial \overline{\omega}_1} \cdot \frac{2-r}{r+r^*} \\
\Longrightarrow \frac{\partial^2 \tau_2}{\partial \delta^* \partial \overline{\omega}_1} &< 0 \iff f_2^* > 0.
\end{aligned}$$

C.3.3 Aggregate

$$\begin{aligned}
\tau_1 + \tau_2 &= 2\tau_1 - \pi_1 \\
&= \frac{1}{r+r^*}\Big(A(2r^* - 1) + A^*(1+2r)\Big) \\
& \quad 2r^* - 1 > 0
\end{aligned}$$

$$\begin{aligned}
\frac{\partial(\tau_1 + \tau_2)}{\omega_1} &= \frac{2r^* - 1}{r+r^*} \cdot \frac{z}{b_3(1+x) + \alpha_3 z} \\
\frac{\partial(\tau_1 + \tau_2)}{n_1^{tol}} &= -\frac{2r^* - 1}{r+r^*} \cdot \frac{z\delta}{b_3(1+x) + \alpha_3 z}.
\end{aligned}$$

Lohndruckkomponente:

$$\begin{aligned}
\left(f_1^* + \frac{\delta^*}{\nu^*}\right)\frac{\partial y_2}{\partial \delta} &= f_2^* \frac{\partial y_1}{\partial \delta} \\
\left(f_1 + \frac{\delta}{\nu}\right)\frac{\partial y_1}{\partial \delta^*} &= f_2 \frac{\partial y_2}{\partial \delta^*} \\
&\Longrightarrow \\
\frac{\partial}{\partial \delta}\Big(y_1 + y_2\Big) &= \frac{\partial y_1}{\partial \delta}\underbrace{\left(\frac{f_2^*}{f_1^* + \dfrac{\delta^*}{\nu^*}} + 1\right)}_{>0} \\
\frac{\partial}{\partial \delta^*}\Big(y_1 + y_2\Big) &= \frac{\partial y_2}{\partial \delta^*}\underbrace{\left(\frac{f_2}{f_1 + \dfrac{\delta}{\nu}} + 1\right)}_{>0}.
\end{aligned}$$

Für die reale Geldmenge gilt:

$$d(m-p) = l_1 d(y_1 + y_2).$$

Aus (C.7) resultiert

$$(A - b_{12})d(y_1 + y_2) = -b_3 d(\tau_1 + \tau_2).$$

Der Wechselkurs lässt sich folgendermaßen bestimmen ($\ell = m - p$):

$$2e = \tau + \ell + (2p^a - m).$$

Unterstellt man (langfristig) eine parallele Entwicklung von p^a und m, d.h. $\dot{p}^a = \hat{m} = \dot{m}/2$, so resultiert hieraus:

$$\begin{aligned}
2de &= d\tau + d\ell \\
&= \left(1 - \frac{b_3 l_1}{A - b_{12}}\right) d\tau.
\end{aligned}$$

Mit Hilfe der fundamentalen Abschätzung (Kapitel 2) und den dort genannten Bedingungen gilt (mit $l_1 \leq 1$)

$$1 - \frac{b_3 l_1}{A - b_{12}} > 0.$$

Damit liegt die langfristige Wechselkursreaktion fest: Bei allen drei lohnsteigernden Maßnahmen kommt es zu einer Aufwertung der Unionswährung.

Aus der Reaktion der Aggregate lassen sich die Güterpreisreaktionen ableiten:

$$d(p_1 - m/2) = \frac{1}{2}(d\pi_1 - d\ell).$$

$$\begin{aligned}
d\pi_1 > 0, d\ell < 0 &\longleftrightarrow dp_1 > 0, dp_1 > dp_2 \\
d\pi_1 < 0, d\ell > 0 &\longleftrightarrow dp_1 < 0, dp_1 < dp_2.
\end{aligned}$$

Analog erhält man für das Preisniveau in U_2:

$$d(p_2 - m/2) \;=\; \frac{1}{2}(d\pi_2 - d\ell).$$

$$\begin{aligned} d\pi_2 > 0, d\ell < 0 &\longleftrightarrow dp_2 > 0, dp_2 > dp_1 \\ d\pi_2 < 0, d\ell > 0 &\longleftrightarrow dp_2 < 0, dp_2 < dp_1. \end{aligned}$$

Weiter gilt

$$\begin{aligned} \text{sgn}\, d\tau_1 &= -\text{sgn}\, d\tau_2 \\ &\Longrightarrow \\ \text{sgn}\, dp_1 &= -\text{sgn}\, dp_2. \end{aligned}$$

Für den Fall einer *Konvoi-Strategie* erhält man

$$d\overline{\omega}_1 = d\overline{\omega}_2$$

$$d\pi_1 \;=\; \frac{1}{r + r^*}\,\frac{\alpha_3 z - \alpha_3^* z^*}{NN^*}.$$

C.4 Intertemporale Analyse

Aus den stabilen Preisanpassungsgleichungen

$$\begin{aligned} \dot{p}_1 - \dot{p}_1^m &= -\beta(p_1 - p_1^m) \\ \dot{p}_2 - \dot{p}_2^m &= -\beta(p_2 - p_2^m) \end{aligned}$$

resultiert

$$\begin{aligned} \alpha_2\dot{\pi}_1 + \alpha_3\dot{\tau}_1 - (\delta/\nu + \kappa)\dot{y}_1 &= -\beta\Big[\theta_0 - \theta_1 - \overline{\omega}_1 + \delta/\nu y_1^{tol} + \\ &\qquad + \alpha_2\pi_1 + \alpha_3\tau_1 - (\delta/\nu + \kappa)y_1\Big] \\ -(\alpha_2^* + \alpha_3^*)\dot{\pi}_1 + \alpha_3^*\dot{\tau}_1 - (\delta^*/\nu^* + \kappa^*)\dot{y}_2 &= -\beta\Big[\theta_0^* - \theta_1^* - \overline{\omega}_2 + \delta^*/\nu^* y_2^{tol} - \\ &\qquad -(\alpha_2^* + \alpha_3^*)\pi_1 + \alpha_3^*\tau_1 - (\delta^*/\nu^* + \kappa^*)y_2\Big]. \end{aligned}$$

Aus dem System der Nachfrageseite ergibt sich:

$$\begin{aligned} (A - b_{12}x)\,\dot{y}_1 &= a_2\ddot{\tau}_1(1+x) - xa_2\ddot{\pi}_1 - b_3\dot{\tau}_1(1+x) - \dot{\pi}_1[b_4(1-x) - xb_3] \\ (A - b_{12}x)\,\dot{y}_2 &= a_2\ddot{\tau}_1(1+x) - a_2\ddot{\pi}_1 - b_3\dot{\tau}_1(1+x) + \dot{\pi}_1[b_4(1-x) + b_3]. \end{aligned}$$

Die zweiten Ableitungen nach der Zeit, $\ddot{x}$, kennzeichnen innerhalb des realen Sektors Erwartungen bezüglich der Inflationsrate bzw. der Realzinsen.
Mit

$$\lambda \;:=\; \frac{1}{A - b_{12}x}$$

ergeben sich die Gleichungen

$$\dot{y}_1 = \lambda \cdot \left(a_2\ddot{\tau}_1(1+x) - xa_2\ddot{\pi}_1 - b_3\dot{\tau}_1(1+x) - \dot{\pi}_1[b_4(1-x) - xb_3] \right)$$

$$\dot{y}_2 = \lambda \cdot \left(a_2\ddot{\tau}_1(1+x) - a_2\ddot{\pi}_1 - b_3\dot{\tau}_1(1+x) + \dot{\pi}_1[b_4(1-x) + b_3] \right).$$

Durch Einsetzen erhält man

$$\begin{aligned} &\alpha_2\dot{\pi}_1 + \alpha_3\dot{\tau}_1 - (\delta/\nu + \kappa)\lambda \cdot \Big[a_2\ddot{\tau}_1(1+x) - xa_2\ddot{\pi}_1\Big] + \\ &+(\delta/\nu + \kappa)\lambda \cdot \Big[b_3\dot{\tau}_1(1+x) + \dot{\pi}_1(b_4(1+x) - xb_3)\Big] = \\ &-\beta\Bigg\{\Bigg[\theta_0 - \theta_1 - \overline{\omega}_1 + \delta/\nu y_1^{tol} + \alpha_2\pi_1 + \alpha_3\tau_1\Bigg] - \\ &-(\delta/\nu + \kappa)\lambda \cdot \Big[a_2\dot{\tau}_1(1+x) - xa_2\dot{\pi}_1\Big]\Bigg\} \\ &+(\delta/\nu + \kappa) \cdot \lambda \cdot \Big[- \mathcal{N}_1 + b_3\tau_1(1+x) + \pi_1(b_4(1+x) - xb_3)\Big] \\ &\mathcal{N}_1 = (a_0 - a_2 i^a + b_2 y^a)(1+x) + g_1 + xg_2 \end{aligned}$$

($\mathcal{N}_1$ ist eine nachfrageseitige Konstante).
Dabei ist

$$\begin{aligned} \dot{\left(i_1 - \dot{p}_1\right)} &= i^a \dot{-} \dot{\tau}_1 \\ &= -\ddot{\tau}_1 \\ &= \text{erwartete Änderung des Realzinses} \\ \dot{\left(i_2 - \dot{p}_2\right)} &= i^a \dot{-} \dot{\tau}_2 \\ &= -\ddot{\tau}_2 \\ &= \text{erwartete Änderung des Realzinses.} \end{aligned}$$

C.5 Dynamische Analyse für den vereinfachten Fall

C.5.1 Anwendung des Lösungsverfahrens

Im zweiten Schritt wird die gesamte Nachfrageseite, bestehend aus dem aggregierten Gütermarkt und aus dem gemeinsamen Geldmarkt, reduziert auf

$$(A - b_{12})(y_1 + y_2) = 2a_0 + 2b_2 y^a + g_1 + g_2 - b_3(\tau_1 + \tau_2).$$

Unter Beachtung der Zinsparität reduziert sich die Geldmarktgleichung auf

$$m - p_1 - p_2 = l_0 - 2l_2(i^a - \dot{p}^a) + l_1(y_1 + y_2) + l_2(\dot{\tau}_1 + \dot{\tau}_2) + l_2(\dot{m} - \dot{p}_1 - \dot{p}_2) - -l_2\dot{m}.$$

Mit der Abkürzung $\ell := m - p_1 - p_2$ und $\tau := \tau_1 + \tau_2$ folgt

$$\begin{aligned} \dot{\ell} &= 1/l_2 \cdot \ell - \dot{\tau} + \frac{l_1 b_3}{l_2} \cdot \frac{1}{A - b_{12}} \cdot \tau + \dot{m} + k \\ \dot{\tau} &= -\beta(\tau - \overline{\tau}). \end{aligned}$$

Die Lösung lautet

$$\begin{aligned} \begin{pmatrix} \ell - \overline{\ell} \\ \tau - \overline{\tau} \end{pmatrix} &= A_1 \cdot \begin{pmatrix} 1 \\ 0 \end{pmatrix} e^{1/l_2 \cdot (t - t_0)} + A_2 \cdot \begin{pmatrix} x_1 \\ 1 \end{pmatrix} e^{-\beta \cdot (t - t_0)} \\ & x_1 := -\frac{a_{12} l_2}{1 + l_2 \beta} \\ & 0 > x_1 > -1.^{1} \end{aligned}$$

Mit der Stabilitätsbedingung $A_1 = 0$ resultiert

$$\begin{aligned} A_2 &= \frac{\ell(t_0) - \overline{\ell}}{x_1} \\ &\Longrightarrow \\ \tau(t_0) - \overline{\tau} &= A_2 \\ \text{sgn}\, d\overline{\ell} &= \text{sgn}\, A_2. \end{aligned}$$

Die langfristige Entwicklung der realen Geldmenge ergibt sich aus

$$d\overline{\ell} = l_1(d\overline{y}_1 + d\overline{y}_2).$$

Ist U_2 passiv, so gilt[2]

$$\text{sgn}\,(d\overline{y}_1 + d\overline{y}_2) = \text{sgn}\, d\overline{y}_1.$$

Im Fall einer expansiven Lohnpolitik in U_1 gilt:

$$\begin{aligned} d\overline{y}_1 &< 0 \\ &\Longrightarrow \\ d\overline{y}_1 + d\overline{y}_2 &< 0 \\ d\overline{\ell} &< 0 \\ A_2 &< 0. \end{aligned}$$

Die resultierende Wechselkursreaktion definiert zusammen mit den nationalen Preisniveaus die Anfangswerte $\tau_1(t_0)$ und $\tau_2(t_0)$. Formal:

$$\begin{aligned} \tau_1(t_0) - \overline{\tau}_1 &= 1/2\Big([\tau(t_0) - \overline{\tau}] + [\pi_1(t_0) - \overline{\pi}_1]\Big) \\ &= 1/2\Big(A_2 - d\overline{\pi}_1\Big) \\ \tau_2(t_0) - \overline{\tau}_2 &= 1/2\Big([\tau(t_0) - \overline{\tau}] - [\pi_1(t_0) - \overline{\pi}_1]\Big) \\ &= 1/2\Big(A_2 + d\overline{\pi}_1\Big). \end{aligned}$$

---

[1] In diese Ungleichung geht die fundamentale Abschätzung ein.

[2] Siehe Abschnitt C.3.3.

Weiter ist

$$\begin{aligned} A_2 &= -d\bar{\ell}/x_1 \\ d\bar{\ell} &= -\frac{l_1 b_3}{A - b_{12}} d\bar{\tau}. \end{aligned}$$

Wechselkursreaktion

$$2(e - \bar{e}) = (\tau - \bar{\tau}) + (\ell - \bar{\ell}) + (2p^a - m) - \overline{(2p^a - m))}.$$

Folgt der Wechselkurs langfristig keinem Trend, d.h. ist

$$\begin{aligned} \dot{p}^a &= \hat{m} \\ \Longrightarrow 2p^a - m &= \overline{2p^a - m}, \end{aligned}$$

so gilt für die Impactreaktion

$$\begin{aligned} 2(e - \bar{e})(t_0) &= -d\ell \underbrace{\left(1 + \frac{1}{x_1}\right)}_{<0} \\ &\Longrightarrow \\ e(t_0) &< \bar{e} \quad \text{für } d\ell < 0. \end{aligned}$$

Weiter ist

$$d\bar{e} = 1/2 \underbrace{\left(1 - \frac{A - b_{12}}{l_1 b_3}\right)}_{<0} d\bar{\ell}$$

$$\begin{aligned} e - \overline{e_0} &= e - \bar{e} + d\bar{e} \\ (e - \overline{e_0})(t_0) &= -\frac{d\ell}{2} \cdot \underbrace{\left(\frac{1}{x_1} + \frac{A - b_{12}}{l_1 b_3}\right)}_{>0}. \end{aligned}$$

Es erfolgt eine unmittelbare Aufwertung des gemeinsamen Wechselkurses, aber kein Overshooting.

Die resultierende Impactreaktion der externen terms of trade der Unionsländer ist identisch, d.h.

$$\tau_1(t_0) - \bar{\tau}_{1,0} = \tau_2(t_0) - \bar{\tau}_{2,0}.$$

Dabei bezeichnen $\bar{\tau}_{1,0}$ und $\bar{\tau}_{2,0}$ die ursprünglichen Steady-State-Werte.
Die Lösungspfade lauten

$$\begin{aligned} \ell(t) - \bar{\ell} &= -d\bar{\ell} \cdot e^{-\beta(t-t_0)} \\ \tau(t) - \bar{\tau} &= -\frac{d\bar{\ell}}{x_1} \cdot e^{-\beta(t-t_0)} \\ \Longrightarrow e(t) - \bar{e} &= -1/2 d\bar{\ell} \left(1 + \frac{1}{x_1}\right) \cdot e^{-\beta(t-t_0)} \\ \pi_1(t) - \bar{\pi}_1 &= -d\bar{\pi}_1 \cdot e^{-\beta(t-t_0)}. \end{aligned}$$

Weiter ist

$$\begin{aligned} i_1 = i_2 &= i^a - 1/2\beta d\bar{\ell}\left(1 + \frac{1}{x_1}\right) \cdot e^{-\beta(t-t_0)} \\ \Longrightarrow i(t) &= i^a + \beta(e(t) - \bar{e}) \end{aligned}$$

$$\begin{aligned} \dot{\pi}_1 &= \beta d\bar{\pi}_1 e^{-\beta(t-t_0)} \\ \dot{\ell} &= \beta d\bar{\ell} e^{-\beta(t-t_0)} \\ \dot{p}_1 &= \hat{m} + 1/2 \cdot \left(\dot{\pi}_1 - \dot{\ell}\right) \\ &= \hat{m} + 1/2 \cdot \beta \cdot e^{-\beta(t-t_0)}(d\bar{\pi}_1 - d\bar{\ell}) \\ \dot{p}_2 &= \hat{m} - 1/2 \cdot \left(\dot{\pi}_1 + \dot{\ell}\right) \\ &= \hat{m} - 1/2 \cdot \beta \cdot e^{-\beta(t-t_0)}(d\bar{\pi}_1 + d\bar{\ell}) \end{aligned}$$

$$\begin{aligned} d\bar{\pi}_1 + d\bar{\ell} &= \left(1 - \frac{l_1 b_3}{A - b_{12}}\right) d\bar{\tau}_1 - \left(1 + \frac{l_1 b_3}{A - b_{12}}\right) d\bar{\tau}_2 \\ &> / < 0. \end{aligned}$$

Für $d\bar{\tau}_2 < 0$ ist $d\bar{\pi}_1 + d\bar{\ell} > 0$ (hinreichend).

Für $d\bar{\pi}_1 > 0$ und $d\bar{\ell} < 0$, also bei einer expansiven Lohnpolitik in U_1, kommt es dort zu einem Overshooting der Inflationsrate, d.h.

$$t \geq t_0 : \qquad \dot{p}_1 > \hat{m}.$$

Dies gilt für U_2 nur unter der Bedingung $d\bar{\pi}_1 + d\bar{\ell} < 0$.

C.5.2 Unterschiedliche Preisanpassungsgeschwindigkeiten in den Unionsländern

Geht man im Rahmen des makroökonomischen Modells von *unterschiedlichen* Preisanpassungsgeschwindigkeiten β_1, β_2 in den einzelnen Unionsländern aus, d.h.

$$\begin{aligned} \dot{p}_1 - \dot{p}_1^m &= -\beta_1(p_1 - p_1^m) \\ \dot{p}_2 - \dot{p}_2^m &= -\beta_2(p_2 - p_2^m) \\ & \beta_1 \neq \beta_2, \end{aligned}$$

so lautet das modifizierte System

$$\begin{aligned} \alpha_2\dot{\pi}_1 + \alpha_3\dot{\tau}_1 - (\delta/\nu + \kappa)\dot{y}_1 &= -\beta_1\Big[\theta_0 - \theta_1 + \bar{\omega}_1 - \delta/\nu y_1^{tol} + \\ &\quad +\alpha_2\pi_1 + \alpha_3\tau_1 - (\delta/\nu + \kappa)y_1\Big] \end{aligned} \tag{C.12}$$

$$\begin{aligned} -(\alpha_2^* + \alpha_3^*)\dot{\pi}_1 + \alpha_3^*\dot{\tau}_1 - (\delta^*/\nu^* + \kappa^*)\dot{y}_2 &= -\beta_2\Big[\theta_0^* - \theta_1^* - \bar{\omega}_2 + \delta^*/\nu^* y_2^{tol} - \\ &\quad -(\alpha_2^* + \alpha_3^*)\pi_1 + \alpha_3^*\tau_1 - (\delta^*/\nu^* + \kappa^*)y_2\Big]. \end{aligned} \tag{C.13}$$

Mittels der nachfrageseitigen Modellgleichungen lassen sich die Größen $\dot{y}_1, \dot{y}_2, y_1, y_2$ eliminieren.
Das resultierende dynamische System besitzt die Struktur

$$\mathcal{S} \cdot \begin{pmatrix} \dot{\tau}_1 \\ \dot{\pi}_1 \end{pmatrix} = -\begin{pmatrix} \beta_1 & 0 \\ 0 & -\beta_2 \end{pmatrix} \left[\mathcal{S} \cdot \begin{pmatrix} \tau_1 \\ \pi_1 \end{pmatrix} + \begin{pmatrix} d_1 \\ d_2 \end{pmatrix} \right].$$

Dieses dynamische System besitzt die Eigenwerte $-\beta_1$ und $-\beta_2$. Die Lösung setzt sich aus Exponentialsummen zusammen.

C.5.3 Weitere Spezialfälle

Der aufgezeichnete Lösungsweg lässt sich vollkommen analog anwenden auf den Fall produktionsunabhängiger Preisgleichungen, d.h.

$$\kappa = \kappa^* = 0 \quad \text{und} \quad \delta = \delta^* = 0.$$

In diesem Fall verschwinden in den Preisanpassungsgleichungen (5.84) und (5.85) die y_1, y_2 und $\dot{y}_1, \dot{y}_2$-Terme. Allerdings wirken sich diese Parameterrestriktionen auf die Steady-State-Werte der Modellvariablen aus.

C.6 Dynamische Analyse für den allgemeinen Fall

C.6.1 Anwendung des Lösungsverfahrens

Schritt 1

Aus den *Preisanpassungsgleichungen* resultiert[3]

$$\alpha_2(\pi_1 - \overline{\pi}_1) + \alpha_3(\tau_1 - \overline{\tau}_1) - \left(\frac{\delta}{\nu} + \kappa\right) \cdot (y_1 - \overline{y}_1) = -A_1 \cdot e^{-\beta_1(t-t_0)}$$

$$-(\alpha_2^* + \alpha_3^*)(\pi_1 - \overline{\pi}_1) + \alpha_3^*(\tau_1 - \overline{\tau}_1) - \left(\frac{\delta^*}{\nu^*} + \kappa^*\right) \cdot (y_2 - \overline{y}_2) = -A_2 \cdot e^{-\beta_1(t-t_0)}.$$

A_1 und A_2 sind Konstanten. Sie ergeben sich aus den Anfangswerten von π_1,τ_1 sowie y_1, y_2.
Durch Substitution von y_1 und y_2 erhält man

$$\alpha_2(\pi_1 - \overline{\pi}_1) + \alpha_3(\tau_1 - \overline{\tau}_1) + A_1 e^{-\beta(t-t_0)} =$$
$$\left(\frac{\delta}{\nu} + \kappa\right) \cdot \lambda \Big[\Delta N_1 + a_2(1+x) \cdot \dot{\tau}_1 - x a_2 \dot{\pi}_1 -$$
$$-b_3(1+x)(\tau_1 - \overline{\tau}_1) - [b_4(1-x) - x b_3](\pi_1 - \overline{\pi}_1) \Big]$$

---

[3] Die Variablen $(p_1 - p_1^m)$ und $(p_2 - p_2^m)$ besitzen keine Anfangswerte, da sie über die nationalen Lohngleichungen den Wechselkurs als endogene Variable enthalten. Bei Erweiterung des Modells um eine verzögerte Lohngleichung würde in der Ausgangslage $p_{1(2)} = p_{1(2)}^m$ gelten.

$$-(\alpha_2^* + \alpha_3^*)(\pi_1 - \overline{\pi}_1) + \alpha_3^*(\tau_1 - \overline{\tau}_1) + A_2 e^{-\beta(t-t_0)} =$$

$$\left(\frac{\delta^*}{\nu^*} + \kappa^*\right) \cdot \lambda \left[\Delta N_2 + a_2(1+x) \cdot \dot{\tau}_1 - a_2 \dot{\pi}_1 - \right.$$

$$\left. -b_3(1+x)(\tau_1 - \overline{\tau}_1) + [b_4(1-x) + b_3](\pi_1 - \overline{\pi}_1)\right].$$

Liegen keine nachfrageseitigen Störungen vor, so ist $\Delta N_1 = \Delta N_2 = 0$.

Mit den Abkürzungen:

$$\begin{aligned} h &:= \left(\frac{\delta}{\nu} + \kappa\right) \cdot \lambda \\ h^* &:= \left(\frac{\delta^*}{\nu^*} + \kappa^*\right) \cdot \lambda \end{aligned}$$

erhält man das dynamische System

$$a_2 \cdot \begin{pmatrix} h(1+x) & -xh \\ h^*(1+x) & -h^* \end{pmatrix} \begin{pmatrix} \dot{\tau}_1 \\ \dot{\pi}_1 \end{pmatrix} =$$

$$\begin{pmatrix} \alpha_3 + hb_3(1+x) & \alpha_2 + h[b_4(1-x) - xb_3] \\ \alpha_3^* + h^* b_3(1+x) & -(\alpha_2^* + \alpha_3^*) - h^*[b_4(1-x) + b_3] \end{pmatrix} \begin{pmatrix} \tau_1 - \overline{\tau}_1 \\ \pi_1 - \overline{\pi}_1 \end{pmatrix} +$$

$$+ \begin{pmatrix} A_1 \\ A_2 \end{pmatrix} e^{-\beta(t-t_0)}.$$

Für die Determinanten der beiden Matrizen gilt

$$\begin{aligned} det_1 &= -(1-x)(1+x)a_2^2 \cdot hh^* < 0 \\ det_2 &< 0. \end{aligned}$$

Die Eigenwerte besitzen identische Vorzeichen, da $\mu_1 \cdot \mu_2 > 0$. Durch Auflösung nach den Zustandsvariablen erhält man das dynamische System

$$\begin{pmatrix} \dot{\tau}_1 \\ \dot{\pi}_1 \end{pmatrix} = \mathcal{S}_2 \begin{pmatrix} \tau_1 - \overline{\tau}_1 \\ \pi_1 - \overline{\pi}_1 \end{pmatrix} + \begin{pmatrix} \tilde{c}_1 \\ \tilde{c}_2 \end{pmatrix} \cdot e^{-\beta(t-t_0)}$$

$$\mathcal{S}_2 := \frac{a_2}{det_1} \cdot \begin{pmatrix} -h^* & xh \\ -h^*(1+x) & h(1+x) \end{pmatrix} \cdot$$

$$\cdot \begin{pmatrix} \alpha_3 + hb_3(1+x) & \alpha_2 + h[b_4(1-x) - xb_3] \\ \alpha_3^* + h^* b_3(1+x) & -(\alpha_2^* + \alpha_3^*) - h^*[b_4(1-x) + b_3] \end{pmatrix}$$

mit den Diagonalelementen

$$\begin{aligned} s_{11} &= -\frac{a_2}{det_1}(\alpha_3 h^* - xh\alpha_3^* + hh^* b_3(1+x)(1-x)) \\ s_{22} &= -\frac{a_2(1+x)}{det_1}(h^*\alpha_2 + h(\alpha_2^* + \alpha_3^*) + hh^*(1-x)(2b_4 + b_3)) \\ \Longrightarrow s_{11} + s_{22} &> 0 \\ \det \mathcal{S}_2 &> 0. \end{aligned}$$

Die beiden Eigenwerte der Systemmatrix $\mathcal{S}_2$ sind positiv.[4]

Bezeichne $\mathcal{E}$ die Matrix der Eigenvektoren der Systemmatrix $\mathcal{S}_2$ und

$$\begin{pmatrix} z_1 \\ z_2 \end{pmatrix} := \mathcal{E}^{-1} \cdot \begin{pmatrix} \tau_1 - \overline{\tau}_1 \\ \pi_1 - \overline{\pi}_1 \end{pmatrix}$$

Hilfsvariablen, so erhält man das Subsystem

$$\begin{pmatrix} \dot{z}_1 \\ \dot{z}_2 \end{pmatrix} = \begin{pmatrix} \mu_1 & 0 \\ 0 & \mu_2 \end{pmatrix} \begin{pmatrix} z_1 \\ z_2 \end{pmatrix} + \begin{pmatrix} d_1 \\ d_2 \end{pmatrix} \cdot e^{-\beta(t-t_0)}.$$

Dieses System besitzt die Lösung (vgl. z.B. Braun 1979, S. 8)

$$\begin{aligned} z_1(t) &= e^{\mu_1(t-t_0)} \left[\tilde{k}_1 + d_1 \int_{t_0}^{t} e^{-(\beta+\mu_1)(s-t_0)} ds \right] \\ &= e^{\mu_1(t-t_0)} \left[\tilde{k}_1 + d_1 \frac{1}{\beta + \mu_1} \left(1 - e^{-(\beta+\mu_1)(t-t_0)} \right) \right] \end{aligned} \tag{C.14}$$

$$\begin{aligned} z_2(t) &= e^{\mu_2(t-t_0)} \left[\tilde{k}_2 + d_2 \int_{t_0}^{t} e^{-(\beta+\mu_2)(s-t_0)} ds \right] \\ &= e^{\mu_2(t-t_0)} \left[\tilde{k}_2 + d_2 \frac{1}{\beta + \mu_2} \left(1 - e^{-(\beta+\mu_2)(t-t_0)} \right) \right]. \end{aligned} \tag{C.15}$$

Aus den Stabilitätsbedingungen

$$\lim_{t\to\infty} \pi_1(t) = \overline{\pi}_1$$
$$\lim_{t\to\infty} \tau_1(t) = \overline{\tau}_1$$

folgt

$$\begin{aligned} \lim_{t\to\infty} z_1(t) &= 0 \\ \lim_{t\to\infty} z_2(t) &= 0. \end{aligned}$$

Wegen $\mu_1 > 0, \mu_2 > 0$ muss dann in (C.14) und (C.15) für die Konstanten $\tilde{k}_1, \tilde{k}_2$ gelten:

$$\begin{aligned} \tilde{k}_1 &= -d_1 \frac{1}{\beta + \mu_1} \\ \tilde{k}_2 &= -d_2 \frac{1}{\beta + \mu_2}. \end{aligned}$$

Damit lautet der Zeitpfad für die Hilfsvariablen

$$\begin{aligned} z_1(t) &= -\frac{d_1}{\beta + \mu_1} e^{-\beta(t-t_0)} \\ z_2(t) &= -\frac{d_2}{\beta + \mu_2} e^{-\beta(t-t_0)}, \end{aligned}$$

---

[4] Allgemein gesprochen besitzen sie einen positiven Realteil.

und für die Modellvariablen π_1 und τ_1 ergeben sich die Zeitpfade

$$\begin{aligned}\pi_1(t) - \overline{\pi}_1 &= k_1 \cdot e^{-\beta(t-t_0)} \\ \tau_1(t) - \overline{\tau}_1 &= k_2 \cdot e^{-\beta(t-t_0)} \\ & \quad k_1 := \pi_1(0) - \overline{\pi}_1 = -d\overline{\pi}_1.\end{aligned}$$

Damit gilt auch für τ_2:

$$\tau_2(t) - \overline{\tau}_2 = k_3 \cdot e^{-\beta(t-t_0)}.$$

Da für τ_1 kein historisch determinierter Freiheitsgrad angegeben werden kann, besitzt das System einen Freiheitsgrad. Dieser kann im Aggregatsystem eliminiert werden.

Schritt 2

Das Aggregat der Nachfrageseite lautet ($\tau := \tau_1 + \tau_2$, $\ell = m - p_1 - p_2$)

$$\begin{aligned}(A - b_{12})(y_1 + y_2) &= a_2\dot{\tau} - b_3\tau + \mathcal{N} \\ \ell &= l_1(y_1 + y_2) + l_2 \cdot \dot{\tau} + l_2\dot{\ell} - l_2\dot{m} + l_0 - 2l_2(i^a - \dot{p}^a).\end{aligned}$$

Durch Zusammenfassen erhält man unter Berücksichtigung von $\dot{\tau} = -\beta(\tau - \overline{\tau})$ (Schritt 1) die Differentialgleichung

$$\begin{aligned}\dot{\ell} &= 1/l_2 \cdot (\ell - \overline{\ell}) + \rho \cdot (\tau - \overline{\tau}), \\ & \quad \rho := \frac{l_1 b_3}{l_2} \cdot \frac{1}{A - b_{12}} + \beta\left(1 + \frac{l_1}{l_2}\frac{a_2}{A - b_{12}}\right).\end{aligned}$$

Der zum Eigenwert $-\beta$ korrespondierende Eigenvektor der Matrix

$$\begin{pmatrix} 1/l_2 & \rho \\ 0 & -\beta \end{pmatrix}$$

lautet

$$\begin{pmatrix} \tilde{x}_1 \\ 1 \end{pmatrix} \qquad \tilde{x}_1 := -\frac{\rho}{1/l_2 + \beta} \equiv -v(\beta).$$

Dabei bezeichnet $v(\beta)$ die in Kapitel 2 definierte Eigenvektorfunktion

$$v(\alpha) := \frac{1}{1 + l_2\alpha}\left(\frac{l_1 b_3}{A - b_{12}} + \alpha \cdot \left(l_2 + \frac{l_1 a_2}{A - b_{12}}\right)\right).$$

Reduziert man die Lösungstrajektorien auf den stabilen Pfad, so gilt

$$\begin{aligned}\ell(t) - \overline{\ell} &= -d\overline{\ell} \cdot e^{-\beta(t-t_0)} \\ &= -A_2 v(\beta) \cdot e^{-\beta(t-t_0)} \\ \Longrightarrow A_2 := \frac{1}{v(\beta)} d\overline{\ell}. &\end{aligned}$$

Weiter gelten die Abschätzungen

$$\begin{aligned}-\frac{1}{v(\beta)} + \frac{A - b_{12}}{l_1 b_3} &> 0 \iff \\ l_2 + \frac{l_1 a_2}{A - b_{12}} &> l_2 \frac{l_1 b_3}{A - b_{12}}.\end{aligned}$$

Diese Ungleichung ist aufgrund der fundamentalen Abschätzung erfüllt.

In Kapitel 2 wurde mittels der fundamentalen Abschätzung gezeigt, dass

$$v(\beta)\begin{cases} <1 & \beta \leq 1 \\ \geq 1 & \beta \text{ hinreichend groß.} \end{cases} \tag{C.16}$$

Mit

$$\begin{aligned} \ell(t)-\bar{\ell} &= -d\bar{\ell}\cdot e^{-\beta(t-t_0)} \\ \tau-\bar{\tau} &= A_2 e^{-\beta(t-t_0)} \\ \pi_1-\bar{\pi}_1 &= -d\bar{\pi}_1 e^{-\beta(t-t_0)} \end{aligned}$$

folgt

$$\begin{aligned} \tau_1-\bar{\tau}_1 &= \frac{\dfrac{d\bar{\ell}}{v(\beta)}-d\bar{\pi}_1}{2}e^{-\beta(t-t_0)} \\ \tau_2-\bar{\tau}_2 &= \frac{\dfrac{d\bar{\ell}}{v(\beta)}+d\bar{\pi}_1}{2}e^{-\beta(t-t_0)}, \end{aligned}$$

und die Entwicklung der Realzinsen resultiert aus

$$\begin{aligned} i_1-\dot{p}_1 &= \overline{i^a-\dot{p}^a}-\dot{\tau}_1 \\ i_2-\dot{p}_2 &= \overline{i^a-\dot{p}^a}-\dot{\tau}_2. \end{aligned}$$

Folgt der Wechselkurs langfristig keinem Trend (d.h. $\dot{p}^a=\hat{m}$), so gilt

$$\begin{aligned} e-\bar{e} &= -\frac{d\ell}{2}\left(1-\frac{1}{v(\beta)}\right)e^{-\beta(t-t_0)} \\ e(t_0)-\bar{e}^0 &= -\frac{d\ell}{2}\underbrace{\left(\frac{A-b_{12}}{l_1 b_3}-\frac{1}{v(\beta)}\right)}_{>0} \\ i-i^a &= \beta\,(e-\bar{e}). \end{aligned}$$

Für die Inflationsraten ergibt sich dann:

$$\begin{aligned} \dot{p}_1 &= \hat{m}+1/2\cdot\beta\cdot e^{-\beta(t-t_0)}(d\bar{\pi}_1-d\bar{\ell}) \\ \dot{p}_2 &= \hat{m}-1/2\cdot\beta\cdot e^{-\beta(t-t_0)}(d\bar{\pi}_1+d\bar{\ell}) \end{aligned}$$

$$\begin{aligned} d\bar{\pi}_1+d\bar{\ell} &= \left(1-\frac{l_1 b_3}{A-b_{12}}\right)d\bar{\tau}_1-\left(1+\frac{l_1 b_3}{A-b_{12}}\right)d\bar{\tau}_2 \\ &> / < 0. \end{aligned}$$

C.6.2 Die intertemporalen Auswirkungen einer einseitigen expansiven Lohnpolitik

Die Outputreaktionen in der Impactphase

$$\begin{aligned}
y_1(0) - \overline{y}_1^0 &= a_2\dot{\tau}_1(t_0) - b_4(\pi_1(t_0) - \overline{\pi}_1^0) - b_3(\tau_1(t_0) - \overline{\tau}_1^0) \\
y_2(0) - \overline{y}_2^0 &= a_2\dot{\tau}_2(t_0) + b_4(\pi_1(t_0) - \overline{\pi}_1^0) - b_3(\tau_2(t_0) - \overline{\tau}_2^0) \\
\pi_1(t_0) - \overline{\pi}_1^0 &= 0 \\
\tau_1(t_0) - \overline{\tau}_1^0 = \tau_2(t_0) - \overline{\tau}_2^0 &= e(t_0) - \overline{e}^0.
\end{aligned}$$

$$\begin{aligned}
(y_1(t_0) - \overline{y}_1^0) + (y_2(t_0) - \overline{y}_2^0) &= a_2\dot{\tau}(t_0) - b_3\left(\tau(t_0) - \overline{\tau}^0\right) \\
(y_1(0) - \overline{y}_1^0) - (y_2(0) - \overline{y}_2^0) &= a_2\dot{\pi}_1(t_0) \\
\dot{\pi}_1(t_0) &= \beta d\overline{\pi}_1 \\
\tau(t_0) - \overline{\tau}^0 &= \left(\frac{1}{v(\beta)} - \frac{A - b_{12}}{l_1 b_3}\right) d\overline{\ell} \\
\dot{\tau}(t_0) &= -\beta(\tau(t_0) - \overline{\tau}^0 - d\overline{\tau}).
\end{aligned}$$

$$(y_1(t_0) - \overline{y}_1^0) + (y_2(t_0) - \overline{y}_2^0) = -d\overline{\ell} \cdot \left(\frac{a_2\beta + b_3}{v(\beta)} - \frac{A - b_{12}}{l_1}\right).$$

Der Klammerausdruck ist *negativ*, wenn

$$\frac{A - b_{12}}{l_1 b_3} - 1 > \frac{a_2\beta}{b_3}.$$

Dies ist genau dann der Fall, wenn $v(\beta) < 1$.
Bei einer *expansiven Lohnpolitik* in U_1 gilt mit $v(\beta) < 1$ in $t = t_0$:

$$\begin{aligned}
(y_1 + y_2)(t_0) - \overline{y_1 + y_2}^0 &< 0 \quad \text{da } d\overline{\ell} < 0 \\
y_1(t_0) - \overline{y}_1^0 &> y_2(t_0) - \overline{y}_2^0 \quad \text{da } d\overline{\pi}_1 > 0.
\end{aligned}$$

Eine Outputsteigerung für das aktive Land U_1 in $t = t_0$ kann nicht ausgeschlossen werden. Im passiven Land findet eindeutig eine Outputsenkung statt.

In der Impactphase liegt das Outputniveau des passiven Landes unterhalb des Outputniveaus des aktiven Landes. Aufgrund der unterschiedlichen Inflationsraten entsteht eine Realzinsdifferenz.

C.7 Phillips-Kurven-Dynamik

Substituiert man in den Gleichungen (5.105) und (5.106) die Größen y_1 und y_2 mit Hilfe der reduzierten IS-Kurven, d.h. ($\lambda := \frac{1}{A - b_{12}x}$)

$$y_1 = \lambda \cdot \left\{ \mathcal{N}_1 + x\mathcal{N}_2 + a_2\dot{\tau}_1(1+x) - xa_2\dot{\pi}_1 - b_3\tau_1(1+x) - \right.$$

$$\left. -\pi_1[b_4(1-x) - xb_3] \right\}$$

$$y_2 = \lambda \cdot \left\{ \mathcal{N}_2 + x\mathcal{N}_1 + a_2\dot{\tau}_1(1+x) - a_2\dot{\pi}_1 - b_3\tau_1(1+x) + \right.$$

$$\left. +\pi_1[b_4(1-x) + b_3] \right\}$$

$$\Longrightarrow$$

$$y_1 - \overline{y}_1 = \lambda \cdot \left\{ a_2\dot{\tau}_1(1+x) - xa_2\dot{\pi}_1 - b_3(1+x)(\tau_1 - \overline{\tau}_1) - \right.$$

$$\left. -[b_4(1-x) - xb_3](\pi_1 - \overline{\pi}_1) \right\}$$

$$y_2 - \overline{y}_2 = \lambda \cdot \left\{ a_2\dot{\tau}_1(1+x) - a_2\dot{\pi}_1 - b_3(1+x)(\tau_1 - \overline{\tau}_1) + \right.$$

$$\left. +[b_4(1-x) + b_3](\pi_1 - \overline{\pi}_1) \right\},$$

so erhält man für den realen Sektor das dynamische System

$$\begin{pmatrix} \alpha_2 + a_2 \cdot \lambda\Psi x & \alpha_3 - a_2 \cdot \lambda\Psi(1+x) \\ -(\alpha_2^* + \alpha_3^* - a_2 \cdot \lambda\Psi^*) & \alpha_3^* - a_2 \cdot \lambda\Psi^*(1+x) \end{pmatrix} \begin{pmatrix} \dot{\pi}_1 \\ \dot{\tau}_1 \end{pmatrix} =$$

$$\begin{pmatrix} -\lambda\Psi[b_4(1+x) - xb_3] & -\lambda\Psi b_3(1+x) \\ \lambda\Psi^*[b_4(1+x) + b_3] & -\lambda\Psi^* b_3(1+x) \end{pmatrix} \begin{pmatrix} \pi_1 - \overline{\pi}_1 \\ \tau_1 - \overline{\tau}_1 \end{pmatrix}.$$

Die Determinante lautet:

$$\begin{aligned} \det \mathcal{M}_1 &= (\alpha_2 + a_2\lambda\Psi x)[\alpha_3^* - a_2\lambda\Psi^*(1+x)] + \\ &\quad +(\alpha_2^* + \alpha_3^* - a_2\lambda\Psi^*)[\alpha_3 - a_2\lambda\Psi(1+x)]. \end{aligned}$$

Die Determinante der Matrix $\mathcal{M}_2$ ist eindeutig positiv:

$$\det \mathcal{M}_2 = \lambda^2\Psi\Psi^* b_3(1+x)\Big[2b_4(1+x) + b_3(1-x)\Big] > 0.$$

Ist die Stabilitätsbedingung erfüllt, so besitzen die Eigenwerte der Systemmatrix identische Vorzeichen, d.h.

$$\det \mathcal{M}_1 > 0 \Longrightarrow$$

$$\det \mathcal{S}_2 = \det\left(\mathcal{M}_1^{-1} \cdot \mathcal{M}_2\right) = \frac{\det \mathcal{M}_2}{\det \mathcal{M}_1} > 0.$$

Für die Spur der Systemmatrix gilt:

$$
\begin{aligned}
s_{11} &= \frac{-\lambda}{\det \mathcal{M}_1}\Big\{[\alpha_3^* - a_2\lambda\Psi^*(1+x)]\Psi[b_4(1+x) - xb_3] + \\
&\quad [\alpha_3 - a_2\lambda\Psi(1+x)]\Psi^*[b_4(1+x) + b_3] \\
s_{22} &= \frac{-\lambda}{\det \mathcal{M}_1} \cdot b_3(1+x)\Big\{[\alpha_2^* + \alpha_3^* - a_2\lambda\Psi^*]\Psi + [\alpha_2 + a_2\lambda\Psi x)]\Psi^*\Big\}
\end{aligned}
$$

$$\Longrightarrow$$

$$s_{11} + s_{22} \quad < \quad 0.$$

Die beiden stabilen Eigenwerte μ_1 und μ_2 der 2x2-Matrix $\mathcal{S}_2$ lauten

$$\mu_{1,2} \quad = \quad \frac{s_{11} + s_{22}}{2} + / - \frac{1}{2}\sqrt{(s_{11} + s_{22})^2 - 4 \cdot \det \mathcal{S}_2}.$$

6. Heterogene Lohnbildung unter Berücksichtigung importierter Vorleistungen

6.1 Einleitung und Aufbau

Im Kapitel 6 wird die Analyse heterogener Lohnbildungsprozesse in einer Währungsunion fortgesetzt. In Erweiterung zu Kapitel 5 werden jetzt Vorleistungen, die aus Ländern außerhalb der EWU importiert werden, im Produktionsprozess berücksichtigt. Damit steht auf der Angebotsseite ein weiterer, kurzfristig variabler Produktionsfaktor zur Verfügung.

In einem statischen und einem dynamischen Kontext werden die konjunkturellen Auswirkungen lohnpolitischer Maßnahmen in einer Währungsunion analysiert. Dabei führt der Vorleistungsimport zu einer Entkoppelung der Entwicklungen von Output, Beschäftigung und Nationaleinkommen. Die Totalanalyse berücksichtigt die Reaktionen der Finanzmärkte auf die konjunkturellen Frühindikatoren sowie deren Rückwirkungen auf die Güter- und Faktormärkte der Union.

Kapitel 6 ist folgendermaßen gegliedert: Zunächst wird in Abschnitt 6.2 untersucht, inwiefern sich die (optimalen) Lohngleichungen mit der Existenz eines konkurrierenden Produktionsfaktors verändern. Auf der Basis dieser Lohngleichungen erfolgt in Abschnitt 6.3 die vervollständigte Darstellung des in Kapitel 4 vorgestellten dynamischen Totalmodells. Anschließend werden die konjunkturellen Auswirkungen lohnpolitischer Verhaltensänderungen analysiert. Dabei ist die Langfristanalyse Gegenstand des Abschnitts 6.4, während sich Abschnitt 6.5 den kurz- und mittelfristigen gesamtwirtschaftlichen Auswirkungen widmet. Kapitel 6 endet mit einer Zusammenfassung der wichtigsten Ergebnisse.

6.2 Herleitung der Lohngleichungen

6.2.1 Das gewerkschaftliche Entscheidungsmodell

Die gewerkschaftliche Zielfunktion basiert wie in Kapitel 5 auf einer Stone-Geary-Nutzenfunktion:

$$U_j = (W_j/P_j^V - \overline{\Omega_j})^{g_j} \left(\frac{N_j - N_j^{tol}}{\overline{N}_j} \right)^{1-g_j} \longrightarrow \max_{W_j} \qquad 0 < g_j < 1.$$

Das Ziel der Gewerkschaften in Unionsland U_j besteht darin, sowohl einen möglichst hohen realen Konsumlohn W_j/P_j^V als auch ein hohes Beschäftigungsniveau N_j zu erzielen. Dabei sind die Nebenbedingungen zu beachten, dass erstens der reale Konsumlohn nicht unter das Mindestniveau $\overline{\Omega}_j$ sinkt und zweitens die Arbeitslosigkeit ein maximal toleriertes Niveau nicht überschreitet, d.h. dass die Beschäftigung nicht unter das Mindestniveau N_j^{tol} absinkt.

Die nutzenmaximierenden Gewerkschaften sehen sich den folgenden beiden unternehmerischen Reaktionsfunktionen gegenüber:[1]

– der Arbeitsnachfragefunktion im unternehmerischen Gewinnoptimum

$$N_j(t) =$$

$$\left[\gamma_j \nu_j \cdot (1 + \frac{1}{\epsilon_j})\right]^{\sigma_j} \cdot A_j^{(1/\nu_j)(\sigma_j - 1)} \cdot Q^{\frac{1}{\nu_j} \cdot (1 - \sigma_j(1 - \nu_j))} \cdot \left(\frac{W_j(t)}{P_j(t)}\right)^{-\sigma_j}$$

$$\frac{1}{\nu_j} \cdot (1 - \sigma_j(1 - \nu_j)) > 1 \text{ für } \sigma_j < 1$$

– sowie der Preisgleichung

$$P_j(t) = \frac{1}{1 + \frac{1}{\epsilon_j}} \cdot \frac{1}{\nu_j} \cdot Q_j^{\frac{1-\nu_j}{\nu_j}}(t) \cdot c^*(W_j, R)(t).$$

$\nu_j < 1$ bezeichnet die Skalenelastizität, $\sigma_j < 1$ die Substitutionselastizität und $c_j^*(t)$ die quasi-variablen Stückkosten. Dabei ist $c_j^*(t)$ eine Kombination der beiden Faktorpreise W_j (für Arbeit) und R (für importierte Vorleistungen):

$$C_j^*(t) = Q_j^{\frac{1}{\nu_j}}(t) \cdot c_j^*(W_j, R)(t) + const_j$$

$$c_j^*(W_j, R)(t) = \frac{1}{A^{\frac{1}{\nu_j}}{}_j} \cdot \left[W_j^{1-\sigma_j}(t) \cdot \gamma_j^{\sigma_j} + (1 - \gamma_j)^{\sigma_j} \cdot R^{1-\sigma_j}(t)\right]^{\frac{1}{1-\sigma_j}}.$$

Der *Faktorpreis* für *importierte Vorleistungen*, R, ist aus der Sicht der Gewerkschaften eine *Datenvariable*; er ist für beide Unionsländer identisch und variiert mit dem Wechselkurs.

Im *Spezialfall* $\gamma_j = 1$, $\sigma_j = 1$ liegt (formal) wieder das Ein-Faktor-Modell aus Kapitel 5 vor. In diesem Fall ist $c_j^* = \frac{1}{A_j^{\frac{1}{\nu_j}}} \cdot W_j$.

---

[1] Diese wurden in Kapitel 3 hergeleitet.

6.2.2 Optimale Lohngleichungen

Bei der Herleitung nutzenmaximaler Lohngleichungen ist grundsätzlich zwischen einer einzelwirtschaftlichen und einer gesamtwirtschaftlichen Orientierung der Gewerkschaft zu unterscheiden, d.h. ob sie auf der Mikro- oder auf der Makro-Ebene handelt. Damit verbunden ist die Frage, welche Reaktionen der übrigen Marktteilnehmer im gewerkschaftlichen Entscheidungsmodell und damit in der optimalen Lohnpolitik Berücksichtigung finden.

Charakterisiert man analog zu Kapitel 5 die *Mikro-I-Ebene* als eine Firmenebene, auf der Kostenüberwälzungen auf die Preise im Entscheidungskalkül der Gewerkschaften ausgeblendet sind, so hat die Berücksichtigung importierter Vorleistungen die folgenden grundsätzlichen Konsequenzen: Eine Erhöhung des Nominallohnes W_j führt angesichts der unternehmerischen Substitutionsmöglichkeiten zu einem unterproportionalen Anstieg der quasivariablen Kosten c_j^*. Durch Faktorsubstitution zugunsten importierter Vorleistungen gelingt es den Unternehmern, die Kostensteigerungen teilweise wieder zu kompensieren. Die Folge einer Nominallohnsteigerung ist dann (wegen $\sigma_j < 1$) ein im Vergleich zum Ein-Faktor-Modell *schwächerer* Rückgang der Beschäftigung. Hieraus resultiert für die Gewerkschaften in angebotsseitig offenen Volkswirtschaften eine *Tendenz zu höheren Lohnforderungen.* Umgekehrtes gilt für den Fall einer Lohnzurückhaltung.

Auf der *Mikro-II-Ebene*, die auch als Branchenebene charakterisiert werden kann, berücksichtigen die Gewerkschaften zusätzlich den Preissetzungsspielraum der Unternehmer und die damit verbundene Möglichkeit, gestiegene (Grenz-)Kosten auf die Preise zu überwälzen. Dieser Effekt führt - wie in Kapitel 5 - bei gegebenem Beschäftigungsniveau zu einer Erhöhung des optimalen Lohnniveaus.

Eine auf der *Makro-I-Ebene* handelnde Gewerkschaft internalisiert die Wirkungen allgemeiner Lohn- und Preissteigerungen auf die Verbraucherpreise. Die Gewerkschaft berücksichtigt also im Rahmen ihres Entscheidungsmodells, dass eine Lohnerhöhung letztlich eine Steigerung der Verbraucherpreise zur Folge hat, die wiederum den Anstieg des realen Konsumlohns dämpft. Die Berücksichtigung dieses Effektes führt im Vergleich zur Mikro-II-Ebene zu einer Lohnzurückhaltung. Ist die Reaktion der gesamtwirtschaftlichen Nachfrage auf Lohnänderungen (*Makro-II-Ebene*) ein weiterer Bestandteil des gewerkschaftlichen Entscheidungsmodells, so hat dies ebenfalls Rückwirkungen auf die optimale Lohnpolitik. Das Vorzeichen dieses Effektes auf den nutzenmaximierenden Lohnsatz ist allerdings davon abhängig, ob im gewerkschaftlichen Prognosemodell von einem positiven (Kaufkraftargument der Löhne) oder von einem negativen Nachfrageeffekt einer Nominallohnsteigerung ausgegangen wird. Im zweiten Fall wird antizipiert, dass gestiegene Kosten einen Preisanstieg im Inland zur Folge haben, wodurch die gesamtwirtschaftliche Nachfrage nach heimischen Produkten zurückgeht.

Grundsätzlich erhält man wieder für die beiden Unionsländer U_1 und U_2 optimale Lohngleichungen, deren logarithmisch-lineare Approximationen von der folgenden Form sind:

$$w_1 = p_1^V + \overline{\omega}_1 + \delta(n_1 - n_1^{tol}) \tag{6.1}$$
$$w_2 = p_2^V + \overline{\omega}_2 + \delta^*(n_2 - n_2^{tol}). \tag{6.2}$$

Der mit den verschiedenen einzel- oder gesamtwirtschaftlichen Ebenen verbundene Zentralisierungsgrad der Gewerkschaften wirkt wieder auf den Wert des tarifpolitischen Parameters δ bzw. δ^* zurück. Geht man im nächsten Schritt zu einem *Verhandlungsansatz* über, so ist der tarifpolitische Parameter in positiver Weise von dem Grad der gewerkschaftlichen Verhandlungsmacht abhängig.

6.3 Das Totalmodell

Das nachfolgende Modell ergibt sich aus dem in Kapitel 4 diskutierten dynamischen Ansatz (Modell II), indem die nationale Lohnbildung als Ergebnis rational handelnder Tarifparteien explizit durch die Gleichungen (6.1) und (6.2) spezifiziert wird. Dabei wird weiterhin von einer angebotsseitigen Asymmetrie zwischen den beiden Unionsländern U_1 und U_2 ausgegangen. Im Unterschied zu Kapitel 5 wird ein zweiter kurzfristig variabler Produktionsfaktor, Vorleistungen, die aus einem Drittland außerhalb der Währungsunion importiert werden, berücksichtigt. Dabei ist das Angebot an importierten Vorleistungen vollkommen elastisch. Diese Modellerweiterung hat grundlegende Konsequenzen für die jeweilige Angebotsseite der Volkswirtschaften: Aufgrund der Vorleistungsimporte entwickeln sich Output q_1 (q_2) und Beschäftigung n_1 (n_2) eines Landes nicht mehr notwendigerweise gleichgerichtet; außerdem ist zwischen Produktionshöhe und Nationaleinkommen y_1 (y_2) zu differenzieren.

Die Modellgleichungen lauten

— für das Unionsland U_1

$$c_1 = -\theta_0 + \frac{\mu}{\nu} \cdot w_1 + \left(1 - \frac{\mu}{\nu}\right) \cdot (p^F - e) \tag{6.3}$$
$$p_1^m = \theta_1 + c_1 + \kappa \cdot q_1 \tag{6.4}$$
$$\dot{p}_1 = \dot{p}_1^m + \beta \cdot \left(p_1^m - p_1\right) \tag{6.5}$$
$$n_1 = -\theta_2 + 1/\nu \cdot q_1 + \sigma \cdot \left(c_1 - w_1\right) \tag{6.6}$$
$$q_1 = \psi_1 \cdot y_1 + \psi_2 \cdot r_1 \qquad \psi_1 \geq 1, \quad \psi_2 \leq 1 - \sigma \tag{6.7}$$
$$r_1 = p^F - e - p_1$$
$$w_1 = p_1^V + \overline{\omega}_1 + \delta(n_1 - n_1^{tol}) \tag{6.8}$$

– für das Unionsland U_2:

$$
\begin{aligned}
c_2 &= -\theta_0^* + \frac{\mu^*}{\nu^*} \cdot w_2 + \left(1 - \frac{\mu^*}{\nu^*}\right) \cdot (p^F - e) && (6.9)\\
p_2^m &= \theta_1^* + c_2 + \kappa^* \cdot q_2 && (6.10)\\
\dot{p}_2 &= \dot{p}_2^m + \beta \cdot \left(p_2^m - p_2\right) && (6.11)\\
n_2 &= -\theta_2^* + \frac{1}{\nu^*} \cdot q_2 + \sigma^* \cdot \left(c_2 - w_2\right) && (6.12)\\
q_2 &= \psi_1 \cdot y_2 + \psi_2 \cdot r_2 && (6.13)\\
& \quad r_2 = p^F - e - p_2 \\
w_2 &= p_2^V + \overline{\omega}_2 + \delta(n_2 - n_2^{tol}). && (6.14)
\end{aligned}
$$

$p^F - e$ bezeichnet den *nominalen Faktorpreis* importierter Vorleistungen in Unionswährung, während r_1 (r_2) den *realen Faktorpreis* darstellt. Die realen Faktorpreise stehen in einer inversen Beziehung zu den externen terms of trade, d.h.

$$
\begin{aligned}
r_1 &\equiv p^F - p^a - \tau_1 \\
r_2 &\equiv p^F - p^a - \tau_2.
\end{aligned}
$$

Die Modellgleichungen für die Unternehmenssektoren basieren auf den Herleitungen des Kapitels 3. Bezüglich der Preis-Mengen-Dynamik wird erneut von einer kurzfristig flexiblen Mengenanpassung und einer verzögerten Preisanpassung an Grenzkostenänderungen ausgegangen. Die variablen Inputfaktoren werden zu jedem Zeitpunkt in einer Minimalkostenkombination eingesetzt. Die langfristige Produktion erfolgt im Gewinnmaximum.

Die *Nachfrageseiten* der beiden Unionsländer werden als symmetrisch angenommen. Insgesamt ergibt sich ein interdependentes Nachfragesystem, das sich aus den Güternachfrage-Gleichgewichten (6.15) und (6.16), dem gemeinsamen Geldmarkt (6.17) sowie aus den Bedingungen für die ungedeckte Zinsparität (6.18) zusammensetzt. Die nachfrageseitigen Modellgleichungen lauten:

$$
\begin{aligned}
q_1 &= a_0 + a_1 y_1 - a_2(i_1 - \dot{p}_1) + g_1 - && (6.15)\\
&\quad -b_{11} y_1 + b_{12} y_2 + b_2 y^a - b_3 \tau_1 - b_4 \pi_1 \\
q_2 &= a_0 + a_1 y_2 - a_2(i_2 - \dot{p}_2) + g_2 - && (6.16)\\
&\quad -b_{11} y_2 + b_{12} y_1 + b_2 y^a - b_3 \tau_2 - b_4 \pi_2 \\
&\quad \tau_{1(2)} = p_{1(2)} - (p^a - e), \quad \pi_{1(2)} = p_{1(2)} - p_{2(1)} \\
m &= l_0 + p_1 + l_1 q_1 - l_2 i_1 + p_2 + l_1 q_2 - l_2 i_2 && (6.17)\\
i_1 &= i_2 = i^a - \dot{e}. && (6.18)
\end{aligned}
$$

Mit Hilfe der Gleichungen (6.7) und (6.13), die unter Berücksichtigung der realen Vorleistungsimporte die Beziehung zwischen dem Nationaleinkommen und der Produktion eines Landes beschreiben, kann die Größe Nationaleinkommen y_1 (y_2) in den Güternachfragegleichungen eliminiert werden.

Mit den Abkürzungen ($\psi_1 \geq 1$)

$$\tilde{a}_1 := \frac{a_1}{\psi_1} \quad \tilde{b}_{11} := \frac{b_{11}}{\psi_1} \quad \tilde{b}_{12} := \frac{b_{12}}{\psi_1} \quad \tilde{b}_3 := b_3 - \psi_2(\tilde{a}_1 - \tilde{b}_{11} + \tilde{b}_{12}) \quad \tilde{b}_4 := b_4 + \tilde{b}_{12}\psi_2$$

ergeben sich aus (6.15) und (6.16) die folgenden *transformierten IS-Kurven:*

$$\begin{aligned} q_1 &= a_0 + \tilde{a}_1 q_1 - a_2(i_1 - \dot{p}_1) + g_1 + b_2 y^a + \psi_2(\tilde{a}_1 - \tilde{b}_{11} + \tilde{b}_{12})(p^a - p^F) - \\ &\quad - \tilde{b}_{11} q_1 + \tilde{b}_{12} q_2 - \tilde{b}_3 \cdot \tau_1 - \tilde{b}_4 \cdot \pi_1 \\ q_2 &= a_0 + \tilde{a}_1 q_2 - a_2(i_2 - \dot{p}_2) + g_2 + b_2 y^a + \psi_2(\tilde{a}_1 - \tilde{b}_{11} + \tilde{b}_{12})(p^a - p^F) - \\ &\quad - \tilde{b}_{11} q_2 + \tilde{b}_{12} q_1 - \tilde{b}_3 \cdot \tau_2 + \tilde{b}_4 \cdot \pi_1 . \end{aligned}$$

Bezüglich der Terms-of-Trade-Elastizität der gesamtwirtschaftlichen Nachfrage wird nachfolgend von $\tilde{b}_3 > 0$ ausgegangen.[2]

6.4 Steady-State-Analyse

6.4.1 Output und Konjunkturübertragung

Im Steady State sind die Lohn- und Preisanpassungen abgeschlossen, d.h. p_1 (bzw. p_2) stimmt mit p_1^m (bzw. p_2^m) überein. Damit hat sich die Wachstumsrate der Nominalgrößen an die exogen gegebene Geldmengenwachstumsrate $\hat{m}$ angeglichen, d.h.

$$\dot{p}_1 = \dot{p}_2 = \dot{w}_1 = \dot{w}_2 = \dot{p}_1^V = \dot{p}_2^V = \hat{m}.$$

Für die relativen Preisverhältnisse gilt im Steady State

$$\dot{\tau}_1 = \dot{\tau}_2 = \dot{\pi}_1 = 0,$$

und die Realzinsen beider Unionsländer stimmen mit dem Welt-Realzinsniveau überein,

$$i_1 - \dot{p}_1 = i_2 - \dot{p}_2 = i^a - \dot{p}^a.$$

Aus den Steady-State-Bedingungen resultieren die folgenden *Langfristbeziehungen:*

[2] Eine Senkung der externen terms of trade (τ_1 bzw. τ_2) verursacht zwei gegenläufige Effekte: einerseits wird direkt durch die verbesserte preisliche Wettbewerbsfähigkeit die Nachfrage nach heimischen Gütern belebt, andererseits steigt der reale Vorleistungspreis an und damit auch der Realwert der importierten Vorleistungen. Dies mindert isoliert gesehen das inländische Nationaleinkommen und wirkt dadurch kontraktiv auf die einkommensabhängige Güternachfrage. Nachfolgend wird also unterstellt, dass der expansive Effekt der verbesserten preislichen Wettbewerbsfähigkeit den kontraktiven Konsumeffekt dominiert.

Angebotsseite:

$$p_1 = \theta_1 - \theta_0 + \frac{\mu}{\nu} \cdot w_1 + \left(1 - \frac{\mu}{\nu}\right) \cdot (p^F - e) + \kappa \cdot q_1 \qquad (6.19)$$

$$n_1 = -\theta_2 - \sigma\theta_1 + \frac{1}{\nu} \cdot (1 - \sigma(1 - \nu)) \cdot q_1 - \sigma \cdot (w_1 - p_1) \qquad (6.20)$$

$$w_1 = p_1^V + \overline{\omega}_1 + \delta \cdot (n_1 - n_1^{tol}) \qquad (6.21)$$

$$p_2 = \theta_1^* - \theta_0^* + \frac{\mu^*}{\nu^*} \cdot w_2 + \left(1 - \frac{\mu^*}{\nu^*}\right) \cdot (p^F - e) + \kappa^* \cdot q_2 \qquad (6.22)$$

$$n_2 = -\theta_2^* - \sigma^*\theta_1^* + \frac{1}{\nu^*} \cdot (1 - \sigma^*(1 - \nu^*)) \cdot q_2 - \sigma^* \cdot (w_2 - p_2) \qquad (6.23)$$

$$w_2 = p_2^V + \overline{\omega}_2 + \delta^* \cdot (n_2 - n_2^{tol}). \qquad (6.24)$$

Bei Vernachlässigung importierter Vorleistungen ist $\mu = \nu$; in diesem Fall liegt wieder der Modellansatz aus Kapitel 5 vor. Der Term $\nu - \mu$ bzw. $1 - \frac{\mu}{\nu}$ kann als *angebotsseitiger Offenheitsgrad* (siehe Kapitel 4; vgl. auch Bhandari, Turnovsky 1984 sowie Wohltmann, Bulthaupt 1999 für den Fall konstanter Skalenerträge) aufgefasst werden.

Nachfrageseite:

$$\begin{aligned} q_1 &= a_0 + \tilde{a}_1 y_1 - a_2(i^a - \dot{p}^a) + g_1 + \psi_2(\tilde{a}_1 - \tilde{b}_{11} + \tilde{b}_{12})(p^a - p^F) \qquad (6.25) \\ &\quad - \tilde{b}_{11} y_1 + \tilde{b}_{12} y_2 + b_2 y^a - \tilde{b}_3 \tau_1 - \tilde{b}_4 \pi_1 \\ q_2 &= a_0 + \tilde{a}_1 y_2 - a_2(i^a - \dot{p}^a) + g_2 + \psi_2(\tilde{a}_1 - \tilde{b}_{11} + \tilde{b}_{12})(p^a - p^F) \qquad (6.26) \\ &\quad - \tilde{b}_{11} y_2 + \tilde{b}_{12} y_1 + b_2 y^a - \tilde{b}_3 \tau_2 - \tilde{b}_4 \pi_2 \\ m &= l_0 + p_1 + l_1 q_1 - l_2 i_1 + p_2 + l_1 q_2 - l_2 i_2 \qquad (6.27) \\ i_1 &= i_2 = i^a + \hat{m} - \dot{p}^a \qquad (6.28) \\ q_1 &= \psi_1 \cdot y_1 + \psi_2 \cdot r_1 \qquad (6.29) \\ q_2 &= \psi_1 \cdot y_2 + \psi_2 \cdot r_2. \qquad (6.30) \end{aligned}$$

Durch die Aggregation der Gleichungen (6.19) bis (6.24) erhält man die *reduzierte Form* der nationalen *Angebotsseiten.* Diese ist dadurch gekennzeichnet, dass die *Produktion* auf einem *gewinnoptimalem* Niveau erfolgt und gleichzeitig die *Entlohnung* des Faktors Arbeit mit dem *Nutzenmaximierungskalkül* der Gewerkschaften kompatibel ist:

$$q_1 \left(\delta \frac{\mu}{\nu} \mathcal{L}_1 + \kappa\right) - \delta \frac{\mu}{\nu} n_1^{tol} = \mathcal{B}_0 - \overline{\omega}_1 + \mathcal{B}_1 \cdot \tau_1 + \mathcal{B}_2 \cdot \pi_1 \qquad (6.31)$$

$$q_2 \left(\delta^* \frac{\mu^*}{\nu^*} \mathcal{L}_1^* + \kappa^*\right) - \delta^* \frac{\mu^*}{\nu^*} n_2^{tol} = \mathcal{B}_0^* - \overline{\omega}_2 + \mathcal{B}_1^* \cdot \tau_1 - \mathcal{B}_2^* \cdot \pi_1 \qquad (6.32)$$

mit den positiven Parametern

$$\begin{aligned}
\mathcal{B}_1 &= \frac{\mu}{\nu}(\alpha_3 + \delta\mathcal{L}_2) + (1 - \frac{\mu}{\nu}) \\
\mathcal{B}_2 &= \frac{\mu}{\nu}\alpha_2 \\
\mathcal{B}_1^* &= \frac{\mu^*}{\nu^*}(\alpha_3^* + \delta^*\mathcal{L}_2^*) + (1 - \frac{\mu^*}{\nu^*}) \\
\mathcal{B}_2^* &= \frac{\mu^*}{\nu^*}(\alpha_3^* + \alpha_2^* + \delta^*\mathcal{L}_2^*) + (1 - \frac{\mu^*}{\nu^*}).
\end{aligned}$$

($\mathcal{B}_0, \mathcal{B}_0^*$ sind Konstanten.)

Dabei bezeichnet $\mathcal{L}_1$ ($\mathcal{L}_1^*$) die Elastizität der (quasi-gleichgewichtigen) Beschäftigung in bezug auf Outputänderungen und $\mathcal{L}_2$ ($\mathcal{L}_2^*$) die Elastizität in bezug auf Steigerungen des realen Faktorpreises für Vorleistungsimporte,

$$\begin{aligned}
n_1 &= \mathcal{L}_0 + \mathcal{L}_1 \cdot q_1 + \mathcal{L}_2 \cdot r_1 \\
n_2 &= \mathcal{L}_0^* + \mathcal{L}_1^* \cdot q_2 + \mathcal{L}_2^* \cdot r_2,
\end{aligned}$$

wobei

$$\begin{aligned}
\mathcal{L}_1 &:= \frac{1}{\nu} + \sigma(1-\nu) \cdot \frac{1 - \frac{\mu}{\nu}}{\mu} > \frac{1}{\nu} \\
\mathcal{L}_2 &:= \sigma\frac{\nu}{\mu}\left(1 - \frac{\mu}{\nu}\right) > 0 \\
\mathcal{L}_1^* &:= \frac{1}{\nu^*} + \sigma^*(1-\nu^*) \cdot \frac{1 - \frac{\mu^*}{\nu^*}}{\mu^*} > \frac{1}{\nu^*} \\
\mathcal{L}_2^* &:= \sigma^*\frac{\nu^*}{\mu^*}\left(1 - \frac{\mu^*}{\nu^*}\right) > 0.
\end{aligned}$$

($\mathcal{L}_0$ und $\mathcal{L}_0^*$ sind Konstanten.) Die Elastizitäten sind im vorliegenden Zwei-Faktoren-Modell höher als im Ein-Faktor-Modell.[3] Im *Spezialfall* angebotsseitig geschlossener Volkswirtschaften (Ein-Faktor-Modell) gilt $\mu = \nu$ und $\mu^* = \nu^*$ und damit $\mathcal{L}_2 = \mathcal{L}_2^* = 0$. Output und Beschäftigung entwickeln sich in diesem Fall parallel zueinander.

Aus diesen Elastizitäten ergeben sich die folgenden *Konsequenzen für die Beschäftigung* eines Landes: Führen lohnpolitische Maßnahmen zu einer Senkung der externen terms of trade, so resultiert daraus eine Erhöhung des realen Faktorpreises für Vorleistungsimporte. Dies wiederum induziert einen substitutionsbedingten positiven Beschäftigungseffekt.

Für die *Güternachfrageseite* ergibt sich aus den Modellgleichungen (6.25) und (6.26) die folgende *reduzierte Form* ($\tilde{A} := 1 - \tilde{a}_1 + \tilde{b}_{11}$)

$$\begin{aligned}
\left(\tilde{A} - \tilde{b}_{12}\tilde{x}\right) q_1 &= \tilde{K}_1 - \tilde{b}_3(1+\tilde{x}) \cdot \tau_1 - [\tilde{b}_4(1-\tilde{x}) - \tilde{x}\tilde{b}_3] \cdot \pi_1 \\
\left(\tilde{A} - \tilde{b}_{12}\tilde{x}\right) q_2 &= \tilde{K}_2 - \tilde{b}_3(1+\tilde{x}) \cdot \tau_1 + [\tilde{b}_4(1-\tilde{x}) + \tilde{b}_3] \cdot \pi_1
\end{aligned}$$

[3] Im Ein-Faktor-Modell ist $\mathcal{L}_1 = \frac{1}{\nu}$ und $\mathcal{L}_1^* = \frac{1}{\nu^*}$.

$$\tilde{A} := 1 - \tilde{a}_1 + \tilde{b}_{11}, \quad \tilde{x} := \frac{\tilde{b}_{12}}{\tilde{A}}.$$

Kombiniert man die Güternachfrageseite der Union mit der jeweiligen nationalen Angebotsgleichung (6.31) (bzw. 6.32), ergeben sich für die einzelnen Unionsländer die folgenden *Reaktionsfunktionen:*

– für U_1:

$$q_1 \cdot \delta\frac{\mu}{\nu}\mathcal{L}_1 - \delta\frac{\mu}{\nu}n_1^{tol} + \tilde{f}_1 q_1 \quad = \quad \mathcal{C}_0 - \overline{\omega}_1 + \tilde{f}_2 q_2 \tag{6.33}$$

$$\tilde{f}_1 = \frac{1}{\tilde{b}_3 + 2\tilde{b}_4} \cdot \left\{\mathcal{B}_1\left(\tilde{A} + \frac{\tilde{b}_4}{\tilde{b}_3}(\tilde{A} - \tilde{b}_{12})\right) + \mathcal{B}_2\left(\tilde{A} + \tilde{b}_{12}\right)\right\} + \kappa$$

$$\tilde{f}_2 = \frac{1}{\tilde{b}_3 + 2\tilde{b}_4} \cdot \left\{\mathcal{B}_2\left(\tilde{A} + \tilde{b}_{12}\right) - \mathcal{B}_1\left(\frac{\tilde{b}_4}{\tilde{b}_3}\left(\tilde{A} - \tilde{b}_{12}\right) - b_{12}\right)\right\},$$

– für U_2:

$$q_2\left(\delta^*\frac{\mu^*}{\nu^*}\mathcal{L}_1^*\right) - \delta^*\frac{\mu^*}{\nu^*}n_2^{tol} + \tilde{f}_1^* q_2 \quad = \quad \mathcal{C}_1 - \overline{\omega}_2 + \tilde{f}_2^* q_1$$

$$\tilde{f}_1^* = \frac{1}{\tilde{b}_3 + 2\tilde{b}_4} \cdot \left\{\mathcal{B}_1^*\left(\tilde{A} + \frac{\tilde{b}_4}{\tilde{b}_3}(\tilde{A} - \tilde{b}_{12})\right) + \mathcal{B}_2^*\left(\tilde{A} + \tilde{b}_{12}\right)\right\} + \kappa^*$$

$$\tilde{f}_2^* = \frac{1}{\tilde{b}_3 + 2\tilde{b}_4} \cdot \left\{\mathcal{B}_2^*\left(\tilde{A} + \tilde{b}_{12}\right) - \mathcal{B}_1^*\left(\frac{\tilde{b}_4}{\tilde{b}_3}\left(\tilde{A} - \tilde{b}_{12}\right) - b_{12}\right)\right\}.$$

Die Konstanten $\tilde{f}_1, \tilde{f}_2, \tilde{f}_1^*, \tilde{f}_2^*$ sind neben den nachfrageseitigen jetzt *auch* von den angebotsseitigen Parametern, insbesondere vom tarifpolitischen Verhaltensparameter, von der Substitutionselastizität sowie vom angebotsseitigen Offenheitsgrad, abhängig.

Die *Konjunkturübertragung* von U_2 nach U_1 ist *gleichgerichtet*, wenn in Gleichung (6.33) $\tilde{f}_2 > 0$ gilt. Dies ist der Fall, wenn

$$\alpha_2\left(\tilde{A} + \tilde{b}_{12}\right) > \left[\alpha_3 + \underbrace{\left(\frac{\nu}{\mu} - 1\right)}_{\geq 0}(1 + \delta\sigma)\right]\left(\frac{\tilde{b}_4}{\tilde{b}_3}\left(\tilde{A} - \tilde{b}_{12}\right) - \tilde{b}_{12}\right). \tag{6.34}$$

Vergleicht man die Bedingung (6.34) mit derjenigen des Ein-Faktor-Modells (siehe Kapitel 5), so erkennt man, dass das Vorzeichen der Übertragungsrichtung nicht mehr allein durch die Nachfrageseite determiniert wird, sondern zugleich durch die Parameter der Angebotsseite.

Die Bedingung (6.34) ist um so eher erfüllt, je *kleiner* der *angebotsseitige Offenheitsgrad* des passiven Landes ist. — Eine analoge Ungleichung lässt sich für die Konjunkturübertragung von U_1 nach U_2 aufstellen.

Aus den nationalen Reaktionsfunktionen ergeben sich im gesamtwirtschaftlichen Gleichgewicht die folgenden Werte für das Outputniveau:

$$\left(\tilde{f}_1 + \delta\frac{\mu}{\nu}\mathcal{L}_1 - \frac{\tilde{f}_2\tilde{f}_2^*}{f_1^* + \delta^*\frac{\mu^*}{\nu^*}\mathcal{L}_1^*}\right) \cdot q_1 = \delta\frac{\mu}{\nu}n_1^{tol} + \mathcal{C}_0 - \overline{\omega}_1 + \\ + \frac{\tilde{f}_2}{f_1^* + \delta^*\frac{\mu^*}{\nu^*}\mathcal{L}_1^*}\left(\delta^*\frac{\mu^*}{\nu^*}n_2^{tol} + \mathcal{C}_1 - \overline{\omega}_2\right)$$

$$\left(\tilde{f}_1^* + \delta^*\frac{\mu^*}{\nu^*}\mathcal{L}_1^* - \frac{\tilde{f}_2\tilde{f}_2^*}{f_1 + \delta\frac{\mu}{\nu}\mathcal{L}_1}\right) \cdot q_2 = \delta^*\frac{\mu^*}{\nu^*}n_2^{tol} + \mathcal{C}_1 - \overline{\omega}_2 + \\ + \frac{\tilde{f}_2^*}{f_1 + \delta\frac{\mu}{\nu}\mathcal{L}_1}\left(\delta\frac{\mu}{\nu}n_1^{tol} + \mathcal{C}_0 - \overline{\omega}_1\right).$$

Damit wirken expansive lohnpolitische Maßnahmen in U_1 eindeutig kontraktiv auf das Outputniveau des aktiven Landes. Die Übertragungsrichtung für die Produktion des Partnerlandes U_2 ist dagegen - neben nachfrageseitig determinierten Größen - von seinem angebotsseitigen Offenheitsgrad abhängig.

6.4.2 Beschäftigung und terms of trade

Die Beschäftigungswirkungen einer lohnpolitischen Verhaltensänderung können im vorliegenden Zwei-Faktoren-Modell erst dann ermittelt werden, nachdem die *Terms-of-Trade*-Reaktionen determiniert sind.

Aus der Kombination der Angebots- mit der Nachfrageseite des Modells ergeben sich die folgenden Bestimmungsgleichungen:[4]

$$\tau_1 = -\tilde{r} \cdot \pi_1 + \tilde{A} \qquad (6.35)$$

$$\tau_1 = \tilde{r}^* \cdot \pi_1 + \tilde{A}^* \qquad \tilde{r}^* > 1/2. \qquad (6.36)$$

Dabei ist $\tilde{A}$ von den angebotsseitigen Größen von U_2 und $\tilde{A}^*$ von den angebotsseitigen Größen des Landes U_1 *un*abhängig.

[4] Zur Spezifikation der Größen $\tilde{r}, \tilde{r}^*$ sowie $\tilde{A}, \tilde{A}^*$ siehe Anhang D.3.

Aus (6.36) ergibt sich die folgende Aussage:

Die terms of trade des aktiven Landes U_1, τ_1 und π_1, wie auch die aggregierten terms of trade der gesamten Währungsunion, $\tau = \tau_1 + \tau_2$, entwickeln sich bei lohnpolitischen Maßnahmen grundsätzlich gleichgerichtet:

$$\operatorname{sgn} d\tau_1 = \operatorname{sgn} d\pi_1 = \operatorname{sgn} d\tau.$$

Die Entwicklung der externen terms of trade wird neben dem inländischen Preisniveau auch durch die Wechselkursreaktion bestimmt. Für den Fall einer *expansiven Lohnpolitik* in einem Unionsland ergibt sich (analog zu Kapitel 5) eine eindeutige *nominale Aufwertung* der Unionswährung.

Eine expansive Lohnpolitik wirkt kontraktiv auf das Outputniveau des *aktiven Landes*; dies lässt sich nachfrageseitig mit der Erhöhung der relativen Preise, d.h. mit dem Anstieg von τ_1 und π_1, erklären. Die Steigerung von τ_1 impliziert zusätzlich eine Senkung des realen Faktorpreises für Vorleistungsimporte.

Damit führt eine expansive Lohnpolitik zu einem *zweifachen* negativen Beschäftigungseffekt. Einerseits führt die Outputsenkung zu einem *überproportionalen* Rückgang des Beschäftigungsvolumens (Skaleneffekt), andererseits induziert die endogene Senkung des realen Faktorpreises für Vorleistungsimporte einen Substitutioneffekt zulasten des Faktors Arbeit.

Neben den in Kapitel 5 beschriebenen Effekten profitiert das *Partnerland* von der nominalen Aufwertung der Unionswährung; dadurch sinkt der (nominale) Vorleistungspreis, wodurch ein expansiver Outputeffekt ausgelöst wird.

Auf das passive Land wirken dann:

- die Veränderung des innergemeinschaftlichen Preisverhältnisses, und zwar
  - auf die Verbraucherpreise
  - auf die Güternachfrage
- der Rückgang der einkommensinduzierten Importe des Partnerlandes
- der Wechselkurs, dieser wiederum
  - auf die Verbraucherpreise
  - auf die externen terms of trade τ_2 und auf die Güternachfrage
  - auf den Faktorpreis für Vorleistungsimporte.

Umgekehrt induziert eine Politik der Lohnzurückhaltung in einer angebotsseitig offenen Volkswirtschaft einen zweifachen positiven Beschäftigungseffekt im aktiven Unionsland.

6.5 Intertemporale Analyse

Das vorliegende dynamische Modell besitzt die gleiche Struktur wie das Ein-Faktor-Modell und kann mit der in Kapitel 5 vorgestellten rekursiven Methode gelöst werden.

Für den realen Sektor ergibt sich wie in Kapitel 5 das dynamische System

$$\dot{\tau}_1 = -\beta \cdot (\tau_1 - \overline{\tau}_1) \quad (6.37)$$
$$\dot{\pi}_1 = -\beta \cdot (\pi_1 - \overline{\pi}_1). \quad (6.38)$$

Mit (6.37) und (6.38) liegt auch die Bewegungsgleichung von $\tau_2 = \tau_1 - \pi_1$ fest:

$$\dot{\tau}_2 = -\beta(\tau_2 - \overline{\tau}_2).$$

Die Lösung des realen Systems lautet:[5]

$$\pi_1(t) - \overline{\pi}_1 = k_1 \cdot e^{-\beta(t-t_0)}$$
$$\tau_1(t) - \overline{\tau}_1 = k_2 \cdot e^{-\beta(t-t_0)}$$
$$k_1 := \pi_1(0) - \overline{\pi}_1 = -d\overline{\pi}_1.$$

Die Modelldynamik ist vollständig erfasst, wenn auch der antizipatorische monetäre Sektor berücksichtigt wird. Man erhält dann das sattelpfadstabile System (Abkürzungen: $\ell := m - p_1 - p_2$ und $\tau := \tau_1 + \tau_2$)

$$\begin{pmatrix} \dot{\ell} \\ \dot{\tau} \end{pmatrix} = \begin{pmatrix} 1/l_2 & \hat{a}_{12} \\ 0 & -\beta \end{pmatrix} \begin{pmatrix} \ell - \overline{\ell} \\ \tau - \overline{\tau} \end{pmatrix}$$

$$\hat{a}_{12} := \frac{l_1 \tilde{b}_3}{l_2} \cdot \frac{1}{\tilde{A} - \tilde{b}_{12}} + \beta \left(1 + \frac{a_2 l_1}{l_2(\tilde{A} - \tilde{b}_{12})}\right) > 0.$$

Dieses System besitzt die Eigenwerte $-\beta$ und $1/l_2$.
Die Transversalitätsbedingungen lauten

$$\lim_{t \to \infty} \pi_1(t) = \overline{\pi}_1 \quad (6.39)$$
$$\lim_{t \to \infty} \tau_1(t) = \overline{\tau}_1. \quad (6.40)$$

Für die Zeitpfade gilt dann

$$\begin{pmatrix} \ell - \overline{\ell} \\ \tau - \overline{\tau} \end{pmatrix} = A_1 \cdot \begin{pmatrix} 1 \\ 0 \end{pmatrix} e^{1/l_2 \cdot (t-t_0)} + A_2 \cdot \begin{pmatrix} -\tilde{v}(\beta) \\ 1 \end{pmatrix} e^{-\beta \cdot (t-t_0)}$$

$$\tilde{v}(\beta) := \frac{1}{1 + l_2 \beta} \left(\frac{l_1 \tilde{b}_3}{\tilde{A} - \tilde{b}_{12}} + \beta \cdot \left(l_2 + \frac{l_1 a_2}{\tilde{A} - \tilde{b}_{12}} \right) \right).$$

Der Wert für A_2 ergibt sich aus dem Anfangswert für die reale Geldmenge ℓ, während A_1 durch die Transversalitätsbedingungen (6.39) und (6.40) determiniert wird ($\tau = \tau_1 + \tau_2 = 2\tau_1 - \pi_1$), d.h. $A_1 = 0$.

[5] Die korrespondierenden Steady-State-Werte wurden in Abschnitt 6.4.2 ermittelt.

Für die Abweichung des Wechselkurses von seinem Ausgangsniveau $\overline{e}_0$ gilt in $t = t_0$:

$$(e - \overline{e}_0)(t_0) = -\frac{d\ell}{2} \cdot \underbrace{\left(\frac{1}{\frac{\tilde{A} - \tilde{b}_{12}}{l_1 \tilde{b}_3}} - v(\beta) \right)}_{>0} .$$

Mit den in Abschnitt 6.4 determinierten Steady-State-Werten sind - analog zu Kapitel 5 - die Bewegungsgleichungen für die einzelnen makroökonomischen Variablen festgelegt. Auf deren explizite Angabe kann hier verzichtet werden.

Aus der intertemporalen Analyse ergibt sich für die makroökonomischen Variablen ein qualitativ analoger Verlauf wie im Ein-Faktor-Modell, welches in Kapitel 5 ausführlich diskutiert wurde. Allerdings ergeben sich im vorliegenden 2-Faktoren-Modell unterschiedliche Verläufe für die Beschäftigung und die Outputentwicklung. Diese sollen für den Fall einer *Politik der Lohnzurückhaltung* in U_1 verdeutlicht werden:

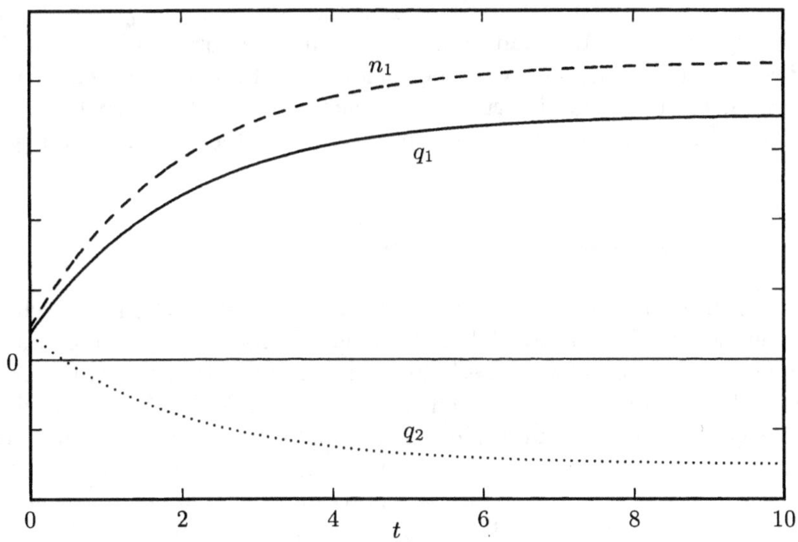

Abb. 6.1. Output- und Beschäftigungseffekte einer Politik der Lohnzurückhaltung bei zwei variablen Inputs

Die Abbildung (6.1) verdeutlicht den zweifachen Beschäftigungseffekt einer einseitigen Politik der Lohnzurückhaltung.[6] Die Lohnzurückhaltung in U_1 führt kurz-, mittel und langfristig zu einer Abwertung der Unionswährung. Die Abwertung in $t = 0$ wirkt expansiv auf den Output beider Länder, q_1 (durchgezogene, mittlere Linie) und q_2 (gepunktete, untere Linie). Dadurch steigt kurzfristig in beiden Unionsländen das Beschäftigungsvolumen an, n_1 (gestrichelte, obere Linie) und n_2 (nicht eingezeichnet). Die nominale Abwertung erhöht zugleich den realen Faktorpreis importierter Vorleistungen, senkt die relativen Kosten des Faktors Arbeit und führt substitutionsbedingt zu einer weiteren Expansion der Beschäftigung. Mittelfristig verbessert sich infolge der verzögerten Preisanpassung an die Kostensenkungen die preisliche Wettbewerbsfähigkeit des aktiven Landes gegenüber dem passiven Partnerland U_2 sowie gegenüber den Nicht-EWU-Ländern. Dies wirkt in U_1 expansiv auf den Output und die Beschäftigung. Ein *zusätzlicher* expansiver Beschäftigungseffekt ergibt sich in U_1 aus der Erhöhung des realen Faktorpreises für Vorleistungen, da die externen terms of trade τ_1 weiterhin absinken. Im langfristigen Gleichgewicht sind im aktiven Land Output und Beschäftigung angestiegen.

Die zunehmende Verschlechterung der preislichen Wettbewerbsfähigkeit des passiven Landes U_2 gegenüber U_1 wirkt mittel- und langfristig kontraktiv auf die Güternachfrage in U_2. Dominiert dieser Effekt (wie in der Grafik unterstellt wurde), so sinkt in U_2 - nach dem expansiven Kurzfristeffekt in $t = 0$ - mittel- und langfristig die Produktion q_2. Damit geht gleichzeitig auch die Beschäftigung in U_2 (überproportional) zurück. Dieser Beschäftigungsrückgang wird bei einer Senkung der externen terms of trade τ_2 gedämpft. Dominiert der Skaleneffekt des Outputrückgangs die Beschäftigungsentwicklung, so verläuft n_2 mittelfristig unterhalb von q_2.

6.6 Zusammenfassung des Kapitels 6

In Kapitel 6 wurde die Angebotsseite der unionsinternen Volkswirtschaften um einen zweiten Produktionsfaktor erweitert. Es handelt sich dabei um Vorleistungen, die aus Ländern außerhalb der EWU importiert werden. Dadurch erhöht sich die Flexibilität der Grenzkosten: steigen die Faktorkosten für Arbeit, so gelingt es den Unternehmern durch Faktorsubstitution zugunsten importierter Vorleistungen, die Kostensteigerungen teilweise wieder zu kompensieren. Hieraus ergibt sich - isoliert betrachtet - für nutzenmaximierende Gewerkschaften in angebotsseitig offenen Volkswirtschaften eine *Tendenz zu höheren Lohnforderungen*. Außerdem induziert der Vorleistungsimport – im Vergleich zum Ein-Faktor-Modell – eine Entkoppelung der zeitlichen Entwicklungen von Output, Beschäftigung und Nationaleinkommen.

[6] Aus Vereinfachungsgründen wird in der Grafik von intertemporalen Realzinseffekten abgesehen.

Die *Beschäftigung* eines Unionslandes ist im Rahmen des erweiterten Modells sowohl vom Outputniveau als auch vom realen Faktorpreis für Vorleistungsimporte abhängig. Dabei ist die Outputelastizität der gleichgewichtigen Beschäftigung durch die Berücksichtigung des zweiten Produktionsfaktors höher aus als im Ein-Faktor-Modell. Der reale Faktorpreis für Vorleistungsimporte ist modellendogen und verhält sich invers zu den Veränderungen der externen terms of trade.

Eine *Politik der Lohnzurückhaltung* hat neben einer kosteninduzierten Preisanpassung auch eine nominale Abwertung der Unionswährung zur Folge. Dadurch sinken die internen und externen terms of trade, wodurch sich die preisliche Wettbewerbsfähigkeit gegenüber dem Partnerland wie auch gegenüber der übrigen Welt verbessert. Dies belebt die heimische Güternachfrage sowie die Produktion des aktiven Landes. Der Produktionsanstieg bewirkt einen überproportionalen Beschäftigungsanstieg. *Darüber hinaus* ist die Senkung der externen terms of trade mit einem Anstieg des realen Faktorpreises für Vorleistungsimporte verbunden, wodurch ein Substitutionseffekt zugunsten der inländischen Beschäftigung ausgelöst wird. Eine Politik der Lohnzurückhaltung führt damit im vorliegenden Modell zu einem *zweifachen* positiven Beschäftigungseffekt.

D. Anhang zu Kapitel 6

D.1 Die Angebotsseite

Aus den Preisgleichungen von U_1 und U_2 erhält man im Steady State

$$\begin{aligned}\frac{\mu}{\nu}(w_1 - p_1) &= \theta_0 - \theta_1 - \kappa q_1 - (1 - \frac{\mu}{\nu}) \cdot r_1 \\ \frac{\mu^*}{\nu^*}(w_2 - p_2) &= \theta_0^* - \theta_1^* - \kappa^* q_2 - (1 - \frac{\mu^*}{\nu^*}) \cdot r_2.\end{aligned}$$

Daraus ergibt sich für die Arbeitsnachfrage im langfristigen Gleichgewicht

$$\begin{aligned}n_1 &= -\theta_2 - \frac{\sigma\nu}{\mu}\theta_0 - \sigma\theta_1\left(1 - \frac{\nu}{\mu}\right) + \\ &\quad +\sigma\frac{\nu}{\mu}\left(1 - \frac{\mu}{\nu}\right) \cdot r_1 + q_1 \cdot \left(\frac{1}{\nu} + \sigma(1-\nu) \cdot \frac{1 - \frac{\mu}{\nu}}{\mu}\right) \\ n_2 &= -\theta_2^* - \frac{\sigma^*\nu^*}{\mu^*}\theta_0^* - \sigma^*\theta_1^*\left(1 - \frac{\nu^*}{\mu^*}\right) + \\ &\quad +\sigma^*\frac{\nu^*}{\mu^*}\left(1 - \frac{\mu^*}{\nu^*}\right) \cdot r_2 + q_2 \cdot \left(\frac{1}{\nu^*} + \sigma^*(1-\nu^*) \cdot \frac{1 - \frac{\mu^*}{\nu^*}}{\mu^*}\right),\end{aligned}$$

kurz:

$$\begin{aligned}n_1 &= \mathcal{L}_0 + \mathcal{L}_1 \cdot q_1 + \mathcal{L}_2 \cdot r_1 \qquad \mathcal{L}_1 \geq 1/\nu, \quad \mathcal{L}_2 > 0 \\ n_2 &= \mathcal{L}_0^* + \mathcal{L}_1^* \cdot q_2 + \mathcal{L}_2^* \cdot r_2 \qquad \mathcal{L}_1^* \geq 1/\nu^*, \quad \mathcal{L}_2^* > 0.\end{aligned}$$

Substitution in den Lohngleichungen ergibt

$$\begin{aligned}w_1 &= \overline{\omega}_1 + p_1^V + \delta\left(\mathcal{L}_0 - n_1^{tol}\right) + \delta\mathcal{L}_1 q_1 - \delta\mathcal{L}_2\tau_1 + \delta\mathcal{L}_2(p^F - p^a) \\ w_2 &= \overline{\omega}_2 + p_2^V + \delta^*\left(\mathcal{L}_0^* - n_2^{tol}\right) + \delta^*\mathcal{L}_1^* q_2 - \delta^*\mathcal{L}_2^*\tau_2 + \delta^*\mathcal{L}_2^*(p^F - p^a) \\ &\Longleftrightarrow \\ w_1 - p_1 &= -\alpha_2\pi_1 - (\alpha_3 + \delta\mathcal{L}_2)\tau_1 + \delta\mathcal{L}_1 q_1 + \delta\left(\mathcal{L}_0 - n_1^{tol}\right) + \overline{\omega}_1 + \\ &\quad +\delta\mathcal{L}_2(p^F - p^a) \\ w_2 - p_2 &= \alpha_2^*\pi_1 - (\alpha_3^* + \delta^*\mathcal{L}_2^*)\tau_2 + \delta^*\mathcal{L}_1^* q_2 + \delta^*\left(\mathcal{L}_0^* - n_2^{tol}\right) + \overline{\omega}_2 + \\ &\quad +\delta^*\mathcal{L}_2^*(p^F - p^a).\end{aligned}$$

Damit erhält man für die Angebotsseite von U_1:

$$
\begin{aligned}
& q_1\left(\delta\frac{\mu}{\nu}\mathcal{L}_1+\kappa\right)-\delta\frac{\mu}{\nu}n_1^{tol}= \\
& \theta_0-\theta_1-\delta\frac{\mu}{\nu}\mathcal{L}_0-\left(\delta\frac{\mu}{\nu}\mathcal{L}_2+(1-\frac{\mu}{\nu})\right)(p^F-p^a)- \\
& -\overline{\omega}_1+\tau_1\left[\frac{\mu}{\nu}(\alpha_3+\delta\mathcal{L}_2)+(1-\frac{\mu}{\nu})\right]+\frac{\mu}{\nu}\alpha_2\pi_1 \\
& q_2\left(\delta^*\frac{\mu^*}{\nu^*}\mathcal{L}_1^*+\kappa^*\right)-\delta^*\frac{\mu^*}{\nu^*}n_2^{tol}= \\
& \theta_0^*-\theta_1^*-\delta^*\frac{\mu^*}{\nu^*}\mathcal{L}_0^*-\left(\delta^*\frac{\mu^*}{\nu^*}\mathcal{L}_2^*+(1-\frac{\mu^*}{\nu^*})\right)(p^F-p^a)- \\
& -\overline{\omega}_2+\tau_2\left[\frac{\mu^*}{\nu^*}(\alpha_3^*+\delta^*\mathcal{L}_2^*)+(1-\frac{\mu^*}{\nu^*})\right]-\frac{\mu^*}{\nu^*}\alpha_2^*\pi_1 \\
& \Longrightarrow \\
& q_2\left(\delta^*\frac{\mu^*}{\nu^*}\mathcal{L}_1^*+\kappa^*\right)-\delta^*\frac{\mu^*}{\nu^*}n_2^{tol}= \\
& \theta_0^*-\theta_1^*-\delta^*\frac{\mu^*}{\nu^*}\mathcal{L}_0^*-\left(\delta^*\frac{\mu^*}{\nu^*}\mathcal{L}_2^*+(1-\frac{\mu^*}{\nu^*})\right)(p^F-p^a)- \\
& -\overline{\omega}_2+\tau_1\left[\frac{\mu^*}{\nu^*}(\alpha_3^*+\delta^*\mathcal{L}_2^*)+(1-\frac{\mu^*}{\nu^*})\right]- \\
& -\left(\frac{\mu^*}{\nu^*}(\alpha_3^*+\alpha_2^*+\delta^*\mathcal{L}_2^*)+(1-\frac{\mu^*}{\nu^*})\right)\pi_1.
\end{aligned}
$$

Die Angebotsgleichungen sind jetzt explizit von den realen Faktorkosten der importierten Vorleistungen abhängig. Dies äußert sich im Term $(p^F - p^a)$, der durch die Umformung der realen Faktorkosten r_1 bzw. r_2 in die externen terms of trade τ_1 bzw. τ_2 auftritt.
In Kurzform erhält man:

$$
\begin{aligned}
q_1\left(\delta\frac{\mu}{\nu}\mathcal{L}_1+\kappa\right)-\delta\frac{\mu}{\nu}n_1^{tol} &= \mathcal{B}_0-\overline{\omega}_1+\mathcal{B}_1\cdot\tau_1+\mathcal{B}_2\cdot\pi_1 \\
q_2\left(\delta^*\frac{\mu^*}{\nu^*}\mathcal{L}_1^*+\kappa^*\right)-\delta^*\frac{\mu^*}{\nu^*}n_2^{tol} &= \mathcal{B}_0^*-\overline{\omega}_2+\mathcal{B}_1^*\cdot\tau_1-\mathcal{B}_2^*\cdot\pi_1
\end{aligned}
$$

$\mathcal{B}_1, \mathcal{B}_1^*, \mathcal{B}_2, \mathcal{B}_2^* > 0.$

D.2 Die Nachfrageseite

$$
\begin{aligned}
y_1 &= \frac{1}{\psi_1}q_1-\frac{\psi_2}{\psi_1}r_1 \\
&= \frac{1}{\psi_1}q_1+\frac{\psi_2}{\psi_1}\tau_1+\frac{\psi_2}{\psi_1}(p^a-p^F) \\
y_2 &= \frac{1}{\psi_1}q_2-\frac{\psi_2}{\psi_1}r_2 \\
&= \frac{1}{\psi_1}q_2+\frac{\psi_2}{\psi_1}\tau_2+\frac{\psi_2}{\psi_1}(p^a-p^F)
\end{aligned}
$$

$$= \frac{1}{\psi_1}q_2 + \frac{\psi_2}{\psi_1}(\tau_1 - \pi_1) + \frac{\psi_2}{\psi_1}(p^a - p^F).$$

Mit den Abkürzungen ($\psi_1 \geq 1$)

$$\tilde{a}_1 := \frac{a_1}{\psi_1} \quad \tilde{b}_{11} := \frac{b_{11}}{\psi_1} \quad \tilde{b}_{12} := \frac{b_{12}}{\psi_1}$$

ergeben sich die folgenden (transformierten) IS-Kurven:

$$\begin{aligned}
q_1 &= a_0 + \tilde{a}_1 q_1 - a_2(i^a - \dot{p}^a) + g_1 + b_2 y^a + \psi_2(\tilde{a}_1 - \tilde{b}_{11} + \tilde{b}_{12})(p^a - p^F) - \\
&\quad -\tilde{b}_{11}q_1 + \tilde{b}_{12}q_2 - \mathcal{B}_3 \cdot \tau_1 - \mathcal{B}_4 \cdot \pi_1 \\
q_2 &= a_0 + \tilde{a}_1 q_2 - a_2(i^a - \dot{p}^a) + g_2 + b_2 y^a + \psi_2(\tilde{a}_1 - \tilde{b}_{11} + \tilde{b}_{12})(p^a - p^F) - \\
&\quad -\tilde{b}_{11}q_2 + \tilde{b}_{12}q_1 - \mathcal{B}_3 \cdot \tau_2 + \mathcal{B}_4 \cdot \pi_1 \\
&\quad \tilde{b}_3 := \mathcal{B}_3 := b_3 - \psi_2(\tilde{a}_1 - \tilde{b}_{11} + \tilde{b}_{12}) \overset{!}{>} 0 \\
&\quad \tilde{b}_4 := \mathcal{B}_4 := b_4 + \tilde{b}_{12}\psi_2.
\end{aligned}$$

Dann ergibt sich analog zu Kapitel 5:

$$\begin{aligned}
\left(\tilde{A} - \tilde{b}_{12}\tilde{x}\right) q_1 &= \tilde{K}_1 - \mathcal{B}_3(1+\tilde{x}) \cdot \tau_1 - [\mathcal{B}_4(1-\tilde{x}) - \tilde{x}\mathcal{B}_3] \cdot \pi_1 \\
\left(\tilde{A} - \tilde{b}_{12}\tilde{x}\right) q_2 &= \tilde{K}_2 - \mathcal{B}_3(1+\tilde{x}) \cdot \tau_1 + [\mathcal{B}_4(1-\tilde{x}) + \mathcal{B}_3] \cdot \pi_1 \\
&\quad \tilde{A} := 1 - \tilde{a}_1 + \tilde{b}_{11}, \quad \tilde{x} := \frac{\tilde{b}_{12}}{\tilde{A}}.
\end{aligned}$$

$$\begin{aligned}
(\tilde{A} + \tilde{b}_{12})(q_1 - q_2) &= g_1 - g_2 - \left(\tilde{b}_3 + 2\tilde{b}_4\right)\pi_1 \\
q_1\left(\tilde{A} - \tilde{b}_{12}\tilde{x} - z\tilde{A} - z\tilde{b}_{12}\right) + q_2 z\left(\tilde{A} + \tilde{b}_{12}\right) &= \tilde{K} - \tilde{b}_3(1+\tilde{x})\tau_1 \\
z &:= \frac{\tilde{b}_4(1-\tilde{x}) - \tilde{x}\tilde{b}_3}{\tilde{b}_3 + 2\tilde{b}_4}.
\end{aligned}$$

Für das Gesamtsystem erhält man

$$q_1 \cdot \delta\frac{\mu}{\nu}\mathcal{L}_1 - \delta\frac{\mu}{\nu}n_1^{tol} + \tilde{f}_1 q_1 = \mathcal{C}_0 - \overline{\omega}_1 + \tilde{f}_2 q_2$$

$$\begin{aligned}
\tilde{f}_1 &= \frac{1}{\tilde{b}_3 + 2\tilde{b}_4} \cdot \left\{\mathcal{B}_1\left(\tilde{A} + \frac{\tilde{b}_4}{\tilde{b}_3}(\tilde{A} - \tilde{b}_{12})\right) + \mathcal{B}_2\left(\tilde{A} + \tilde{b}_{12}\right)\right\} + \kappa \\
\tilde{f}_2 &= \frac{1}{\tilde{b}_3 + 2\tilde{b}_4} \cdot \left\{\mathcal{B}_2\left(\tilde{A} + \tilde{b}_{12}\right) - \mathcal{B}_1\left(\frac{\tilde{b}_4}{\tilde{b}_3}\left(\tilde{A} - \tilde{b}_{12}\right) - \tilde{b}_{12}\right)\right\}
\end{aligned}$$

und

$$q_2\left(\delta^*\frac{\mu^*}{\nu^*}\mathcal{L}_1^*\right) - \delta^*\frac{\mu^*}{\nu^*}n_2^{tol} + \tilde{f}_1^* q_2 = \mathcal{C}_1 - \overline{\omega}_2 + \tilde{f}_2^* q_1$$

mit

$$\tilde{f}_1^* = \frac{1}{\tilde{b}_3 + 2\tilde{b}_4} \cdot \left\{ \mathcal{B}_1^* \left(\tilde{A} + \frac{\tilde{b}_4}{\tilde{b}_3}(\tilde{A} - \tilde{b}_{12}) \right) + \mathcal{B}_2^* \left(\tilde{A} + \tilde{b}_{12} \right) \right\} + \kappa^*$$

$$\tilde{f}_2^* = \frac{1}{\tilde{b}_3 + 2\tilde{b}_4} \cdot \left\{ \mathcal{B}_2^* \left(\tilde{A} + \tilde{b}_{12} \right) - \mathcal{B}_1^* \left(\frac{\tilde{b}_4}{\tilde{b}_3} \left(\tilde{A} - \tilde{b}_{12} \right) - \tilde{b}_{12} \right) \right\}.$$

Die Konstanten $\tilde{f}_1, \tilde{f}_2, \tilde{f}_1^*, \tilde{f}_2^*$ sind neben den nachfrageseitigen jetzt auch von den angebotsseitigen Parametern, insbesondere vom tarifpolitischen Verhaltensparameter, von der Substitutionselastizität sowie vom angebotsseitigen Offenheitsgrad, abhängig.

Konjunkturübertragung:

$$f_2 \overset{!}{>} 0 \quad \text{Bedingung für gleichgerichtete Konjunkturübertragung}$$

$$\mathcal{B}_2 \left(\tilde{A} + \tilde{b}_{12} \right) > \mathcal{B}_1 \left(\frac{\tilde{b}_4}{\tilde{b}_3} \left(\tilde{A} - \tilde{b}_{12} \right) - \tilde{b}_{12} \right)$$

$$\alpha_2 \left(\tilde{A} + \tilde{b}_{12} \right) > \left\{ \alpha_3 + \delta \mathcal{L}_2 + \frac{\nu}{\mu} - 1 \right\} \cdot \left(\frac{\tilde{b}_4}{\tilde{b}_3} \left(\tilde{A} - \tilde{b}_{12} \right) - \tilde{b}_{12} \right)$$

$$\alpha_2 \left(\tilde{A} + \tilde{b}_{12} \right) > \left[\alpha_3 + \underbrace{\left(\frac{\nu}{\mu} - 1 \right)}_{\geq 0} (1 + \delta\sigma) \right] \left(\frac{\tilde{b}_4}{\tilde{b}_3} \left(\tilde{A} - \tilde{b}_{12} \right) - \tilde{b}_{12} \right).$$

Analog:

$$f_2^* > 0$$

$$\alpha_2^* \left(\tilde{A} + \tilde{b}_{12} \right) > \left[\alpha_3^* + \left(\frac{\nu^*}{\mu^*} - 1 \right) (1 + \delta^* \sigma^*) \right] \left(\frac{\tilde{b}_4}{\tilde{b}_3} \left(\tilde{A} - \tilde{b}_{12} \right) - \tilde{b}_{12} \right).$$

Die rechte Seite der Ungleichung ist um so größer, je höher der angebotsseitige Offenheitsgrad des betreffenden Landes ausfällt.

Mit zunehmender angebotsseitiger Offenheit steigt die Wahrscheinlichkeit einer entgegengerichteten Konjunkturübertragung. Dieses Ergebnis ist unmittelbar einleuchtend, wenn man den Fall einer expansiven Lohnpolitik im Nachbarland betrachtet: Die endogene Wechselkursreaktion wirkt positiv auf die heimische Angebotsseite, da der reale Faktorpreis für importierte Vorprodukte ansteigt. Hieraus resultiert ein zusätzlicher expansiver Effekt für das passive Land. Dieser Outputeffekt fällt um so stärker aus, je offener das passive Land bezüglich seiner Angebotsseite und je höher die Substitutionselastizität zwischen Arbeit und importierte Vorleistungen ist.

D.3 Terms of trade

Ausgehend von den transformierten IS-Kurven erhält man durch Einsetzen in die Angebotskurven:

$$\underbrace{\frac{\delta \frac{\mu}{\nu} \cdot \mathcal{L}_1 + \kappa}{\tilde{A} - \tilde{b}_{12}\tilde{x}}}_{:= t_c} \cdot \left\{ \tilde{K}_1 - \tilde{b}_3(1 + \tilde{x})\tau_1 - [\tilde{b}_4(1 - \tilde{x}) - \tilde{x}\tilde{b}_3]\pi_1 \right\} - \delta \frac{\mu}{\nu} n^{tol}$$

$$= \mathcal{B}_0 - \overline{\omega}_1 + \mathcal{B}_1\tau_1 + \mathcal{B}_2\pi_1$$

$$\tau_1\Big[\mathcal{B}_1 + t_c \cdot \tilde{b}_3(1+\tilde{x})\Big] = t_c \cdot \tilde{K}_1 - \mathcal{B}_0 - \delta\frac{\mu}{\nu}n^{tol} + \overline{\omega}_1 - \pi_1 \cdot \left[\frac{\mu}{\nu}\alpha_2 + t_c \cdot \Big(\tilde{b}_4(1-\tilde{x}) - \tilde{x}\tilde{b}_3\Big)\right]$$

$$\Longrightarrow$$

$$\tau_1 = -\tilde{r} \cdot \pi_1 + \tilde{\mathcal{A}}$$

mit

$$\tilde{r}\left[\left(\delta\frac{\mu}{\nu} \cdot \mathcal{L}_1 + \kappa\right) = 0\right] > 0$$

$$\frac{\partial t_c}{\partial \delta} > 0.$$

Analog erhält man für U_2 :

$$\underbrace{\frac{\delta^*\frac{\mu^*}{\nu^*} \cdot \mathcal{L}_1^* + \kappa^*}{\tilde{A} - \tilde{b}_{12}\tilde{x}}}_{:=t_c^*} \cdot \left\{\tilde{K}_2 - \tilde{b}_3(1+\tilde{x})\tau_1 + [\tilde{b_4}(1-\tilde{x}) + \tilde{b}_3]\pi_1\right\} - \delta^*\frac{\mu^*}{\nu^*}n_2^{tol}$$

$$= \mathcal{B}_0^* - \overline{\omega}_2 + \mathcal{B}_1^*\tau_1 - \mathcal{B}_2^*\pi_1$$

$$\tau_1\Big[\mathcal{B}_1^* + t_c^* \cdot \tilde{b}_3(1+\tilde{x})\Big] = t_c^* \cdot \tilde{K}_2 - \mathcal{B}_0^* - \delta^*\frac{\mu^*}{\nu^*}n_2^{tol} + \overline{\omega}_2 + {} + \pi_1 \cdot \left[\mathcal{B}_2^* + t_c^* \cdot \Big(\tilde{b}_4(1-\tilde{x}) + \tilde{b}_3\Big)\right]$$

$$\Longrightarrow$$

$$\tau_1 = \tilde{r}^* \cdot \pi_1 + \tilde{\mathcal{A}}^*$$

$$\tilde{r}^* > 0.$$

Damit ergibt sich

$$\tau_1 = \frac{\tilde{r}^*\tilde{\mathcal{A}} + \tilde{r}\tilde{\mathcal{A}}^*}{\tilde{r} + \tilde{r}^*}$$

$$\pi_1 = \frac{\tilde{\mathcal{A}} - \tilde{\mathcal{A}}^*}{\tilde{r} + \tilde{r}^*}$$

mit

$$\tilde{r} + \tilde{r}^* > 0.$$

$$\tau = \tau_1 + \tau_2 = \frac{1}{r + r^*}\Big((2r^* - 1)\tilde{\mathcal{A}} + (2r + 1)\tilde{\mathcal{A}}^*\Big).$$

Die Outputentwicklung von U_1 und U_2 resultiert aus

$$\left(\tilde{f}_1 + \delta\frac{\mu}{\nu}\mathcal{L}_1 - \frac{\tilde{f}_2\tilde{f}_2^*}{f_1^* + \delta^*\frac{\mu^*}{\nu^*}\mathcal{L}_1^*}\right)\cdot q_1 = \delta\frac{\mu}{\nu}n_1^{tol} + \mathcal{C}_0 - \overline{\omega}_1 + \\ + \frac{\tilde{f}_2}{f_1^* + \delta^*\frac{\mu^*}{\nu^*}\mathcal{L}_1^*}\left(\delta^*\frac{\mu^*}{\nu^*}n_2^{tol} + \mathcal{C}_1 - \overline{\omega}_2\right)$$

$$\left(\tilde{f}_1^* + \delta^*\frac{\mu^*}{\nu^*}\mathcal{L}_1^* - \frac{\tilde{f}_2\tilde{f}_2^*}{f_1 + \delta\frac{\mu}{\nu}\mathcal{L}_1}\right)\cdot q_2 = \delta^*\frac{\mu^*}{\nu^*}n_2^{tol} + \mathcal{C}_1 - \overline{\omega}_2 + \\ + \frac{\tilde{f}_2^*}{f_1 + \delta\frac{\mu}{\nu}\mathcal{L}_1}\left(\delta\frac{\mu}{\nu}n_1^{tol} + \mathcal{C}_0 - \overline{\omega}_1\right).$$

7. Ausblick: Dynamisch optimale Lohnbildungsprozesse

7.1 Problemstellung und Aufbau

In den Modellanalysen der Kapitel 5 und 6 wurden die nationalen Lohngleichungen aus einem *statischen* Optimierungsansatz hergeleitet. Eine solche Vorgehensweise ist gerechtfertigt, wenn im Rahmen des gewerkschaftlichen Entscheidungsmodells Wirkungsverzögerungen vernachlässigt werden können. Sollen dagegen bei der Bestimmung der optimalen Lohnpolitik die träge Preisanpassung an Kostenänderungen sowie die sich daraus ergebenden kurz- und mittelfristigen Konsequenzen für Output und Beschäftigung berücksichtigt werden, so ist ein *dynamischer* Optimierungsansatz erforderlich.

Die Herleitung einer Lohngleichung aus einem dynamisch optimierenden Gewerkschaftsverhalten ist Gegenstand von Kapitel 7. In diesem intertemporalen Ansatz ist die optimale Lohnpolitik vom Planungshorizont der Tarifparteien sowie von der Gewichtung gegenwärtigen und zukünftigen Nutzens abhängig.

Die Analyse beschränkt sich dabei auf das gewerkschaftliche Monopolmodell in einem makroökonomischen Kontext. Durch den dynamischen Optimierungsansatz soll insbesondere der Frage nachgegangen werden, ob sich die optimalen Lohngleichungen im Vergleich zum statischen Ansatz qualitativ verändern, wenn Wirkungsverzögerungen im Entscheidungsmodell Berücksichtigung finden.

Kapitel 7 ist folgendermaßen aufgebaut: In Abschnitt 7.2 werden dynamisch optimale Lohnpolitiken hergeleitet, wobei eine *konstante* Diskontierung zukünftigen Nutzens angenommen wird. Dagegen wird in Abschnitt 7.3 von zeitlich instabilen gewerkschaftlichen Präferenzen ausgegangen, indem eine *zeitvariable* Diskontierung unterstellt wird. Die wichtigsten Ergebnisse dieses Kapitels werden in Abschnitt 7.4 zusammengefasst.

7.2 Optimale Lohnbildung bei konstanter Diskontrate

Im Rahmen der intertemporalen Optimierung soll eine gemeinsame Lohnpolitik der Gewerkschaften beider Unionsländer bestimmt werden. Dabei wird vereinfachend von *identischen Präferenzen* der einzelnen Gewerkschaften sowie von *symmetrischen Unionsländern* ausgegangen.[1] Die Nutzenfunktionen der nationalen Gewerkschaften stimmen dann überein, so dass die dynamische Optimierung auf der Basis einer *gemeinsamen Zielfunktion* erfolgen kann.

7.2.1 Gewerkschaftliche Zielfunktion

Die Zielsetzung der Gewerkschaften bestehe darin, die Entwicklung der Nominallöhne W im Zeitverlauf derart festzulegen, dass das akkumulierte Nutzenniveau, bestehend aus gegenwärtigem und diskontiertem zukünftigen Nutzen, innerhalb des Planungshorizontes maximal wird. Dabei wird der *momentane Nutzen* zum Zeitpunkt t durch die statische gewerkschaftliche Nutzenfunktion $\mathcal{U}(t)$ angegeben,

$$\mathcal{U}(t) \quad = \quad (W/P^V(t) - \overline{\Omega})^g \left(\frac{N(t) - N^{tol}}{\overline{N}_j} \right)^{1-g} \qquad 0 < g < 1.$$

$W/P^V(t)$ bezeichnet den realen, aggregierten Konsumlohn und $N(t)$ die aggregierte Beschäftigung in der Währungsunion zum Zeitpunkt t.

Im folgenden wird von einem *unendlichen Planungshorizont* der Gewerkschaften ausgegangen.[2]

Unterstellt man weiterhin eine *konstante Diskontrate* $\rho > 0$, so lautet die gemeinsame gewerkschaftliche Zielfunktion

$$\int_{t_0}^{\infty} e^{-\rho \cdot (s - t_0)} \cdot \mathcal{U}(s)\, ds \longrightarrow \max_{W}.$$

Um die intertemporale Optimierung analytisch weiter zu vereinfachen, wird die momentane Nutzenfunktion $\mathcal{U}(t)$ der Gewerkschaften logarithmisch approximiert. Die approximierende Nutzenfunktion $\tilde{\mathcal{U}}_j$ soll wie $\mathcal{U}_j$ (lokal) quasi-konkave Eigenschaften besitzen. Sie lautet

$$\begin{aligned} \tilde{\mathcal{U}} \quad := \quad & \gamma_0 + \gamma_1 \cdot \left[\ln\left(W/P^V\right) - \overline{\omega}\right] + \gamma_2 \cdot \left[\ln\left(W/P^V\right) - \overline{\omega}\right]^2 + \\ & + \gamma_3 \cdot \left[\ln N - \ln N^{tol}\right] + \gamma_4 \cdot \left[\ln N - \ln N^{tol}\right]^2. \end{aligned} \tag{7.1}$$

---

[1] Diese Symmetrie bezieht sich insbesondere auf die Gewichtungen im jeweiligen Verbraucherpreisindex. Die produktionstechnische Asymmetrie, soweit sie in den Parametern θ_0 und θ_0^* erfasst ist, kann beibehalten werden.

[2] Diese Annahme ist unter Stabilitätsbedingungen kompatibel mit einem Optimierungsansatz bei endlichem Planungshorizont der Länge T, wenn unterstellt wird, dass die Gewerkschaften am Ende des Planungszeitraumes $t_0{+}T$ erneut eine optimale Lohnpolitik implementieren und dieses zukünftige Optimalverhalten bereits im gegenwärtigen Zeitpunkt t_0 antizipieren (*Bellmansches Optimalitätsprinzip*, Bellman 1967).

Die Parameter $\gamma_1, \ldots, \gamma_4$ werden so bestimmt, dass jeweils die ersten und zweiten partiellen Ableitungen von $\mathcal{U}_j$ und $\tilde{\mathcal{U}}_j$ an der Stelle

$$\begin{aligned} W/P^V &= \overline{\Omega}(1+\xi_1) \qquad && \xi_1 \geq 0 \\ N &= N^{tol}(1+\xi_2) && \xi_2 \geq 0 \end{aligned}$$

übereinstimmen.[3] Die Nutzenfunktionen $\tilde{\mathcal{U}}$ und $\mathcal{U}$ weisen dann lokal den gleichen Verlauf auf. Für die Koeffizienten gilt dann, wie im Anhang E.1 gezeigt wird, $\gamma_1, \gamma_3 > 0$, $\gamma_2, \gamma_4 < 0$.

Die modifizierte gewerkschaftliche Zielfunktion lautet jetzt

$$\int_{t_0}^{\infty} e^{-\rho\cdot(s-t_0)} \cdot \tilde{\mathcal{U}}(s)\, ds \longrightarrow \max_{W}.$$

7.2.2 Dynamische Nebenbedingungen

Die Nebenbedingungen des gewerkschaftlichen Entscheidungsmodells basieren auf dem makroökonomischen Totalmodell aus Kapitel 5. Neben den Symmetrieannahmen wird von einer konstanten Geldmenge ausgegangen,

$$\dot{m} = 0.$$

Aufgrund der Symmetrieannahme kann das Modell der Währungsunion zu einem Aggregatmodell zusammengefasst werden, welches die Währungsunion als Ganzes abbildet. Des weiteren werden aus Vereinfachungsgründen temporäre *Realzinseffekte* bei der Determinierung der optimalen Politik *ausgeblendet.* Weiterhin wird aufgrund der konstanten Geldmenge von einer *modifizierten Preisanpassungsgleichung* ausgegangen.

Für die Währungsunion als Ganzes erhält man dann mit den Bezeichnungen $y = y_1 + y_2, n = n_1 + n_2, \tau = \tau_1 + \tau_2, p = p_1 + p_2, p^m = p_1^m + p_2^m, w = w_1 + w_2$ das lineare System:

$$y = \mathcal{N} - b \cdot \tau \qquad b := \frac{b_3}{1 - a_1 + b_{11} - b_{12}} \tag{7.2}$$

$$n = \frac{1}{\nu} \cdot y \tag{7.3}$$

$$m - p = l_0 + l_1 \cdot y - 2l_2 \cdot i \tag{7.4}$$

$$i = i^a - \dot{e} \tag{7.5}$$

$$p^m = \tilde{c} + w + \kappa \cdot y \tag{7.6}$$

$$\dot{p} = \beta \cdot (p^m - p). \tag{7.7}$$

[3] Der Parameter γ_0 garantiert die Übereinstimmung der Zielfunktionswerte von $\mathcal{U}$ und $\tilde{\mathcal{U}}$ für $W/P^V = \overline{\Omega}(1+\xi_1)$ und $N = N^{tol}(1+\xi_2)$.

Die Modellgleichungen wurden in disaggregierter Form bereits in den Kapiteln 2, 4 und 5 erläutert: Gleichung (7.2) beschreibt das Güternachfragegleichgewicht der Währungsunion; dabei bezeichnet $\mathcal{N}$ das Aggregat nachfrageseitiger Konstanten. Gemäß Gleichung (7.3) ergibt sich aufgrund der kurzfristigen Mengenanpassung der Produzenten die Arbeitsnachfrage aus der Outputentwicklung. Gleichung (7.4) beschreibt das Geldmarktgleichgewicht, Gleichung (7.5) die Bedingung für die Renditeparität bei rationalen Wechselkursänderungserwartungen. Das gewinnoptimale Preisniveau resultiert gemäß Gleichung (7.6) aus einem Aufschlag auf die Grenzkosten. Die Unternehmer passen ihre Preise gemäß (7.7) graduell an Kostenänderungen an.

Aus diesen Modellgleichungen ergibt sich als reduzierte Form das folgende sattelpfadstabile dynamische System

$$\begin{pmatrix} \dot{p} \\ \dot{e} \end{pmatrix} = \begin{pmatrix} -\beta \cdot (b \cdot \kappa + 1) & -2\beta \cdot \kappa \cdot b \\ -\frac{1}{2l_2}(1 - l_1 b) & \frac{l_1 b}{l_2} \end{pmatrix} \begin{pmatrix} p \\ e \end{pmatrix} + \begin{pmatrix} \beta w \\ 0 \end{pmatrix} + \begin{pmatrix} \beta d_1 \\ d_2 \end{pmatrix} \tag{7.8}$$

$$\begin{aligned} d_1 &= \tilde{c} + \kappa \mathcal{N} + 2\kappa b p^a \\ d_2 &= i^a + \frac{1}{2l_2}\Big(m - l_0 - l_1 \mathcal{N} - 2 l_1 b p^a\Big). \end{aligned}$$

Hierbei ist der Nominallohn $w = \ln W$ die *strategische Entscheidungsvariable* der Gewerkschaften.

7.2.3 Optimale Lohnpolitik

Aus der gewerkschaftlichen Zielfunktion und den dynamischen Nebenbedingungen resultiert die *Hamilton-Funktion*

$$\begin{aligned} H &= \tilde{\mathcal{U}} + \lambda_1 \cdot \Big[-\beta(b\kappa + 1) \cdot p - 2\beta\kappa b \cdot e + \beta w + \beta d_1\Big] + \\ &\quad + \lambda_2 \cdot \Big[-\frac{1}{2l_2}(1 - l_1 b) \cdot p + \frac{l_1 b}{l_2} \cdot e + d_2\Big]. \end{aligned}$$

Hierbei sind λ_1 und λ_2 die zeitabhängigen *Kozustandsvariablen.* Die Anwendung des *Pontryaginschen Maximumprinzips* liefert die notwendigen Optimalitätsbedingungen (Feichtinger, Hartl 1986, S. 18f. und S. 186f.):

$$\frac{\partial H}{\partial w} = 0 \tag{7.9}$$

$$\dot{\lambda}_1 = \rho \cdot \lambda_1 - \frac{\partial H}{\partial p}. \tag{7.10}$$

Die Entwicklung des Wechselkurses e als Finanzmarktvariable wird von den modellendogenen (rationalen) Erwartungen der Anleger determiniert. Die Beeinflussung dieser Erwartungen ($\dot{e}^{erw} = \dot{e}$) wird *nicht* als Bestandteil des gewerkschaftlichen Entscheidungsmodells angesehen. Es wird also unterstellt, dass die Gewerkschaften zwar auf Wechselkursänderungen *reagieren*, deren Entwicklung aber nicht durch strategische Ankündigungen gestalten.[4] Damit sind strategische Interaktionen zwischen Gewerkschaften und den Finanzmärkten ausgeschlossen.[5] Im Rahmen des gewerkschaftlichen Entscheidungsmodells gilt dann für die adjungierte Variable der auf neue Informationen instantan reagierenden Zustandsvariablen e:

$$\lambda_2(t) \equiv 0.$$

Aus der Optimalitätsbedingung (7.9) ergibt sich für den Nominallohnsatz $w(t)$ die Entscheidungsregel

$$\begin{aligned} w(t) &= p^V(t) + \overline{\omega} - \frac{\gamma_1}{2\gamma_2} - \frac{\beta}{2\gamma_2} \cdot \lambda_1(t) \qquad (7.11) \\ & \quad p^V = (\alpha_1 + \alpha_2)p + 2\alpha_3(p^a - e) \\ & \quad \alpha_1 + \alpha_2 + \alpha_3 = 1. \end{aligned}$$

Die *optimale Lohnpolitik* (7.11) ist über die Kozustandsvariable λ_1 abhängig von der speziellen Modelldynamik, d.h. im vorliegeden Fall von der speziellen Ausprägung der Preisdynamik. Im Sonderfall $\lambda_1 \equiv 0$ liegt wieder die Lohngleichung des statischen Modellansatzes vor.

Wird die Entscheidungsvariable w mittels (7.11) im dynamischen System (7.8) substituiert, so resultiert die Bewegungsgleichung

$$\begin{aligned} \dot{p} &= -\beta(\alpha_3 + b\kappa) \cdot p - 2\beta(\alpha_3 + b\kappa) \cdot e - \frac{\beta^2}{2\gamma_2} \cdot \lambda_1 + \beta\tilde{d}_1 \\ & \quad \tilde{d}_1 := d_1 + 2\alpha_3 p^a + \overline{\omega} - \frac{\gamma_1}{2\gamma_2}. \end{aligned}$$

Insgesamt erhält man aus (7.8), (7.9) und (7.10) das *kanonische System*

[4] Durch glaubwürdige Ankündigungen beeinflussen die Gewerkschaften die prognoserelevanten Informationen der Anleger bezüglich der zukünftigen konjunkturellen Entwicklung und damit ihre Zinsprognosen. Die resultierenden Portfolioanpassungen beeinflussen die Entwicklung auf den Finanzmärkten.

[5] Besitzen die Gewerkschaften aufgrund ihrer Glaubwürdigkeit die Möglichkeit, die Erwartungen der Anleger durch Ankündigungen zu beeinflussen, so hat dies Konsequenzen für die Ausgestaltung ihrer optimalen Lohnpolitik. Formal äußert sich dies in der Anfangsbedingung für den endogenen Lagrangeparameter $\lambda_2(t)$: Im Entscheidungszeitpunkt gilt dann $\lambda_2(t_0) = 0$. Wegen $\lambda_2(t) \neq 0$ für $t > t_0$ ist in diesem Fall die optimale Lohnpolitik *zeitinkonsistent* (Currie, Levine 1986), d.h. ihre Fortsetzung ist nicht mehr optimal, nachdem die Finanzmärkte – und damit sprunghaft auch der Wechselkurs – aufgrund der gewerkschaftlichen Ankündigung reagiert haben.

$$\begin{pmatrix} \dot{p} \\ \dot{\lambda}_1 \\ \dot{e} \end{pmatrix} = \tag{7.12}$$

$$\begin{pmatrix} -\beta(\alpha_3 + b\kappa) & -\frac{\beta^2}{2\gamma_2} & -2\beta(\alpha_3 + b\kappa) \\ -2\gamma_4 \frac{b^2}{\nu^2} & \rho + \beta(\alpha_3 + b\kappa) & -4\gamma_4 \frac{b^2}{\nu^2} \\ -\frac{1}{2l_2}(1 - l_1 b) & 0 & \frac{l_1 b}{l_2} \end{pmatrix} \begin{pmatrix} p - \overline{p} \\ \lambda_1 - \overline{\lambda}_1 \\ e - \overline{e} \end{pmatrix},$$

dessen Determinante und Spur die folgenden Werte annehmen:

$$\begin{aligned} \det &= -\frac{\beta^2}{l_2} \cdot \left(\frac{\gamma_4 b^2}{\gamma_2 \nu^2} + (\alpha_3 + b\kappa)^2 \right) - \rho \cdot \frac{\beta(\alpha_3 + b\kappa)}{l_2} < 0 \\ \text{spur} &= \frac{l_1 b}{l_2} + \rho > 0. \end{aligned}$$

Das kanonische System (7.12) besitzt genau einen stabilen Eigenwert μ_s.[6] Der zu $\mu_s < 0$ korrespondierende Eigenvektor lautet

$$\begin{pmatrix} 1 \\ x_1 \\ x_2 \end{pmatrix} \quad \text{mit} \quad \begin{aligned} x_1 &= \frac{2\gamma_4 \cdot \frac{b^2}{\nu^2} \cdot \frac{1 - l_2\mu_s}{l_1 b - l_2 \mu_s}}{\beta(\alpha_3 + b\kappa) - \mu_s} \\ x_2 &= \frac{1}{2} \cdot \frac{1 - l_1 b}{l_1 b - l_2 \mu_s} > 0.^7 \end{aligned} \tag{7.13}$$

Mit der (hinreichenden) Transversalitätsbedingung[8]

$$\lim_{t \to \infty} e^{-\rho \cdot t} \lambda_1(t) = 0$$

lautet die konvergente Lösung des dynamischen Optimierungsproblems

$$\begin{pmatrix} p - \overline{p} \\ \lambda_1 - \overline{\lambda}_1 \\ e - \overline{e} \end{pmatrix} = (p(t_0) - \overline{p}) \cdot \begin{pmatrix} 1 \\ x_1 \\ x_2 \end{pmatrix} \cdot e^{\mu_s (t - t_0)}. \tag{7.14}$$

---

6 Für die drei Eigenwerte der Systemmatrix gilt:

$$\begin{aligned} \mu_1 \cdot \mu_2 \cdot \mu_3 &= \det < 0 \\ \mu_1 + \mu_2 + \mu_3 &= \text{spur} > 0. \end{aligned}$$

Es muss dann genau ein stabiler Eigenwert $\mu_s < 0$ existieren.

7 Es ist $x_2 > 0$, wenn $l_1 b < 1$, d.h. wenn die fundamentale Abschätzung aus Kapitel 2 erfüllt ist.

8 Im folgenden wird unterstellt, dass die optimale Lohnpolitik keine instabilen Pfade für p und e erzeugt, d.h. dass die Diskontrate ρ hinreichend klein ist.

Mit der Kenntnis des Zeitpfades für $\lambda_1(t)$ lässt sich in (7.11) die optimale Lohnpolitik genauer spezifizieren:

Aus (7.12) und (7.14) folgt unter Berücksichtigung der Modellgleichungen (7.2) und (7.3), dass die Entwicklung der Kozustandsvariable proportional zur Beschäftigungsentwicklung ist,

$$\lambda_1 - \overline{\lambda}_1 = s^*(n - \overline{n})$$
$$s^* := \frac{1}{b\nu} \cdot \frac{\beta(\alpha_3 + b\kappa)}{\frac{\beta^2}{2\gamma_2} + \frac{\mu_s}{x_1}}.$$

Die aus der intertemporalen Nutzenfunktion abgeleitete optimale Lohnpolitik lautet dann

$$w - \overline{w} = p^V - \overline{p}^V + a^\star \cdot (n - \overline{n}), \tag{7.15}$$

$$a^\star := \frac{1}{b \cdot \nu} \cdot \frac{\beta^2(\alpha_3 + b\kappa)}{\underbrace{\frac{-2\gamma_2\mu_s}{x_1}}_{>0} - \beta^2} > 0, \quad \beta \text{ hinreichend klein,}$$

wobei $\overline{w}$ die langfristig optimale Politik bezeichnet und $w - \overline{w}$ die Abweichung von der statisch optimalen Lohngleichung ist.

Die Differentiation von (7.15) ergibt dann die *optimale Lohnanpassungsgleichung*

$$\dot{w} = \dot{p}^V + a^\star \cdot \dot{n}.$$

Diese dynamisch optimale Lohngleichung enthält neben der Änderungsrate des rational erwarteten Preisindexes auch die Beschäftigungs*änderungsrate*. Sie entspricht damit keiner Phillips-Kurven-Gleichung.

Im Spezialfall $\gamma_4 = 0$[9] ist die Kozustandsvariable $\lambda_1(t)$ im Zeitverlauf konstant, $\lambda_1(t) \equiv \overline{\lambda}_1$. Die dynamisch optimale Lohnpolitik (7.11) ist in diesem Fall durch eine *Reallohnrigidität* gekennzeichnet, d.h.

$$(w - p^V)(t) = \overline{\omega} + c_o. \tag{7.16}$$

Eine Lohngleichung der Form (7.16) lag den Analysen des Kapitels 2 zugrunde.

[9] In diesem Fall ist der Gewerkschaftsnutzen linear in $n - n^{tol}$.

7.2.4 Eigenschaften der dynamisch optimalen Lohnpolitik

Die aus dem intertemporalen Nutzenmaximierungsansatz abgeleitete gewerkschaftliche Lohnpolitik weist die folgenden Eigenschaften auf:

1. Die dynamisch optimale Lohngleichung ist vollständig indexiert. Änderungen der Verbraucherpreise werden vollständig auf die Löhne überwälzt.
2. Der ursprüngliche Parameter δ des statischen Optimierungsansatzes wird jetzt durch den Parameter $a^{\star}$ ersetzt. In ihn gehen u.a. sämtliche Modellparameter ein, insbesondere werden die Wirkungsverzögerungen aufgrund der Preisanpassung β wie auch die gewerkschaftliche Diskontrate ρ berücksichtigt.
   Aus qualitativer und formaler Sicht besteht *kein grundlegender Unterschied* zu den statisch optimalen Lohngleichungen.
   Das in Kapitel 5 entwickelte rekursive Lösungsverfahren kann infolgedessen auch angewendet werden, wenn die Lohngleichungen aus einem intertemporalen Ansatz abgeleitet werden.
3. Liegt der Spezialfall eines in $n - n^{tol}$ linearen Gewerkschaftsnutzens vor, so ist die dynamisch optimale Lohnpolitik durch eine (dauerhafte) Reallohnrigidität gekennzeichnet.

7.3 Optimale Lohnbildung bei zeitvariabler Diskontrate

In Abschnitt 7.3 soll die Analyse dynamisch optimaler Lohngleichungen erweitert werden, indem im Entscheidungsmodell der Gewerkschaften von *zeitvariablen Präferenzen* ausgegangen wird. Genauer soll der Frage nachgegangen werden, ob sich die optimalen Lohngleichungen durch den Übergang von konstanten zu zeitvariablen Diskontraten qualitativ ändern.

7.3.1 Motivation und empirische Evidenz

Der Ansatz einer zeitvariablen Diskontierung geht auf die *Theorie intertemporalen Konsumverhaltens* zurück (Strotz 1955). Dieser Ansatz geht davon aus, dass im Rahmen des Intertemporal Choice die Diskontraten der Konsumenten mit der Länge des Wartezeitraums variieren. Die Folge davon ist eine dynamische Inkonsistenz der optimalen Konsumpläne.[10] In einer Vielzahl empirischer Untersuchungen (vgl. z.B. Landsberger 1971, Hausman 1979,

[10] Als Standardbeispiel für dynamisch inkonsistente Pläne wird in der Literatur das folgende Experiment herangezogen (Thaler 1981, S. 202): Individuen haben die Wahl zwischen

1. a) A1. Einem Apfel heute.
   b) A2. Zwei Äpfel morgen.
2. a) B1. Einem Apfel in einem Jahr.
   b) B2. Zwei Äpfel in einem Jahr plus einen Tag.

Benzion et al. 1989) wurden diese Verhaltenscharakteristik von Individuen bestätigt. Danach impliziert das beobachtbare intertemporale Verhalten von Wirtschaftssubjekten eine *nicht-exponentielle Diskontfunktion.*[11]

Die folgende Grafik verdeutlicht die unterschiedlichen Verläufe von Diskontfunktionen beim Übergang von einer konstanten zu zeitvariablen Diskontraten:

Diskontfunktionen bei konstanten und fallenden Diskontraten

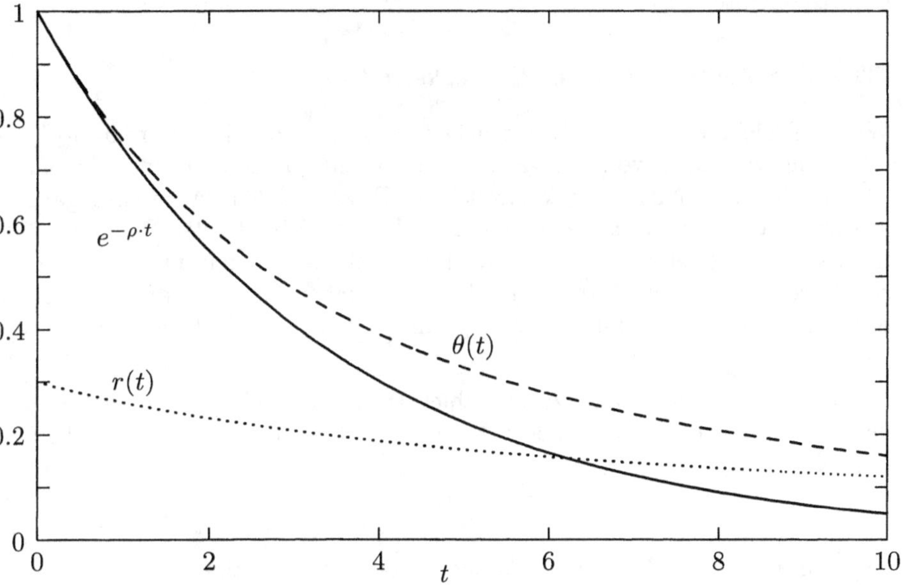

Legende:

$\theta(t)$: Diskontfunktion bei zeitvariabler (hyperbolischer) Diskontierung
$r(t)$: zu $\theta(t)$ korrespondierende Entwicklung der Diskontraten
$e^{-\rho \cdot t}$: Diskontfunktion mit konstanter Diskontrate $\rho := -r(0)$.

Lässt man eine Gruppe von Wirtschaftssubjekten zwischen den Alternativen A1. und A2. wählen, so entscheidet sich ein Teil der Gruppe für A1., ein anderer für A2. Lässt man dagegen dieselbe Gruppe wählen zwischen B1. und B2., so entscheidet sich niemand für die Alternative B1. Dieses Verhalten ist *nicht* vereinbar mit einer *konstanten* Diskontrate.

Aus diesem Experiment wird die Hypothese abgeleitet, dass die in den Auswahlen implizit enthaltenen Diskontraten invers mit der Wartezeit variieren. Daraus resultiert eine *zeitliche Instabilität der Präferenzen.*

[11] Das bedeutet, dass der relative marginale Preis des Wartens mit steigender Wartezeit fällt. Dieses Phänomen wird folgendermaßen erklärt: Der Unterschied zwischen "heute" und "morgen" erscheint größer als der Unterschied von "in einem Jahr von heute an" bis "in einem Jahr plus einen Tag". Eine exponentielle Diskontfunktion erfordert, dass die *wahrgenommenen Unterschiede* identisch sind (Thaler 1981, S. 205).

Bei fallenden Diskontraten gilt wie in der obigen Grafik für die korrespondierende Diskontfunktion θ:[12]

$$\begin{aligned} -\frac{\dot\theta}{\theta}(t-t_0) &= r(t-t_0) \\ \dot r &\leq 0 \\ \Longrightarrow \theta(t-t_0) &\geq e^{-\rho\cdot(t-t_0)} \qquad \rho := r(t_0), \end{aligned}$$

d.h. die Diskontfunktion θ verläuft oberhalb der exponentiellen mit konstanter Diskontrate.

7.3.2 Die Zielfunktion der Gewerkschaften

Wie zahlreiche empirische Untersuchen zeigen, ist das intertemporale Entscheidungsverhalten von Individuen u.a. durch eine zeitvariable Diskontierung zukünftigen Nutzens gekennzeichnet. Es kann daher davon ausgegangen werden, dass diese stilisierenden Eigenschaften individueller Wahlentscheidungen auch kollektiv gelten[13] und damit Rückwirkungen auf das Gewerkschaftsverhalten haben. Im folgenden wird daher für die Herleitung einer dynamisch optimalen Lohngleichung eine *zeitvariable Diskontierung* unterstellt.

Durch den Übergang zu zeitvariablen Diskontraten bleibt die momentane Nutzenfunktion $\mathcal{U}(t)$ unverändert. Dagegen wird die Diskontfunktion, die bisher durch

$$e^{-\rho\cdot(t-t_0)}$$

gegeben war, ersetzt durch eine monoton fallende Funktion[14]

[12] Bei fallenden Diskontraten gilt

$$\begin{aligned} \frac{\dot\theta}{\theta}(t-t_0) &\geq -r(0) \\ \Longrightarrow \int_{t_0}^{t} \frac{\dot\theta}{\theta}(s-t_0)ds &\geq -\int_{t_0}^{t} r(0)\,ds \\ \Longrightarrow \ln(\theta(t-t_0)) &\geq -r(0)\cdot(t-t_0), \qquad \theta(0)=1 \\ \Longrightarrow \theta(t-t_0) &\geq e^{-r(0)(t-t_0)}. \end{aligned}$$

[13] Sind die individuellen Diskontraten der einzelnen Wirtschaftssubjekte im Zeitverlauf fallend, so gilt dies auch für den zeitlichen Verlauf der aggregierten Diskontraten.

[14] Genauer wird bezüglich der Diskontfunktion $\theta(t)$ angenommen, dass das Integral

$$\int_{t_0}^{\infty} \theta(s-t_0)\,ds$$

konvergiert. Vgl. Arrow, Kurz (1970, S. 47).

$$\theta(t - t_0), \quad \theta(0) = 1.$$

Die Zielfunktion der Gewerkschaften lautet dann

$$\int_{t_0}^{\infty} \theta(s - t_0) \cdot \tilde{\mathcal{U}}(s)\, ds \longrightarrow \max.$$

Dabei ist die Diskontfunktion $\theta(t - t_0)$ durch im Zeitverlauf sinkende Diskontraten gekennzeichnet: Je weiter ein Ereignis in der Zukunft liegt, um so geringer ist sein diskontierter Momentannutzen, d.h. $\theta(t - t_0) < \theta(0)$. Allerdings nimmt die Diskontierung mit zunehmender Entfernung vom Zeitpunkt t_0 ab, d.h.

$$-\frac{\dot{\theta}}{\theta}(s_1 - t_0) \quad > \quad -\frac{\dot{\theta}}{\theta}(s_1 + \Delta s - t_0) \quad \Delta s > 0.$$

7.3.3 Die dynamischen Nebenbedingungen

Wie in Abschnitt (7.2) soll auch weiterhin unterstellt werden, dass die Gewerkschaften zwar auf Wechselkursänderungen reagieren,[15] mögliche Beeinflussungen der Wechselkurserwartungen der Finanzmarktakteure durch geeignete, glaubwürdige Ankündigungen der Gewerkschaften aber nicht Gegenstand des Entscheidungsmodells sein sollen. Daher können die Wechselkursänderungserwartungen in *modellkonsistenter* (semi-rationaler) Weise wie folgt modelliert werden (Dornbusch 1976):

$$\begin{aligned} i &= i^a - \dot{e}^{erw} \\ \dot{e}^{erw} &= -v \cdot (e - \overline{e}). \end{aligned} \tag{7.17}$$

Im vorliegenden Modell gilt:

$$v = -\tilde{\mu} \Longrightarrow \dot{e}^{erw} = \dot{e},$$

wobei $\tilde{\mu}$ der stabile Eigenwert von (7.8) ist.[16]

Mit der semi-rationalen Erwartungshypothese (7.17) reduziert sich das sattelpfadstabile System (7.8) auf die stabile Differentialgleichung[17]

$$\dot{p} \;=\; \beta\Big[w + \tilde{c} - a \cdot p\Big] \tag{7.18}$$

$$a = 1 + b\kappa(1 + 2\tilde{x}_2) > 0.$$

$$\tilde{x}_2 := \frac{1}{2} \cdot \frac{1 - l_1 b}{l_1 b + l_2 v} > 0^{18}$$

[15] Der Wechselkurs wird als Datenvariable angesehen.

[16] Mit der in Anschnitt (7.2) ermittelten dynamisch optimalen Lohnpolitik induziert der Spezialfall $v = -\mu_s$ perfekt antizipierte myopische Wechselkursänderungsraten.

[17] Vgl. den Anhang E.3.

[18] $\tilde{x}_2$ resultiert aus der Eigenvektorkomponente x_2 in (7.13), indem $(-\mu_s)$ durch v substituiert wird.

7.3.4 Eigenschaften der optimalen Politik

Mit der *Momentanwert-Hamiltonfunktion*

$$H = \tilde{U} + \lambda \cdot \beta \Big[w + \tilde{c} - a \cdot p \Big]$$

lauten die Optimalitätsbedingungen

$$\begin{aligned} \frac{\partial H}{\partial w} &= 0 \\ \dot{\lambda} &= -\frac{\dot{\theta}}{\theta}(t-t_0) - \frac{\partial H}{\partial p} \end{aligned}$$

unter Berücksichtigung der Modellgleichung (7.18).

Für die optimale Lohnpolitik erhält man wieder die Gleichung (7.11)

$$\begin{aligned} w(t) &= p^V(t) + \overline{\omega} - \frac{\gamma_1}{2\gamma_2} - \frac{\beta}{2\gamma_2} \cdot \lambda(t) \\ & \quad p^V = (\alpha_1 + \alpha_2)p + 2\alpha_3(p^a - e) \\ & \quad \alpha_1 + \alpha_2 + \alpha_3 = 1. \end{aligned}$$

Ersetzt man $-\frac{\dot{\theta}}{\theta}(t-t_0)$ durch die Konstante ρ, d.h. die Diskontfunktion $\theta(t-t_0)$ durch $e^{-\rho(t-t_0)}$, so ergibt sich wieder die optimale Politik (7.15), sofern man in der semi-rationalen Erwartungshypothese (7.17) $v = -\mu_s$ setzt. Man erhält analog zu (7.12) das kanonische System[19]

$$\begin{pmatrix} \dot{p} \\ \dot{\lambda} \end{pmatrix}(t) = \tag{7.19}$$

$$\begin{pmatrix} -\beta(\alpha_3 + b\kappa)(1+2\tilde{x}_2) & -\frac{\beta^2}{2\gamma_2} \\ -2\gamma_4\frac{b^2}{\nu^2}(1+2\tilde{x}_2) & -\frac{\dot{\theta}}{\theta}(t-t_0) + \beta(\alpha_3 + b\kappa) \end{pmatrix} \begin{pmatrix} p - \overline{p} \\ \lambda \end{pmatrix} + \begin{pmatrix} d_3 \\ d_4 \end{pmatrix}$$

$$d_4 := \gamma_3 \frac{b}{\nu} + \gamma_4 \cdot const.$$

Dieses dynamische System mit dem *zeitvariablen Koeffizienten* $\frac{\dot{\theta}}{\theta}(t-t_0)$ soll für den Spezialfall $\gamma_4 = 0$ gelöst werden. In diesem Fall ist der (momentane) Nutzen linear in $n - n^{tol}$ (vgl. 7.1).

Die *dynamisch optimale Lohnpolitik* lässt sich aus der Gleichung

[19] Dazu wird ρ durch $-\frac{\dot{\theta}}{\theta}$ und $e - \overline{e}$ durch $\tilde{x}_2 \cdot (p - \overline{p})$ substituiert.

$$w(t) = p^V(t) + \overline{\omega} - \frac{\gamma_1}{2\gamma_2} - \frac{\beta}{2\gamma_2} \cdot \lambda(t), \tag{7.20}$$

ableiten, wobei sich die Kozustandsvariable $\lambda(t)$ im Fall $\gamma_4 = 0$ gemäß

$$\dot{\lambda} = \left(-\frac{\dot{\theta}}{\theta}(t - t_0) + f_1 \right) \lambda + f_2 \tag{7.21}$$

mit den Konstanten

$$f_1 := \beta(b\kappa + \alpha_3), \quad f_2 = \frac{\gamma_3 b}{\nu}$$

entwickelt.
Die im Zeitpunkt t_0 ermittelte Lösung der adjungierten Gleichung (7.21) lautet:[20]

$$\lambda_{t_0}(t) = -f_2 \cdot \int_t^\infty \frac{\theta(s - t_0)}{\theta(t - t_0)} \cdot e^{-f_1 \cdot (s-t)} ds. \tag{7.22}$$

Im Entscheidungszeitpunkt $t = t_0$ ergibt sich dann der aktuelle Nominallohnsatz $w(t_0)$ aus

$$\lambda_{t_0}(t_0) = -f_2 \cdot \int_{t_0}^\infty \theta(s - t_0) \cdot e^{-f_1 \cdot (s-t_0)} ds. \tag{7.23}$$

Die dynamisch optimale Lohnpolitik ist durch die Gleichungen (7.20) und (7.22) determiniert. Dabei basiert ihre *Optimalität* auf der *Diskontfunktion des Entscheidungszeitpunktes* t_0, d.h. auf $\theta(t_0 - t)$.

Wird in $t = t_0$ die *intertemporal optimale Lohnpolitik* gemäß (7.20) und (7.22) festgelegt, so gilt für die adjungierte Variable λ in einem *zukünftigen* Zeitpunkt $t_1 = t_0 + \Delta t$:

$$\lambda_{t_0}(t_1) = -f_2 \cdot \int_{t_1}^\infty \frac{\theta(s - t_0)}{\theta(\Delta t)} \cdot e^{-f_1 \cdot (s-t_1)} ds. \tag{7.24}$$

Erfolgt dann im Zeitpunkt t_1 eine *Neufestlegung* der optimalen Lohnpolitik, so impliziert dies eine *Neubewertung* zukünftigen Nutzens auf der Basis der dann *aktuellen Diskontfunktion*, d.h. auf der Basis von $\theta(t - t_1)$.
Für den Wert von λ gilt in diesem Fall analog zu (7.23)

$$\lambda_{t_1}(t_1) = -f_2 \cdot \int_{t_1}^\infty \theta(s - t_1) \cdot e^{-f_1 \cdot (s-t_1)} ds. \tag{7.25}$$

Eine Reoptimierung der lohnpolitischen Entscheidungsregel im Zeitpunkt $t_1 > t_0$ liefert nur dann die Fortsetzung der bisher optimalen Politik, wenn die beiden Integrale in (7.24) und (7.25) übereinstimmen. Dies ist der Fall, wenn für die Diskontfunktion die folgende Bedingung erfüllt ist:

[20] Siehe Anhang E.3.

$$\frac{\theta(s-t_0)}{\theta(\Delta t)} \stackrel{!}{=} \theta(s-(t_0+\Delta t)).$$

Diese Bedingung ist nur dann erfüllt, wenn die Diskontrate $-\frac{\dot{\theta}}{\theta}$ über den *gesamten* Planungszeitraum konstant ist, wie nachfolgend gezeigt wird:

Bezeichnet $\theta(t-t_0)$ die Diskontfunktion und $r(t-t_0)$ die korrespondierende Funktion der Diskontraten,[21] so gilt

$$\begin{aligned} \frac{\dot{\theta}}{\theta}(t-t_0) &= -r(t-t_0) \\ \Longrightarrow \theta(t-t_0) &= e^{-\int_{t_0}^{t} r(s-t_0)\,ds}. \end{aligned}$$

Im Reoptimierungszeitpunkt $t_1 := t_0 + \Delta t$ ist die Bedingung

$$\frac{\theta(s-t_0)}{\theta(t_1-t_0)} \stackrel{!}{=} \theta(s-t_1) \qquad \forall t$$

genau dann erfüllt, wenn

$$\begin{aligned} \frac{e^{-\int_{t_0}^{t} r(s-t_0)\,ds.}}{e^{-\int_{t_0}^{t_1} r(s-t_0)\,ds.}} &= e^{-\int_{t_1}^{t} r(s-t_1)\,ds.} \qquad \forall t \\ \Longleftrightarrow \int_{t_1}^{t} r(s-t_0)\,ds &= \int_{t_1}^{t} r(s-t_1)\,ds \quad \forall t. \end{aligned} \tag{7.26}$$

Dies ist nur der Fall, wenn die Diskontrate *über den gesamten zukünftigen Planungszeitraum* konstant ist:

$$r(t) \equiv const \quad \forall t \geq t_1.$$

Ist dies nicht der Fall, so ergibt sich über die geänderte Kozustandsvariable eine geänderte Lohnpolitik.

Im Fall *zeitvariabler* Diskontraten gilt somit die folgende

Proposition 7.1. *Eine im Zeitpunkt t_0 langfristig angelegte, dynamisch optimale Lohnpolitik ist zu einem späteren Zeitpunkt $t > t_0$ nicht mehr optimal. Bei zeitvariablen Diskontraten ist die optimale Lohnpolitik dynamisch inkonsistent.*

---

[21] Es wird unterstellt, dass $r(t)$ monoton verläuft.

Bei zeitlich variablen Diskontraten erfolgt im Zeitpunkt $t_1 > t_0$ eine Abweichung von der *bisher optimalen* zugunsten einer *neuen optimalen* Lohngleichung.[22] Dieser Wechsel in der lohnpolitischen Verhaltensgleichung basiert auf einer Neubewertung von zukünftigen Lohn- und Beschäftigungsprofilen.[23]

Damit verbunden ist eine *sprunghafte Änderung* des Nominallohnsatzes in $t = t_1$.[24]

Permanente Reoptimierung und konsistent geplante optimale Lohnpolitik

Erfolgt in *jedem Zeitpunkt* $t = t_R$ eine Neufestsetzung der gewerkschaftlichen Lohnpolitik, so folgt aus (7.23):

$$\lambda_{t_R}(t_R) = -f_2 \cdot \int_{t_R}^{\infty} \theta(s - t_R) \cdot e^{-f_1 \cdot (s - t_R)}\, ds$$
$$\theta(0) = 1.$$

In diesem Fall der *permanenten* Reoptimierung ist λ im Zeitverlauf *konstant:*

$$\lambda(t) \equiv c_R$$
$$c_R := -f_2 \cdot \int_0^{\infty} \theta(s) \cdot e^{-f_1 \cdot s} ds.$$

Für die optimale Lohngleichung gilt dann

$$w_R(t) = p^V + \overline{\omega} + const_R. \tag{7.27}$$

Die Gewerkschaften versuchen also, ein *konstantes Reallohnniveau* im Zeitverlauf aufrechtzuerhalten.

Die Gewerkschaften können die zukünftige, permanente Neubewertung der bisher optimalen Politik auf der Basis der jeweils aktuellen Diskontfunktion zum Gegenstand eines optimierenden Verhaltens machen.[25] Die Berücksichtigung zukünftiger Neubewertungen stellt dann in $t = t_0$ eine

---

[22] Die in t_1 neuformulierte Lohnpolitik ist, vom ursprünglichen Zeitpunkt $t_0 < t_1$ aus betrachtet, suboptimal.

[23] Dieses Phänomen kann dadurch verdeutlicht werden, indem man eine Gewerkschaft in unterschiedlichen Zeitpunkten als unterschiedliche Institutionen auffasst, die sich durch voneinander verschiedene Diskontfunktionen unterscheiden. Vgl. hierzu Strotz (1955, S. 173).

[24] Im Rahmen einer Reoptimierung in $t = t_1$ ändert sich der Wert von $\lambda_{t_0}(t_1)$ (sprunghaft) auf $\lambda_{t_1}(t_1)$. Daraus resultiert eine sprunghafte Veränderung von $w(t_1)$.

[25] Diese zukünftige Abweichung von der in $t = t_0$ festgesetzten, optimalen Lohnpolitik ist - vom Zeitpunkt $t = t_0$ aus betrachtet - *suboptimal.* Andererseits ist die Fortsetzung der bisher optimalen Politik - vom Zeitpunkt $t > t_0$ aus betrachtet - ebenfalls suboptimal.

zusätzliche Restriktion im Entscheidungsmodell der Gewerkschaften dar. Wenn die Gewerkschaften bereits in $t = t_0$ antizipieren, dass in in jedem zukünftigen Reoptimierungszeitpunkt $t > t_0$ eine Diskontierung gemäß der dann aktuellen Diskontfunktion, also mit der Diskontrate $-\frac{\dot{\theta}}{\theta}(0)$ erfolgt, so wird die Optimalitätsbedingung (7.21) modifiziert zu

$$\dot{\lambda}(t) = \left(-\frac{\dot{\theta}}{\theta}(0) + f_1\right)\lambda + f_2. \tag{7.28}$$

Damit liegt formal ein dynamisches Entscheidungsproblem mit einer *konstanten* Diskontrate vor. Die resultierende optimale Lohnpolitik ist dann wieder *dynamisch konsistent.* Eine Reoptimierung zu einem späteren Zeitpunkt liefert - c.p. - die Fortsetzung der bisher optimalen Lohnpolitik.

Die zeitunabhängige Differentialgleichung (7.28) für die Kozustandsvariable besitzt einen positiven, d.h. instabilen Eigenwert; ihre *konvergente* Lösung lautet dann (mit $\rho := -\frac{\dot{\theta}}{\theta}(0)$)

$$\lambda(t) \equiv c_K$$

$$c_K := -\frac{f_2}{\rho + f_1}.$$

Die sich jetzt ergebende, *dynamisch konsistente* optimale Lohnpolitik induziert wiederum einen Lohnbildungsprozess, der durch *Reallohnrigidität* gekennzeichnet ist:

$$w_R(t) = p^V + \overline{\omega} + const_K. \tag{7.29}$$

Damit ist (für $\gamma_4 = 0$) gezeigt:
Ein Lohnbildungsprozess, der Reallohnrigidität induziert, d.h.

$$w(t) - p^V(t) = const. \tag{7.30}$$

ist kompatibel mit einem dynamischen Optimierungsansatz bei zeitvariablen Diskontraten.

Für den Fall $\gamma_4 = 0$ wurde bereits in Abschnitt (7.2) gezeigt, dass Reallohnrigidität in einem dynamischen Ansatz bei konstanten Diskontraten Optimalitätseigenschaften besitzt.

Insgesamt kann *festgehalten* werden, dass eine dynamisch optimale Lohnpolitik eine Reallohnrigidität zur Folge haben kann, unabhängig davon, ob in der gewerkschaftlichen Nutzenfunktion eine zeitvariable oder eine konstante Diskontierung vorgenommen wird.

Eine Lohngleichung der Form (7.30) wurde in Kapitel 2 dieser Arbeit unterstellt.

7.3.5 Dynamisch optimale Lohnpolitik bei hyperbolischer Diskontierung

In der Literatur wird die zeitvariable Diskontierung häufig durch eine hyperbolische Funktion spezifiziert (z.B. Mazur 1987, Ainslie 1991, Loewenstein, Prelec 1992):

$$\theta(t-t_0) \;=\; \Big(1+g\cdot(t-t_0)\Big)^{-h/g} \qquad h>g.^{26} \tag{7.31}$$

Es handelt sich hierbei um eine Diskontfunktion mit fallenden Diskontraten:

$$r(t-t_0) = -\frac{\dot{\theta}}{\theta}(t-t_0) = \frac{h}{1+g(t-t_0)}$$
$$r(0) \;=\; h$$
$$\lim_{t\to\infty} r(t) \;=\; 0.$$

Für $g \to 0$ strebt die hyperbolische Diskontfunktion θ gegen die Exponentialfunktion mit konstanter Diskontrate,[27]

$$\lim_{g\to 0}\Big(1+g\cdot(t-t_0)\Big)^{-h/g} \;=\; e^{-h\cdot(t-t_0)}.$$

Geht man von der hyperbolischen Diskontfunktion (7.31) aus, so erhält man im Spezialfall $\gamma_4 = 0$ die optimale Lohnpolitik aus (7.20) mit der Kozustandsvariablen

$$\begin{aligned}\lambda_{t_0}(t) \;&=\; -f_2\cdot\int_t^\infty \frac{\theta(s-t_0)}{\theta(t-t_0)}\cdot e^{-f_1\cdot(s-t)}ds\\ &=\; -f_2\Big(1+g(t-t_0)\Big)^{h/g}\cdot\mathcal{A}\\ \mathcal{A} :=& \int_t^\infty \Big(1+g\cdot(s-t_0)\Big)^{-h/g}\cdot e^{-f_1\cdot(s-t)}ds.\end{aligned}$$

Das Integral $\mathcal{A}$ kann durch Substitution umgeformt werden zu

$$\mathcal{A} \;=\; \left(\frac{f_1}{g}\right)^{h/g}\cdot e^{f_1/g}\cdot\frac{1}{f_1}\cdot\underbrace{\int_{f_1/g+f_1\cdot(t-t_0)}^\infty \frac{e^{-z}}{(z)^{h/g}}dz}_{=:\mathcal{B}}.$$

Aufgrund der Konvergenzbedingung ist $h/g \geq 1$. Mit

$$x(t) := f_1/g + f_1\cdot(t-t_0)$$

---

[26] $h > g$ ist eine Konvergenzbedingung.

[27] Aus diesem Grunde kann g auch als ein Maß für langfristige Rationalität interpretiert werden.

können dann - in Spezialfällen - *geschlossene* Lösungen mittels sogenannter Schlömilch-Funktionen (Spanier, Oldham 1987, S. 359f.) angegeben werden:[28]

$$\mathcal{B} = \begin{cases} -\mathrm{Ei}[-x(t)] & \text{für } h/g = 1 \\ \mathrm{Ei}[-x(t)] + \dfrac{e^{-x(t)}}{x(t)} & \text{für } h/g = 2 \\ \dfrac{(1-x(t))\cdot e^{-x(t)}}{2(x(t))^2} - \dfrac{\mathrm{Ei}[-x(t)]}{2} & \text{für } h/g = 3. \end{cases}$$

Dabei bezeichnet $\mathrm{Ei}(x)$ das Exponentialintegral.[29]

Die Ausführungen dieses Abschnitts verdeutlichen, dass das intertemporale Optimierungsproblem bei zeitvariabler Diskontierung nur in Spezialfällen geschlossen lösbar ist.[30]

Durch den Übergang zu Diskontfunktionen mit *stückweise konstanten Diskontraten* können dagegen dynamisch optimale Lohnpolitiken auch für den *allgemeinen Fall* $\gamma_4 \neq 0$ (vgl. 7.19) hergeleitet und theoretisch analysiert werden.[31] Die resultierenden optimalen Lohnpolitiken besitzen bei zeitweise konstanten Diskontraten wieder die Eigenschaft der dynamischen Inkonsistenz (vgl. hierzu die Gleichung (7.26)).

7.3.6 Konsequenzen dynamisch inkonsistenter Lohnpolitiken

Aufgrund der dynamischen Inkonsistenz der optimalen Lohnpolitik als Folge zeitvariabler Diskontraten besteht ein Potential für die Gewerkschaften, von einer stabilitätskonformen Lohnpolitik abzuweichen. Bei einer Neubewertung der zukünftigen Lohn- und Beschäftigungsentwicklung besteht für sie ein Anreiz, von dem bisher verfolgten Lohnverhalten zu einer neuen optimalen Lohnpolitik überzugehen. Diese Instabilitätseigenschaft der optimalen Lohnpolitik erschwert die Prognostizierbarkeit der zukünftigen Lohnentwicklung. Dies wiederum hat grundlegende gesamtwirtschaftliche Konsequenzen zur Folge, und zwar sowohl auf der Angebotsseite als auch auf der Nachfrageseite der Volkswirtschaft:

---

[28] Weitere Lösungen für $h/g = 1.5, 2.5, 3.5$ werden bei Spanier, Oldham (1987, S. 360) angegeben.

[29] Diese mathematische Standardfunktion ist wie folgt definiert (siehe z.B. Spanier, Oldham 1987, S. 351ff.):

$$\mathrm{Ei}(x) := \int_{-\infty}^{x} \frac{e^s}{s} ds.$$

[30] Es lässt sich zeigen, dass die optimale Politik formal aus der Lösung einer nichtlinearen Differential-(Riccati-)Gleichung mit zeitvariablen Koeffizienten resultiert. Diese ist nur für Spezialfälle geschlossen lösbar.

[31] Diese Methode wird im Anhang E.4 vorgestellt.

Angebotsseite: Berücksichtigt man bei der Arbeitsnachfrage der Unternehmer die Kosten der Einarbeitung sowie der Entlassung (siehe Kapitel 3), so ist die unternehmerische Einstellungsentscheidung nicht nur von den gegenwärtigen Lohnkosten, sondern zugleich von den unternehmerischen Lohnerwartungen abhängig. Ein nicht antizipierbares Verhalten der Gewerkschaften infolge einer dynamisch inkonsistenten Lohnpolitik führt dann (insbesondere bei risikoaversen Unternehmern) zu zurückhaltenden Beschäftigungsentscheidungen zugunsten konkurrierender Produktionsfaktoren (wie z.B. importierte Vorleistungen).

Nachfrageseite: Wie in Kapitel 2 dieser Arbeit gezeigt wurde, ist die Wechselkursreaktion und folglich die Veränderung des Außenbeitrages davon abhängig, wie die Finanzmärkte die zukünftige Lohnentwicklung einschätzen. Eine Politik der Lohnzurückhaltung führt, wie dort gezeigt wurde, zu einer Abwertung der Unionswährung. Je glaubwürdiger daher die Beibehaltung einer Politik der Lohnzurückhaltung ist, um so höher ist dann der wechselkursinduzierte Anstieg der gesamtwirtschaftlichen Güternachfrage aufgrund einer Belebung des Güterexports. Reoptimierungen der Gewerkschaften, d.h. ein plötzlicher Wechsel der Lohnpolitik, wirken sich bei einer ursprünglichen Lohnzurückhaltung dämpfend auf die Güternachfrage und die Beschäftigung aus.

Konsequenzen: Die optimale gewerkschaftliche Lohnpolitik ist bei einer zeitvariablen Diskontierung zukünftigen Nutzens zeitlich gesehen instabil. Diese Instabilität wirkt grundsätzlich negativ auf das gesamtwirtschaftliche Beschäftigungsvolumen. Ein stabiler Lohnbildungsprozess führt dagegen zu einer expansiven Beschäftigungsentwicklung. Eine dynamisch konsistente Lohnbildung kann durch eine *Selbstbindung* der Gewerkschaften an eine ursprünglich als optimal angesehene Lohnpolitik hergestellt werden.[32] Durch eine Selbstbindung in Form *längerfristiger Tarifverträge* wird die Entwicklung der Lohnstückkosten für Unternehmen und Finanzmärkte prognostizierbar; diese Stabilität eröffnet die Möglichkeit für expansive Effekte auf der Angebots- *und* Nachfrageseite einer Volkswirtschaft und damit für einen *doppelten Beschäftigungseffekt.*[33]

Berücksichtigt die Gewerkschaft in ihrem Entscheidungskalkül die Reaktionsänderungen anderer Wirtschaftssubjekte (wie z.B. Unternehmen und Finanzmarktakteure) auf Reoptimierungen ihrer Lohnpolitik, so kann diese Erweiterung dazu beitragen, dass langfristig angelegte, optimale Lohnpo-

[32] Alternativ kann eine dynamisch konsistente Lohnpolitik determiniert werden, indem zukünftige Reoptimierungen bereits im Entscheidungszeitpunkt antizipiert werden. Diese Politik weist allerdings second-best-Eigenschaften auf.

[33] Erfolgen dagegen Tarifverhandlungen auf der *Mikroebene*, so bleiben gesamtwirtschaftliche Reaktionen im Entscheidungskalkül der Gewerkschaften außer Betracht.

litiken - auch bei zeitvariablen Diskontraten - dynamisch stabil sind.[34] Da im Entscheidungskalkül von Gewerkschaften, die auf der Mikroebene agieren, typischerweise weniger Marktteilnehmer und deren Reaktionen zu berücksichtigen sind,[35] kann davon ausgegangen werden, dass langfristig angelegte Lohnpolitiken auf der *Makroebene grundsätzlich stabiler* sind als entsprechende Lohnpolitiken auf der Mikroebene.

Methodische Konsequenzen

Wird die Analyse optimaler Lohnpolitiken auf *kurzfristige Tarifverträge* beschränkt, so tritt i.d.R. das Problem der dynamischen Inkonsistenz optimaler Tariflohnpolitiken auf. Die Zielfunktion der Gewerkschaften variiert in diesem Fall im Zeitverlauf mit der Diskontfunktion. Der gewerkschaftliche Zielfunktionswert ist dann nicht nur von den aktuellen und zukünftigen Systemzuständen abhängig, sondern gleichzeitig auch von der jeweils aktuellen, im Zeitverlauf variierenden Diskontfunktion. In die optimale Lohnpolitik einer Gewerkschaft geht dann nicht nur das Verhalten der anderen Marktteilnehmer ein, sondern sie ist zugleich vom Zeitpunkt der Festlegung abhängig. Die gewerkschaftliche *Reaktionsfunktion* ist in diesem Fall *zeitabhängig.*

Betrachtet man die *Gewerkschaften zweier Länder* mit unterschiedlichen Präferenzen und Diskontfunktionen, so wird ihr optimales Verhalten jeweils durch eine zeitabhängige Reaktionsfunktion abgebildet. Statische Methoden der Spieltheorie sind dann nicht in der Lage, ökonomische Konfliktsituationen zwischen diesen Gewerkschaften abzubilden.

Geht man von zeitvariablen, instabilen Reaktionsfunktionen aus, so ist die Existenz spieltheoretischer Gleichgewichtslösungen wie das (stabile) Nash-Gleichgewicht in Frage gestellt, da in diesem Fall ein Prozess der wechselseitig optimalen Anpassung der nationalen Lohnpolitiken nicht notwendigerweise gegen ein Nash-Gleichgewicht konvergiert.

---

[34] Vgl. hierzu den temptation-enforcement-Ansatz von Barro, Gordon (1983, S. 108ff.). Dieser Ansatz wurde für das *Zeitinkonsistenzproblem* optimaler geldpolitischer Entscheidungsregeln entwickelt und lässt sich prinzipiell auch auf das vorliegende Problem der *dynamischen Inkonsistenz* optimaler Lohnpolitiken übertragen: Zu diesem Zweck wird der Reoptimierungsgewinn, der bei einer Neufestlegung der Lohnpolitik von den Gewerkschaften zunächst erwartet wird, mit temptation ($\mathcal{T}$) bezeichnet. Die Summe der negativen Effekte, die aus Verhaltensänderungen der anderen Marktteilnehmer (Unternehmer auf der Angebots- und Finanzmarktakteure auf der Nachfrageseite) bei einem Politikwechsel auftreten, definiert das enforcement($\mathcal{E}$). Gilt dann $\mathcal{E} \geq \mathcal{T}$, so ist die *Fortsetzung* der bisher optimalen Politik für die Gewerkschaften vorteilhaft (self-enforcement). Die optimale Lohnpolitik ist in diesem Fall durch die Berücksichtigung der Reaktionsänderungen anderer Marktteilnehmer dynamisch konsistent, obwohl zeitvariable Diskontraten vorliegen.

[35] Dies gilt insbesondere für den oben beschriebenen wechselkursinduzierten Nachfrageeffekt.

Geht man dagegen zu *langfristigen Tarifverträgen* über, so kann die Berücksichtigung der angebots- und nachfrageseitigen Reaktionen der übrigen Marktteilnehmer auf Wechsel in der Lohnpolitik im Entscheidungskalkül der Gewerkschaften dazu beitragen, dass optimale Lohnpolitiken dynamisch konsistent sind. Die gewerkschaftlichen Verhaltensfunktionen sind dann im Zeitverlauf stabil, so dass sie zu einer stabilen Entwicklung der Gesamtwirtschaft beitragen können.

7.4 Zusammenfassung des Kapitels 7 und Ausblick

In Kapitel 7 wurden dynamisch optimale Lohngleichungen unter Berücksichtigung makroökonomischer Wirkungsverzögerungen hergeleitet. Dabei wurden konstante sowie zeitlich variable Diskontraten im gewerkschaftlichen Entscheidungsmodell berücksichtigt.

Die abgeleiteten, dynamisch optimalen Lohngleichungen sind durch eine Vollindexierung der Löhne an den Verbraucherpreisindex gekennzeichnet. Sie besitzen - wie im statischen Optimierungsansatz - die Form

$$\dot{w} = \dot{p}^V + \delta \cdot \dot{n}$$

und unterscheiden sich in der zweiten Komponente von Lohngleichungen vom Phillips-Kurven-Typ.

In Spezialfällen ist die dynamisch optimale Lohnpolitik durch Reallohnrigidität gekennzeichnet, da sie dann von der Form

$$w - p^V = \overline{\omega} + c$$

ist. Insgesamt kann festgehalten werden, dass die in dieser Arbeit verwendeten Lohngleichungen auch aus einem dynamischen Optimierungsansatz ableitbar sind.

Bei Zugrundelegung zeitvariabler Diskontraten sind die optimalen lohnpolitischen Entscheidungsregeln i.d.R. dynamisch instabil. Die Neubewertung einer bisher als optimal angesehenen Lohnpolitik aufgrund einer aktualisierten Diskontfunktion ergibt eine Suboptimalität der bisherigen lohnpolitischen Entscheidungsregel. Selbst bei einer unveränderten momentanen Nutzenfunktion ergibt sich eine Abkehr von der bisherigen Lohnpolitik, die zugleich mit einer sprunghaften Veränderung des Nominallohns einhergeht. Durch eine glaubwürdige Selbstbindung können Gewerkschaften beschäftigungssteigernde Antizipationseffekte auf der Angebots- und Nachfrageseite erreichen. Diese Selbstverpflichtung auf eine bestimmte Lohnpolitik kann durch eine langfristige Laufzeit von Tarifverträgen erreicht werden.

In **weitergehenden Forschungsanstrengungen** sollten für die Entwicklung moderner Lohngleichungen zusätzliche Modellerweiterungen vorgenommen werden. Diese sollten grundsätzlich, wie von Mankiw, Rotemberg und Summers (1985, S. 249) gefordert, auf dynamischen Optimierungsansätzen basieren, in denen zeitvariable Präferenzen der Individuen berücksichtigt werden können.

Folgende Modellerweiterungen bieten sich an:

1. Simultane Berücksichtigung von zeitvariabler Diskontierung seitens der Gewerkschaften und von labor turnover costs seitens der Unternehmen in einem Verhandlungsansatz.
2. Explizite Berücksichtigung der Reaktion der Finanzmärkte auf Informationsänderungen im Optimierungskalkül der Tarifparteien. Dieser Punkt ist insbesondere dann bedeutsam, wenn die Tarifparteien auf internationaler Ebene agieren. In diesem Fall treten gleichzeitig das Zeitinkonsistenzphänomen aufgrund von Ankündigungseffekten und die dynamische Inkonsistenz aufgrund zeitvariabler Präferenzen auf.
3. Berücksichtigung kurz- und langfristig konkurrierender Produktionsfaktoren.
4. Berücksichtigung von Hystereseeffekten.

Diese unvollständige Liste stellt nicht nur einen Anforderungskatalog für zukünftige Arbeiten dar. Sie zeigt zugleich typische Eigenschaften einer Konjunkturdynamik auf, die durch das Handeln rationaler Wirtschaftssubjekte erzeugt wird.

E. Anhang zu Kapitel 7

E.1 Approximation der gewerkschaftlichen Zielfunktion

Partielle Ableitungen an der Stelle

$$\begin{aligned} W/P^V &= \overline{\Omega}(1+\xi_1) \qquad \xi_1 \geq 0 \\ N &= N^{tol}(1+\xi_2) \quad \xi_2 \geq 0 : \end{aligned}$$

$$\begin{aligned}
\frac{\partial \mathcal{U}}{\partial (W/P^V)} &= \left(\frac{\xi_2 N^{tol}}{\overline{N}}\right)^{1-g} \cdot g \cdot \left(W/P^V - \overline{\Omega}\right)^{g-1} \\
&= g \cdot \left(\frac{\xi_2 N^{tol}}{\overline{N}}\right)^{1-g} \cdot \left(\xi_1 \overline{\Omega}\right)^{g-1} \\
&= g \cdot \left(\frac{N^{tol}}{\overline{N}} \cdot \frac{1}{\overline{\Omega}}\right)^{1-g} \cdot \left(\frac{\xi_2}{\xi_1}\right)^{1-g} \\
\frac{\partial^2 \mathcal{U}}{\partial^2 (W/P^V)} &= g \cdot \left(\frac{\xi_2 N^{tol}}{\overline{N}}\right)^{1-g} \cdot (g-1) \left(\xi_1 \overline{\Omega}\right)^{g-2} \\
&= -g(1-g) \cdot \left(\frac{N^{tol}}{\overline{N}} \cdot \frac{1}{\overline{\Omega}}\right)^{1-g} \cdot \left(\overline{\Omega}\right)^{-1} \xi_1^{-(2-g)} \xi_2^{1-g} \\
\frac{\partial \mathcal{U}}{\partial N} &= \left(\xi_1 \overline{\Omega}\right)^g \cdot \frac{1-g}{\overline{N}} \cdot \left(\frac{N - N^{tol}}{\overline{N}}\right)^{-g} \\
&= \frac{1-g}{\overline{N}} \cdot \left(\frac{\overline{\Omega} \cdot \overline{N}}{N^{tol}}\right)^g \cdot \left(\frac{\xi_1}{\xi_2}\right)^g \\
\frac{\partial^2 \mathcal{U}}{(\partial N)^2} &= -g \cdot \frac{1-g}{\overline{N}} \cdot \left(\frac{\overline{\Omega N}}{N^{tol}}\right)^g \cdot \frac{1}{N^{tol}} \cdot \xi_1^g \xi_2^{-(g+1)}.
\end{aligned}$$

Analog gilt für die Ableitungen von $\tilde{\mathcal{U}}$:

$$\begin{aligned}
\frac{\partial \tilde{\mathcal{U}}}{\partial (W/P^V)} &= \frac{\gamma_1}{\frac{W}{P^V}} + \frac{2\gamma_2}{\frac{W}{P^V}} \cdot \left[\ln\left(\frac{W}{P^V}\right) - \overline{\omega}\right] \\
&= \frac{1}{(1+\xi_1) \cdot \overline{\Omega}} \cdot \left(\gamma_1 + 2\gamma_2 \cdot \ln(1+\xi_1)\right) \\
\frac{\partial^2 \tilde{\mathcal{U}}}{\partial^2 (W/P^V)} &= \frac{1}{\left[(1+\xi_1)\overline{\Omega}\right]^2} \Big(-\gamma_1 + 2\gamma_2(1 - \ln(1+\xi_1))\Big)
\end{aligned}$$

$$\begin{aligned}
\frac{\partial \tilde{\mathcal{U}}}{\partial N} &= \frac{\gamma_3}{N} + \frac{2\gamma_4}{N}\left[\ln N - \ln N^{tol}\right] \\
&= \frac{1}{(1+\xi_2)\cdot N^{tol}} \cdot (\gamma_3 + 2\gamma_4 \cdot \ln(1+\xi_2)) \\
\frac{\partial^2 \tilde{\mathcal{U}}}{\partial^2 N} &= \frac{1}{[(1+\xi_2)N^{tol}]^2}\Big(-\gamma_3 + 2\gamma_4(1 - \ln(1+\xi_2))\Big).
\end{aligned}$$

Die Parameter $\gamma_1, \ldots, \gamma_4$ werden so bestimmt, dass die ersten und zweiten partiellen Ableitungen von $\mathcal{U}$ und $\tilde{\mathcal{U}}$ an der Stelle

$$\begin{aligned}
W/P^V &= \overline{\Omega}(1+\xi_1) \qquad \xi_1 \geq 0 \\
N &= N^{tol}(1+\xi_2) \quad \xi_2 \geq 0
\end{aligned}$$

übereinstimmen. Die Größen ξ_1 und ξ_2 können sich beispielsweise aus der Ausgangslage $(W/P^V)(t_0)$ und $N(t_0)$, aber auch aus dem Endgleichgewicht ergeben. Die Nutzenfunktionen $\tilde{\mathcal{U}}$ und $\mathcal{U}$ weisen dann lokal den gleichen Verlauf auf.

Koeffizientenvergleich liefert die gesuchten Parameter mit

$$\begin{aligned}
\mathcal{C}_1 &:= (1+\xi_1)\cdot \Omega^g \cdot \left(\frac{N^{tol}}{\overline{N}}\right)^{1-g} \cdot \left(\frac{\xi_2}{\xi_1}\right)^{1-g} \\
\mathcal{C}_2 &:= (1+\xi_2)\cdot \Omega^g \cdot \left(\frac{N^{tol}}{\overline{N}}\right)^{1-g} \cdot \left(\frac{\xi_1}{\xi_2}\right)^{g}
\end{aligned}$$

$$\begin{aligned}
\gamma_1 &= g\cdot \mathcal{C}_1 - 2\ln(1+\xi_1)\cdot\gamma_2 \\
&= g\cdot \mathcal{C}_1\left[1 - \ln(1+\xi_1)\left(1 - \frac{1+\xi_1}{\xi_1}(1-g)\right)\right] \\
\gamma_2 &= \frac{g}{2}\mathcal{C}_1 \cdot \left[1 - \frac{1+\xi_1}{\xi_1}(1-g)\right] \\
\gamma_3 &= (1-g)\mathcal{C}_2 - 2\gamma_4 \ln(1+\xi_2) \\
&= (1-g)\cdot \mathcal{C}_2 \cdot \left[1 - \ln(1+\xi_2)\left[1 - g\frac{1+\xi_2}{\xi_2}\right]\right] \\
\gamma_4 &= \frac{1-g}{2}\cdot \mathcal{C}_2 \cdot \left(1 - g\frac{1+\xi_2}{\xi_2}\right).
\end{aligned}$$

Für $\ln(1+\xi) \approx \xi$ erhält man

$$\begin{aligned}
\gamma_1 &= g\cdot \mathcal{C}_1 \cdot (2 - g(1+\xi_1)) \geq 0 \\
\gamma_2 &= -\frac{1}{2\xi_1}\cdot g \cdot \mathcal{C} \cdot (1 - g(1+\xi_1)) \leq 0 \\
\gamma_3 &= (1-g)\mathcal{C}_2[1 + g - \xi_2(1-g)] \geq 0 \\
\gamma_4 &= -\frac{1}{\xi_2}\cdot\frac{1-g}{2}\cdot \mathcal{C}_2 \cdot (g - \xi_2(1-g)) \leq 0.
\end{aligned}$$

Der Gültigkeitsbereich der Approximierenden ergibt sich aus den typischen Eigenschaften einer Nutzenfunktion, d.h. positiver, aber abnehmender Grenznutzen. Wird der Gültigkeitsbereich verlassen, muss eine neue Approximierende durch Variationen von ξ_1 und ξ_2 bestimmt werden.

E.2 Optimale Lohnpolitik bei konstanter Diskontrate

Die optimale Lohnpolitik ergibt sich aus

$$\begin{aligned}
\frac{\partial \tilde{\mathcal{U}}}{\partial w} &= \gamma_1 + 2\gamma_2 \cdot (w - p^V - \overline{\omega}) + \gamma_3 \frac{\partial n}{w} + 2\gamma_4 \frac{\partial n}{w} \cdot (n - n^{tol}) \\
\frac{\partial \tilde{\mathcal{U}}}{\partial p} &= -\gamma_1 \cdot \frac{\partial p^V}{\partial p} - 2\gamma_2 \cdot \frac{\partial p^V}{\partial p}(w - p^V - \overline{\omega}) + \\
&\quad + \gamma_3 \frac{\partial n}{\partial p} + 2\gamma_4 \frac{\partial n}{\partial p} \cdot (n - n^{tol})
\end{aligned}$$

mit

$$\begin{aligned}
\frac{\partial n}{\partial w} &= 0 \\
\frac{\partial n}{\partial p} &= -\frac{1}{\nu} b
\end{aligned}$$

$$\begin{aligned}
\frac{\partial \tilde{\mathcal{U}}}{\partial p} &= -\gamma_1(\alpha_1 + \alpha_2) - 2\gamma_2(\alpha_1 + \alpha_2)(w - p^V - \overline{\omega}) - \gamma_3 \frac{b}{\nu} - 2\gamma_4 \frac{b}{\nu}(n - n^{tol}) \\
\frac{\partial H}{\partial m} = 0 &\quad \Longrightarrow \\
\frac{\partial \tilde{\mathcal{U}}}{\partial p} &= (\alpha_1 + \alpha_2)\beta \cdot \lambda_1 - \gamma_3 \cdot \frac{b}{\nu} - 2\gamma_4 \cdot \frac{b}{\nu}(n - n^{tol})
\end{aligned}$$

$$-\frac{\partial H}{\partial p} = -(\alpha_1 + \alpha_2)\beta\lambda_1 + \gamma_3 \frac{b}{\nu} + 2\gamma_4 \frac{b}{\nu}\left(\frac{\mathcal{N}}{\nu} - \frac{b}{\nu}\tau - n^{tol}\right) + \lambda_1 \cdot \beta(b\kappa + 1).$$

Bestimmung der optimalen Politik

Aus der stabilen Lösung des kanonischen Systems resultiert

$$\dot{p} = \mu_s(p - \overline{p}).$$

Andererseits ergibt sich direkt aus dem kanonischen Differentialgleichungssystem

$$\dot{p} = -\beta(\alpha_3 + b\kappa)(\tau - \overline{\tau}) - \frac{\beta^2}{2\gamma_2}(\lambda_1 - \overline{\lambda}_1).$$

Dann folgt mit $\lambda_1 - \overline{\lambda}_1 = x_1(p - \overline{p})$

$$\begin{aligned}
\left(x_1 \cdot \frac{\beta^2}{2\gamma_2} + \mu_s\right)(p - \overline{p}) &= -\beta(\alpha_3 + b\kappa)(\tau - \overline{\tau}) \\
\Longrightarrow (p - \overline{p}) &= x_3 \cdot (y - \overline{y}) \\
\Longrightarrow \lambda_1 - \overline{\lambda}_1 &= x_1 x_3 (y - \overline{y}).
\end{aligned}$$

$$\Longrightarrow \lambda_1 - \overline{\lambda}_1 = x_1 x_3 \frac{1}{\nu}(n - \overline{n})$$

$$
\begin{aligned}
x_3 &:= \frac{1}{b} \cdot \frac{\beta(\alpha_3 + b\kappa)}{x_1 \cdot \dfrac{\beta^2}{2\gamma_2} + \mu_s} \\
x_1 x_3 &:= \frac{1}{b} \cdot \frac{\beta(\alpha_3 + b\kappa)}{\dfrac{\beta^2}{2\gamma_2} + \dfrac{\mu_s}{x_1}}.
\end{aligned}
$$

$$
p^m - p = \tilde{c} + w - p + \kappa\mathcal{N} - b\kappa\tau.
$$

Der Term $p^m - p$ strebt gegen den Wert null.

E.3 Zeitvariable Diskontierung bei semi-rationalen Wechselkurserwartungen

Mit der Erwartungshypothese

$$
\begin{aligned}
i &= i^a - \dot{e}^{erw} \\
\dot{e}^{erw} &= -v(e - \overline{e}) \qquad v > 0
\end{aligned}
$$

ergeben sich durch Substitution die folgenden reduzierten Formen:

$$
\begin{aligned}
m - p &= l_0 + l_1 y - 2l_2 \Big[v(e - \overline{e}) + i^a\Big] \\
2(e - \overline{e}) &= \frac{1}{l_2 v} \Big[l_0 + l_1 y - 2l_2 i^a - m + p\Big] \qquad \text{(E.1)} \\
\Longrightarrow y\left(1 + \frac{bl_1}{l_2 v}\right) &= \mathcal{N} + 2bp^a - 2b\overline{e} + \frac{b}{l_2 v}(m - l_0) + 2\frac{b}{v} i^a - \\
&\quad -b(1 + \frac{1}{l_2 v}) \cdot p.
\end{aligned}
$$

$$
\begin{aligned}
\frac{\partial H}{\partial w} &= \gamma_1 + 2\gamma_2(w - p^v - \overline{\omega}) + \lambda_1 \beta \\
\frac{\partial H}{\partial p} &= -\gamma_1(\alpha_1 + \alpha_2) - 2\gamma_2(\alpha_1 + \alpha_2)(w - p^v - \overline{\omega}) - \gamma_3 \frac{b}{\nu} - 2\gamma_4 \frac{b}{\nu}(n - n^{tol}) - \lambda\beta a.
\end{aligned}
$$

Aus (E.1) ergibt sich weiter

$$
\begin{aligned}
2(e - \overline{e}) &= \frac{1}{l_2 v}\Big[-l_1 b(\tau - \overline{\tau}) + p - \overline{p}\Big] \\
&= \frac{1}{l_2 v}\Big[(1 - l_1 b)(p - \overline{p}) - 2l_1 b(e - \overline{e})\Big] \\
\Longrightarrow & \\
(e - \overline{e}) &= s \cdot (p - \overline{p}) \qquad s = \frac{1}{2} \cdot \frac{1 - l_1 b}{l_2 v + l_1 b}.
\end{aligned}
$$

Mit der fundamentalen Abschätzung (siehe Kapitel 2) und $l_1 \leq 1$ gilt: $s > 0$. Damit ist

$$\begin{aligned}\tau - \overline{\tau} &= (p - \overline{p}) + 2(e - \overline{e}) \\ &= (1 + 2s)(p - \overline{p})\end{aligned}$$

$$\begin{aligned}p^m &= \tilde{c} + w + \kappa y \\ &= \tilde{c} + w + \kappa\mathcal{N} - b\kappa\overline{\tau} - b\kappa(1 + 2s)(p - \overline{p}) \\ \Longrightarrow & \\ \dot{p} &= \beta\Big(\tilde{c} + w + \kappa\mathcal{N} - b\kappa\overline{\tau} - b\kappa(1 + 2s)(p - \overline{p}) - p\Big) \\ \dot{p} &= \beta(w + d - a \cdot p) \\ & \quad a := 1 + b\kappa(1 + 2s).\end{aligned}$$

Herleitung des *kanonischen Systems:*
Mit

$$\begin{aligned}1. \quad \frac{\partial H}{\partial m} &= 0 \\ \Longrightarrow & \\ w &= p - \alpha_3\Big(\overline{\tau} + (1 + 2s)(p - \overline{p})\Big) + \overline{\omega} - \frac{\gamma_1}{2\gamma_2} - \frac{\beta}{2\gamma_2}\lambda \\ 2. \quad -\frac{\partial H}{\partial p} &= \lambda\beta(b\kappa + \alpha_3) + \gamma_3\frac{b}{\nu} + \gamma_4 \cdot const - 2\gamma_4\frac{b^2}{\nu^2}(1 + 2s)(p - \overline{p})\end{aligned}$$

erhält man

$$\begin{aligned}\dot{p} &= \beta\Big[1 - a - \alpha_3(1 + 2s)\Big](p - \overline{p}) - \frac{\beta^2}{2\gamma_2}(\lambda - \overline{\lambda}) \\ \dot{p} &= -\beta(\alpha_3 + b\kappa)(1 + 2s)(p - \overline{p}) - \frac{\beta^2}{2\gamma_2}(\lambda - \overline{\lambda}) \\ \dot{\lambda} &= \left[\beta(b\kappa + \alpha_3) - \frac{\dot{\theta}}{\theta}\right] \cdot \lambda + \gamma_3\frac{b}{\nu} + \gamma_4 \cdot const - 2\gamma_4\frac{b^2}{\nu^2}(1 + 2s)(p - \overline{p}).\end{aligned}$$

Die Transversalitätsbedingungen lauten für das infinite Maximierungs- Problem[1]

$$\begin{aligned}\lim_{t \to \infty} \theta(t - t_0) \cdot \lambda(t) &\geq 0 \\ \lim_{t \to \infty} \theta(t - t_0) \cdot \lambda(t)p(t) &= 0.\end{aligned}$$

Zur *Lösung der Differentialgleichung*

$$\dot{\lambda}(t) = \left(-\frac{\dot{\theta}}{\theta}(t - t_0) + f_1\right) \cdot \lambda(t) + f_2.$$

Mit dem integrierenden Faktor

$$\mu(t) = e^{\int \left(\frac{\dot{\theta}}{\theta} - f_1\right)} = \theta(t - t_0) \cdot e^{-f_1 \cdot (t - t_0)}$$

[1] Siehe Arrow, Kurz (1970, S. 49); vgl. auch Feichtinger, Hartl (1986, S. 187f.). Zu den hinreichenden Bedingungen siehe Feichtinger, Hartl (1986, S. 37f.).
Die Hessematrix der Hamiltonfunktion ist global negativ semidefinit.

erhält man die folgende Lösung:

$$\lambda(t) = \frac{f_2}{\theta(t-t_0)} \cdot e^{f_1\cdot(t-t_0)} \cdot \left(\int_{t_0}^{t} \theta(s-t_0)e^{-f_1\cdot(s-t_0)}\, ds + C\right).$$

Die Integrationskonstante C wird mittels der Transversalitätsbedingungen bestimmt. Diese muss von der Form sein:

$$\begin{aligned}
\lambda(t) &= \frac{-f_2}{\theta(t-t_0)} \cdot e^{f_1\cdot(t-t_0)} \cdot \int_{t}^{\infty} \theta(s-t_0)\cdot e^{-f_1\cdot(s-t_0)} ds. \\
&= -f_2 \cdot \int_{t}^{\infty} \frac{\theta(s-t_0)}{\theta(t-t_0)} \cdot e^{-f_1\cdot(s-t)} ds.
\end{aligned}$$

Grenzbetrachtung:

$$\begin{aligned}
t \to \infty \Longrightarrow & \\
\frac{\dot{\theta}}{\theta} &= 0, \\
\lim_{t\to\infty} \dot{\lambda}(t) &= 0, \\
\lim_{t\to\infty} \lambda(t) &= -\frac{f_2}{f_1}.
\end{aligned}$$

Damit gilt:

$$\begin{aligned}
\lambda(t_0+x) &= -f_2 \cdot \int_{t_0+x}^{\infty} \frac{\theta(s-t_0)}{\theta(x)} \cdot e^{-f_1\cdot(s-(t_0+x))} ds \qquad > \\
\lambda(t_1 = t_0+x) &= -f_2 \cdot \int_{t_0+x}^{\infty} \theta(s-(t_0+x) \cdot e^{-f_1\cdot(s-(t_0+x)} ds,
\end{aligned}$$

womit die dynamische Inkonsistenz bewiesen ist, wenn für ein $s \geq t_0 + x$ gilt:

$$\begin{aligned}
\lambda(t_0+x) &\neq \lambda(t_1 = t_0+x) \qquad \Longleftrightarrow \\
\frac{\theta(s-t_0)}{\theta(x)} &\neq (>)\theta(s-(t_0+x)) \\
\frac{\theta(y+x)}{\theta(x)} &\neq \theta(y) \qquad y \geq 0 \text{ beliebig} \\
(y = s-(t_0+x)).
\end{aligned}$$

Dies ist der Fall, wenn die Diskontraten in zwei Zeitpunkten nicht übereinstimmen.

Lösung des nachfolgenden Integrals:

$$\int_{t}^{\infty} \theta(s-t_0) \cdot e^{-f_1\cdot(s-t_0)} ds$$

$$\theta(s-t_0) := (1 + g\cdot(s-t_0))^{-h/g}.$$

Mit

$$\tilde{s} = s - t_0 \qquad d\tilde{s} = ds$$

$$\begin{aligned}\int_{t-t_0}^{\infty} \theta(\tilde{s}) \cdot e^{-f_1 \cdot \tilde{s}}\, d\tilde{s} &= \int_{t-t_0}^{\infty} \frac{e^{-f_1 \cdot \tilde{s}}}{(1 + g \cdot \tilde{s})^{h/g}}\, d\tilde{s} \\ &= \left(\frac{f_1}{g}\right)^{h/g} \cdot e^{f_1/g} \cdot \int_{t-t_0}^{\infty} \frac{e^{-f_1/g - f_1 \cdot \tilde{s}}}{(f_1/g + f_1 \cdot \tilde{s})^{h/g}}\, d\tilde{s}.\end{aligned}$$

Mit der Substitution

$$z := f_1/g + f_1 \cdot \tilde{s} \qquad dz = f_1 \cdot d\tilde{s}$$

geht das obige Integral

$$\int_{t-t_0}^{\infty} \frac{e^{-(f_1/g + f_1 \cdot \tilde{s})}}{(f_1/g + f_1 \cdot \tilde{s})^{h/g}}\, d\tilde{s}$$

über in

$$\frac{1}{f_1} \cdot \int_{f_1/g + f_1 \cdot (t-t_0)}^{\infty} \frac{e^{-z}}{(z)^{h/g}} dz.$$

Aufgrund der Konvergenzbedingung

$$g \leq h$$

ist $h/g \geq 1$, so dass das Integral für ganzzahlige $n := h/g$ untersucht werden kann.

$$\frac{1}{f_1} \cdot \int_{f_1/g + f_1 \cdot (t-t_0)}^{\infty} \frac{e^{-z}}{(z)^n} dz \qquad n \geq 1.$$

E.4 Eine Methode zur Lösung dynamischer Optimierungsprobleme mit zeitvariabler Diskontrate

Das Phänomen intertemporal fallender Diskontraten wird im nachfolgenden Ansatz nicht durch ein stetiges Funktional dargestellt, sondern durch eine Abfolge *zeitweise konstanter Diskontraten.*

E.4.1 Stückweise konstante Diskontraten

Um die analytische Lösbarkeit zu erreichen, wird im folgenden von Diskontraten ausgegangen, die innerhalb eines bestimmten Zeitintervalls konstant sind, jedoch von Zeitintervall zu Zeitintervall abnehmen. Dem Phänomen fallender Diskontraten wird dadurch Rechnung getragen.

Im folgenden wird von stückweise konstanten Diskontraten ausgegangen, d.h. die Diskontraten sind innerhalb eines Zeitintervalls I_i konstant:

$$\begin{aligned}\frac{\dot{\theta}}{\theta}(t) &= c_i \qquad t \in I_i \\ \Longrightarrow \quad \theta(t) &= K_i \cdot e^{c_i \cdot t}.\end{aligned}$$

Der Freiheitsgrad K_i wird dazu genutzt, die stückweise definierten Funktionen an den Intervallgrenzen stetig zu verbinden:

$$\theta(t) := \begin{cases} e^{-r_0 \cdot t} & t \in [0, T] \\ K_1 \cdot e^{-r_1 \cdot t} & t \in [T, 2T] \\ K_2 \cdot e^{-r_2 \cdot t} & t \in [2T, 3T] \\ K_i \cdot e^{-r_i \cdot t} & t \in [iT, (i+1) \cdot T] \\ K_n \cdot e^{-r_n \cdot t} & t \in [n \cdot T, (n+1) \cdot T] \\ K_\infty \cdot e^{-r_\infty \cdot t} & t \in [(n+1) \cdot T, \infty) \end{cases}$$

mit

$$\begin{aligned} K_i &= K_{i-1} \cdot^{(r_i - r_{i-1})(i \cdot T)} \\ K_0 &= 1. \end{aligned}$$

Dabei wird unterstellt

$$r_0 > r_1 > r_2 \ldots > r_n > r_\infty.$$

Graphisch bedeutet dies folgendes:

Diskontfunktion bei stückweise konstanter Diskontrate

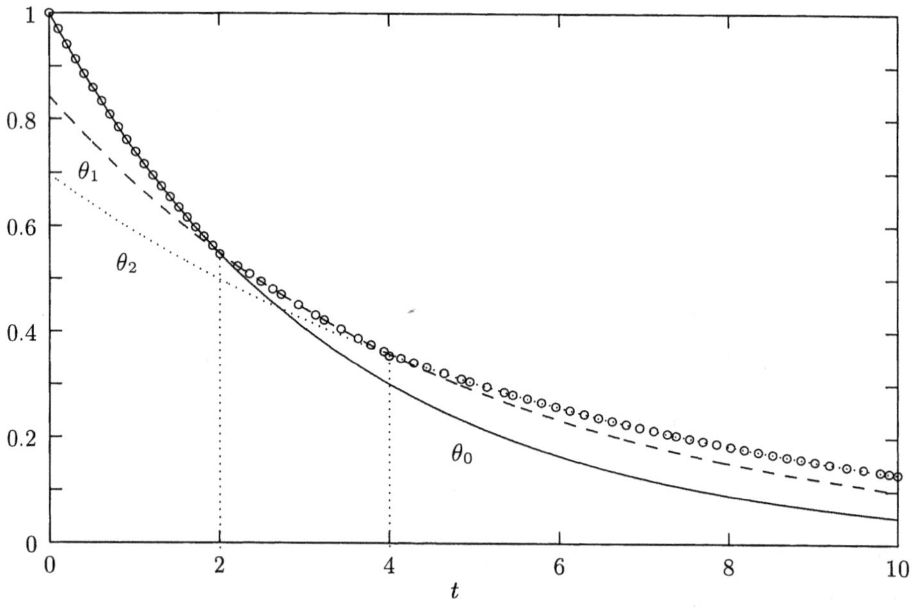

Legende:

Bezeichnung	Diskontfunktion	Gültigkeitsbereich	Diskontrate
θ_0 (durchgezogene Linie)	$e^{-r_0 \cdot t}$	$0 \leq t \leq 2$	r_0
θ_1 (gestrichelt)	$K_1 \cdot e^{-r_1 \cdot t}$	$2 \leq t \leq 4$	$r_1 < r_0$
θ_2 (gepunktet)	$K_2 \cdot e^{-r_2 \cdot t}$	$t > 4$	$r_2 < r_1$

An den Übergangsstelle $t = 2$ und $t = 4$ erfolgt ein Wechsel der Diskontraten:

$$\theta_0(2) = \theta_1(2) \qquad \theta_1(4) = \theta_2(4).$$

Die konstruierte Diskontfunktion für $t \geq 0$ ergibt sich als Einhüllende der Funktionen θ_0, θ_1 und θ_2. Sie ist gekennzeichnet durch die offenen Kreise "$\circ$".

Die *Zielfunktion* wird folgendermaßen in Teilintervalle zerlegt:

$$\int_0^\infty \theta(s)\mathcal{U}(s)\, ds = \int_0^T \theta(s)\mathcal{U}(s)\, ds + \int_T^{2\cdot T} \theta(s)\mathcal{U}(s)\, ds + \ldots \int_{(n+1)\cdot T}^\infty \theta(s)\mathcal{U}(s)\, ds.$$

Die *Nebenbedingungen* des dynamischen Optimierungsproblems sind durch die Modellgleichungen angegeben.

Das Gesamtproblem kann *rekursiv* gelöst werden. Dazu wird im *ersten Schritt* das dynamische Optimierungsproblem auf dem Zeitintervall $[(n+1)\cdot T, \infty)$ gelöst. Auf diesem Zeitintervall ist die Diskontrate konstant, so dass ein *Standard-Optimierungsproblem* vorliegt. Es wird davon ausgegangen, dass aufgrund der Modellstruktur eine geschlossene Lösung, $a^\star_{n+1}$, angegeben werden kann. Dies ist insbesondere bei linear-quadratischen Problemen der Fall.

Im *zweiten Schritt* wird das finite Optimierungsproblem auf dem Vorgängerintervall $[n\cdot T, (n+1)\cdot T]$ gelöst. Dabei definiert die bereits bekannte Optimallösung $a^\star_{n+1}(t)$ eine Randbedingung, d. h. eine Nebenbedingung für den Systemzustand in $t = (n+1)\cdot T$ sowie für die Lösung $a^\star_n(t)$. Durch die Randbedingung erfolgt eine Verkettung der beiden Teillösungen zu einer Gesamtlösung. Insgesamt erhält man die Optimallösung für das Planungsintervall $[n\cdot T, \infty)$.

Allgemein wird dieser Prozess fortgeführt, indem sukzessiv die Lösungen auf dem Vorgängerintervall bestimmt und mit der bisherigen Lösung verknüpft werden.

E.4.2 Beispiel: Eine einfache Änderung der Diskontrate

In diesem Abschnitt soll eine einfache Änderung der Diskontrate innerhalb des Planungszeitraumes betrachtet werden. Im Entscheidungszeitpunkt t_0 ordnet der Entscheidungsträger den unmittelbar folgenden T Perioden die Diskontrate r_1 zu, dem nachfolgenden Zeitraum die Diskontrate r_2:

$$-\frac{\dot{\theta}}{\theta}(t) = \begin{cases} r_1 & t \in [t_0, t_0+T] \\ r_2, \quad r_2 \leq r_1 & t \in [t_0+T, \infty). \end{cases}$$

Insofern liegen stückweise Standard–Kontrollprobleme mit jeweils konstanten Diskontraten vor.

Für die Diskontfunktion $\theta(t)$ gilt:

$$\theta(t-t_0) = \begin{cases} e^{r_1\cdot(t-t_0)} & t \in [t_0, t_0+T] \\ K\cdot e^{r_2\cdot(t-t_0)} & t \in [t_0+T, \infty]. \end{cases}$$

Dabei wird die Konstante K derart gewählt, dass θ stetig auf dem gesamten Planungsintervall ist, d.h. $K := e^{(r_1-r_2)\cdot(T-t_0)}$. Daher lautet die Diskontfunktion

$$\theta(t-t_0) = \begin{cases} e^{r_1\cdot(t-t_0)} & t \in [t_0, t_0+T] \\ e^{r_1\cdot(T-t_0)}\cdot e^{r_2\cdot(t-T)} & t \in [t_0+T, \infty) \end{cases}$$

Damit ist θ stetig und auf den beiden Zeitintervallen hinreichend glatt.

Im ersten Schritt wird die Optimallösung auf dem Zeitintervall $[t_0 + T, \infty)$ bestimmt,

$$\int_{t_0+T}^{\infty} e^{r_1\cdot(T-t_0)} \cdot e^{r_2\cdot(t-T)} \cdot \mathcal{U}(s)\, ds \longrightarrow \max .$$

Es liegt ein Standardproblem mit einer konstanten Diskontrate vor. Sei $a_1^\star(t)$ dessen Lösung.

Im zweiten Schritt lautet das Optimierungsproblem

$$\int_{t_0}^{t_0+T} e^{r_1\cdot(t-t_0)} \cdot \mathcal{U}(s)\, ds \longrightarrow \max .$$

Bezeichnet $a_0^\star$ die Lösung der zweiten Problems, so ist die Randbedingung

$$a_0^\star(t_0 + T) \stackrel{!}{=} a_1^\star(t_0 + T)$$

zu beachten.

Es kann leicht gezeigt werden: *Eine Reoptimierung innerhalb des Intervalls* $[t_0, t_0 + T]$ *ergibt nicht die Fortsetzung der ursprüngliche Politikregel. Die optimale Politik ist daher auf dem ersten Teilintervall dynamisch inkonsistent.*

Abbildungsverzeichnis

Literaturverzeichnis

Ahtiala, P. (1984): A synthesis of the macroeconomic approaches to exchange rate determination. European Economic Review 24, 117-136.

Ainslie, G. (1991): Derivation of Rational Economic Behavior from Hyperbolic Discount Curves. American Economic Review, Papers and Proceedings 81, 334-340.

Albach, H. (1996): Die Beschäftigungsentscheidung der Unternehmungen. Arbeitslosigkeit aus betriebswirtschaftlicher Sicht. In: Gahlen, B., Hesse, H., Ramser, H.J. (Hrsg.), Arbeitslosigkeit und Möglichkeiten ihrer Überwindung. Tübingen. 83-129.

Albers, S., Clement, M., Peters, K., Skiera, B. (1999): eCommerce - Einstieg, Strategie und Umsetzung im Unternehmen. Frankfurt a.M.

Anderson, O., Bauer, R.K., Führer, H., Petersen, J.P. (1956): Ursachen und Typen kurzfristiger Produktions- und Preisplanrevisionen der Unternehmer. Ifo Studien 2, 1-26.

Andersen, T.M., Toulemonde, E. (1999): Adapting Prices or Quantities in the Presence of Adjustment Costs? Working Paper 1999-6. University of Aarhus.

Aoki, M. (1981): Dynamic Analysis of Open Economies. New York.

van Ark, B. (1996): Convergence and Divergence in the European Periphery: Productivity in Eastern und Southern Europe in Retrospect. In: van Ark, M., Crafts, N. (eds.), Quantitative Aspects of Post-War European Economic Growth. Cambridge. 271-326.

van Ark, B., Crafts, N. (1996): Quantitative Aspects of Post-War European Economic Growth. Cambridge.

Arrow, K.J., Kurz, M. (1970): Public Investment, the Rate of Return, and Optimal Fiscal Policy. Baltimore.

Atherton, W.N. (1973): Theory of Union Bargaining Goals. Princeton.

Baldwin, R.E., Lyons, R.K. (1994): Exchange rate Hysteresis? European Economic Review 38, 1-22.

Ballabriga, F., Sebastian, M., Valles, J. (1999): European asymmetries. Journal of International Economics 48, 233-253.

Barberà, S., Seidl, Ch. (1998): Handbook of Utility Theory. Vol. 1. Principles. Dordrecht.

Barro, R.J., Gordon, D.B. (1983): Rules, Discretion and Reputation in a Model of Monetary Policy. Journal of Monetary Economics 12, 101-121.

Barro, R., Grilli, V. (1994): European Macroeconomics. London.

Basar, T., Olsder, G.J. (1995): Dynamic Noncooperative Game Theory. London.

Bean, Ch.R. (1994): European Unemployment: A Survey. Journal of Economic Literature 32, 573-619.

Bellman, R. (1967): Dynamische Programmierung und selbstanpassende Regelprozesse. München.

Benzion, U., Rapoport, A., Yagil, J. (1989): Discount Rates Inferred from Decisions: An Experimental Study. Management Science 35, 270-284.

Berthold, N. (1998): Europa auf dem Weg ins 21. Jahrhundert – Die Perspektive Westeuropas. Wirtschaftswissenschaftliche Beiträge des Lehrstuhls für Volkswirtschaftslehre, Wirtschaftsordnung und Sozialpolitik 23. Würzburg.

Bhandari, J.S. (1981): A Simple Transnational Model of Large Open Economies. Southern Economic Journal 47, 990-1006.

Bhandari, J.S. (1982): Intermediate Imports, the Current Account and Flexible Exchange Rates: A Dynamic General Equilibrium Model. Southern Economic Journal 48, 792-801.

Bhandari, J.S., Turnovsky, St.J. (1984): Material Price Increases and Aggregate Adjustment in an Open Economy. A Stochastic Approach. European Economic Review 25, 151-182.

Bhaskar, V., Machin, S., Reid, G.C. (1991): Testing a Model of the Kinked Demand Curve. Journal of Industrial Economics 39, 241-254.

v. Bieler, B. (1984): Die wirtschaftliche Vertretbarkeit des Sozialplans. Bonn.

Bils, M., Chang, Y. (1999): Understanding how Price Responds to Costs and Production. NBER Working Paper 7311.

Binmore, K., Rubinstein, A., Wolinsky, A. (1986): The Nash Bargaining Solution in Economic Modelling. Rand Journal of Economics 17, 176-188.

Blanchard, O.J. (1987): Aggregate and Individual Price Adjustment. Brooking Papers on Economic Activity, 57-109.

Blanchard, O.J. (1991): Wage Bargaining and Unemployment Persistence. Journal of Money, Credit, and Banking 23, 277-292.

Blanchard, J.O., Fischer, S. (1989): Lectures on Macroeconomics. Cambridge.

Blanchard, J.O., Kiyotaki, N. (1987): Monopolistic Competition and the Effects of Aggregate Demand. American Economic Review 77, 647-666.

Blanchard, O.J., Quah, D. (1989): The Dynamic Effects of Aggregate Demand and Supply Disturbances. American Economic Review 79, 655-673.

Blanchard, O.J., Summers, L.H. (1988): Hysteresis and the European Unemployment Problem. In: Cross, R. (ed.), Unemployment, Hysteresis and the Natural Rate Hypothesis. Oxford. 306-364.

Blinder, A.S. (1988): The Challenge of High Unemployment. American Economic Review, Papers and Proceedings 78, 1-15.

Blinder, A.S. (1991): Why are Prices Sticky? Preliminary Results from an Interview Study. American Economic Review, Papers and Proceedings 81, 89-100.

Blinder, A.S. (1994): On Sticky Prices: Academic Theories Meet the Real World. In: Mankiw, N.G. et al. (eds.), Monetary Policy. Chicago. 117-150.

Blinder, A.S., Canetti, E.R.D., Lebow, D., Rudd, J.B. (1998): Asking About Prices: A New Approach to Unterstanding Price Stickiness. Russell Sage Foundation. New York.

Blyth, C.A. (1987): The Interaction between Collective Bargaining and Government Policies in Selected Member Countries. Collective Bargaining and Government Policies. OECD.

Booth, A. (1995): The Economics of the Trade Union. Cambridge.

Brakman, St., van Ees, H., Kuipers, S.K. (1998): Market Behaviour and Macroeconomic Modelling. London.

Braun, M. (1979): Differentialgleichungen und ihre Anwendungen. Berlin.

Bruno, M., Sachs, J. (1985): The Economics of Worldwide Stagflation. Oxford.

Buiter, W. (1978): Short-run and Long-run Effects of External Disturbances Under a Floating Exchange Rate. Economica 45, 251-272.

Buiter, W. (1979): Unemployment-Inflation Trade-Offs with Rational Expectations in an Open Economy. Journal of Economic Dynamics and Control 1, 117-141.

Buiter, W.H., Miller, M. (1982): Real Exchange Rate Overshooting and the Output Cost of Bringing down Inflation. European Economic Review 18, 85-123.

Bulthaupt, F. (1993): Optimale Geldpolitik bei autoregressiven Erwartungen: Zur Nichtexistenz eines Nash-Gleichgewichtes. Discussion Paper 94. Diskussionsbeiträge aus dem Institut für Theoretische Volkswirtschaftslehre der Universität Kiel.

Bulthaupt, F. (1994): Geldpolitik aus spieltheoretischer Sicht. Zur Stabilität optimaler geldpolitischer Entscheidungsregeln. Frankfurt a.M.

Bulthaupt, F. (1999): Die intertemporalen Auswirkungen zeitweiser und dauerhafter Reallohnzugeständnisse in einer Währungsunion. Discussion Paper 114. Diskussionsbeiträge aus dem Institut für Theoretische Volkswirtschaftslehre der Universität Kiel.

Burda, B. (1996): Korreferat zum Referat von W. Franz: Theoretische Ansätze zur Erklärung der Arbeitslosigkeit. In: Gahlen, B., Hesse, H., Ramser, H.-J. (Hrsg.), Arbeitslosigkeit und Möglichkeiten ihrer Überwindung. Tübingen. 47-51.

Burda, M.C. (1990): Some Evidence on the Membership Hysteresis Hypothesis in Europe. In: Franz, W. (ed.), Hysteresis Effects in Economic Models. Heidelberg. 35-53.

Burda, M., Wyplosz, C. (1994): Gross Job and Worker Flows in Europe. European Economic Review 38, 1287-1315.

Calmfors, L. (1982): Employment Policies, Wage Formation and Trade Union Behaviour in a Small Open Economy. Scandinavian Journal of Economics 84, 345-373.

Calmfors, L. (1993): Centralisation of Wage Bargaining and Macroeconomic Performance: A Survey. OECD Economic Studies 21, 162-191.

Calmfors, L., Driffill, J. (1988): Bargaining Structure, Corporatism and Macroeconomic Performance. Economic Policy 6, 14-61.

Calvo, G.A. (1983): Staggered Prices in a Utility Maximazing Framework. Journal of Monetary Economics 12, 383-398.

Cameron, D.R. (1984): Social Democracy, Corporatism, Labour Quiescence and the Representation of Economic Interest in Advanced Capitalist Society. In: Goldthorpe, J.H. (Hrsg.), Order and Conflict in Contemporary Capitalism. Oxford.

Canzoneri, M.B. (1982): Exchange Intervention Policy in a Multiple County World. Journal of International Economics 13, 267-289.

Carlton, D.W. (1986): The Rigiditiy of Prices. American Economic Review 76, 637-658.

Cartter, A.M. (1959): Theory of Wages and Employment. Homewood, Ill.

Carruth, A.A., Oswald, A.J. (1981): The Determination of Union and Non-Union Wage Rates. European Economic Review 16, 285-302.

Cecchetti, S.G. (1986): The Frequency of Price Adjustment: A Study of the Newsstand Prices of Magazines. Journal of Econometrics 31, 255-274.

Chapman, P.G. (1986): Alternative Trade Union Objective Functions in the Theory of Wage Bargaining. The Manchester School of Economic and Social Studies 54, 367-379.

Clausen, V. (1995): Haushaltskonsolidierung und Wechselkurs. Konjunkturpolitik: Zeitschrift für angewandte Wirtschaftsforschung 41, 95-114.

Clausen, V. (1998): Problems in the Transition to European Monetary Union. Kredit und Kapital 31, 471-493.

Clausen, V., Willms, M. (1997): Probleme des Übergangs zur EWU. In: Heinemann, F., Schröder, M. (Hrsg.), Europäische Währungsunion und Kapitalmärkte. Schriftenreihe des ZEW Band 17. Baden-Baden. 11-31.

Clower, R.W. (1981): Die Keynesianische Gegenrevolution: Eine theoretische Kritik. In: Hagemann, H. et al. (Hrsg.), Die Neue Makroökonomik. Frankfurt a.M.

Coe, D.T. (1990): Hysteresis and Insider-Outsider Influences on Industry Wages. In: Franz, W. (Hrsg.), Hysteresis Effects in Economic Models. Heidelberg. 55-75.

Cross, R. (1988): Unemployment, Hysteresis and the Natural Rate Hypothesis. Oxford.

Currie, D., Levine, P. (1986): Time Inconsistency and Optimal Policies in Deterministic and Stochastic Worlds. Journal of Economic Dynamics and Control 10, 191-199.

Daseking, Ch. (1994): Makroökonomische Interdependenzen in einer Wechselkursunion. Frankfurt a.M.

Daseking, Ch. (1996): Stabilization Policy in a Currency Area and the Impact of Wage Rigidities. Jahrbücher für Nationalökonomie und Statistik 215, 171-187.

Davidson, P. (1994): Postkeynesian Macroeconmic Theory: A Foundation for Successful Economic Policies for the Twenty-First Century. Aldershot.

Dertouzas, J.N., Pencavel, J.H. (1981): Wage and Employment Determination under Trade Unionism: The International Typographical Union. Journal of Political Economy 89, 1162-1181.

Deutsche Bundesbank (1996): Makro - ökonomisches Mehr - Länder - Modell. Frankfurt a.M.

Detken, C., Gärtner, M. (1993): Are German Unions Rocking the Economy? A Reappraisal of the Supply-Side Political Business Cycle. Applied Economics 25, 1345-1353.

Döpke, J. (1993): Preisrigiditäten, Lohnrigiditäten und Mengenrationierungen. Eine empirische Analyse für die Bundesrepublik Deutschland. Frankfurt a.M.

Dohse, D., Krieger-Boden, C. (1998): Währungsunion und Arbeitsmarkt. Auftakt zu unabdingbaren Reformen. Kieler Studien 290.

Dornbusch, R. (1976): Expectations and Exchange Rate Dynamics. Journal of Political Economy 84, 1161-1176.

Dreger, Ch., Schumacher, Ch. (1999): Die empirische Umsetzung der makroökonomischen Produktionstheorie - Möglichkeiten und Grenzen. Diskussionspapiere 92. Institut für Wirtschaftsforschung Halle.

Drèze, J.H. (1979): Demand Estimation, Risk Aversion und Sticky Prices. Economics Letters 4, 1-6.

Driffill, J., v.d. Ploeg, F. (1993): Monopoly Unions and the Liberalisation of International Trade. The Economic Journal 103, 379-385.

Dunlop, J.T. (1950): Wage Determination under Trade Unions. New York.

Dunning, J.H. (1994): Multinational Enterprises and the Global Economy. Workingham.

Dyckhoff, H. (1988): Zeitpräferenz. Zeitschrift für betriebswirtschaftliche Forschung 40, 990-1008.

Ehlgen, J. (1994): Konsum und Einkommen: Ansätze zur Erklärung des Deaton-Paradoxons. Frankfurt a.M.

Ehrenberg, R.G., Smith, R.S. (1982): Modern Labor Economics. Theory and Public Policy. London.

Eichberger, J., Kelsey, D. (1996): Uncertainty Aversion and Dynamic Consistency. International Economic Review 37, 625-640.

Epstein, L.G., Hynes, J.A. (1983): The Rate of Time Preference and Dynamic Economic Analysis. Journal of Political Economy 91, 611-635.

Fandel, G. (1994): Produktion I. Produktions- und Kostentheorie. Berlin.

Farber, H.S. (1986): The Analysis of Union Behavior. In: Ashenfelter, O., Layard, R. (eds.), Handbook of Labor Economics, Bd. 2, Kap. 18, Amsterdam. 1039-1089.

Farmer, K., Wendner, R. (1997): Wachstum und Außenhandel. Heidelberg.

Feenstra, R.C. (1998): Integration of Trade and Disintegration of Production in the Global Economy. Journal of Economic Perspectices 12, 31-50.

Fehr, E., Hof, F.X. (1994): Wage Bargaining and Shock Sensitivity of a Small Open Economy. Journal of Economics 59, 259-286.

Feichtinger, G., Hartl, R.F. (1986): Optimale Kontrolle ökonomischer Prozesse. Berlin.

Fellner, W. (1947): Prices and Wages under bilateral Monopoly. Quarterly Journal of Economics 61, 503-532.

Feuerstein, S., Siebke, J. (1990): Wechselkursunion und Stabilitätspolitik. Zeitschrift für Wirtschafts- und Sozialwissenschaften 110, 359-379.

Fishburn, P., Rubinstein, A. (1982): Time Preference. International Economic Review 23, 677-694.

Fishburn, P., Wakker, P. (1995): The Invention of the Independence Condition for Preferences. Management Science 41, 1130-1144.

Fisher, T.C.G., Konieczny, J.D. (1995): The Relative Rigidity of Oligopoly Pricing. Economic Letters 49, 33-38.

Francis, A. (1980): Company Objectives, Managerial Motivations and the Behaviour of Large Firms: An Empirical Test of the Theory of 'Managerial' Capitalism. Cambridge Journal of Economics 4, 349-361.

Franz, W. (1990): Hysteresis Effects in Economic Models. Heidelberg.

Franz, W. (1996): Theoretische Ansätze zur Erklärung der Arbeitslosigkeit: Wo stehen wir 1995? In: Gahlen, B., Hesse, H., Ramser, H.-J. (Hrsg.), Arbeitslosigkeit und Möglichkeiten ihrer Überwindung. Tübingen. 3-45.

Franz, W. (1999): Arbeitsmarktökonomik. Berlin.

Gärtner, M. (1980): Politisch-ökonomische Determinanten der Lohnentwicklung in Deutschland. Königstein.

Gärtner, M. (1981): A Politicoeconomic Model of Wage Inflation. De Economist 129, 183-205.

Gahlen, B. (1979): Arbeitslosigkeit und Inflation als Problem der wirtschaftspolitischen Beratung. In: Laski, K. et al. (Hrsg.), Beiträge zur Diskussion und Kritik der neoklassischen Ökonomie. Berlin. 145-164.

Gahlen, B., Hesse, H., Ramser, H.-J. (1996): Arbeitslosigkeit und Möglichkeiten ihrer Überwindung. Tübingen.

Goerke, L., Holler, M.J. (1997): Arbeitsmarktmodelle. Berlin.

Gordon, R.J. (1981): Output Fluctuations and Gradual Price Adjustment. Journal of Economic Literature 19, 493-530.

Gordon, R.J. (1990): What ist New-Keynesian Economics? Journal of Economic Literature 28, 1115-1171.

Gray, M.R., Turnovsky, S.J. (1979): The stability of exchange rate dynamics under perfect myopic foresight. International Economic Review 20, 643-660.

Greenwald, B.C., Stiglitz, J.E. (1989): Toward a Theory of Rigidities. American Economic Review 79, 364-369.

Greenwald, B.C., Stiglitz, J.E. (1993): New and Old Keynesians. Journal of Economic Perspectives 7, 23-44.

Haffner, R.C.G., van Bergeijk, P.A.G. (1998): An International Comparative Analysis of the State of Competition. In: Brakman, St., van Ees, H., Kuipers, S.K. (eds.), Market Behaviour and Makroeconomic Modelling. London. 105-126.

Hansen, G. (1991): Hysteresis und Arbeitslosigkeit. Jahrbücher für Nationalökonomie und Statistik 208, 272-298.

Hansen, G. (1993): Quantitative Wirtschaftsforschung. München.

Hausmann, J. (1979): Individual Discount Rates and the Purchase and Utilization of Energy-using Durables. Bell Journal of Economics 10, 33-54.

Herberg, H. (1994): Preistheorie: Eine Einführung. Stuttgart.

Hesse, H. (1996): Internationale Konkurrenz: Ursache von Arbeitslosigkeit und Lohnungleichheit? In: Gahlen, B., Hesse, H., Ramser, H.-J. (Hrsg.), Arbeitslosigkeit und Möglichkeiten ihrer Überwindung. Tübingen. 331-358.

Hicks, J.R. (1963): The Theory of Wages. London.

Hirsch, B.T., Addison, J.T., Genosko, J. (1990): Eine ökonomische Analyse der Gewerkschaften. Regensburg.

Hofmann, H.-J. (1998): Der empirische Befund zur Keynes-Hypothese rigider Preise. In: Priddat, B.P., Vilks, A. (Hrsg.), Wirtschaftswissenschaft und Wirtschaftswirklichkeit. Marburg. 79-93.

Holler, M.J., Illing, G. (1996): Einführung in die Spieltheorie. Berlin.

Horn, G.A., Scheremet, W., Zwiener, R. (1999): Wages and the Euro. Heidelberg.

Institut der deutschen Wirtschaft (1995): Sind kräftige Lohnerhöhungen 1995 Gift oder Stimulanz für die Konjunktur? Symposium 1994. Köln.

Jacobsen, H.J., Schultz, Ch. (1990): A General Equilibrium Macro Model with Wage Bargaining. Scandinavian Journal of Economics 92, 379-398.

Jadresic, E. (1999): Sticky Prices: An Empirical Assessment of Alternative Models. IMF Working Paper 99/72.

Jaeger, K. (1996): Gewerkschaftsverhalten und Arbeitslosigkeit. In: Gahlen, B., Hesse, H., Ramser, H.-J. (Hrsg.), Arbeitslosigkeit und Möglichkeiten ihrer Überwindung. Tübingen. 179-209.

Jarchow, H.-J. (1992): Auslandspreise und Inlandskonjunktur bei Wechselkursdynamik. Zeitschrift für Wirtschafts- und Sozialwissenschaften 112, 1-23.

Jeger, M. (1993): Indexwirkungen - Eine Übersicht über die empirischen Resultate. In: Blattner, N. et al. (Hrsg.), Lohnindexierung. Formen, Verbreitung und Wirkungen. WWZ-Beiträge 15, Zürich.

Johnson, G.E. (1975): Economic Analysis of Trade Unionsm. American Economic Association 65, 23-28.

Kamien, M.I., Schwartz, N.L. (1991): Dynamic Optimization. Amsterdam.

Kawasaki, S., McMillan, J., Zimmermann, K.F. (1982): Disequilibrium Dynamics: An Empirical Study. American Economic Review 72, 992-1004.

Kidd, D.P., Oswald, A.J. (1986): A Dynamic Model of Trade Union Behaviour. Economica 54, 355-365.

Kirchgässner, G. (1996): Bewußt erzeugte und duldend hingenommene Arbeitslosigkeit: Zum Problem der Arbeitslosigkeit aus der Sicht der Neuen Politischen Ökonomie. In: Gahlen, B., Hesse, H., Ramser, H.-J. (Hrsg.), Arbeitslosigkeit und Möglichkeiten ihrer Überwindung. Tübingen, 395-432.

Köhler, A.G. (1996): Nominale Preisrigiditäten auf Gütermärkten – Eine empirische Überprüfung neukeynesianischer Erklärungsansätze. München.

Kouri, P.J.K. (1976): The exchange rate and the balance of payments in the short run and in the long run: A monetary approach. Scandinavian Journal of Economics 78, 280-304.

Koutsoyiannis, A. (1982): Modern Microeconomics. London.

Krelle, W. (1969): Produktionstheorie. Teil I der Preistheorie. Tübingen.

Krugman, P. (1995): Growing World Trade: Causes and Consequences. Brookings Papers on Economic Activity 1, 327-377.

Krupp, H.-J. (1985): Bericht über die Diskussion zum Referat von Wied-Nebbeling. In: Bombach, G., Gahlen, B., Ott, A.E. (Hrsg.), Industrieökonomik: Theorie und Empirie. Tübingen. 231-232.

Lach, S., Tsiddon, D. (1994): Staggering and Synchronization in Price-Setting: Evidence from Multiproduct Firms. NBER Working Paper Series 100, 349-389.

Laidler, D. (1996): Wage and Price Stickiness in Macroeconomics: Historical Perspective. In: Capie, F., Wood, G.E. (eds.), Monetary Economics in the 1990s. London. 92-121.

Lammers, K. (1999): Räumliche Wirkungen der Globalisierung in Deutschland. HWWA-Diskussionspapier 74. HWWA-Institut für Wirtschaftsforschung Hamburg.

Landsberger, M. (1971): Consumer Discount Rate and the Horizon: New Evidence. Journal of Political Economy 79, 1346-1359.

Lapp, S., Lehment, H. (1997): Lohnzurückhaltung und Beschäftigung in Deutschland und in den Vereinigten Staaten. Weltwirtschaft (1), 67-83.

Layard, R., Nickell, S.J. (1986): Unemployment in Britain. Economica 53, Supplement, 121-159.

Layard, R., Nickell, S.J. (1990): Is Unemployment Lower if Unions Bargain About Jobs? Quarterly Journal of Economics 50, 773-787.

Layard, R., Nickell, S.J., Jackman, R. (1991): Unemployment. Macroeconomic Performance and the Labor Market. Oxford.

Lee, F.S. (1992): Facts, Theory and the Price Foundation of Post Keynesian Price Theory. Mimeo. De Montfort University, Leicester.

Lehment, H. (1979): Lohnpolitik und Beschäftigung bei festen und flexiblen Wechselkursen. Weltwirtschaftliches Archiv 115, 224-243.

Lehment, H. (1991): Lohnzurückhaltung, Arbeitszeitverkürzung und Beschäftigung. Eine empirische Untersuchung für die Bundesrepublik Deutschland 1973-1990. Weltwirtschaft (2), 72-85.

Lehment, H. (1993): Bedingungen für einen kräftigen Beschäftigungsanstieg in der Bundesrepublik Deutschland – Zur Tarifpolitik der kommenden Jahre. Weltwirtschaft (3), 302-310.

Lehment, H. (1998): Geldpolitik und lohnpolitischer Verteilungsspielraum in der Europäischen Währungsunion. Weltwirtschaft (1), 72-84.

Leonard, D., van Long, N. (1993): Optimal Control Theory and Static Optimization in Economics. Cambridge.

Leontief, W. (1946): The Pure Theory of the Guaranteed Annual Wage Contract. Journal of Political Economy 54, 76-79.

Lever, M., van Veen, T. (1992): Union Wage Setting, Employment and Investment: A Survey of Theory and Empirical Evidence. Labour review of labour economics and industrial relations 5, 25-61.

Liedtke, O. (1997): Preissetzungsverhalten und Makroökonomik. Diss. Universität Essen.

Lindbeck, A. (1992): Macroeconomic Theory and the Labor Market. European Economic Review 36, 209-235.

Lockwood, B., Manning, A. (1989): Dynamic Wage-Employment Bargaining with Employment Adjustment Costs. Economic Journal 99, 1143-1158.

Loewenstein, G.F. (1987): Anticipation and the Valuation of Delayed Consumption. Economic Journal 97, 666-684.

Loewenstein, G.F., Prelec, D. (1992): Anomalies in Intertemporal Choice: Evidence and Interpretation. Quarterly Journal of Economics 107, 573-597.

Maaß, H., Sell, F.L. (1997): Lohnzurückhaltung und Wechselkurs - Eine portfoliotheoretische Analyse. Dresdner Beiträge zur Volkswirtschaftslehre, Nr. 10/97.

Maaß, H., Sell, F.L. (1998): Lohnzurückhaltung, Wechselkurs und Beschäftigung - unter besonderer Berücksichtigung des Kapitalmarktes und der Handelsstruktur. Zeitschrift für Wirtschaftspolitik 47, 78-108.

de Macedo, J.B. (1986): Small Countries in Monetary Unions - A Two-Tier Model. Journal of Economic Dynamics and Control 10, 275-280.

Maddison, A. (1996): Macroeconomic Accounts for European Countries. In: van Ark, B., Crafts, N. (eds.), Quantitative Aspects of Post-War European Economic Growth. Cambridge. 27-83.

Maennig, W., Kuhnert, St., Naumann, J. (1998): Formen mikrofundierter Preisstarrheiten und ihre Wohlfahrtswirkungen. List Forum für Wirtschafts- und Finanzpolitik 24, 290-306.

Mankiw, N.G. (1985): Small Menu Costs and Large Business Cycles: A Macroeconomic Model of Monopoly. Quarterly Journal of Economics 100, 529-537.

Mankiw, N.G., Rotemberg, J.J., Summers, L.H. (1985): Intertemporal Substitution in Macroeconomics. Quarterly Journal of Economics 100, 225-251.

Manning, A. (1987): An Integration of Trade Union Models in a Sequential Bargaining Framework. Economic Journal 97, 121-139.

Manning, A. (1993): Wage Bargaining and the Phillips Curve: The Identification and Specification of Aggregate Wage Equations. Economic Journal 103, 98-118.

Mansfield, E. (1982): Microeconomics. Theory and Applications. New York.

Marston, R.C., Turnovsky, S.J. (1985): Imported Material Prices, Wage Policy and Macro-Economic Stabilization. Canadian Journal of Economics 18, 273-284.

Mazur, J.E. (1987): An Adjusting Procedure for Studying Delayed Reinforcement. In: Commons, M.L., Mazur, J.E., Nevin, J.A., Rachlin, H. (eds.), Quantitative Analysis of Behaviour, Vol. V: The Effect of Delay and of Intervening Events on Reinforcement Value. London. 55-73.

McDonald, I.M., Solow, R.M. (1981): Wage Bargaining and Employment. American Economic Review 71, 896-908.

Merton, R. (1990): Continuous-Time Finance. Cambridge, Mass.

Mulvey, C. (1978): The Economic Analysis of Trade Unions. Oxford.

Naylor, R. (1999): Union Wage Strategies and International Trade. Economic Journal 109, 102-125.

Neudorfer, P., Pichelmann, K., Wagner, M. (1990): Hysteresis, Nairu and Long Term Unemployment in Austria. In: Franz, W. (ed.), Hysteresis Effects in Economic Models. Heidelberg. 109-121.

Nickell, S.J., Andrews, M. (1983): Unions, Real Wages and Employment in Britain 1951-79. Oxford Economic Papers 35, Supplement, 183-206.

Obstfeld, M. (1980): Intermediate Imports, the Terms of Trade, and the Dynamics of the Exchange Rate and Current Account. Journal of International Economics 10, 461-480.

OECD Statistics (1999): Foreign Trade by Commodities Vol. 1. Boulogne.

Oswald, A.J. (1979): Wage Determination in an Economy with many Trade Unions. Oxford Economic Papers 31, 369-385.

Oswald, A.J. (1982): The Microeconomic Theory of the Trade Union. Economic Journal 92, 576-595.

Oswald, A.J. (1984): Efficient Contracts are on the Labour Demand Curve: Theory and Facts. Mimeo, Princeton University.

Oswald, A.J. (1985): The Economic Theory of Trade Unions: An Introductional Survey. Scandinavian Journal of Economics 87, 160-193.

Paque, K.H. (1999): Structural Unemployment and Real Wage Rigidity in Germany. Tübingen.

Parsley, C.J. (1980): Labor Union Effects on Wage Gains: A Survey of Recent Literature. Journal of Economic Literature 18, 1-31.

Pencavel, J.H. (1984): Wages and Employment under Trade Unionism: Microeconomic Models and Macroeconomic Applications. Scandinavian Journal of Economics 87, 197-225.

Phelps, E.S., et al. (1970): Microeconomic Foundations of Employment and Inflation Theory. London.

van der Ploeg, F. (1990): International Interdependence and Policy Coordination in Economies with Real and Nominal Wage Rigidity. In: Courakis, A.S., Taylor, M.P. (eds.), Private Behaviour and Government Policy in Interdependent Economies. Oxford. 403-450.

van der Ploeg, F. (1993): Channels of international policy transmission. Journal of International Economics 34, 245-267.

Pilat, D. (1996): Labour Productivity Levels in OECD-Countries: Estimates for Manufacturing and Selected Service Sectors. OECD Economics Department Working Papers 169. Paris.

Rees, A. (1977): The Economics of Trade Unions. Chicago.

Rentmeister, U. (1995): Devisenspekulation bei heterogenen Erwartungen. Frankfurt a.M.

Romer, D. (1996): Advanced Macroeconomics. New York.

Rose, K. (1989): Theorie der Außenwirtschaft. München.

Rotemberg, J.J. (1987a): Sticky Prices in the United States. Journal of Political Economy 90, 1187-1211.

Rotemberg, J.J. (1987b): The New Keynesian Microfoundations. NBER Macroeconomics Annual, 69-104.

Sachverständigenrat (1995): Jahresgutachten 1995/1996. Im Standortwettbewerb. Stuttgart.

Sachverständigenrat (1996): Jahresgutachten 1996/1997. Reformen voranbringen. Stuttgart.

Sachverständigenrat (1997): Jahresgutachten 1997/1998. Wachstum, Beschäftigung, Währungsunion - Orientierungen für die Zukunft. Stuttgart.

Sanfey, P.J. (1998): Bargaining, Efficiency Wages, and the Price-Cost Markup. Economics Letters 58, 193-197.

Sargent, T.J. (1987): Dynamic Macroeconomic Theory. Cambridge.

Schmitter, P.C. (1981): Interest Intermediation and Regime Governability in Contemporary Western Europe und North America. In: Berger, S.D. (ed.), Organizing Interests in Western Europe, Cambridge, Mass.

Schnabel, C. (1989): Zur ökonomischen Analyse der Gewerkschaften in der Bundesrepublik Deutschland. Frankfurt a.M.

Schnabel, C. (1997): Tariflohnpolitik und Effektivlohnfindung. Eine empirische und wirtschaftspolitische Analyse für die alten Bundesländer. Frankfurt a.M.

Siebert, H. (1994): Außenwirtschaft. Göttingen.

Siebert, H. (1996): Lohnzurückhaltung und Aufwertung. Kieler Diskussionsbeiträge Nr. 266, Institut für Weltwirtschaft. Kiel.

Siebert, H. (1998): Labor Productivities and Labor Costs in Euroland. Kiel Working Paper 866. Kiel Institute of World Economics.

Simon, C.P., Blume, L. (1994): Mathematics for Economists. London.

Slade, M.E. (1998): Optimal Pricing with Costly Adjustment. Evidence from retail-grocery prices. Review of Economic Studies 65, 87-107.

Spanier, J., Oldham, K.B. (1987): An Atlas of Functions. Berlin.

Stähler, F. (1998): Economic Games and Strategic Behaviour. Theory and Application. Aldershot.

Statistisches Bundesamt (1997, 1998, 1999): Statistisches Jahrbuch für die Bundesrepublik Deutschland. Stuttgart.

Statistisches Bundesamt (1999): Monatsbericht September 1999. Fachserie 17, Reihe 7.

Stiassny, A. (1997): Unsicherheit bezüglich der Preiselastizität der Güternachfrage als reale Rigidität. Working Paper 48, Arbeitshefte Wirtschaftsuniversität Wien, Reihe Volkswirtschaft.

Stiglitz, J.E. (1979): Equilibrium in Product Markets with Imperfect Competition. American Economic Review 69, 339-345.

Stiglitz, J.E. (1999): Toward a General Theory of Wage and Price Rigidities and Economic Fluctuations. American Economic Review, Papers and Proceedings 89, 75-80.

Strotz, R.H. (1955): Myopia and Inconsistency in Dynamic Utility Maximization. Review of Economic Studies 23, 165-180.

Taylor, J.B. (1998): Staggered Price and Wage Setting in Macroeconomics. NBER Working Paper 6754. Cambridge.

Thaler, R. (1981): Some Empirical Evidence on Dynamic Inconsistency. Economic Letters 8, 201-207.

Thaler, R., Shefrin, H. (1981): An Economic Theory of Self-Control. Journal of Political Economy 89, 392-406.

Thomsen, U. (1996): Theorie einer großen Wechselkursunion. Die Wirkungen stabilisierungspolitischer Maßnahmen unter besonderer Berücksichtigung der Angebotsbedingungen. Frankfurt a.M.

Turnovsky, S.J. (1977): Structural expectations and the effectiveness of government policy in a short-run macroeconomic model. American Economic Review 67, 851-866.

Turnovsky, S.J., Kingston, G.H. (1977): Money and fiscal policies under flexible exchange rates and perfect myopic foresight in an inflationary world. Scandinavian Journal of Economics 79, 424-441.

Tyrväinen, Timo (1998): What Do We Know about Productivity Gaps and Convergence in EMU Economies? Bank of Finland Discussion Papers 31/98.

Ulph, A., Ulph, D. (1990): Union Bargaining: A Survey of Recent Work. In: Sapsford, D., Tzannatos, Z. (eds.), Current Issues in Labour Economics. London.

Varian, H.R. (1987): Intermediate Microeconomics. A Modern Approach. New York.

van Veen, T. (1997): Studies in Wage Bargaining. Maastricht.

Vogt, W. (1996): Überlegungen zur makroökonomischen Modellbildung. In: Gahlen, B., Hesse, H., Ramser, H.-J. (Hrsg.), Arbeitslosigkeit und Möglichkeiten ihrer Überwindung. Tübingen. 237-269.

Wagner, K., van Ark, B. (1996): International Productivity Differences. Measurement and Explanations. Amsterdam.

Weber, U. (1990): Determinanten des Exports der Bundesrepublik Deutschland in ausgewählte Länder. Köln.

Weiss, Y. (1993): Inflation and Price Adjustment: A Survey of Findings from Micro-Data. In: Sheshinski, E., Weiss, Y. (eds.), Optimal Pricing, Inflation, and the Cost of Price Adjustment. Cambridge, Mass.

Weil, P. (1992): Hand-to-mouth Consumers and Asset Prices. European Economic Review 36, 575-583.

Weinrich, G. (1997): Endogenous Fixprices and Sticky Price Adjustment of Risk-averse Firms. Journal of Economics, 283-305.

Westermann, T. (1993): Strukturelle Arbeitslosigkeit als Gleichgewichtskonzept. Eine Analyse unter besonderer Berücksichtigung der Langzeitarbeitslosigkeit. Freiburg.

Wied-Nebbeling, S. (1985a): Das Preisverhalten in der Industrie. Tübingen.

Wied-Nebbeling, S. (1985b): Das Preisverhalten in der Industrie zwischen Kontinuität und Wandel. In: Bombach, G., Gahlen, B., Ott, A.E. (Hrsg.), Industrieökonomik: Theorie und Empirie. Tübingen. 207-230.

Wied-Nebbeling, S. (1994): Markt- und Preistheorie. Berlin.

Willms, M. (1995): Internationale Währungspolitik. München.

Willms, M. (1998): Die Europäische Währungsunion im Lichte der Theorie optimaler Währungsräume. In: Europäische Währungsunion: Von der Konzeption zur Gestaltung. Beihefte zu Kredit und Kapital 14, 41-58.

Wohltmann, H.-W. (1991): Die internationalen Auswirkungen nationaler geldpolitischer Maßnahmen. Weltwirtschaftliches Archiv 127, S. 223-245.

Wohltmann, H.-W. (1993a): Die Auswirkungen inländischer Geld- und Fiskalpolitik sowie ausländischer Preisschocks bei importierten Rohstoffen. Zeitschrift für Wirtschafts- u. Sozialwissenschaften 113, 557-577.

Wohltmann, H.-W. (1993b): Internationale Transmission bei Wechselkursflexibilität und importierten Rohstoffen. Jahrbuch für Sozialwissenschaft 44, 11-30.

Wohltmann, H.-W. (1993c): Transmission nationaler Wirtschaftspolitiken in einer Wechselkursunion. Jahrbücher für Nationalökonomie und Statistik 211, 73-89.

Wohltmann, H.-W. (1994a): Die intertemporalen Auswirkungen antizipierter stabilisierungspolitischer Maßnahmen – Ein dynamischer Zwei-Länder-Ansatz. Jahrbuch für Sozialwissenschaft, 92-120.

Wohltmann, H.-W. (1994b): International Policy Transmission in a Dynamic Two-Country Model with Intermediate Inputs. Jahrbuch für Sozialwissenschaft 45, 273-311.

Wohltmann, H.-W., Bulthaupt, F., Krömer, W. (1998): Wirtschaftspolitische Koordination in einer symmetrischen und asymmetrischen Wechselkursunion. In: Farmer, K., Wohltmann, H.-W. (Hrsg.), Quantitative Wirtschaftspolitik in offenen Volkswirtschaften: Theoretische Ansätze und aktuelle Entwicklungen. Münster. 203-251.

Wohltmann, H.-W., Bulthaupt, F. (1999): Intertemporale Output- und Beschäftigungseffekte angebotsorientierter Politikmaßnahmen in einer Währungsunion. Jahrbücher für Nationalökonomie und Statistik 218, 1-22.

Wyplosz, C. (1994): Demand and Structural Views of Europe's High Unemployment Trap. Swedish Economic Policy Review 1, 75-107.

Wirtschaftswissenschaftliche Beiträge

Band 146: E. Lübke, Ersparnis und wirtschaftliche Entwicklung bei alternder Bevölkerung, 1997. ISBN 3-7908-1022-3

Band 147: F. Deser, Chaos und Ordnung im Unternehmen, 1997. ISBN 3-7908-1023-1

Band 148: J. Henkel, Standorte, Nachfrageexternalitäten und Preisankündigungen, 1997. ISBN 3-7908-1029-0

Band 149: R. Fenge, Effizienz der Alterssicherung, 1997. ISBN 3-7908-1036-3

Band 150: C. Graack, Telekommunikationswirtschaft in der Europäischen Union, 1997. ISBN 3-7908-1037-1

Band 151: C. Muth, Währungsdesintegration – Das Ende von Währungsunionen, 1997. ISBN 3-7908-1039-8

Band 152: H. Schmidt, Konvergenz wachsender Volkswirtschaften, 1997. ISBN 3-7908-1055-X

Band 153: R. Meyer, Hierarchische Produktionsplanung für die marktorientierte Serienfertigung, 1997. ISBN 3-7908-1058-4

Band 154: K. Wesche, Die Geldnachfrage in Europa, 1998. ISBN 3-7908-1059-2

Band 155: V. Meier, Theorie der Pflegeversicherung, 1998. ISBN 3-7908-1065-7

Band 156: J. Volkert, Existenzsicherung in der marktwirtschaftlichen Demokratie, 1998. ISBN 3-7908-1060-6

Band 157: Ch. Rieck, Märkte, Preise und Koordinationsspiele, 1998. ISBN 3-7908-1066-5

Band 158: Th. Bauer, Arbeitsmarkteffekte der Migration und Einwanderungspolitik, 1998. ISBN 3-7908-1071-1

Band 159: D. Klapper, Die Analyse von Wettbewerbsbeziehungen mit Scannerdaten, 1998. ISBN 3-7908-1072-X

Band 160: M. Bräuninger, Rentenversicherung und Kapitalbildung, 1998. ISBN 3-7908-1077-0

Band 161: S. Monissen, Monetäre Transmissionsmechanismen in realen Konjunkturmodellen, 1998. ISBN 3-7908-1082-7

Band 162: Th. Kötter, Entwicklung statistischer Software, 1998. ISBN 3-7908-1095-9

Band 163: C. Mazzoni, Die Integration der Schweizer Finanzmärkte, 1998. ISBN 3-7908-1099-1

Band 164: J. Schmude (Hrsg.) Neue Unternehmen in Ostdeutschland, 1998. ISBN 3-7908-1109-2

Band 165: A. Rudolph, Prognoseverfahren in der Praxis, 1998. ISBN 3-7908-1117-3

Band 166: J. Weidmann, Geldpolitik und europäische Währungsintegration, 1998. ISBN 3-7908-1126-2

Band 167: A. Drost, Politökonomische Theorie der Alterssicherung, 1998. ISBN 3-7908-1139-4

Band 168: J. Peters, Technologische Spillovers zwischen Zulieferer und Abnehmer, 1999. ISBN 3-7908-1151-3

Band 169: P. J. J. Welfens, K. Gloede, H. G. Strohe, D. Wagner (Hrsg.) Systemtransformation in Deutschland und Rußland, 1999. ISBN 3-7908-1157-2

Band 170: Th. Langer, Alternative Entscheidungskonzepte in der Banktheorie, 1999. ISBN 3-7908-1186-6

Band 171: H. Singer, Finanzmarktökonomie, 1999. ISBN 3-7908-1204-8

Band 172: P. J. J. Welfens, C. Graack (Hrsg.) Technologieorientierte Unternehmensgründungen und Mittelstandspolitik in Europa, 1999. ISBN 3-7908-1211-0

Band 173: T. Pitz, Recycling aus produktionstheoretischer Sicht, 2000. ISBN 3-7908-1267-6

Band 174: G. Bol, G. Nakhaeizadeh, K.-H. Vollmer (Hrsg.) Datamining und Computational Finance, 2000. ISBN 3-7908-1284-6

Band 175: D. Nautz, Die Geldmarktsteuerung der Europäischen Zentralbank und das Geldangebot der Banken, 2000. ISBN 3-7908-1296-X

Band 176: G. Buttler, H. Herrmann, W. Scheffler, K.-I. Voigt (Hrsg.) Existenzgründung, 2000. ISBN 3-7908-1312-5

Band 177: B. Hempelmann, Optimales Franchising, 2000. ISBN-3-7908-1316-8

Band 178: R. F. Pelzel, Deregulierte Telekommunikationsmärkte, 2001. ISBN 3-7908-1331-1

Band 179: N. Ott, Unsicherheit, Unschärfe und rationales Entscheiden, 2001. ISBN 3-7908-1337-0

Band 180: M. Göcke, Learning-by-doing und endogenes Wachstum, 2001. ISBN 3-7908-1343-5

Band 181: W. Schelkle, Monetäre Integration, 2001. ISBN 3-7908-1359-1

Band 182: U. Blien, Arbeitslosigkeit und Entlohnung auf regionalen Arbeitsmärkten, 2001. ISBN 3-7908-1377-X

Band 183: A. Belke, Wechselkursschwankungen, Außenhandel und Arbeitsmärkte, 2001. ISBN 3-7908-1386-9

www.ingramcontent.com/pod-product-compliance
Lightning Source LLC
LaVergne TN
LVHW050635051026
849532LV00002B/398

* 9 7 8 3 7 9 0 8 1 4 2 4 8 *